2024年江苏高校外语教育"高质量发展背景下外语教学
"基于国际化办学战略的外语专业本科生创新能力培养模式研究

主编

张俊翔

朱叶秋

初试啼声

——南京大学外国语学院本科生学术文集

南京大学出版社

图书在版编目(CIP)数据

初试啼声：南京大学外国语学院本科生学术文集 /
张俊翔，朱叶秋主编． -- 南京：南京大学出版社，
2025.6． -- ISBN 978 - 7 - 305 - 29402 - 0

Ⅰ．H3 - 53

中国国家版本馆 CIP 数据核字第 2025KL7784 号

出版发行	南京大学出版社
社　　址	南京市汉口路 22 号　　邮　编　210093
书　　名	初试啼声——南京大学外国语学院本科生学术文集 CHUSHI TISHENG——NANJINGDAXUE WAIGUOYU XUEYUAN BENKESHENG XUESHU WENJI
主　　编	张俊翔　朱叶秋
责任编辑	董　颖　　　　　　　编辑热线　025 - 83596997
照　　排	南京南琳图文制作有限公司
印　　刷	江苏凤凰数码印务有限公司
开　　本	787 mm×960 mm　1/16　印张 20.5　字数 368 千
版　　次	2025 年 6 月第 1 版　2025 年 6 月第 1 次印刷
ISBN	978 - 7 - 305 - 29402 - 0
定　　价	80.00 元

网　址：http://www.njupco.com
官方微博：http://weibo.com/njupco
官方微信号：njupress
销售咨询热线：(025) 83594756

* 版权所有，侵权必究
* 凡购买南大版图书，如有印装质量问题，请与所购
　图书销售部门联系调换

序 言

南京大学外国语学院始终以立德树人、服务国家为人才培养的根本任务，坚持以本为本，聚焦学生综合能力培养，取得显著成效。2018年，"高素质外语人才跨文化能力培养体系创新与实践"获国家级教学成果奖一等奖；2022年，"突出'讲好中国故事'能力培养的外语专业教育创新与实践"获国家级教学成果奖二等奖。《普通高等学校本科专业类质量国家标准（外国语言文学类）》明确指出，外语类专业学生应具备一定的研究能力。学院在制订和实施适应社会发展需要、体现自身办学定位和特色的本科人才培养方案过程中，以南京大学"一核两端三元四维"人才培养体系为支撑，多措并举，提高学生运用所学理论和知识发现、研究并解决问题的能力。

学院高标准、高规格地改革专业课程体系。近来开设学科基础课程"中外文学比较与文化交流"、专业核心课程"外语科研训练与双创实践"等，持续建设"西方思想经典""中国思想经典""法国经济""语言学统计方法""日本社会文化专题研讨""朝鲜（韩国）古典文献解读"等凸显高阶性、创新性和挑战度的课程，支持各专业开齐、开好研究方法与学术写作类课程。学院在课堂教学过程中推广启发式、思辨式、参与式教学方法，开拓学生视野，促进其对基础理论与专业知识的掌握。同时，运用信息技术营造智慧教学环境，建设20余门多语种在线开放课程，增强混合式教学的效率效能，使学生养成自主学习的良好习惯。

学院积极组织开展形式多样的本科生学术活动，着力构建多元化的本科生科研创新体系。近三年，学生主持国家级、省级和校级大学生创新创业训练计划80余项；"拉贝日记与和平城市"团队获第十八届"挑战杯"全国大学生课外学术科技作品竞赛红色专项赛道特等奖、主体赛道一等奖和2023年中国国际大学生创新大赛铜奖;学生在全国高校德语专业本科生学术创新大赛中获特等奖2项,在全国高校法语专业本科生学术论坛上获一等奖5项;3个专业完成5项南京大学本科生全球科考与科研训练项目;2024年,学生在南京大学基础学科论坛这一学校最具影响力的本科生学术活动中获一、二、三等奖20余项。此外,学院常态化地举办系列学术讲座,提升学生的学术洞察力和领悟力;支持学生参加国际国内学术研讨会和论坛,提升其学术行动力和执行力。

学院不断完善导学机制,构建新型教学共同体。新生导师、项目导师、竞赛导师、论文导师等全方位助力学生发展,引导其关注学术前沿,大胆探究新知,积极尝试在国内外学术平台上展示自己的研究成果。近年来,本科生以独立作者、第一作者、第二作者身份在国内外学术期刊上发表论文数十篇。

《初试啼声——南京大学外国语学院本科生学术文集》是南京大学外国语学院本科生学术创新的阶段性成果,收录的论文均由学生在本科学习阶段撰写。论文选题广泛,涵盖外国语言学、外国文学、翻译学、比较文学与跨文化研究、国别与区域研究等方向。论文作者运用科学的方法开展扎实研究,以符合学术规范的表达呈现研究成果。虽然这些论文从学术层面而言尚显稚嫩,但充分体现了同学们勇于探索的科研热情和敢于挑战的创新精神。为了支持本科生弘扬学术精神、投身学术研究,我们将论文汇编成册,由南京大学出版社出版。希望藉由文集的出版总结本科生研究能力培养的经验,检视相关工作的成效,加快探索新时代一流外语专业人才和复合型外语人才自主培养新模式,进一步提高人才培养质量,切实回答好"强国建设,外语何为"的时代之问。

何宁

2025年3月于南京大学

目 录

序言 ·· 何　宁（1）

语言研究

汉韩日双音节汉字词异同考 ·········· 洪郁宁　杨　帆　赵　津　金智颖（3）
英德语媒体对于约翰·拉贝形象构建的转变
　　——基于相关报道的批评话语分析 ··············· 李羽丰　郁　嬿（14）
中德主流媒体对三孩生育政策的解读与宣传策略研究 ············ 刘润林（23）
乡村医疗语境中医生身份建构研究 ················· 韦晨隽　王依欣（31）
符号学视阈下跨语表情包的使用与发展探究
　　——基于问卷调查的实证研究
　　　　　　　　　　　杨雅坤　韩逸凡　杨亦心　冉　怡（45）
乡村医疗语境中医患信任建构研究 ·········· 张墨白　谢清扬　仲　意（59）
命名策略视角下约翰·拉贝人物称号的历时研究
　　——以必应2005—2021年搜索数据为例 ·········· 张焱阳　刘丽蕗（71）

文学研究

自我虚构小说中创伤叙事的疗愈性
　　——以赫塔·米勒《独腿旅行的人》为例 ··············· 谌　红（85）
论南京大屠杀英语小说中的角色形象与互动
　　——以哈金和祁寿华作品为例 ························· 宫振宁（97）

从文学至电影:《双城记》电影改编的价值与艺术反思 …………… 陶君函(105)
荣格原型理论视域下《李陵》中的人物自我探析 ……… 魏文君　郭秋栾(113)
"物本主义"视角下法国新浪潮电影与"新小说派"的交融现象
………………………………………… 徐靓琼　何雨晴　伍灿淼(121)
《黑分五色》中的南京城市形象 ……………………………… 杨　一(137)
论《黑分五色》中的南京文化与历史形象 …………………… 姚睿思(144)
跨文化与跨媒介:论新世纪德语旅华游记的中国书写 ………… 郑雯昕(152)

翻译研究

刍议文学翻译的人机差异
　　——基于俄语爱情主题散文汉译的个案分析
　　………………… 狄文博　孙宇豪　秦子涵　韩明妍(161)
"化境说"视角下诗歌中的意象翻译
　　——以《水调歌头》林语堂英译本中的月意象为例 ………… 贺子涵(174)
叙事文体学视角下《兄弟》法译本研究 ……… 张义斐　穆茗卓　刘馨然(184)

国别与区域研究

基于熵值法的非洲大湖地区数字经济发展成效研究
　　………………………… 陈怡萱　段妍菁　丁　屹　宋昕遥(201)
莫斯科中小学汉语教育现状调查与分析 ……………………… 郭　帅(213)
"拥抱智能教育的赋能":信息时代教师压力变化研究
　　——以中小学教师群体为例 ………………………………… 田雨暄(223)

比较文学与跨文化研究

阿列克西耶维奇作品在中国的传播与研究 …………………… 陈乐明(237)

南京文脉的对外传播现状与前景
　　——基于对南京文学之都促进中心活动的分析
　　………………………………………… 冯奕涵　呙丁丁（246）
新世纪中国文化国际传播研究
　　——以《卫报》和《纽约时报》为例 ………… 蒋博放　王羽婷（256）
再论《锦绣》《藤娘》：中国汉唐审美的独特性
　　——以舞蹈中的传统妆容和舞姿动势为例 ………… 聂小然（267）
俄罗斯文化在中国二次元角色扮演游戏中的运用与传播
　　——基于《重返未来：1999》和《崩坏：星穹铁道》的分析 …… 席靖滨（275）
坚守与突破
　　——2009—2018年法国电影的海外传播 ……………… 于清如（284）
经典与时代的对话
　　——《茶馆》在苏联及当代俄罗斯的传播与接受 ……… 于泽姣（297）
中国俄语媒体在俄罗斯社交媒体平台的传播效能
　　——基于新华社、CGTN俄语频道、"中俄头条"VK账号的分析
　　……………………………………………………… 曾纤铧（308）

后记 ………………………………………………………………（320）

语言研究

汉韩日双音节汉字词异同考*

洪郁宁　杨　帆　赵　津　金智颖

摘　要：本文通过梳理 HSK、TOPIK、JLTP 考纲中双音节汉字词，考察汉韩日双音节汉字词类别及异同原因。通过归纳和分析，可将汉韩日双音节汉字词分为同形汉字词、异形汉字词和特有词三大类。其中，汉字词字形变化主要表现为单字替换和字序变化，其原因包括对同义汉字的选取偏好、对单字汉字的理解差异、吏读和训读体系等。词义变化主要表现为词义扩大、缩小和转移，其原因包括语言原因、社会原因、历史原因、心理原因、新造词出现等。

关键词：汉字词；同形汉字词；异形汉字词；字形变化；词义演变

1　引言

中韩日三国是一衣带水的邻国，自古以来就有密切交往。自中国同韩、日两国建交后，东亚三国的往来日益频繁，政治、经济、文化交流的需要也催生了大批韩语、日语学习者。在韩语、日语的学习中，不难发现这两种语言中都存在大量汉字词，这些词汇给中国的韩语、日语学习者带来了极大的便利。但由于语言长期的发展与嬗变，各个国家也在原有汉字词的基础上衍生出更适应本国国情及语言表达的字形和词义。因此，它们有时也会给学习者带来困惑，让他们产生混淆。本文将对汉、韩、日三语中双音节汉字词进行分类梳理，旨在帮助韩语、日语学习者正确梳理韩语与日语中汉字词的发展脉络，更好地理解语言与文化的本质。

---

* 本文系2022年省级大学生创新训练计划项目"汉字词在汉字文化圈语言学习中产生的影响——以汉韩日三语为例"（项目编号：202210284255Y）成果，发表于《卷宗》，2022年10月刊，172-174。

2 汉字文化圈与汉字词

汉字文化圈①是世界五大文化圈之一,指历史上受中国及汉文化影响、过去或现在共同使用汉字与文言文作为书面语的文化圈,主要包括中国、朝鲜半岛、日本和越南。

古代中国国力强盛,周边政权纷纷欲与中原王朝建立关系,作为邻国的朝鲜半岛和日本也不例外。政治往来的需要催生了汉字学习的需要,与此同时,古代中国的先进文化也以汉字为载体,传入周边国家。由此形成了以古代中原王朝为中心,以汉字为信息载体,涵盖儒学、汉化佛教、律令制度等的汉字文化圈。

从汉文化的载体汉字延伸出汉字词②。汉字词又称汉源词,是指位于汉字文化圈内的朝鲜和韩国、日本、越南等国语言中存在的以汉字为基础组成的单词。

汉字在传入朝鲜半岛和日本时,两地都尚未形成统一的国家,文化相对落后,也没有自己的文字,汉字的输入为两国提供了极大的便利。经过两千多年的学习和使用,汉字已经成为两国语言文化的一部分,大量的汉字词也融入他们的民族语言,成为其中不可或缺的一部分。根据韩国国立国语研究院(국립국어연구원)2002 年发布的《标准国语大辞典研究分析(표준국어대사전 연구 분석)》显示,标准国语大辞典收录的词汇中57.3% 为汉字词,8.3% 为汉字词+固有词(이문영,2002:51)。而日语中,含有汉字的单词高达70%。

汉、韩、日三语中的汉字词主要为双音节单词,多音节单词多是在双音节单词的基础上扩展而来,因此,本文仅梳理完全由汉字词素组成的双音节汉字词,不包括单音节汉字词、多音节汉字词以及由汉字词素和固有词素组成的复合词。

---

① 文化圈理论由德国学者格雷布纳提出。该理论认为,世界上存在若干文化圈,每个文化圈包含一定的物质文化和精神文化的共有成分。"汉字文化圈"是从语言文字角度楔入的概念。

② 在韩语中,"汉字词"被定义为"以汉字为基础创造的词"。在日语中,用汉字表达,且采用汉字发音的词汇被称为"漢語",与之相对的日本固有词汇则被称为"和語"。但由于日本固有词中也有很多词汇仍采用汉字表记,本团队认为这一部分固有词有很大的研究价值,故在本文中使用"汉字词"来统一指代含有汉字的词汇。

3　汉字词类型

本文选取 HSK（汉语水平考试）、TOPIK（韩语等级考试）、JLPT（日语等级考试）三门考试初级、高级考纲中的双音节汉字词,参照《标准国语大辞典(표준국어대사전)》《大辞林(だいじりん)》《新明解国語辞典》及《辞海》,根据汉、韩、日三语中汉字词字形、词义的异同,将汉字词分为三类:同形汉字词、异形汉字词及韩日特有词。

3.1　同形汉字词

同形汉字词指汉、韩、日三语中形态相同的汉字词。中华人民共和国成立后,政府为降低文盲率,于1956年颁布《汉字简化方案》,改用简体字。韩国民间虽然因苦于繁体字字形复杂,也主动通过节省笔画简化繁体字,但官方为保持传统文化和汉字原本面貌,至今未推行简体字方案(韩江玲,2009)。而日本在明治维新后开始吸收西方文化,针对文字改革出现废除汉字派和限制汉字派,由于日本古籍大多以汉字形式书写,完全废除汉字并不可行,限制汉字派渐成大势所趋(方晓铭,2012:83-87)。1946年,日本政府通过《当用汉字表》,正式推行简化字。因此,如"归国—歸國—帰国""辩论—辯論—弁論""广告—廣告—広告"[①]等词,虽看似形态各不相同,但实为同源汉字,故本文将其视为同形词。根据同形词的词义差别,可细分为同形同义汉字词和同形异义汉字词。

3.1.1　同形同义汉字词

同形同义汉字词指汉、韩、日三语中形态相同且意义相同的汉字词。例如,"大学"一词在汉、韩、日三语中形态一致且具有相同的意义,均表示"儒家基本经典之一"或"实施高等教育的机构"。

表1　同形同义汉字词

汉语词汇	韩语汉字词	日语汉字词	释义
大学	大學	大学	儒家基本经典之一;实施高等教育的机构
杂志	雜誌	雜誌	有固定刊名,定期或不定期的连续出版物

---

① 本文示例汉字词均按汉、韩、日顺序排列。

3.1.2 同形异义汉字词

同形异义汉字词指汉、韩、日三语中形态相同,但意义不完全相同的汉字词,可分为部分异义汉字词与完全异义汉字词。

(1) 同形部分异义汉字词

同形部分异义汉字词指汉、韩、日三语中形态相同,但有部分意义不同的汉字词,可分为:汉语意义大于韩语、日语意义,韩语意义大于汉语、日语意义,日语意义大于汉语、韩语意义,汉语、韩语、日语意义部分重叠。

第一,汉语意义大于韩语、日语意义。例如:"出口"一词在韩语和日语中指"通往外面的通道",而在汉语中还包含"说出话来""从本地区或本国把货物运出去(销售)"两个释义。

表2 汉语意义大于韩语、日语意义的汉字词

汉语词汇	韩语汉字词	日语汉字词	汉语释义	韩语释义	日语释义
出口	出口	出口	通向外面的通道;说出话来;从本地区或本国把货物运出去(销售),多指运出国境的	通往外面的通道	通往外面的通道

第二,韩语意义大于汉语、日语意义。例如:"料理"一词在汉语中指"处理",在日语中指"菜肴;做菜",而在韩语中则包含了"做菜,菜肴"和"处理"等含义,是汉语和日语意义的汇总。

表3 韩语意义大于汉语、日语意义的汉字词

汉语词汇	韩语汉字词	日语汉字词	汉语释义	韩语释义	日语释义
料理	料理	料理	办理,处理	烹饪,做菜,菜肴;俗语,处理,对付,收拾	菜肴;做菜
北侧	北侧	北侧	北边	北方,北边;与韩国相对,指代朝鲜	北边

第三,日语意义大于汉语、韩语意义。例如:"来日"一词在汉语和韩语中的释义都与时间相关,分别表示"未来的日子;将来"和"将来;明天",而在日语中则增加了"访日,来日本"的释义。

表 4 日语意义大于汉语、韩语意义的汉字词

汉语词汇	韩语汉字词	日语汉字词	汉语释义	韩语释义	日语释义
来日	來日	来日	未来的日子；将来	将来；明天	将来；访日,来日本
皮肉	皮肉	皮肉	皮肤和肌肉；皮肤	皮肤和肌肉	皮肉,身体；讽刺,挖苦；不如意,不凑巧

第四,汉语、韩语、日语意义部分重叠。例如:"先辈"一词在汉语、韩语和日语中都表示"前辈",但使用范围略有不同。汉语中侧重于位序上排列于前,韩语和日语中则广泛用于地位、年龄、学艺、经验领先或高于自己的人。

表 5 汉语、韩语、日语意义部分重叠的汉字词

汉语词汇	韩语汉字词	日语汉字词	汉语释义	韩语释义	日语释义
先辈	先輩	先輩	依次排列于前者；对前辈的尊称；唐代同时考中进士的人相互敬称先辈；对文人的敬称	在同一个领域里,地位、年龄、学艺等比自己多或领先的人；同一学校毕业的学长学姐	学术、技能、经验、年龄、地位等高于自己的人；高年级同学,师兄(姐)；职场前辈
感染	感染	感染	受到传染；通过语言或行为引起别人相同的思想感情	受到传染；不良风俗习惯的滋生	病原体侵入身体

(2) 同形完全异义汉字词

同形完全异义汉字词指汉、韩、日三语中形态相同,但意义完全不同的汉字词。例如:"写真"一词在汉语中指"人物肖像"或"对事物如实描绘",在韩语和日语中则指"照片"。

表 6 同形完全异义汉字词

汉语词汇	韩语汉字词	日语汉字词	汉语释义	韩语释义	日语释义
写真	寫眞	写真	画人的面容、肖像,也指所画的肖像；对事物如实描绘、逼真表现	照片	照片
知人	知人	知人	谓能鉴察人的品行、才能；谓懂人事；谓懂得人事变化之道	认识的人,熟人	相识；熟人

3.2 异形汉字词

异形汉字词指汉、韩、日三语中形态不同的汉字词。根据构词词素的排列方式,本文所梳理异形汉字词有以下 14 种类别:

表 7 异形汉字词

序号	汉语:韩语:日语	汉语词汇	韩语汉字词	日语汉字词
1	AB:AB:AC	手腕	手腕	手首
2	AB:AB:CB	尸体	屍體	死体
3	AB:AC:AC	社论	社說	社説
4	AB:AC:AB	伤口	傷處	傷口
5	AB:CB:CB	奖品	賞品	賞品
6	AB:CB:AB	天气	日氣	天気
7	AB:CA:CA	收取	領收	領収
8	AB:CA:AB	面子	體面	面子
9	AB:AB:BA	花草	花草	草花
10	AB:BA:BA	始终	終始	終始
11	AB:BA:AB	引退	退引	引退
12	AB:AB:CD	食单	食單	献立
13	AB:CD:CD	检票	改札	改札
14	AB:CD:EF	学习	工夫	勉強

根据词义的不同,异形汉字词又可分为异形同义汉字词和异形部分同义汉字词。

3.2.1 异形同义汉字词

异形同义汉字词指汉、韩、日三语中形态不同,但意义相同的汉字词。例如:

表 8 异形同义汉字词

汉语词汇	韩语汉字词	日语汉字词
天气	日氣	天気
商店	商店	店屋

3.2.2 异形部分同义汉字词

异形部分同义汉字词指汉、韩、日三语中形态不同,但部分意义相同的汉字词。例如:汉语中的"基础"和韩语、日语中的"基盘"形态不同,但存在部分相同的含义,即都可指"事物发展的起点",汉语中还可指"建筑物的跟脚",日语中还表示"基岩"。

表 9　异形部分同义汉字词

汉语词汇	韩语汉字词	日语汉字词	汉语释义	韩语释义	日语释义
基础	基盤	基盤	建筑物的根脚; 事物发展的根本或起点	事物的基础	基础,底座; 〈地〉基岩
引退	退任	引退	辞官、辞职;退避、退却	辞去较高的职务	引退,退职

3.3　韩日特有词

韩日特有词指韩语和日语中存在,而汉语中不存在的汉字词。汉字是语素文字,具有强大的表词功能和构词能力,韩日两国很容易就能创造出新的汉字词,"和制汉字""韩制汉字"等也就应运而生并且不断发展。

江户时代中期以后,特别是明治维新时期,日本受到西洋文化的冲击,接受了许多全新的概念,而既有的汉字词无法满足对于新事物的表记,因此,日本创造出许多独特的汉字词,这些日本自造的汉字词被称作"新汉语"。其中,部分汉字词传入中国和朝鲜半岛,为中韩日三国所共用,如"美学""哲学""政治"等,但也有部分汉字词仅传入朝鲜半岛或仅在日本本土使用。而朝鲜半岛同样也创制出了符合本国特色的汉字及汉字词。本文将这些汉字词统称为韩日特有词。

3.3.1　韩日共有词

1910 年《韩日合并条约》签订,朝鲜半岛完全沦为日本的殖民地。日本统治朝鲜半岛后,将学校的学习语言改为日语,强迫学生学习日语。于是,大量的日制汉字词源源不断地进入韩语。例如:"宿题"一词仅用于韩语和日语中,表示"课后作业"或"有待将来解决的问题"。

表 10　韩日共有词

韩语/日语汉字词	释义
宿題	课后作业;有待将来解决的问题,悬案
送金	汇款,寄钱

3.3.2　韩语特有词

韩语特有词指韩语中独有的汉字词。这类词汇虽然数量不多,但在日常生活中使用频率很高。例如:"男便"一词只出现在韩语中,表示"丈夫"。

表 11　韩语特有词

韩语汉字词	释义
男便	丈夫
掌匣	手套

3.3.3　日语特有词

日本人自创的汉字词有部分流入中国或朝鲜半岛,也有部分仅在日本使用。日语中独有的汉字词就是日语特有词,例如:"字引"一词为日语中特有的词汇,指"字典"。

表 12　日语特有词

日语汉字词	释义
字引	字典,辞书
激安	相当便宜,比通常的价格便宜许多

4　差异形成原因

汉、韩、日三语中的汉字词大多同源同根,字形和词义基本相同。但语言又是有生命力的,无论形态还是词义都不会永远保持一致。各国在了解与吸收汉字的过程中,对其的理解存在着时间、空间上的偏差。中国作为汉字文化圈的中心,保有对大部分汉字单字的原始解释。但汉字文化圈中其他国家在对汉字的借用过程中,往往会对单字意义进行偏重与特化,汉字逆传输过程亦然。也有很多单字在发展过程中对古义进行了废止与改变。此外,汉字本身作为语素文字,拥有强大的表词功能和构词能力,在漫长的发展与沟通过程中,基于社会环境、时代背景等原因,不断有新的汉字词,乃至汉字通过替换、逆序、借音等方式被创造,形成了动态发展的汉字变迁史,也造成了汉字文化圈内各国汉字词的异形、异义现象。以下将围绕前文例词对汉、韩、日三语中汉字词词义、字形变化的表现形式和原因作简要解释。

由表7中的例词可知,汉、韩、日三语中的异形汉字词主要表现为单字替换和字序变化。

形如 AB:AB:AC、AB:AC:AC、AB:CB:CB、AB:CA:CA 的替换现象主要基于各国对同义汉字的选取偏好及单字意义理解差异之上。如"手腕—手腕—手首"一词,在表达连接手掌与上臂之间的部位时,汉语和韩语选取了"腕"字,而日语则将"首"字的古义"脖子"延伸为了"物の、くびの形をした部分(具备脖子形状的部分)",并用其来表达"手腕"之义。对同义汉字的偏好一定意义上也反映着各国的社会文化背景。以"奖品—赏品—赏品"一词为例,由于朝鲜半岛及日本在古代很长时间与中国保持了朝贡与受赏关系,因此,与中国的"奖"相对,日韩选取"赏"字来表达"赏赐或奖赏的物品"之义。

形如 AB:AB:BA、AB:BA:BA 的字序变化现象在学界又被称为"镜像语""逆序汉字词"等。造成汉字词逆序的原因十分多样,例如,汉字词收受国对原汉字词进行逆序、不同国家对原有逆序汉字词的差异选取、原有汉字词词义逐渐被其逆序词包含,等等。但究其根本也是汉字词的理解与偏好不同所造成的,在此就不再赘述。

值得注意的原因还有汉语与韩日语言结构的差异。韩语和日语为"主—宾—谓(SOV)"结构,而汉语为"主—谓—宾(SVO)"结构,因此,逆序现象常出现在动宾结构的双音节汉字词中,如,贺年—年贺—年贺。

韩语中的吏读和日语中的训读体系也是造成汉字词异形的重要原因。吏读指韩语创制前借用汉字的形、音、意,按照韩语语序标记韩语的汉字体系;而训读指基于汉字的意思,使用日语原有的和语表达方式进行表记。日语中的一段动词与五段动词大部分均采用训读表记法,由此类动词与宾语结合缩减后形成的新制汉字词也造成了汉字词的异形现象。以"食单—食單—献立"一词为例,日语沿用了平安时代对"献""举杯次数或推荐酒食料理"的引申义,与表达"呈上"之意的"立てる"合用,来表达"制定餐食的种类和顺序的计划",即菜单之义。

词义变化的原因同样不是唯一的,而是多种因素共同影响下产生的结果。朝鲜半岛和日本地理位置、历史文化、社会风俗、语言习惯均有别于中国,在各自不同的环境中,同源汉字词难免会发生词义扩大、缩小或转移,从而导致词义变化。如,"北侧"一词在汉、韩、日三语中都可表示"北边",而朝鲜半岛在二战结束后沿三八线分为朝鲜和韩国,朝鲜在北,韩国在南,因此"北侧"一词在韩语中也用来指代朝鲜。"来日—來日—来日"一词在汉、韩、日三语中都有"将来、明天"之意,但在日本还可表示"访问日本"。

同时,对外来文化的汉字化表达与传播、对新生事物的赋名、对特定事物或现象的特殊化表达等,都推进着汉字词的异变及创新。上述原因往往复合作用于汉字词词义和字形变化的过程。例如表7中形如AB:CA:CA的字形变化就是替换与逆序同时发生后形成的异形现象。由此,韩日共有、独有汉字词的出现也便不难解释了。

5 结论

本文以HSK、TOPIK和JLPT考纲词汇为例,对汉、韩、日三语中双音节汉字词进行了梳理和分类,整理出同形汉字词、异形汉字词和特有词三大类别,并考察了三国汉字词词义和字形出现差异的原因。语言原因、历史原因、社会原因、心理原因等相结合导致了词义在不同程度上的扩大、缩小和转移。而对同义汉字的选取偏好、对单字汉字的理解差异、吏读和训读体系等则导致了单字替换和字序变化,从而形成了异形汉字词。希望本文的梳理能够加深中国韩语、日语学习者对汉字词的认识,并充分利用汉字词优势,避免母语中汉字词带来的负迁移。

参考文献

[1] 남명애,김영주,2008. 한·중 이형동의 한자 어휘 대조 연구.국어교육,(127):233-280.
[2] 리민덕,2022. 조한 이형동의어의 형태구조에 대하여.중국조선어문,(01):6-14.
[3] 이문영,2002. 표준국어대사전 연구 분석.국립국어연구원.
[4] 春复,1998.日语汉字词同词异体的古汉语用字关系.辽宁师范大学学报,(02):70-73.
[5] 方晓铭,2012.日本略字与中国简化字类型比较研究.上海:华东师范大学.
[6] 韩江玲,2009.韩国汉字和汉字词研究.长春:吉林大学.
[7] 金永寿,尚咏梅,2021.汉字与朝鲜半岛吏读文的关系及影响.民族语文,(03):3-13.
[8] 娄雪儿,2013.汉日同素逆序词的对比研究及相关词的教学建议.上海:上海外国语大学.
[9] 李冰,2008.汉日同素异序词对比分析——以《汉语水平词汇与汉字等级大纲》为中心.现代语文(语言研究版),(11):104-106.

[10] 孙娜,2013.日语中的"异形词"现状分析.华侨大学学报(哲学社会科学版),(01):133－139.
[11] 谢芬,2019.汉韩异形同义词对比研究与教学策略.南京:南京大学.
[12] 徐海宁,2017.汉韩双音节倒序词对比研究.吉林:吉林大学.
[13] 熊可欣,玉冈贺津雄,2014.日中同形二字漢字語の品詞性の対応関係に関する考察.ことばの科学,(27):25－51.
[14] 水原寿里,2010.漢字文化圏における異文化コミュニケーション:カオス理論から見た漢字の移り変わりについて.文化女子大学紀要人文・社会科学研究,(18):79－100.

导师评语

吴玉梅:论文以 HSK、TOPIK 和 JLPT 考纲词汇为研究对象,梳理了汉、韩、日三语中双音节汉字词的类型,并分析了三语中汉字词词义和字形出现差异的原因。论文选题具有较强的实际意义,作者选取中韩日三国语言考试大纲中的共同元素,有助于为语言学研究提供跨文化分析实例。论文通过对同形汉字词、异形汉字词和特有词的梳理和分类,为双音节汉字词的研究提供系统性的框架。这种分类方法不仅有助于梳理现有知识,还为进一步深入挖掘双音节汉字词的规律提供了基础。论文对三语中汉字词的词义和字形出现差异的原因进行分析,有助于理解对象词汇在各国语言中的语境和语用差异,为语言翻译、外语教学提供有益参考,促进汉、韩、日语言学科领域的交流与发展。

英德语媒体对于约翰·拉贝形象构建的转变
——基于相关报道的批评话语分析*

李羽丰　郁　嬿

摘　要：近年来，因《拉贝日记》的出版以及相关改编文艺作品的问世，约翰·拉贝作为二战时期奋力保护中国人的德国人，获得了更多的关注，而其形象在历年来英德语新闻媒体的报道当中经历了多元、复杂的构建过程。本文基于批评话语分析理论，选取1996年至2019年11篇英德语主流媒体新闻报道，对于拉贝形象的构建转变进行分析。研究结果表明，拉贝的形象构建在2009年前后经历了从消极向积极的转变，从侧面体现出社会意识形态的复杂变化对于英德语媒体报道和拉贝形象构建产生的影响。

关键词：约翰·拉贝；批评话语分析；意识形态；形象构建

1　引言

1996年12月12日，约翰·拉贝（John H. D. Rabe）的外孙女莱茵哈特夫人在美国纽约召开新闻记者会，向全世界公开了她祖父在南京时写下的日记，一段尘封已久的历史最终展现在世人眼前。自1996年起，多语言版本的《拉贝日记》陆续出版，在全世界范围内引起了巨大反响。在美籍华裔女作家张纯如女士等人的不懈努力下，南京大屠杀这段悲惨的历史以及拉贝在这个时期所表现出来的人道主义光辉被更多人所知晓。随着拉贝知名度的提升，相关艺术影视作品也不断涌现。2009年4月2日，由德国导演佛洛瑞·加仑伯格（Florian

---

* 本文系2021年南京大学本科生国际"云"科考与科研训练项目"拉贝日记与和平城市"成果。

Gallenberger)执导的电影《拉贝日记》(*John Rabe*)在德国公映,随后于4月29日在中国公映,南京大屠杀的历史和拉贝的英勇行为在大荧幕上得到呈现。2019年4月24日,中国大型原创歌剧《拉贝日记》在国家大剧院亮相,同年开启欧洲巡演。这些艺术影视作品得到世界主流媒体的争相报道,使得拉贝以及《拉贝日记》在全世界范围内的知名度进一步提升,更多的人开始关注拉贝以及《拉贝日记》所反映的历史。

从1996年《拉贝日记》公开,到2009年电影公映,再到2019年歌剧首演,各国媒体对于拉贝的相关报道集中在三个时间段,而拉贝在这些报道当中的形象也有所变化。尤其值得注意的是,近年来,拉贝个人的特殊政治身份与他在南京大屠杀时期所进行的人道主义救援所形成的冲突表象,对于其在媒体中的形象变化产生了一定影响。目前学界尚未对于拉贝在媒体报道中的形象构建进行系统研究。本文选取英德语多家世界主流媒体跨越20年的相关报道作为语料,分析不同时间段当中拉贝形象构建发生的转变,总结英德语媒体进行拉贝形象构建的特点。

2　理论背景

产生于20世纪80年代末的批评话语分析(Critical Discourse Analysis,CDA)是批评语言学的延伸和发展,它关注语言与社会权力、意识形态之间的互动,"旨在改变甚至消除导致错误意识或者歪曲意识的条件,使先前隐藏的因素显现出来,进而开启个人或群体的自我反思过程,从过去的制约中解放出来(郭松,2019:36)"。任何话语的产生基础都是一定的意识形态,即便是从批评话语分析出发的话语,因而考虑话语产生的意识形态和社会背景,是批评话语分析的重点。

CDA理论分析话语文本中那些隐性或者显性的支配、控制、歧视等权力关系(辛斌,2007:19)。而在国际媒体领域中,新闻话语则成为意识形态和权力的载体,区分"自我"与"他者"是批评话语分析研究新闻话语的出发点。"新闻报道者及其所代表的社会集团或群体通过对自我身份的感知与认同产生'我们'意识,并通过与报道对象之间的力量的权衡而产生'我们—他者'的权力主体划分。"(焦俊峰、刘美兰,2019:14)在《批评性语篇方法论》当中,辛斌进一步提出,批评话语分析的目的是揭示语篇中含而不露的意识形态意义,尤其是习以为常的偏见、歧视和对事实的歪曲(辛斌,2002:36)。在国际媒体语境当中作为"我们"的英德语媒体,在对于作为"他者"的拉贝进行报道时,其意识形态在近年来的细微变化也反映在了拉贝形象构建的变化当中,而从同样作为"他者"的中国研究者对于拉贝形象的分析当中更能看出意识形态的变化甚至意识形态之间的对抗。

使用批评话语分析研究拉贝形象的必要性在于揭示在不同语境下意识形态的塑造和权力关系的运作。拉贝作为历史上备受争议的人物,其形象在不同国家和文化之间可能存在巨大的差异。通过批评话语分析,我们可以深入探究在新闻报道话语场景下对拉贝形象进行塑造的语言表达和话语权力的分配。批评话语分析可以帮助揭示报道者、研究者以及其他话语生产者在构建拉贝形象时所使用的语言策略和修辞手段。这些策略可能涉及对特定事件、行为或特征的强调或淡化,以及对拉贝个人及其所处历史背景的不同解读。通过分析这些话语实践,我们可以了解背后隐藏的意识形态偏见、权力关系和文化偏好。

除此之外,批评话语分析有助于审视报道中的"我们"与"他者"之间的权力动态。在关于拉贝的报道中,报道者所代表的社会集团往往将自身视作"我们",而将拉贝及其所代表的群体视作"他者"。这种权力主体划分不仅反映了报道者的意识形态和立场,也影响着报道的客观性和公正性。通过批评话语分析,我们可以分析报道中的权力话语,揭示其背后的权力关系和意识形态偏见。

本文在批评话语分析理论的框架下对于英德语主流媒体的相关报道进行分析,通过总结关键词、追溯形象变化以及分析意识形态,探究英德语媒体当中的拉贝形象构建。

3 英德语媒体相关报道中的拉贝形象

本文在搜索引擎必应(bing)上以 John Rabe 为关键词,搜索英德语主流媒体中的相关新闻报道,并从中选取 11 篇具有代表性的报道作为语篇分析对象(见表1),通过关键词总结等方式,对于它们构建的拉贝形象进行分析。

表1　英德语媒体相关新闻报道（1996年12月至2019年7月）

英语媒体相关新闻报道	德语媒体相关新闻报道
1. At the Rape of Nanking: A Nazi Who Saved Lives（The New York Times 12.12.1996）	1. In seiner Heimat vergessen: Ein Deutscher rettete 250.000 Menschen in China（Das Erste 13.2.1997）
2. 'China's Oskar Schindler' Takes German Oscar（Forward 29.4.2009）	2. Rettung unterm Hakenkreuz（Spiegel 23.4.2008）
3. A Nazi Businessman Risks His Life to Do the Right Thing? It's True（The New York Times 20.5.2020）	3. John Rabe: In Chinaein Held（DW 6.2.2009）
4. Shelter Underthe Swastika: The John Rabe Story（NPR 14.6.2010）	4. Der Schindler von China（Stern 4.4.2009）
5. Exposed: That One Time Nazi Germany Helped China Fight Japan（The National Interest 29.10.2016）	5. Januar 1950 – Todestag des Kaufmanns John Rabe（WDR 5.1.2015）
	6. Oper über John Rabe Der gute Nazi（Der Tagesspiegel 4.7.2019）

3.1　英德语媒体相关新闻报道中拉贝形象构建的变化

　　从1996年《拉贝日记》问世至今，约翰·拉贝的事迹以多种形式得到了宣传，全世界对拉贝的认识也在不断深入。其中可以明显看到，英德语媒体对拉贝的关注度在2009年后显著提升，相关报道也较2009年前更为丰富。以2009年为时间节点，拉贝形象构建的转变大致分为两个阶段。前一阶段（1996年至2009年）是拉贝逐渐打开知名度的阶段，在这个阶段，拉贝的形象受到其纳粹党员身份的影响，在媒体报道当中仍然出现较多贬义修辞，其整体形象更偏于负面；而在后一阶段（2009年至今），在电影、歌剧等艺术表现形式的塑造下，社会认识到了一个更为立体而全面的拉贝，对于他在南京大屠杀时期的人道主义援助有了更为深入的了解，因此媒体相关报道当中的拉贝形象更偏于积极、正面。

　　我们发现，拉贝的纳粹身份是每一篇英德语媒体报道都会涉及的内容。1996—2008年，由于资料有限、研究人员少，拉贝的事迹为人所知的部分较少，英德语报道塑造其形象时倾向于首先强调拉贝与纳粹的关系，似乎意在给人留下较为负面的第一印象。

相关报道将拉贝介绍为 Der deutsche Nazi, Mitglied der NSDAP (Karteinummer 3401106), amtierender Ortsgruppenführer und glühende Hitler-Verehrer(德国纳粹党人、国家社会民主党成员、地方领导和热心的希特勒崇拜者)(Spiegel,2008), ein Konservativer, kaisertreu, ein bürgerlicher Nazi(一个忠于德皇的保守派、一个资产阶级的纳粹分子)(Engert,1997),给读者造成了一定的负面印象。

2009年,随着《拉贝日记》电影的上映,全世界对于约翰·拉贝有了更全面、系统的了解,英德语报道对拉贝形象开始持肯定态度,对其纳粹身份也更多地进行了解释。在介绍拉贝的时候,他们有时会选择先提及德国商人、西门子公司代表,或 a largely unsung real-life hero(一位基本无名的现实生活中的英雄)(Holden,2010)。他们进一步说明拉贝 Politisch naiv glaubt er an die Gerechtigkeit seines Vaterlandes und erkennt lange Zeit nicht die Monströsität der Nazis(政治上较为天真,相信祖国的公正,不知道纳粹的残暴)(Birkenstock,2009), alles andere als ein Rassist(绝不是种族主义者)(Wember, 2015)。

总的来说,随着电影、歌剧的上映以及对于约翰·拉贝认识的深入,英德语媒体报道中对拉贝形象的塑造自2009年开始从负面、片面逐渐偏向正面、全面。前期报道侧重点大多为拉贝的纳粹身份,而后期报道评价则更具体、深入,塑造出一个正面的人物形象。

3.2 相关报道当中与拉贝形象有关的关键词

通过对新闻报道的标题和正文内容进行系统梳理,可以看到,围绕拉贝的报道会频繁出现多个表现其身份和形象或与之相关的关键词,可以系统地将它们分为2个类别:表现拉贝纳粹身份的关键词和表现拉贝政治倾向的关键词。

3.2.1 表现拉贝纳粹身份的关键词

在所有表现拉贝身份的关键词当中,他的纳粹身份是被提及最频繁、被强调最多的。首先是反映在相关报道的标题上。本文分析的新闻报道当中,标题提及这类关键词共有6篇:Rettung unterm Hakenkreuz(万字下的救赎)、Oper über John Rabe Der Gute Nazi(有关约翰·拉贝的歌剧:好纳粹)、At the Rape of Nanking: A Nazi Who Saved Lives(在南京大屠杀中:救人性命的纳粹)、A Nazi Businessman Risks His Life to Do The Right Thing?(一个纳粹冒着生命危险行正义之举?)、Shelter Under The Swastika(万字旗下的避难所)、Exposed: That One Time Nazi Germany Helped China Fight Japan(纳粹德国帮助中国反抗日本的时刻)。可以看到,使用与纳粹有关的关键词的标题多见于英语媒体报道,而德语媒体报道却没有在标题中强调拉贝的身份。但值得注意的是,这些标题虽然会强调纳粹这一负面形象,但是都会通过其他的部分进行修饰和限定,从而让拉贝的纳粹形象与常人理解的纳粹形象有所区别。例如,一些报道通过使用 gut(好的),或者 who saved life(救人性命)以及 risks his life(冒着生命危险)这些说明语,让拉贝的纳粹形象与惯常所认识的有所不同。而 Rettung(拯救;救赎)、shelter(避难所)等词也在标题当中点明了拉贝的功绩,更有利于塑造一个正面形象。

而在报道的正文当中,对于拉贝的纳粹形象提及也很多。在一些报道当中,会直接提及拉贝的纳粹党地方头目身份:John Rabe, Siemens-Vertreter und NSDAP-Ortsgruppenleiter(西门子公司的代表和纳粹党的地方领导)(Birkenstock,2009), Der deutsche Nazi, Mitglied der NSDAP (Karteinummer 3401106), amtierender Ortsgruppenführer und glühende Hitler-Verehrer(德国纳粹党人、国家社会民主党成员、地方领导和热心的希特勒崇拜者)(Spiegel,2008), the Leader of the local Nazi Organization(当地纳粹组织的领导人)(Chen,1996)。这些限定和修饰当中,不乏使用 loyalist 等词汇的场景。但是,正如上文所述,这些修饰都出现于较早的报道当中。而如同在这些报道的标题中那样,虽然报道会强调拉贝的纳粹身份,但是同样也会强调拉贝在南京大屠杀中的事迹,这可以看作是对于拉贝纳粹信仰的一种澄清:Because its hero was a "good Nazi" who courageously acted on his humanitarian impulses(一个勇敢地按人道主义冲动行事的'好纳粹')(Holden,2010)。

3.2.2 表现拉贝政治倾向的关键词

拉贝加入纳粹党是想为其筹建的学校争取国家资金,而他本人却没有在纳粹执政的前期回到德国,他对于纳粹政府的暴行并不知情。拉贝虽为纳粹党员,却没有表现出与其他纳粹党成员相同的政治倾向。在相关报道中,对于拉贝政治倾向的表述多将他描绘为一个"政治上天真"、"并不认同纳粹理念"以及"对于国家和政府非常信任"的人。

在德语媒体的报道当中,拉贝在政治上的天真(naiv)多次被提及:Politisch naiv und alles andere als ein Rassist(政治上天真,绝不是种族主义者)(Wember, 2015), Politisch naiv glaubt er an die Gerechtigkeit seines Vaterlandes und erkennt lange Zeit nicht die Monströsität der Nazis(政治上较为天真,相信祖国的公正,不知道纳粹的残暴)(Birkenstock,2009)。强调拉贝政治方面的天真,与塑造一个非种族主义者且迫于形势才加入纳粹党的人道主义者形象是相符的。

同时,报道也会强调拉贝对于纳粹理念的不知情,他加入纳粹党的另外一个可能的原因是他忠于自己的国家,对于国家和政府非常信任,具有国家自豪感:

Yes, he was a Nazi. But what you have to understand is that he joined the party at a time when it was seen as a kind of national resurrection of Germany.（是的,他是一个纳粹分子。但你必须明白的是,他是在该党被视为德国的一种民族复活时加入的。）(Knodell, 2016), Ein Nazi wurde er, weil er, wie so viele, den Führer mit dem Kaiser verwechselte.（就如同其他很多纳粹,这个人也将元首和皇帝混淆了）(Engert,1997)。这些描绘让拉贝对于国家政府的信任得以凸显,也可以视为是对于他纳粹身份的另外一种澄清方式。通过描绘一个政治倾向与纳粹截然不同的爱国者形象,拉贝的纳粹身份进一步被淡化,同样起到了构建一个正面形象的作用。

4 结论

石春煦指出:"批评话语分析强调国家身份是社会惯习,社会身份存在于权力关系之中,身份建构受到意识形态、社会利益关系、政治体制等因素的制约与影响。"(石春煦,2022:49)英德语媒体报道中的拉贝形象构建确实受到了不同时期意识形态以及社会政治因素的影响,因而呈现出了不同的面貌。而在这当中,拉贝形象构建的转变受到意识形态的影响最为显著。这体现在媒体对于拉贝自身意识形态的不同解构以及媒体自身意识形态的约束两个方面。

从英德语媒体对于拉贝自身意识形态的解构来看,拉贝的形象在媒体报道中从偏向消极的单调形象往偏向积极的复杂形象转变。对于拉贝自身意识形态最大的讨论无疑都集中在他的纳粹身份上。战后西方社会,尤其是德国国内对于纳粹历史的讨论,经历了一个"历史化"(Historisierung)的过程:"长期以来,德国史学界将纳粹历史从一般的德国历史中抽离出来,对它进行道德审视,这在第二代尤其是第三代普通德国人中形成了对父辈历史的隔膜感,好像他们与历史上的作恶者之间是'自我'和'他者'的关系。不过,随着代际更替、纳粹统治时期的远去,德国人可以积极地正视自己历史的可能性在加大。"(徐健,2015:37)在普遍社会意识形态转变的影响下,对于纳粹身份的审视逐步开始关注更为微观的历史细节。这对于还原历史真相,尤其是对于历史当中的形象重构具有重大意义。本文提到的媒体报道中拉贝形象自2009年以来发生的转变,也正体现出了在历史细节挖掘的过程中,拉贝作为德国人被逐步历史化,被逐渐纳入到德国历史一部分的进程。《拉贝日记》以及相关文艺作品的创作和推广,使得曾经作为纳粹"他者"的拉贝不再完全从历史主流当中剥离,而是作为历史"自我"被接纳。而作为纳粹"他者"的拉贝形象所受到的不公正和歧视,也在媒体报道的再审视当中得到了一定的修正。

而从媒体自身意识形态的约束上来看,英德语媒体不同意识形态的差异也体现出了拉贝形象的转变。首先,德语媒体的意识形态转变能够追溯到纳粹"历史化"的进程当中。尤其是在2015年,即世界反法西斯战争胜利70周年之后,德国社会对于纳粹历史的反思也在经历着修正思潮,而拉贝作为纳粹党员身份的讨论转向似乎也契合德国社会的修正思潮。徐健进一步指出,21世纪以来,德国在经历民族统一之后,民族认同和意识形态也正在逐步与欧洲一体化进程同轨。二战当中的纳粹历史在经历"历史化"之后,德国意识形态不再是西方意识形态的"他者",反而西方与非西方世界的意识形态问题将会成为重点(徐健,2015)。然而英语媒体对于纳粹"历史化"的态度,从对于拉贝形象的构建来看,仍然保持保守和警醒。他们可能更倾向于强调纳粹统治的暴行和罪行,而不太愿意接受或突出纳粹历史中的其他方面。这种态度反映了英语世界对于纳粹时期的历史观的传统看法。

总体来看,英德语媒体对于拉贝形象构建的转变在批评话语分析视域下展现出了社会意识形态的复杂变化。这种变化体现了不同历史背景和文化传统对于历史事件诠释的多样性,同时也反映了媒体报道受政治、社会和文化因素的影响。德语媒体更倾向于将拉贝形象纳入更广泛的历史背景中,接受历史的多面性,而英语媒体则更注重强调纳粹时期的罪行。这种差异说明,在报道历史事件时,媒体采取的意识形态和文化视角对于塑造公众对历史人物的认知和理解具有重要的影响。

参考文献

[1] Birkenstock, G. 2009. Menschenretter mit Hitler-Uniform. *Deutsch Welle*, 2009-02-06.

[2] Burstein, N. 2009. 'China's Oskar Schindler' Takes German Oscar. *Forward*, 2009-04-29.

[3] Chen, D. W. 1996. At the Rape of Nanking: A Nazi Who Saved Lives. *The New York Times*, 1996-12-12.

[4] Dotzauer, G. 2019. Oper über John Rabe Der gute Nazi. *Der Tagesspiegel*, 2019-04-07.

[5] Dowell, P. 2010. Shelter Under The Swastika: The John Rabe Story. *NPR*, 2010-06-14.

[6] Engert, J. 1997. In seiner Heimat vergessen: Ein Deutscher rettete 250.000 Menschen in China. Das Erste, 1997-02-13.

[7] Holden, S. 2010. A Nazi Businessman Risks His Life to Do the Right Thing? It's True. *The New York Times*, 2010-05-21.

[8] Knodell, K. 2016. Exposed: That One Time Nazi Germany Helped China Fight Japan. *The National Interest*, 2016-10-29.

[9] Spiegel. 2008. Rettung unterm Hakenkreuz. https://www.spiegel.de/kultur/kino/hitler-verehrer-rabe-rettung-unterm-hakenkreuz-a-548887.html.

[10] Stern. 2009. Der Schindler von China, 2009-04-04.

[11] Wember, H. 2015. 5 Januar 1950-Todestag des Kaufmanns John Rabe. *Westdeutscher Rundfunk*, 2015-01-05.

[12] 郭松,2019.批评话语分析:批评与进展.北京第二外国语学院学报,41(04):34-47.

[13] 焦俊峰,刘美兰,2019.英美媒体对孔子学院文化形象构建研究——基于《卫报》与《纽约时报》相关报道的批评话语分析.天津外国语大学学报,26(04):13-23+158.

[14] 石春煦,2022.身份研究:积极话语分析和批评话语分析的互补性.外语学刊,(03):48-54.

[15] 辛斌,2002.批评性语篇分析方法论.外国语,(06):34-41.

[16] 辛斌,2007.批评语篇分析的社会和认知取向.外语研究,(06):19-24+110.

[17] 徐健,2015.纳粹史叙事与民族认同——战后七十年联邦德国史学界对纳粹历史的思考.史学集刊,(04):31-39.

导师评语

陈民: 论文对约翰·拉贝形象在英德语媒体中的构建转变进行研究。作者选择1996年至2019年间的11篇英德主流媒体报道,基于批评话语分析理论对拉贝形象的演变展开了较为详细的分析。这一研究切中了一个重要议题,即人物形象在不同语境下如何被塑造和转变,这对于理解媒体对历史人物的呈现具有重要意义。论文的创新之处在于,作者深入分析了报道言辞背后蕴含的复杂影响因素。作者指出,2009年前后,拉贝形象经历了从消极向积极的转变,这种转变与社会历史的复杂变化存在密切关联。挖掘这种关联为读者加深对历史人物形象变迁的认识提供了可能性,也为拉贝研究提供了新视角。论文结构完整,论证扎实,方法运用得当。

中德主流媒体对三孩生育政策的
解读与宣传策略研究*

刘润林

摘　要：人口问题是当今全世界亟待解决的重大难题。中国作为人口大国，在坚持以计划生育为基本国策的基础上，不断调整优化相关生育政策，这在全球范围内获得了较高的关注度。本文着眼于关于三孩生育政策与生育率的德语解读与宣传策略，通过分析德国主流媒体与中国主流外宣媒体2021年6月到2022年1月的相关报道，对比不同媒体对中国最新生育政策的宣传话语建构的特征，为我国外宣工作提供参考。

关键词：三孩生育政策；国家形象；新闻话语；对外传播

1　研究背景

2021年8月20日，全国人大常委会会议表决通过了关于修改《中华人民共和国人口与计划生育法》的决定。按照修改后的规定，国家提倡适龄婚育、优生优育，一对夫妻可以生育3个子女。三孩生育政策的实施是我国继2016年全面放开二孩政策后在生育政策上的新一步行动。推广三孩生育政策为追求和实现适度生育率、调整区域人口发展和满足不同人群多样化的生育需求提供了空间（陈卫，2021）。这是我国政府根据国情变化对生育政策进行的重大调整，它基于我国当前人口结构改变的国情，有利于积极应对老龄化。

随着中国的发展，其国际影响力日益增大，中国在全球事务中占有越来越重

---

* 本文系南京大学校级大学生创新创业项目"如何正确解读与对外宣传中国最新生育政策——以中德媒体为例"（202210284396X）成果，发表于《语言与文化研究》，2022年第4期，206-208。

要的地位,同时也意味着国际社会越来越多地将目光投向中国。纵观当下西方主流媒体,其中不乏关于中国的报道,然而西方主流媒体通常都是采用一些传统的视角来展开报道,而并非着眼于中国不断变化的情况。德国媒体在全世界具有深远的影响力,在相关政策上的报道和宣传与中国媒体并不相同。德媒的报道并未全面理解生育政策,这种误读误解影响了对中国形象的塑造。

2013 年,习近平同志在全国宣传思想工作会议上指出,"要精心做好对外宣传工作,对外创新方式,着力打造融通中外的新概念新范畴新表述,讲好中国故事,传播好中国声音。"(习近平,2022:45)因此,对比中德媒体对生育政策的报道并厘清德国媒体涉华报道的话语生产过程、建构形象的方式策略,是当代中国形象对外传播的课题之一。基于上述背景,本文将探讨如何正确解读与对外宣传中国最新生育政策,以达到正确解读中国政策、优化外宣策略的目的。

2　研究方法

本研究主要采用语料库话语分析方法,分别选取多家中国和德国主流媒体作为研究对象。在德语媒体中,选择了《南德意志报》、《法兰克福汇报》、《每日镜报》和《明镜》周刊等影响力较大的四家媒体,其中《明镜》周刊是欧洲发行量最大的新闻周刊,《法兰克福汇报》是德国发行量最大的报纸之一(王诗瑶,张焱阳,2021:23);在中国媒体中,选择了《今日中国》、《北京周报》和《人民日报》三家媒体的德语版。通过在上述媒体的网页数据库当中采集 2021 年 5 月 21 日到 2022 年 1 月 31 日的关于中国生育政策的新闻报道,检索过程中以 Geburtenpolitik(生育政策)、Drei-Kind-Politik(三孩生育政策)为关键词,总共收集 19 篇文本(共 10462 词)用于分析。在收集到高频词出现次数之后,本研究对其中出现的主题词、关键词进行抓取,剔除无实义的冠词、介词、代词、连词以及助动词,并对部分语义相同形式不同的词语进行汇总,形成了词频表(见表1)。

表1　研究文本中的词频

词语和词义	词频	词语和词义	词频	词语和词义	词频
Kind 孩子	84	Frau 女性	4	Prozent 百分比	1
China 中国	23	chinesisch 中国的	0	Geburtenrate 生育率	0
Jahr 年	8	Zahl 数据	5	Millionen 百万	0
Politik 政策	9	mehr 更多	4	zwei 二	0
drei 三	3	Maßnahme 措施	2	Bevölkerung 人口	0

3 德国媒体视角下的生育政策报道策略

3.1 德媒报道的数据分析

外媒在引用数据介绍中国国情和政策时,通常会在数字后面补充本国的相关情况作为对比,方便对中国不够了解的读者在浏览数据时能快速构建直观印象。例如,《法兰克福汇报》2021年5月31日的报道介绍过去几年中国的出生率,不仅列出了中国的出生率为1.3,还在其后分别补充了德国和美国过去几年的出生率(德国:1.5,美国:1.6);同一篇文章在介绍中国的人均可支配收入时,不仅举出了德国的数值进行比较,还将人民币的数据换算为欧元标注在括号内。这样的货币换算注释几乎出现在所有文章中每一处关于人民币"Yuan(元)"的信息之后。显然,合理、准确的注释能够辅助读者理解中国国情,从而更深入地理解中国根据国情制定的相关生育政策。

3.2 德媒报道的标题分析

相比于国内新闻稿一目了然的标题,外媒在选择文章标题时更偏向于使用一定的修辞手法,或者提出假设,这容易让读者产生先入为主的印象。德语媒体在文字风格上各具特色。在从《法兰克福汇报》选取的五篇文章中,标题都与中国外宣媒体的报道标题存在显著差异。我们将《法兰克福汇报》的标题分为两大类。

第一类标题往往以名词为核心,具体形式表现为名词的叠加,例如,该媒体在2021年5月31日和2022年1月17日的两篇报道。这类标题往往突出作为意义核心的名词之间的关系,同时省略动词,达到通过概括新闻内容简化标题来让读者快速了解文章主题和大致内容的目的,但往往因为过度的省略概括和对细节的夸张容易让读者产生误解。

第二类标题则是不完整的结构或者结构极为简单的陈述句,其中,条件状语的从句部分最为常见,例如,该媒体在2021年5月12日和2021年5月31日的两篇报道。这样的标题从形式上看是陈述语气,但实际上通过具有明显影射意图的假设情境可以让读者产生基于标题所述事实的有关联想,从而将文章作者对新闻的主观看法不留痕迹地预设给读者。

《法兰克福汇报》通过标题为整篇文章定调,但在文章内容上却通过西方媒体常用的个体采访来揣测中国国情,这种误读和误解乃至刻意的选择性报道往往以小见大,违背了新闻最宝贵的真实性。夸张化的标题虽然能够吸引更多读者的注意力,但容易歪曲事实,不具备主流新闻媒体应该具有的客观性。

相较于《法兰克福汇报》,本研究选取的另外三家德语媒体则相对更加客观。仅从标题上看,《明镜》周刊、《南德意志报》和我国外宣媒体比较相似,它们习惯使用一目了然的直陈式表述,文章体裁更加接近通讯。《每日镜报》则在标题中使用客观的问句以启发读者思考,不带明显的主观倾向。

3.3 德媒报道的词语分析

外媒在选取词汇时会使用主观倾向性较强且带有明显夸张色彩的词汇,据笔者观察,以《法兰克福汇报》为代表的外媒在报道中常常出现一些含义清晰、颇具震撼力的词语。形容词方面,主要表现为含义单一且程度严重的词语,例如,drastisch(赤裸裸的,露骨的,猛烈的)一词分别出现于两家媒体的报道当中,其修饰的名词主要是人口老龄化带来的社会后果以及中国人老龄化的速度;而在描述政策的大致方针时,德媒将决策形容为 vage(含糊不清的)。动词方面也同样存在类似现象。在我们选取的文章中,schrumpfen(萎缩)出现了 6 次,其搭配的主语都是 Bevölkerung(人口)。在动词方面,本研究在筛掉常见功能动词及助动词后,形成了动词词频表(见表2)。

表 2 德媒动词的词频

词语和词义	词频	词语和词义	词频
können 能	33	bekommen 得到	12
wollen 想要	20	dürfen (被)允许	8
sollen 应该	20	reagieren 作出反应	6
erlauben 同许	19	aktualisieren 使现实化	5
müssen 必须	15	schrumpfen 萎缩	5

本研究以情态动词 wollen(想要)为例。在选取的案例中,wollen(想要)共计出现 20 次,其中 13 个搭配的主语是与政府有关的机构或政策,强调政策和政府的主动性;7 次与个体搭配,其中 5 次出现在对个体的采访中。这也是外国媒体的常用论证手段,即通过对个人采访言论的选择性截取来代表全体,最终得出以偏概全的结论。

3.4 德媒报道的案例分析

研究发现,在以抽样调查的方式进行采访时,外媒偏向于抽取少数中产阶级为调查对象,这显然难以保证样本抽取的合理性,更无法确保结论的全面性。例如,在2021年5月12日的《法兰克福汇报》上,基于个案报道个体的经历和故事,并以此代表中国大部分人的经历,这样的论据缺乏抽样调查的严谨性,容易导致结论缺乏普遍性。

在引用观点佐证结论时,外媒倾向于选取网友等普通民众的意见。例如,在2021年5月31日刊登于《法兰克福汇报》上的一篇文章中,作者在倒数第四段大量引用微博网友的意见。事实上,网络社交媒体具有虚拟性和主体隐匿性,其中的言论看似反映民意,实则往往富含情绪输出,难以始终确保准确性与客观性。而这种为了论证自己的结论而选择性忽视部分论据的行为,不禁让人对文章内容的中立性产生怀疑。

此外,德媒援引的统计数据多是来源于国际或国内民间组织,而非由官方机构发布的权威数据,故无法确保其数据的可信度。例如,《法兰克福汇报》2021年5月31日的报道引用了一项来源社交媒体的所谓民意调查作为论据,这显然缺乏相应的说服力。

4 中国外宣媒体视角下的生育政策报道策略

4.1 外宣媒体篇章结构分析

我国主要外宣媒体在报道相关政策时的体裁多为通讯,其首要目的是向外国读者传递政策信息。文章结构严密,逻辑严谨,对政策内容及其制定背景进行解读。为保持信息传递的一致性,不少文章采用的报道结构比较固定。

第一段首先提出全文核心观点,通常与标题相呼应。接下来对该观点进行解释:在介绍三孩生育政策的报道中主要表现为对具体措施的阐述,在介绍生育率的报道中则表现为列举源官方数据。论证过程中会频繁使用专家提出的权威观点进行佐证。报道大部分以专家观点收尾,小部分文章是以政策的具体内容结尾。以《今日中国》2021年8月23日发表的文章 Drei-Kind-Politik nun offiziell eingeführt(三孩生育政策正式实施)为例。文章首段用一句话点明主题,介绍三孩生育政策正式推出的消息。第二和第三段介绍经过修订后的条例包括的措施,接下来分别引用人口普查数据和全国人大代表的观点作为论据,证明政策的制定符合当下中国国情。最后一段针对可能出现的问题进行预测,提出应对措施。

4.2 外宣媒体选用词汇分析

我国外宣媒体在遣词造句上,频繁地使用立场更加客观,即中立性更强的词语。

在动词方面,本研究选取了具有代表性的常见情态动词 sollen(应该)和 wollen(想要)进行分析。据统计,九篇报道出现 sollen(应该)及其变位形态 10 次,与其搭配的主语为 Politik(政策)和 Regierung(政府);出现 wollen(想要)及其变位形态 3 次,与其搭配的主语为"Menschen(人们)""Frauen(女性)"和"Paare(夫妇)"。在使用 sollen(应该)时,侧重于强调政府在制定和执行政策时应该为人们解决矛盾,即客观事实要求政策应该如此制定。而 wollen(想要)常以政策受众群体为主语,强调政策依据人民的意愿制定,符合广大群众的利益需求。情态动词的恰当选用体现了外宣媒体对相关政策的准确理解。

此外,外宣媒体能够选取恰当的专业名词来解读政策。在介绍相关措施时,外宣媒体常用 Dienstleistung(服务)来阐释相关政策的本质内容,而不是外媒所言的"必须执行的强迫性政策"。Belastung(负担)在文中常与表示"降低"的动词一起出现,例如 erleichtern(减轻)、mindern(降低),强调政策的出发点是为群众减压。另外,文中出现 Bevölkerung(人口)一词 16 次,去除掉特殊名词 Bevölkerungs-und Familienplanungsgesetz(人口和计划生育法),还有 8 次是单独使用,它常与数据搭配,通过分析人口增长率说明政策源于民情、考虑民意。

4.3 外宣媒体论证依据分析

外宣媒体为了佐证其解读政策的结论,选取的论据更强调严谨性和权威性。外宣媒体频繁列出各类数据作为支撑,同时,它们的来源均有据可考,且均是正式统计并发布的信息。研究文本中出现的数据涵盖了人口比例、生育率、人口增长率等多个方面的内容,所有数据均来源于 Volkszählung(人口普查)、Statistik-Jahrbuch Chinas(中国统计年鉴)等。大部分数据精确到小数点后两位。多数文章均通过数据对人口变化率进行简单介绍,帮助读者建立起对中国的初步了解,以使其能够更好地领悟文章的论点,正确解读相关政策。援引权威数据体现了外宣媒体尊重报道客观性的负责态度。

外宣媒体报道的主要目的是为更多外语媒体提供基础信息。为追求信息的严谨和客观,报道中往往较少出现媒体本身的看法和观点。大部分看法和观点都来源于不同领域的学者和专业人士。我们的研究对象提到包含具体姓名及工作领域的专家 10 次,其中,政府工作人员 5 次,大学和研究所学者 5 次。此外,

Expert(专家)一词出现8次,其后搭配的动词为 hinweisen(指出)和 betonen(强调),从学术的角度揭示了该政策具备理论支持。专家和学者的建议能突出政策制定的科学性,符合客观发展的规律。

5 提升外宣媒体宣传效果的建议

通过上文就德国媒体和我国外宣媒体报道特征的比较,我们认为,后者可以在以下方面作出改进。

5.1 加强外宣媒体报道的跨文化性

外宣媒体的大部分报道皆为对中文媒体内容的直接翻译,与国外受众的语言特点和文化背景的结合并不紧密(朱伟婧,2015)。而外媒在报道中国国情相关信息时往往会将数据和本国情况进行对比,从而加深受众的理解。外宣媒体应该更加关注目标受众群体的文化环境,提升报道的接受度。

5.2 丰富外宣媒体报道的自身特色

相比外媒清一色的评论稿,我国主流外宣媒体使用的体裁主要是提供基础信息的通讯稿,缺少输出性质的评论、看法和观点。外宣媒体应该在保持产出高质量通讯稿的同时,尝试创作外语评论稿,与外媒的评论稿对冲,减轻和避免误读误解现象。

5.3 提升外宣媒体报道的"吸睛"能力

外媒评论文章的标题并非简单而直白的陈述句,而是会引起读者联想或者建立暗示的结构。据我们统计,研究涉及的外宣媒体文章标题均为对信息进行概括的陈述句。文章引用的专家观点大多是国内专家,且基本都是学术性较强的判断,这就难免在保证客观与权威的同时降低趣味性和宣传力。有鉴于此,外宣媒体在尝试刊发评论稿时,可以在坚守客观事实的前提下扩大对个体的采访面,多措并举讲好中国故事。

6 结语

中国作为世界人口大国,生育政策的优化和调整历来被西方世界所关注。三孩生育政策的出台是中国共产党带领国家实现社会主义现代化的重要一步。

在复杂的国际舆论环境下,加大对外宣传力度,创新对外宣传方式,构建中国对外话语体系,掌握国际话语权,以增进世界对中国的了解,显得尤为重要(李子祥,2014:56)。对比中德两国代表性媒体的报道特征有助于切实提升国际传播能力,巩固中国在人口问题和生育政策话题方面的正面形象。

参考文献

[1] 陈卫,2021.中国的低生育率与三孩政策——基于第七次全国人口普查数据的分析.人口与经济,(05):25-35.

[2] 李子祥,2014.新形势下讲好中国故事的路径探索.前沿,(Z8):53-56.

[3] 王诗瑶,张焱阳,2021.后疫情时代德语媒体中的中国经济形象建构问题研究——以德国《明镜》周刊和《法兰克福汇报》为例.新闻传播,(22):23-24.

[4] 习近平,2022.习近平关于社会主义文化建设论述摘编.前进,(04):45.

[5] 朱伟婧,2015.英国电视媒体BBC中国国家形象报道.北京:中共中央党校.

导师评语

刘健、陈民: 论文聚焦2021年6月到2022年1月德国主流媒体与中国主流媒体对于中国最新生育政策的报道,分析不同媒体对中国最新生育政策的宣传话语建构特征,并根据分析结果为中国最新生育政策外宣策略提供具体建议。论文选题具有现实性,运用语料库基本分析方法,体现出一定的跨学科视野。论文数据翔实,论述清晰,结构合理。论文对提升我国外宣媒体宣传效果提出的建议体现了作者围绕中国话语国际传播问题所做的独立思考。

乡村医疗语境中医生身份建构研究*

韦晨隽　王依欣

摘　要：已有大量文献以会话分析为手段，对作为机构话语的医患会话进行研究。然而，鲜有聚焦乡村医疗语境中医生的身份建构。本文基于田野调查，以浙江省某县两所乡村卫生院中真实发生的医患会话为语料，基于扎根理论分析乡村医患会话中医生建构的身份类型和身份建构的话语策略，有助于实现有效的医患沟通、促进乡村医患关系的和谐发展。

关键词：会话分析；医患会话；乡村医生；身份建构

1　引言

医患会话是指在医疗环境下，医生和患者或家属就疾病、治疗、健康等方面所展开的交际活动（刘兴兵等，2008；谭晓风，2017）。医患互动研究肇始于美国社会学家伯恩（Byrne）和隆（Long）1976年的著述，而国内采用话语分析探究医患会话研究发轫于顾曰国（1996、1997、1999）。顾曰国（1996）通过分析25个中西医门诊会话，将中国医患门诊互动描述为一个指向同一目的的动态社会过程。目前已有部分国内文献以会话分析为手段，对医患沟通的各方面内容进行了分析，包括医患会话的言语特点、对特定语言现象进行阐释等（张丽、何丽，2021）。如马文、高迎（2018）对医患会话中的修正现象进行了深入的阐述和分析；牛利（2016）则聚焦于门诊会话中的话轮沉默现象，深刻阐释了沉默作为一种非言语

---

* 本文系2023年省级大学生创新训练计划项目"乡村医疗语境中医患身份建构研究"（项目编号：202410284306Y）成果。

信息在医患交际中的作用。其他学者则分别关注医患会话中的"回述"现象(于国栋、郭雪颖,2008)、患者拓展回答(王亚峰、于国栋,2021)、建议序列(于国栋,2009)等内容。

然而,仅有少数文献将乡村医疗机构中的医患沟通作为研究对象。多数研究从城市地区的三甲医院和线上医疗咨询网站收集语料,仅有部分学者着眼于乡村地区的医患互动。林辉(2022)对中国乡镇医院中患者开药请求的会话特征进行了分析,魏忠堂(2020)则从社会心理语用学的视角出发,对乡医与患者的对话进行了研究,并整理了相应的会话策略。这些研究都为乡村医患的沟通提供了新的视角与启发,促进乡村医患关系走向和谐。

2 医患会话中的医生身份建构研究

身份建构理论一直是社会语言学、话语分析、批判话语分析等领域关注的热点话题(Bucholtz & Hall,2010)。身份建构这一概念起源于哲学领域,经历了由本质主义(essentialism)到后现代社会建构主义(postmodern social constructionism)、哲学到社会学和语言学的转向,呈现出跨学科的趋势。有关身份建构的语言学研究主要发展自建构主义,认为身份是动态的、积极的、在话语中建构的,个体可以在会话中构建多重身份(Graham,2007;陈新仁,2014)。

然而,仅有少数研究涉及医患会话中医生的身份建构,且关于医患双方在会话中建构的具体身份的类型尚且缺乏统一的观点。夏玉琼(2015)基于身份表征理论以及人际关系和谐管理模式,发现医生建构机构身份、职业身份、关系身份和个人身份;王尚法、徐婧华(2017)以医生的建议序列为切入点,从会话分析的角度,动态地研究医生在医患会话中建构的不同身份,包括专家身份、权威者身份、教育者身份、平等同伴身份或多重身份。旷战(2017)基于系统功能语言学和个体化理论研究了精神科医患会话中的医生身份,并得出结论:医患会话中的宏观语类身份并非具体、单一的身份,而是一系列身份的集合,其类型可以被划分为知识型、控制型、关系型和互动型四类。然而,尚没有研究关注乡村地区医患会话中的医生身份建构。

综上所述,中国乡村医患会话中的身份建构这一研究方向仍存在较大空白。作为基于田野调查的真实语料的实证性研究,会话分析具有较强的普适性和现实指导意义(张丽、何丽,2021),能够促使医生在医患沟通的过程中利用特定的会话策略,有效促成和谐的医患关系,避免医患纠纷的发生,并在一定程度上弥补城乡医疗资源不均等问题。

3 研究方法

3.1 语料收集

本研究所使用的语料收集自浙江省某县的两个乡镇卫生所。在录音前,实验人员向在场的医生患者进行了简要说明,确保录音仅作研究使用,不会涉及姓名、地名等内容。在征得双方的口头同意后,本研究共收集医患会话录音11小时,合计100段医患对话,涉及科室包括全科诊室、中医门诊和方便门诊三个场景。多数患者使用当地方言和医生沟通,部分专业术语则用普通话或方言和普通话混合的方式进行表述。只有少数年轻患者会主动使用普通话进行交流。

场景一为乡镇卫生所A的全科诊室,医院没有科室之分,也无需提前挂号,病人可以在走廊上看见每个房间内的情况,并自由地选择医生问诊。如果遇到全科医生无法诊治或缺乏医疗设备和药品的情况,医生则会建议患者前往县级医院进行进一步治疗。场景二位于县城的乡镇卫生所B内的中医门诊。中医门诊的主要医生为退休返聘的中医,门诊内另有一位助理医师负责将患者的情况和药方登入系统,并确认患者基本情况和取药等问题。

为了确保会话的真实性以及消解观察者悖论对语料收集的影响,实验人员以尽可能隐蔽的方式进行录音,且不参与医患会话的过程。同时,本研究排除了部分由于环境影响无法听清的对话以及涉及患者个人隐私的对话内容。

3.2 语料分析

在完成语料的收集工作后,研究人员对语料进行了逐字转写,获得语料合计40 760字。对于普通话中缺乏对应词汇或概念的方言词汇,则由普通话熟练的方言母语者挑选意思最为接近的表达。

对语料的分析基于扎根理论。研究人员首先识别出语料中医生在会话中建构的身份和策略,再对获得的结果进行总结归纳,形成结论。

综上所述,本研究聚焦于乡村地区医患会话中医生的身份建构,旨在分析:
(1)乡村医疗语境中医生建构了哪些类型的语用身份?
(2)乡村医疗语境中医生通过怎样的话语策略建构不同类型的语用身份?

4 乡村医患会话中的医生身份建构

4.1 专家身份

医患会话作为典型的机构话语，其最突出的特征即是会话双方的专业知识储备不同，因而产生了"内行"和"外行"的差异。在医患会话中，缺乏专门性知识的患者向作为"专家"的医生寻求专业的医疗建议，医生也在此过程中通过使用专业术语、诊断陈述和对病人情况进行诊疗提问的方式掌握着话轮的进行，建构了拥有专业知识并能结合病人实际情况加以运用的专家身份。

4.1.1 专业术语的使用

医患交际的主要目的是为患者提供医疗建议。因此，在医患会话中，医生自然地会使用症状和药品等专业术语来向病人提供信息。这一类专业术语体现了医生将专业知识和病人的实际情况相结合并给出诊断，对专业术语的使用也能够建构医生作为内行的专家身份。

(1)（会话场景：在结束问诊几分钟后，患有高血压的患者折返说明自己用于展示给药房的药盒丢失，希望医生查询以前的病历记录，加开以前服用过的药物。）

患者1	我药掉掉了，来加一个药。
助理医师	如果还高再加药。现在先吃去。
患者1	掉掉了。
助理医师	吃完了已经？
患者1	欸，一盒只有七粒。我带来准备去买来，结果掉掉了。
医生	有好几个药不一样的，有相差一个字就不一样了，不能随便开，一个是<u>缓释片</u>一个是<u>控释片</u>，你那个是<u>控释片</u>，不一样的，三十号开的那种是七粒一盒。

片段(1)展示了乡村卫生所门诊中时常出现的情况：由于患者缺乏相关的知识，无法完全掌握药品的名称和功效。在需要他们提供过往药物史或有开药需求的情况下，部分患者会选择向医生展示药物的空包装盒。片段(1)中的患

者在结束诊疗前去开药的过程中发现自己降血压药物的包装盒丢失,因此折返至诊室,希望医生在系统中加开这种药物,以便前去药房领取。医生则向患者解释降压药分为"缓释片"和"控释片",体现了医患双方在会话中专业知识的不对等,以此提醒患者遵从医嘱,谨慎开药,侧面建构了医生的专家身份。

4.1.2 诊断陈述

陈述语气具有信息告知和知识传递的功能(旷战,2017:104)。在医患会话中,医生往往会对患者描述的病情或疑问、过往病史、服用药物等话题进行陈述性的解释说明。诊断陈述要求医生在掌握患者具体情况后,结合专业知识,以易懂的语言对患者进行说明,从而完成知识的传递过程。

(2)(会话场景:患者有口干和胃部不适等症状。在医生结束问诊后的开药阶段,患者询问药物的功效。)
  患者2 我这个药主要吃什么的啦?主要吃什么的?
  医生 <u>祛瘀,你这个是血瘀,现在要先给你活血化瘀,活血化瘀之后再把你调理好起来,一股子搞是没有用的</u>。

在片段(2)中,患者询问了药物的功效,医生进行解释,说明患者的症状是血瘀的表现,药物则有活血化瘀的功效。在陈述患者病情和药物功效后,医生进一步陈述了开药的目的,解释了中医的调理需要循序渐进。对患者疑问的解释说明完成了医患之间知识传递的过程,在提升患者对医生信任感的同时建构了医生的专家身份。

4.1.3 诊疗提问

提问是机构会话中至关重要的一部分(Tracy & Robles,2009)。医患交际中,双方专业知识储备的不同导致了权势的不对等。通过对病人进行诊疗提问,拥有更多专门性知识的医方能够深入地了解病人的具体情况,有助于解决病人的实际问题,促进有效的医患沟通。

(3)(会话场景:患者近日口腔内发干发苦,在简单描述症状后,医生开始诊疗提问。)
  医生 <u>现在还苦吗?</u>
  患者3 这两天又有点苦。干、苦,好像胃窦有肠化。
  医生 那个等会再讲。

患者3	好。睡觉不会睡。
医生	这两天很干是没有很干吧?
患者3	好一点了,跟头几天比。之前舌头碰到嘴巴都黏在一起出不来。
医生	痛不痛啦?
患者3	这两天稍微好一点,就是这个药吃了好像会肚子痛,一阵阵肚子痛,但是拉肚子好像又不拉的。我好像喝下去就感觉,前面这两天还好,后面这两天喝下去就感觉肚子痛。

片段(3)显示,医生用大量的是非疑问句进一步了解患者的身体状况。是非疑问句会压缩医患之间的协商性,仅留给患者有限的回应余地(旷战,2017)。虽然患者仍给出了一些与提问不相干的陈述(胃肠化和睡眠情况),但是均被医生忽略,表明了医生用简洁直接的是非疑问句快速地了解患者的病情,不受患者其他陈述的干扰,同时把握着话题和话轮的转换,建构了富有更多经验、占据权势主导地位的专家身份。

4.2 权威身份

不同于在医疗诊断阶段依托专门性知识给出医疗建议的专家身份,医生往往使用更具说服力的话语,在给出医疗建议的阶段建构自己的权威身份,以确保患者遵从医嘱。情态动词与祈使句、反预期的让步、人称代词的对立和反问均是医生在交际中建构权威身份的常用手段。其中,情态动词是医生在医患会话中建构权威身份时最常用的手段,能够灵活地与其他各种策略结合,服务于不同的语气和会话目的。

4.2.1 情态动词与祈使句

祈使句一般是一种发话人对受话人发出的去做或不去做某事的指令行为。在会话双方地位平等的情况下,会话中往往较少出现祈使句。在乡村医患会话中,医生则在给出医疗建议阶段频繁地使用祈使句以增强语气。同时,医生也大量运用表指令的情态动词以给出医疗建议。

(4)(会话场景:患者患有肿瘤,已接受过化疗,但本人对化疗持强烈的排斥态度。医生和助理医师在开药的同时给出有关药物和化疗的医疗建议。)

医生	你这个毛病是五年里不复发就没事了。
患者4	哎,平时反正就吃吃玩玩。
医生	干活就<u>不要</u>干了,但不医是不行的,就靠养是没用的。化疗也<u>要</u>去做。
患者4	上次化疗人都化坏掉了。
助理医师	化疗疗程<u>要</u>化足。
医生	我这个药吃去化疗<u>不会</u>化坏的。
家属	上次化疗做去他吃都不要吃的。
助理医师	补的药就没关系。
医生	我这个药吃去你<u>会</u>好回来的,好回来之后再去化疗,<u>不要</u>讲不听。
助理医师	疗程化足,省得复发。
医生	这样就好了,<u>不要</u>吃得太油。
患者4	油不吃。
医生	鸡蛋也<u>不要</u>吃得太多。
家属	鸡蛋是不吃的。
医生	少吃点,<u>不要</u>拼命吃!<u>不要</u>胆囊炎吃出来,现在是还好的。
助理医师	一天<u>只能</u>吃一个。胃已经割掉了,不消化,<u>不能</u>吃多。

在中医门诊的最后阶段,医生一般会就患者的情况给出饮食、作息等方面的建议。这些建议往往都以无称呼语的禁止祈使句的方式进行表述,所使用的表禁止的词汇主要包括表义务的低程度情态动词"(不)要"、表义务的高程度情态动词"不能"以及表概率的程度中等的"(不)会"。后者表现了一种不可协商性。禁止祈使句作为会话中权势地位更高的医生对患者发出的指令,帮助医生建构了权威身份,以确保患者遵从医嘱,得到较好的治疗效果。

4.2.2 反预期的让步

在乡村医患会话的提供医疗建议环节中,反预期的让步往往和情态动词、祈使句一起出现,形成"(不)要/(不)能……(否则/不然)……"的结构。代表让步的衔接词后往往跟随着医生预设的负面结果,营造出一种反预期的转折关系:如果患者不遵从医嘱,则可能会导致负面的结果。

(5)(会话场景:患者面部有较多痤疮,在服药若干疗程后前来复诊。）

  助理医师 平时熬夜吗？
  患者5 熬啊。
  助理医师 那你这些药吃好了之后还要生,<u>吃好了你继续熬夜这些药又白吃</u>。
  患者5 那没有那么夸张。现在差不多十一二点也要睡了。以前比较那个。
  助理医师 最好是十一点钟是要睡了,十一点钟之前要睡。<u>不然你自己药白吃了</u>。

  在助理医师得知患者熬夜后,立刻预设了患者熬夜导致痤疮复发的负面结果。在患者进一步解释说明后,助理医师继续运用情态动词和祈使句,给出建议"十一点之前要睡",接着使用让步衔接词"不然"连接不遵从医生建议的不良后果。这样的"建议—让步—预设负面结果"的结构能使患者意识到不遵从医嘱可能导致的后果,进而对"遵从医嘱—治疗疾病"这一流程产生认同。在预设负面结果时,医生同时运用了专业知识和职业经验得出结论,并用较为强烈的语气和负面结果迫使患者改变不良的生活习惯,从而建构了自己的权威身份。

4.2.3 人称代词的对立

  从语料中发现,乡村医患会话中医生常常运用人称代词的对立来表示自己的权威身份。代表医生的第一人称"我"和代表患者的第二人称"你"在会话中展现了清晰的权势不对等关系,医生向处于会话中专业权威地位较低的患者作出担保,通过建构权威身份的方式提升了患者对医生的信任度。人称代词的对立往往也和情态动词和程度副词结合使用。

  （4）第5—9行
  助理医师 化疗疗程要化足。
  医生 <u>我</u>这个药吃去化疗不会化坏的。
  家属 上次化疗做去他吃都不要吃的。
  助理医师 补的药就没关系。
  医生 <u>我</u>这个药吃去<u>你</u>会好回来的,好回来之后再去化疗,不要讲不听。

  （6）（会话场景:患者在医生结束开药流程后继续询问身体疼痛是否可以服用该种药物。）

患者6	这里痛的这些药可以吃吗？
助理医师	没事。
医生	<u>我</u>叫<u>你</u>吃了，绝对可以的。

4.2.4 反义疑问句

和用于了解患者情况的诊疗提问不同，医生在医患会话中较少使用反义疑问句，往往用于反驳患者对自己病情、药物功效的预设或陈述。反义疑问句的语气较一般疑问句和陈述句更为强烈，因而更能体现会话双方权势的不对等。同时，单独的反义疑问句只能否定病人错误的预设或陈述，而不包括诊断陈述具有的知识传递过程，因此更能体现医生不容置疑的权威地位。

(7)（会话场景：患者因感冒前来就诊，在医生开药时询问是否可以继续服用安神补脑液。）

患者7	有点痛。安神补脑液可以吃吗？
医生	那个是补的耶，感冒的时候是不能吃的。
患者7	哦。
医生	你以为吃得越多越好啊？所以一定要把这些表征都清掉，再去管那些。
患者7	难怪，安神补脑液吃去舌苔越来越厚。

片段(7)中，患者预设自己继续服用安神补脑液对身体有好处，于是询问医生安神补脑液和新开的中药能否同时服用。医生在给出否定的回答后，用反义疑问句反驳了病人关于安神补脑液的预设，又辅以情态动词和祈使句，进一步建构自己的权威身份。

4.3 关系身份

医患会话中医生关系身份的建构着眼于和谐的人际关系，有助于缓和语气，建立轻松平等的会话氛围，拉近医患之间的情感距离。医生关系身份的建构有助于促使患者敞开心扉，令医患沟通更加顺畅，更好地提供医疗建议、帮助患者早日康复。乡村医患会话中，医生关系身份的建构主要依赖拟亲属称呼语的使用、利用人称代词建构集体概念和给予积极评价三种手段。

4.3.1 拟亲属称呼语

(8)（会话场景：患者为 6 岁左右的儿童，咳嗽大约一个月，平时在上海读书，过年期间回到老家，在母亲的带领下前来问诊。此次为间隔一周的复诊。）

助理医师　　咳很久了，来复查了，上海的。
患者母亲　　对对对，就是上海的这个。
医生　　　　哦，这个<u>宝贝</u>啊？
患者母亲　　欸。我说今天再来看一下，本来是说初六就要回上海了。应当开就再开一点，明年也好吃。

拟亲属称谓语是在汉语口语中使用亲属称谓称呼非亲属的一种语言表达形式，具有突出的礼仪性特质，符合乡村居民交际的特点（张希玲，2007）。片段(8)中，医生在想起该名儿童病患后，称其为"宝贝"，表示自己仍记得患者及其母亲上周曾来问诊。这样的拟亲属称谓语拉近了双方的情感距离，弱化了医生的专家身份和权威身份，能够使医患会话在轻松和谐的环境中进行，更易达成获取患者信息、提供医疗建议的目的。

4.3.2 利用人称代词建构集体概念

乡村医患会话中，医生根据会话目的和语境，灵活地利用自称代词"我们"、他称代词"他们"、旁称代词"别人"和统称代词"大家"建构包括会话双方的集体概念。这样的集体概念只包括正在进行对话的医生和患者，因此具有排他性，能够使医患双方在情感上形成联结，进行和谐高效的医患会话。

(9)（会话场景：患者面部有部分痤疮，在母亲的陪同下前来问诊。医生和助理医师正在提供有关饮食的医疗建议。）

医生　　　　<u>我们</u>土话里讲"发"的东西少吃点。辣椒……
助理医师　　吃是熬得住的，就是睡觉要睡好来很难做到。
医生　　　　辣椒、生姜、鸡肉这些东西。
患者母亲　　哦哦。辣椒生姜鸡肉这些东西不能吃？
医生　　　　鸡肉也是发的。酒也不要吃。
患者母亲　　酒是不吃的。

(10)（会话场景：患者就感冒前来问诊，医生与患者此前熟识，正在进行寒暄和询问病情。)

  患者10 欸,我。又感冒了。
  医生 这么贪,要感冒去?不要贪去感冒。
  患者10 总是别人那里感染过来的,别人感冒了。现在就是说鼻子塞,口腔里这个叫什么,扁桃体很难过。这边头也昏沉沉的。
  医生 不要这么贪,让<u>别人</u>也存一点耶。不太咳嗽吧?
  患者10 原来不太咳的,现在又有点咳了。现在这个喉咙也不清爽。

  片段(9)中,医生用了"我们"这一自称代词,囊括了正在进行对话的医患双方;片段(10)中,医生则将感冒拟为物件,调侃患者因为贪心才感冒,同时在会话中提到"别人",间接地在两人之间建构了集体概念。这样具有排他性的集体概念表明医生在情感上和患者处在同一侧,建立了一种口头上的人际关系,能有效地拉近双方情感距离。

4.3.3 给予积极评价

  医患会话中,给予患者显性的积极评价能够帮助患者在治疗过程中建立积极良好的心态,能够使患者以正确的态度面对自己的病情,帮助患者早日康复。在本文作者收集语料的中医门诊中,许多患者患有慢性疾病,需要长期治疗才能见效。缺乏鼓励和积极评价的患者容易过分悲观,对自己的身体状况产生错误、消极的判断。在此情况下,医生就患者的身体状况和康复程度做出正确的积极评价至关重要。

  (11)(会话场景:患者患有郁症,定期前往中医门诊进行复诊。在医生开药的同时,患者提及了他人对自己面色的评价。)
  患者11 别人经常说我面色这么苍白。
  医生 <u>你那个没关系的</u>,就是有点黄褐斑。
  患者11 所以他们说我一块一块的,我一看真的一块一块的。
  医生 <u>那没关系的</u>。你会吃嘛多吃一点。你郁症好多年了,你这样算快了。

  (12)〔会话场景:同片段(8)。患者为6岁左右的儿童,咳嗽大约一个月,平时在上海读书,过年期间回到老家,在母亲的带领下前来问诊。此次为间隔一周的复诊。在诊断过程中,助理医师评价患者的精神较上次更好。]

助理医师　那这次来精神都不一样了,和上次。
患者母亲　对的。
助理医师　上次是好像没有这么精神。
患者母亲　对的,对的。
助理医师　这次是好像身体好起来看去胖都胖一点。
患者母亲　吃东西能吃啦。睡觉也安稳了。
医生　　　胃口好不好? 如果胃口没有不好就要加一点金银花。
助理医师　精气神就完全不一样了。

片段(11)中,患者因他人的评价而产生负面情绪,医生就此反复表示"没关系",并宽慰患者其康复速度已经很快,不需要过分担心自己的病情。片段(12)中,助理医师评价患者比上次更精神,得到了患者母亲的认同。在助理医师评价患者长胖后,患者母亲回应患者的饮食和睡眠状态变好。医生提供的积极评价推动了会话的进行,也让患者对自己的病情和身体状况有了更清晰的了解。同时也能弱化医生的专家身份和权威身份,表现出医生对患者的关心,树立具有人文关怀的医生形象。

5　结语

研究结果表明,在乡村医疗语境中的医患会话大致可分为寒暄、诊疗提问、诊断陈述和提供医疗建议四个语类阶段。乡村医生根据机构语境的施事目标和人际目标,在会话中动态地建构了专家身份、权威身份和关系身份。专家身份主要通过专业术语的使用、诊断陈述和诊疗提问三种手段建构,其中医生通过提供专业术语和诊断陈述来完成知识和信息的传递,通过诊疗提问把握话题和话轮的变化和进度。权威身份主要通过提供医疗建议阶段时使用的情态动词与祈使句、反预期的让步、人称代词的对立和反问建构。情态动词和祈使句是乡村医生建构权威身份的主要手段。乡村医生能够根据病人的实际情况,选择使用语气强烈程度和情感色彩不同的情态动词,灵活地以不同方式给出医疗建议,促使病人遵从医嘱。关系身份旨在和患者建立亲近的人际关系,建立关系身份的主要策略包括拟亲属称谓语的使用、利用人称代词建构排他性的集体概念和给予积极评价。关系身份的建构可能出现在医患会话的各个阶段。

参考文献

[1] Bucholtz, M. & K. Hall. 2010. Locating identity in language. *Language and Identities*, 18(01): 18-28.

[2] Byrne, P. S. & B. E. Long. 1976. *Doctors Talking to Patients: A Study of the Verbal Behavior of Doctors in the Consultation*. London: HMSO.

[3] Graham, S. L. 2007. Disagreeing to agree: Conflict, (im)politeness and identity in a computer-mediated community. *Journal of Pragmatics*, 39(04): 742-59.

[4] Gu, Y. 1996. Doctor-patient interaction as goal-directed discourse in Chinese sociocultural context. *Journal of Asian Pacific Communication*, 7(03-04): 156-76.

[5] Gu, Y. 1997. Five ways of handling a bedpan-A tripartite approach to workplace discourse. *Text & Talk*, 17(04): 457-76.

[6] Gu, Y. 1999. Towards a model of situated discourse. In Ken Turner (ed.), *The Semantics/Pragmatics Interface from Different Points of View*. Amsterdam: Elsevier.

[7] Tracy, K. & J. Robles. 2009. Questions, questioning, and institutional practices: An introduction. *Discourse Studies*, 11(02): 131-52.

[8] 陈新仁,2014.语用学视角下的身份研究——关键问题与主要路径.现代外语,(05):702-710+731.

[9] 旷战,2017.个体意库、身份建构与情感绑定.重庆:西南大学.

[10] 林辉,2022.医患沟通中开药请求的会话分析研究.济南:山东大学.

[11] 刘兴兵,刘琴,邵艳,2008.中国当代医患会话研究综述.中国社会医学杂志,(01):4-6.

[12] 马文,高迎,2018.汉语医患会话中同话轮内自我修正研究.外国语,(03):42-54.

[13] 牛利,2016.医患门诊交际中诊断的会话分析研究.华中学术,8(04),146-154.

[14] 谭晓风,2017.医患会话的医生多重身份建构研究.医学与哲学,(09):40-42.

[15] 王尚法,徐婧华,2017.医患会话中医生身份构建的会话分析研究.医学与哲学,(09):36-39.

[16] 王亚峰,于国栋,2021.医患交流中患者扩展回答的会话分析研究.外语教学理论与实践,(03):108-118.

[17] 魏忠堂,2020.社会心理语用学视角下乡医与患者的会话策略研究.济南:山东师范大学.

[18] 夏玉琼,2015.和谐管理模式下医生多元身份的建构.河北联合大学学报(社会科学版),(05):5-10.

[19] 于国栋,2009.产前检查中建议序列的会话分析研究.外国语(上海外国语大学学报),(01):58-62.

[20] 于国栋,郭雪颖,2008."回述"的理论及其运用——医患关系中"回述"现象的会话分析研究.山西大学学报(哲学社会科学版),(06):54-58.

[21] 张丽,何丽,2021.基于语言学视域的医患会话研究述评.医学与哲学,(12):54-58.
[22] 张希玲,2007.汉语拟亲属称谓语的文化特征探析.大庆师范学院学报,(03):110-112.

导师评语

赵鑫:论文基于田野调查,以浙江省某县两所乡村卫生院中真实发生的100段医患会话为语料,使用扎根理论分析了乡村医患会话中医生建构的身份类型和身份建构的话语策略。作者发现,乡村医生通过使用专业术语、诊断陈述和诊疗提问建构了专家身份;通过情态动词与祈使句、反预期的让步、人称代词的对立和反义疑问句建构了权威身份;通过使用拟亲属称呼语、利用人称代词和提供积极评价建构了关系身份。论文对身份概念进行了实证讨论,兼具一定的理论和现实意义。论文对每个话语策略进行了质性分析,研究内容翔实可靠,研究成果也将在一定程度上反映中国乡村医患互动真实情况,若能融入一定的量化设计,将会更加清晰地呈现话语策略与身份建构的频次效应,优化乡村医疗服务效果,助力乡村医疗振兴。

符号学视阈下跨语表情包的使用与发展探究
——基于问卷调查的实证研究*

杨雅坤　韩逸凡　杨亦心　冉　怡

摘　要: 跨语表情包作为新兴的多模态网络模因,以其独特的双语组合和巧妙的图文呼应,逐渐成为网络用户交流的新选择。为更加深入地了解其发展和使用情况,本研究通过问卷调查收集公众态度,结合 SPSS 工具分析跨语表情包的接受情况与使用原因,并运用社会符号学理论对其进行解读,探究跨语表情包的意义潜势和身份建构功能,最后总结网络模因的三项发展趋势。本文从符号学的角度解析跨语表情包,为模因研究和网络话语研究提供参考借鉴。

关键词: 跨语表情包;社会符号学;问卷调查;符号使用;网络模因

1　引言

随着互联网技术及社交媒体的飞速发展,以表情包为代表的网络模因(internet memes)成为新时代网络用户人际交往的重要组成部分之一。近年来,在世界文化交流加深、各国联系更加紧密的背景之下,含有跨语元素的网络模因开始出现并活跃在日常网络交流中。"duck 不必""bon 不 jour"等跨语表情包更是流行于各大社交平台,构成新兴的多模态符号景观。

作为新媒体时代的符号使用现象,网络模因的发展受到学界的广泛关注。现有研究以个案收集为基础,对网络模因的流行原因、传播特点和符号结构进行

---

* 本文系 2023 年国家级大学生创新训练计划项目"符号学视阈下的多模态网络模因研究"(项目编号:202310284042Z)成果,英文版发表于 *Signs and Society*,2024 年第 2 期,125 - 141。

解读，产出了丰硕的成果。例如，卡尼（Kearney,2019）运用符号学理论分析了政治引导性网络模因的发展和传播，坎尼扎罗（Cannizzaro,2016）从符号学视角切入，分析了网络模因的传播单元、复制与增长特征等。但这些研究主要集中于单语表情包以及视频文本，对含有多语元素的跨语表情包关注较少。所谓跨语表情包，在本研究中指符号形式或意义识解过程中包含与表情包使用社群母语不同语言元素的表情包。这类表情包中既包括以多语元素为显性成分、用于表达感情的图片，如"duck 不必"；也包括需诉诸接收者跨语语言能力才能理解的图片，如"cheese waller"（谐音，表"气死我了"）。与单语表情包不同，跨语表情包在"图文双构"的多模态形式基础上，进一步诉诸用户的双语或多语能力，唤起多种语言进行意义的识解与建构，是更为复杂的符号实践形式。

  与此同时，作为文化交融的产物，跨语表情包的兴起体现了网络模因的更新与发展。从符号构成的角度看，这类表情包进一步深化了表情包内部文字符号的模态意义互动，拓展了多模态话语的表意模式。而跨语表情包中表意的核心语言成分往往会通过符号转喻现象成为网络流行语的组成部分，进而影响网络语言生态。从使用社群角度来看，跨语表情包包含的多语元素具有突出的目的性和排他性，满足了网络群体自我鉴定的身份认同需求，因此得以在年轻群体中广泛传播。从符号发展来看，跨语表情包隐含的符号意义阐释，给网络群体提供了巨大的话语创新空间，图像编辑软件的易得性也为使用者自主替换内容、实现表情包再造提供便利。不难发现，跨语表情包是当下网络流行文化传播性、创造性、群体性的集中体现，其包含的符号机制、身份认同和社会意义值得深入描写研究。一定程度上，跨语表情包代表着网络话语在语言与图像维度符号生产模式的创新，深刻体现了当今网络语言"多语码、多模态"（国家语言文字工作委员会，2021）的发展特征，其使用情况与符号机制值得进一步探索。本文即是在这一背景下对跨语表情包这一新兴现象的符号学解读，通过问卷调研、数据分析，把握跨语表情包的传播特征与趋势。

2 数据分析

  本研究使用"问卷星"在线问卷调查平台于2022年12月至2023年1月进行问卷发放与收集（在线调研网址：https://www.wjx.cn/vm/rZg4HCI.aspx），共回收有效答卷320份。问卷结果初步揭示了跨语表情包的接受情况和使用原因。

2.1 跨语表情包接受情况分析

调查结果显示,受访者大多属于16至30岁的青年群体,其中16—20岁人数最多,达191人,占比59.7%;年龄为21—30岁的有96人,占比30%。受访者中76.3%为大学本科学历,22.5%为硕士及以上。96.3%的受访者经常使用社交平台,89.4%经常使用表情包,说明表情包在受访群体中十分流行。有24.7%受访者经常使用跨语表情包,67.8%则表示只是"有时或偶尔使用"。就表情包的交流对象而言,受访者与朋友(97.6%)、同学(86.4%)交谈中使用较多,与老师(8.3%)、同事(12.6%)使用较少。由此可见,本次调研受访者主要是高学历青年群体,跨语表情包更多被用于与平辈间的日常交流。

表1 跨语表情包的使用情况表

题项	类别(人数占比)				
年龄	16—20 (59.7%)	21—30 (30%)	31—40 (5.3%)	41—50 (3.8%)	51—60 (1.3%)
学历	高中及以下 (1.3%)	本科 (76.3%)	硕士及以上 (22.5%)		
专业类别	人文类 (38.4%)	社科类 (17.2%)	理工类 (44.4%)		
平时是否接触外语资料	大量接触 (45.9%)	部分接触 (41.3%)	很少接触 (12.8%)		
社交平台使用频率	经常 (96.3%)	有时 (3.8%)	偶尔 (0%)	完全不使用 (0%)	
表情包使用频率	经常 (89.4%)	有时 (7.5%)	偶尔 (1.9%)	完全不使用 (1.3%)	
跨语表情包使用频率	经常 (24.7%)	有时 (39.7%)	偶尔 (28.1%)	完全不使用 (7.5%)	
跨语表情包使用态度	赞成 (91.6%)	不赞成 (8.4%)			

此外,问卷选用三个理解难度依次递增的跨语表情包(见表2、图1),使用SPSS分析软件分析影响跨语表情包理解的因素。整体来看,选取的三个跨语表情包传播性、可理解性较强:有58.8%的受访者见过并了解至少两个表情包;77%以上的受访者即使没有见过表情包,也可至少部分了解表情包的含义。对

于理解跨语表情包的语言要求,一般认为跨语表情包的使用多局限于外语学习者,但本研究显示受访者学习专业与表情包使用频率无关:69%的理工类、65.5%的社科类受访者经常或有时使用跨语表情包,SPSS 分析也显示跨语表情包的整体使用频率与受访者专业类别无明显相关关系(p 值 0.087)。除"bon 不jour 啦"表情包的熟悉理解程度与受访者专业呈现弱相关关系(相关系数0.148,p 值 0.008),另两个表情包的熟悉理解程度与专业无关(p 值分别为0.501、0.996)。可能由于"bon 不 jour 啦"涉及法语,社科类、理工类受访者理解程度略逊于人文类专业受访者。

表 2 跨语表情包的理解情况

表情包	见过,十分了解其含义	见过,部分了解其含义	见过,不了解其含义	没见过,但十分了解其含义	没见过,但可以部分理解其含义	没见过,不能理解其含义
duck 不必[1]	79.4%	7.5%	0%	8.8%	3.1%	1.3%
半 tour 废[2]	52.5%	7.5%	0.3%	31.9%	6.6%	1.3%
bon 不 jour 啦[3]	41.3%	7.2%	0.9%	25.3%	13.8%	11.6%

图 1 调研使用的三个跨语表情包①

另一方面,对跨语表情包的理解接受程度与年龄相关。相关性检验显示,对三个表情包的熟悉和理解程度与年龄的相关系数分别为 0.372、0.202 和 0.319,在 $p<0.01$ 水平上关系显著,且相关选项信度、效度良好。同样,表情包的使用频率、使用态度也与年龄相关:跨语表情包的使用频率、使用态度与年龄的相关系数为 0.301、0.245,在 $p<0.01$ 水平上关系显著。样本数据说明,整体上年龄越大,对跨语表情包越不熟悉、理解,态度上越不支持。

---

① 表情包来源网页:https://www.163.com/dy/article/GU8AVKHA0552XJK5.html、https://www.duitang.com/blog/?id=1215768605、https://mbd.baidu.com/newspage/data/dtlandingsuper?nid=dt_4765607300660550121

2.2 跨语表情包使用原因与态度分析

问卷除探究了跨语表情包的接受情况和使用人群,还探究其使用原因与总体态度,揭示了跨语表情包的使用需求(见表3)。

表3 跨语表情包的使用原因

题项	类别(人数占比)					
跨语表情包相对于单语表情包的优势	更具趣味性(98.6%)	彰显个性(39.3%)	增加共同话题(46.1%)	表达丰富含义(70.3%)	彰显个人外语能力(10.9%)	
好的跨语表情包的特点	贴切表达情感(85.3%)	生动有趣(81.9%)	跨语元素易于识别(63.5%)	看图片即可理解意思,不用理解语言内容(41.6%)	跨语元素需具备语言背景知识才能理解(30%)	文字与图片相辅相成(55.6%)
不赞同跨语表情包的原因	看不懂,破坏聊天氛围(33.3%)	显得卖弄学识(33.3%)	破坏语言生态(85.2%)	不常见、不流行(11.1%)	单语表情包足够(37%)	
跨语表情包趋势认识	不断增加(53.4%)	少量增加(26.9%)	不会增加(5%)	少量减少(0.6%)	不断减少(0.3%)	不确定(13.8%)

问卷调研揭示了跨语表情包的使用原因(见表3)。整体来看,情感表达与生动有趣是受访者对跨语表情包的核心要求:相比于单语表情包,98.6%认为跨语表情包更具趣味性,70.3%认为其表达含义丰富。仅有10.9%认为跨语表情包的优势在于彰显个人语言能力,说明彰显语言能力并非跨语元素的核心功能。同时,85.3%认为好的跨语表情包应贴切表达情感,81.9%认为应生动有趣。而就跨语表情包内的图文关系而言,55.6%认为图文应相辅相成,63.5%认为跨语元素应易于识别,体现了对表情包的理解需求。整体来看,受访者对跨语表情包有多维度的表意需求:既有言内意义需求,即符号系统内部的意义构建,如图片与文字的结合需求;也有所指意义需求,即跨语元素和图片含义要易于识别;还有语用意义需求,即生动有趣、彰显个性。其中,生动幽默、含有丰富语用意义更受重视。

调研结果也显示出人们对跨语表情包的发展趋势预测与总体态度。80.3%的受访者持乐观态度,其中有53.4%的人坚定其发展态势会"不断增加";而13.8%持观望态度;仅有0.9%认为跨语表情包的使用在未来会减少。与此同时,跨语表情包的发展和使用面临着争议。支持者认为其风趣幽默("好玩""生动形象""调节气氛")、增加聊天深度("或许会成为增加彼此感情的重要组成部分""增加圈内氛围")、体现多元文化("便于和其他国家人群交流""体现了当今青年人的交流趋向多元化")。反对者则认为其污染汉语:85.2%的反对者认为语言混杂的跨语表情包会破坏语言生态,33.3%认为跨语表情包有卖弄学识之嫌,33.3%认为其会破坏聊天氛围。不少受访者直接提出担忧,认为其破坏语言环境("此内容与谐音广告语如出一辙,严重破坏语言环境""会误导学生")、理解难度大("对方有可能无法理解跨语言表情包的含义")、适用范围小("这类表情应该是有一定外语基础的青年人可能偏爱使用的""与长辈聊天时尽量不要使用,他们可能不懂表情包的意思"),等等。

总体来说,跨语表情包正成为年轻群体热衷使用的新兴符号形式,但其发展和使用仍面临争议:一些人认为跨语表情包是文化交融的产物,增添了交流的趣味性,跨语元素则有利于彰显个性和身份构建;另一些人认为,跨语表情包在一定程度上破坏语言生态,较难理解,不应提倡使用。这一争议其实反映了不同群体对表情包使用规则与功能的不同期待。跨语表情包的使用者会促进新的跨语表情包的形成,进而促使表情包里中外语言的融合;而反对使用者则会在一定程度上阻碍圈层内部符号体系的形成,使表情包的发展更倾向于单语化。总的来说,在多语化、多模态时代,人们日常交流中使用多语及多模态的需求不断增加,跨语表情包的发展呈现出欣欣向荣的态势。而以表情包为代表的跨语网络模因开始流行,其背后的原因需要进一步研究。下面我们从符号学理论视角,对跨语表情包进行阐释与反思。

3 跨语表情包的符号学解释

从问卷结果中可以看出,作为网络模因的一种,跨语表情包可以进行丰富的表意。本部分将从符号学角度入手,对于问卷中所体现出的多模态意义构建与使用群体身份进行阐述。

3.1 多模态意义构建

从社会符号学的角度来看,跨语表情包本质上是一类多模态话语,即"在交际工具或事件中不同符号学模态的结合"(Van Leeuwen,2005)。跨语表情包是典型的多模态话语,且由于叠加了第二语言符号,具有更加丰富的表意特征。从问卷结果可知,受访者表示跨语表情包"增强交流趣味性"、"调节气氛"和"丰富了网络聊天的趣味性"。从多模态话语的功能来看,跨语表情包通过图像系统的再现意义(representation)、互动意义(interaction)和构图意义(composition)(Kress & Van Leeuwen,1996:119),整体完成意义构建。

图像的再现意义与功能语言学中的概念功能相对应,表示图像中人物、地点和事件之间的交际关系或概念关系(Kress & Van Leeuwen,1996:119)。在跨语表情包中,图像通常发挥叙事再现功能,展现图像中的参与者的行为动作。在"半 tour 废"表情包中,扔书动作形成了叙事再现,在这个叙事过程中形成了动态画面;而文字部分则发挥"锚定"与"中继"作用(屈济荣、李异平,2018:46),一边引导观者的意义阐释方向,对画面内容进行阐释与解说,一边对图像信息进行补充与延伸,甚至产生新的意义附着。与单语表情包或单纯图片不同,跨语表情包因其多语元素而需要更复杂的认知解读,拓展更大的意义空间。例如图1中的"bon 不 jour 啦"借用了网络流行语"绷不住了"(忍不住了,指情绪受到较大冲击),叠加 bonjour(法语"你好"),创造出谐音反义效果;而背景图片的法国国旗和流汗小人进一步指引意义阐释方向。此时,表情包中的图片与文字超出了传统的"文字锚定图片",更多是相互锚定、等待解释的状态。

图像的互动意义对应功能语言学中的人际功能。与其他表情包一样,跨语表情包也是借助文字与图片进行"第一人称叙事"(屈济荣、李异平,2018:46)的人际交流符号,其互动意义聚焦表情包发送者与接收者之间的人际关系。互动意义主要通过三个要素来实现:接触、距离和视角。"接触"即眼神接触,当表情包中的图像直视观看者时,观看者与图像符号的空间距离被打破,建立人际互动,如图1中的"duck 不必"表情包。"距离"是指通过表征参与者的框架大小来构建其与观看者之间的关系(田海龙、潘艳艳,2018:26)。特写、近景可以用来表示亲密的关系,而较为疏远的关系可以用半身镜头或者全身镜头来展示。"视角"可以用来表达表情包制作者和使用者的某些态度。仰视视角表示图像参与者是强势的一方,而俯视视角则表示图像观看者是强势的一方。以"duck 不必"表情包为例,图片中仰视视角拍摄的鸭子营造出一种压迫感,与居于下方的文字"duck 不必"配合,传达使用者对某事的质疑。

图像的构图意义与功能语法中的语篇功能类似,关注图像的整体布局传递的意义,在跨语表情包中多基于"信息值"(information value)和"显著性"(salience)

图 2　battle 表情包①

---

① 表情包来源网页:https://zhuanlan.zhihu.com/p/85735550/

(Kress & Van Leeuwen,1996:177)实现。"信息值"是指根据图像中各元素的信息值进行位置的设计,例如"中心—边缘"分别对应"重要—次要"。"显著性"则表现为图像中各个成分的相对尺寸、色彩、鲜明度以及其被放置在前景还是后景可以影响其吸引观众的注意力程度。跨语表情包通常使用从中心到边缘的信息值设计,将信息量最大、语义权重最高的元素置于中央前景;用字体、图片大小等将观众注意力吸引至核心元素。例如图2的表情包表达了"挑衅"的核心意义,将核心元素"battle"放在图片中心并用大号字体、鲜明色彩突出其核心地位;其他次要语言元素则用小号白色字体置于上方。

总体来看,跨语表情包利用文字与图片模态的互补,构建多模态话语的再现意义、互动意义与构图意义,拓展了多模态话语的表意模式。这些符号资源在互动、传播中加强了用户的情感交换,使用户形成共享的文化记忆,进而贡献于社群的身份构建。

3.2 网络社群的身份构建

表情包的一个重要特点就是其作者身份的匿名性与复杂性,或称"多参与者"(multiparticipant)(Shifman,2014:188)。跨语表情包不是由权威机构制造出来的,而是由不同的网民用户共同创造的。原初的作者并不在网络模因的传播中起主导性作用,而表情包的初始含义也可能在任意节点发生变化。"在模因文化中,流动远比源头重要,因为创作者和创作情境对于传播和使用者来说通常是未知的"(Nooney & Portwood-Stacer,2014:250)。

创作或使用网络模因的过程不仅是集体参与创造意义的过程,也是网民身份构建与建立网络社群的过程。从群体角度来看,流行于某一范围内的网络模因通过群体符号过程建立规范,但这种规范不能由某一特定的人执行,而必须通过解释社区得到执行(梅林,2018:18)。随着表情包的多元化发展,多数走红的表情包除了表达字面意义都会被额外添加编码和规范,如"呵呵""我真的会谢""栓Q"等,都逐渐脱离概念的原生含义,表达嘲讽与不屑的态度。这些后来被赋予的编码并非都是为大众所接受的,也包含小众和亚文化的规则,这些群体内通行的规则随即成为群体边界的识别方式(彭兰,2019:107)。在跨语表情包的使用和传播中,"跨语"这一元素就成了天然的"编码"。比如下面包含或运用法语、日语的跨语表情包(图3)。跨语元素需要具备一定的语言、背景知识才能识别、理解,因此更容易在双语使用者的团体内传播。跨语元素在表情包中具有较突出的目的性和排他性,进而增强网络社群内的集体认同感。

图3 使用非英语种的跨语表情包①

从个体角度来看,群体认同意味着将群体的标准和规则内化为自己的行为规范。詹金斯提出了"参与式文化",认为模因使用群体能通过"偷猎"不同的媒介文本,重新创作出属于群体本身的文化产品,并在群体中进行共享和传播(Jenkins,1992:46-47)。成员在群体中使用、传播模因的过程也是其自我身份构建的过程,这让使用者之间原本基于兴趣、情感共鸣而积聚成模因群体的关系更加紧密,进一步加强使用者之间的身份认同(熊江武,2019:48)。在问卷调查中,有49.1%和39.3%的受访者表示自己使用跨语网络表情包的目的是"增加和身边人的共同话题"和"彰显个性",使用跨语表情包能使个体获得群体归属感和身份认同感。一定程度上,跨语表情包帮助使用者"塑造一个独特的身份和形象,积极建构自我"(Shifman,2014:33-34)。

4 跨语表情包的符号学反思

跨语表情包图文特点反映出了网络模因在互联网语言更新迭代过程中的符号发展趋势。本文从跨语表情包内所包含的不同符号系统、不同语言之间的互动,以及在传播过程当中的再创造和变异现象入手,归纳了跨语表情包所体现出的网络模因三个发展特点。

4.1 从单模态到多模态的符号表意

多模态(multimodality)是"通过语言、图像、声音、动作等多种手段和符号资源进行交际的现象"(张德禄,2009:24)。随着媒体和信息技术的成熟,多模态话语成为越发重要的符号资源,人们的交流形式也呈现出从单模态到多模态的

---

① 表情包来源网页:https://www.duitang.com/blog/?id=1414741244、https://www.duitang.com/blog/?id=894253350

发展态势。表情包的发展即印证了这一趋势:在过去二十年当中,表情包逐渐从文字系统的衍生形式转向图像,不再局限于单纯的语言系统内部的"文字游戏",而将图片、音乐等多种符号纳入表达系统,从文字表达发展成表情符、表情图及至表情包和各种音视频,造就如今网络模因的丰富表达形式。

图 4 表达"开心"的表情包的发展趋势①

跨语表情包的多模态特点使较单纯的文字模因有着表达效率和表达效果两方面的优势。在表达效率方面,跨语表情包中不同符号系统之间的含义互动扩充了单纯的文字能够体现的含义,使得一个模因单元内的表达含义最大程度地扩展,提升了模因单元内的表达效率。在表达效果方面,多模态符号参与使得网络模因的表达效果实现两个相反方向的延展:第一种,多模态话语与语言系统协同配合,通过顺应、配合语言系统,加深原来文字的表达效果;第二种,多模态话语与语言系统表意割裂甚至歪曲,通过图片和文字系统之间的不协调实现幽默效果。总而言之,跨语表情包中多种符号系统的存在为其形式不断创新提供了巨大的空间,推动表情包不断改进形式,保持其作为一种交流方式的活力。

4.2 从单语到多语的符号使用

网络模因中的跨语现象并非近年来的新兴现象。早在网络模因的文本阶段,就已经出现了不同语言体系之间的交融,如"吃饭 ing"(表示正在吃饭)。在网络模因的早期发展中,这种"汉语 + 外语 + 数字 + 表情符号"的符号结构出现并流行了相当一段时间(曹进,2009:120)。与早些年相比,如今网络模因中的多语现象(multilingualism)具有深化的发展趋势。早先网络模因大多数以纯文本形式出现,其中的跨语元素大多数以辅助中文表达、补充中文意义结构为主,包括表达状态的英文词缀"ing"、韩语语气助词"思密达"等等;而 2010 年后出现的跨语网络模因则包含着语义、语音等多重互动,如前文提到的"半 tour 废"。

---

① 表情包来源网页:https://m.sohu.com/a/228887183_179092、https://www.duitang.com/blog/?id=1279173660

与此同时，跨语元素往往具有稀释意义、解构严肃的话语功能（刘宇晗、袁菲，2021:82），通过其他语言的陌生感和增加认知负荷，规避使用风险、弱化话语强度，提升网络模因的流传度。

我国网络模因的多语发展趋势折射出了以下语言现象。第一，中国人外语水平的普遍提高。如问卷所体现，87.2%的受访者在专业学习方面都需要具备相应的英语水平，为跨语表情包的使用创造了条件。第二，超语实践（translanguaging）在新媒体时代越发普遍。超语实践是指讲话者基于其交际目的，对不同模态、不同感官语言资源进行动态功能整合的语言实践过程（王平，2020；García，2011）。不同于语码转换（code-switching）强调双语者单向语言转换的能力，超语实践注重使用者不顾及语言分界、社会局限，对语言资源的动态融合能力，正如跨语表情包自由选用语言内、跨语言、多模态等语言资源进行信息传达和价值表现。跨语表情包打破了不同语言间、语言和其他符号资源间的界限，构建了灵活开放的"超语空间"（translanguaging space），其体现的多语种、多模态互动的超语实践趋势值得进一步研究。

4.3　从简单复制到多维创造的符号传播

跨语表情包呈现出的第三个趋势则是其传播过程从单纯的复制到包含对符号多维系统的创造。网络模因的创造包括了语言形式、多模态话语两方面：语言形式的创造即通过谐音或翻译的方式增添语言本身的趣味性和可读性，提升表达效果。例如图5表情包对"我太菜了""你看看你，一天天的"进行中式英语的翻译加工，产生幽默效果。多模态话语层面的创造则是通过对多模态元素的添加或修改，从而和其中的文字元素进行呼应或形成反差，从而放大、增加网络模因的效果，正如图3中的表情包所示。

图5　语言形式创造类的跨语表情包[①]

[①] 表情包来源网页：https://www.bilibili.com/video/BV1TF411z7rP/?vd_source=78090f74010a3e96319e7de5c6ac9a5，https://www.zhihu.com/question/341311495/answer/833539798

综上所述，跨语表情包的发展趋势总体呈现出从单一到多元、单系统到多系统的发展趋势，朝着更加丰富、更具创造性的方向发展，保持作为当代互联网交流重要形式之一的强大生命力。

5 结语

本文基于 320 人规模的问卷调研，结合 SPSS 数据分析，探索了跨语表情包的使用群体、使用原因、使用态度及发展态势，并从符号学视角分析其意义潜势与使用者身份，进而挖掘网络模因的发展趋势。问卷结果显示，年轻人是跨语表情包的主要使用者，对表情包的理解与接受和年龄相关，情感表达与生动有趣是受访者对跨语表情包的核心要求。在此基础上，本文从符号学角度对跨语表情包在问卷当中所体现出的表意功能和使用群体身份构建进行了阐述，挖掘了跨语表情包所表现出的意义潜势和身份认同功能，并从使用的语言和符号系统之间的互动总结出其从单语到多语、单模态到多模态、简单复制到多维创造的三个特点。

作为一种新型网络交流方式，跨语表情包的接受程度和可理解程度体现了如今人们对于多语言环境的接受。这类新兴网络话语的出现一定程度上印证了网络时代叙事规则的再度转向——以图片为叙事核心的表情包使语言文字中心的话语范式（discursive paradigm）逐渐让位于图像理性主导的图像范式（figural paradigm）（林爱珺、张博，2019：38），而跨语表情包的流行又再度使语言文字的抽象功能成为表意核心，拼贴图像组合，形成"文字—图片—文字"的新兴符号再造实践。而随着对图像与跨语语言文字意义的阐释、重组，未来的跨语表情包不仅会在数量上有所增加，还会随着文化交往加深与社群符号使用能力的提升产生新的变化。在语言构成层面，除常见的跨语语音谐音外，有望融合更多社会文化互动和概念整合，即多语化的进一步发展。在图像构成层面，有望纳入更多表意模态，比如，音、视频，即多模态的进一步融合。在社群使用层面，有望随网络社群的国际融通在跨语表情包的基础上产生不同语言文化社群共享的超语表情包。而这也体现了跨语表情包的时代价值——或能打破语言之间的交流壁垒，构筑一个不同语言文化社群共享的网络空间，使人们能用简单、便捷、有趣的方式理解彼此。抓住这一极具潜力的交流新形式，或许会为深入网络文化提供新的研究路径。

参考文献

[1] Cannizzaro, S. 2016. Internet memes as internet signs: a semiotic view of digital culture. *Sign Systems Studies*, 44(04): 562-86.

[2] García, O. 2011. From language garden to sustainable languaging: bilingual education in a global world. *Perspectives*, 34(01): 5-9.

[3] Jenkins, H. 1992. *Textual Poaches: Television Fans and Participatory Culture (Studies in Culture and Communication)*. New York: Routledge.

[4] Kearney, R. 2019. Meme frameworks: a semiotic perspective on internet memes. *Video Journal of Education and Pedagogy*, 4(02): 82-89.

[5] Kress, G. & T. Van Leeuwen. 1996. *Reading Images: The Grammar of Visual Design*. London: Routledge.

[6] Nooney, L. & L. Portwood-Stacer. 2014. One does not simply: an introduction to the special issue on internet memes. *Journals of Visual Culture*, 13(03): 248-52.

[7] Shifman, L. 2014. *Memes in Digital Culture*. Cambridge, MA: The MIT Press.

[8] Van Leeuwen, T. 2005. *Introducing Social Semiotics*. London and New York: Routledge.

[9] 曹进,2009.符号学视域下的汉语网络语言传播研究.现代传播(中国传媒大学学报),(06):118-121.

[10] 国家语言文字工作委员会组编,2021.中国语言生活状况报告.北京:商务印书馆.

[11] 林爱珺,张博,2019.作为话语的表情包:网络表情包的符号消费与社会学反思.现代传播(中国传媒大学学报),41(08):35-40.

[12] 刘宇晗,袁菲,2021.双语表情包中英、汉语的形式特征与话语分工.厦门理工学院学报,(04):78-84.

[13] 梅林,2018."网络模因"的符号文本结构与传播特征研究.重庆广播电视大学学报,30(06):13-19.

[14] 彭兰,2019.表情包:密码、标签与面具.西安交通大学学报(社会科学版),39(01):104-110.

[15] 屈济荣,李异平,2018.作为"图像行为"的表情包:符号、修辞与话语.编辑之友,(10):45-50.

[16] 田海龙,潘艳艳,2018.从意义到意图——多模态话语分析到多模态批评话语分析的新发展.山东外语教学,39(01):23-33.

[17] 王平,2020.语码转换与超语对比及其启示.外语研究,37(02):56-62.

[18] 熊江武,2019.迷因理论视域下网络流行语的生成及传播机制研究.现代视听,(07):45-48.

[19] 张德禄,2009.多模态话语分析综合理论框架探索.中国外语,6(01):24-30.

导师评语

黄鑫宇：论文分析跨语表情包这一新兴话语形式的特征及意涵，通过问卷调查的方式收集数据，分析公众对于跨语表情包的使用状况及特征，探究其背后的使用及传播机制。作者运用SPSS工具对问卷调查结果进行解读，并使用符号学知识对跨语表情包进行深度分析，归纳跨语表情包的功用及发展特点，指出跨语表情包的时代价值，即其打破语言之间的交流壁垒的潜能。文章同时就跨语表情包的后续发展进行了展望，为模因研究和网络话语研究提供参考借鉴。论文选题新颖，思路清晰，论述完整，就网络模因现象展开深入分析并形成整体认知，体现出作者的创新意识及研究潜力。论文作者未来还可在数据样本及分析的全面性方面继续努力。

乡村医疗语境中医患信任建构研究*

张墨白　谢清扬　仲　意

摘　要：医患信任建构研究近年来如日方升，但鲜有关注具有半城市半乡土特征的乡村医患信任结构。本文基于对全国范围内多地进行的田野调查结果，以自然发生的医患真实会话为语料，利用话语分析的研究方法，研究中国乡村医疗语境中医患信任建构过程。本文旨在验证学界经典信任建构模型在中国乡村医疗语境中的适切性，并归纳乡村医生信任建构不同阶段的话语策略，从而优化乡村医患沟通效果，助力健康中国建设和乡村健康振兴。

关键词：医患会话；乡村医疗；信任建构；话语分析

1　引言

医患信任作为医患关系的一种体现，是指医患双方在交往互动当中，基于诚实守信、公正平等、真诚合作的原则，相信对方不会做出不利于自己甚至有害于自己行为的一种预期判断及其心理状态、交往状态（朴金花、孙福川：2013）。医患关系的研究始于美国社会学家帕森斯（Parsons, 1951），他强调医生对待病患的客观性和绝对理性，含有强烈的功能和理性主义色彩。20世纪90年代后，国内对于医患关系的研究兴起，指出在医疗过程中，信任是核心问题，并在医患信任关系的定义、医患信任关系的产生、维护和影响因素等问题取得了一定成果，为实证研究提供了丰富的理论参考（陈松林，2006；宫福清、张斌：2006；李伟民，

---

* 本文系2024年国家级大学生创新训练计划项目"乡村医疗语境中医患信任建构研究"（项目编号：202410284128Z）成果。

2005；罗天莹、雷洪：2002；王琦，2004；徐渊洪，2003）。

然而，医患关系乃至医患信任的研究对象较少，放眼我国广大的乡村医疗场景，乡村医患关系往往仅能通过一些侧面得到观察。刘仲翔（2005）经过实地调查，总结了若干农民求医行为的特点，为农村医疗卫生政策的制定者提供了一些启示。乡村医疗语境常常在社会变迁的背景下作为考察和对比对象，例如，前现代社会的行医文化和计划经济时代的赤脚医生制度被归为时代特征明显的"良好医患关系的中国案例"（朱清蓉，2022：84）。

2 医患信任建构研究

医患信任建构的研究应充分吸纳信任建构理论体系中的相关理论或模型。随着社会的发展，专门化和差异性日益渗透，社会交往的范围也越来越大，信任已不再是直接的人与人之间的关系，而更多是非人际信任（Shapiro，1987）。卢曼（Luhmann，2005）更是提出与"人际信任"相对的"制度信任"，阐明从传统的、封闭的、同质性强的熟人社会，到现代的、开放的、建立在社会分工基础上的陌生人社会，有机团结将代替机械团结，职业规范将代替共享道德，信任将从人际领域扩大到系统层面。吉登斯（Giddens，1998）也表示，对于诸如医生等专家系统的信任是"现代性"的一个重要特征，也是现代社会的要求。

在医患关系的信任建构的主题下，相关的实证研究采取的方法论不尽相同。房莉杰、梁小云和金承刚（2013）赴我国中部地区两村田野调查累计24天，对两村医患情境中的相关人员在地进行了个案访谈或随机访谈。彭迎春（2017）在北京市北部某远郊区县分层抽取3个乡镇，分别展开了实地观察和个人深度访谈研究：对于实地观察的定性资料，采用主体框架法分析；对于问卷调查的定量资料，采用统计学分析。国外对医患话语较为重视，既有从社会学视角分析医患话语的宏观研究，也有从语言学的微观视角对医患会话进行的描述性与实证性研究（Cockerham et al.，1986；Ong et al.，1995）。与之相比，利用话语分析（Discourse Analysis，DA）的研究范式，聚焦话语本身来分析信任建构模式、展开对我国乡村的田野调查者则相当有限。

综上所述，中国乡村医疗语境中医患信任建构的研究方向仍存在空白。医患话语作为机构话语，一个涉及更大范围、更具普遍性的语料集的收集与整理有其必要性，故基于田野调查展开的实证研究也应与话语分析紧密联系，从而有助于追踪对信任建构的有利信号，进一步促进乡村医患关系和谐。

3 研究方法

3.1 理论基础

基于田野调查展开的实证研究离不开对实地收集所得语料进行定性分析。汪涛等(2006)介绍的常用定性分析法中，主题框架分析法(thematic framework analysis)建立在表格基础之上，确保了资料整理和分析过程的严密性和透明性，兼顾了科学性和可操作性，并与对话分析或会话分析等方法相区别，适合标记和归纳庞杂资料中相对细小的发现与结论。

根据迈耶(Mayer et al.,1995)的信任建构模型，影响感知可信度的因素包括"能力"(ability)、"善意"(benevolence)和"品质"(integrity)，即所谓的信任三维度。将以上三维度作为语料分类的基础大体合理，因为这三个方面中的每一个都提供了一种不同的感知视角，而语境中的予信方(往往是患者)的视角偏好将决定信任是否被成功建构。

总的来说，对语料的归纳整理将主要通过主题框架分析法完成分类，分类标准既遵循有完整定义的信任三维度，也注意考虑信任建构的时间次序，让话语层面的现象有信任模型的背书，从而有利于微观视角的定性分析。

3.2 语料收集

本研究使用的语料依托本校外国语学院"返家乡，谋振兴"寒假社会实践项目，23位团队成员经培训后返回各自家乡，在当地医疗机构诊室内现场用录音笔记录医患互动过程。医疗机构的选取注重典型的乡村医疗语境，以乡村患者为主要接诊对象，包括但不限于乡镇一级医院或卫生院、私人诊所、赤脚医生、城市远郊和城乡接合部等地，每位成员(或每小组)在2024年春节前锚定一个或若干个地点，随医生工作时间进行连续记录。实地录音前，团队成员将出示介绍信并提前告知录音意图，根据实际情况采取录音笔录音、手机录音乃至纸笔记录等方式，录音仅作研究使用，姓名、详细地址等信息将会隐去处理。语料来源地涉及8个省十余县(市)，医患会话录音总时长约160小时，涵盖全科、外科、内科、儿科、妇产科、中医科、住院部等多种科室场景，语料的详细来源组成见表1。

表 1　医患会话语料来源及具体情况

省份市县	医院数量	诊室类型	诊室数量	医生人数	有效录音时长/h	转录文字字数
河南省郑州市航空港区	1	内科	1	1	10	80 000
河南省郑州市航空港区	1	儿科、妇产科	2	2	10	20 000
江苏省镇江市丹阳市	1	内科、住院部	3	3	11.4	20 000
陕西省安康市石泉县	1	社区诊所	1	2	10	15 000
江苏省南通市如东县	1	内科、外科	3	3	10	2 000
江苏省无锡市江阴市	1	内分泌科	1	1	10	15 000
江西省抚州市南城县	1	内科、外科	1	2	8	9 000
贵州省黔南州瓮安县	3	全科	3	3	10	10 000
贵州省贵阳市白云区	1	外科、内科	3	2	10	10 000
江苏省南通市海门区	1	全科	1	3	8	10 000
江苏省南通市海安市	2	全科、中医科、住院部	5	10	10	10 000
江西省抚州市南城县	2	全科	3	3	8	10 000
河南省鹤壁市浚县	1	全科、中医科、住院部	5	10	6	5 000
河南省驻马店市确山县	1	/	/	/	10	1 300
甘肃省天水市甘谷县	1	/	/	/	10	4 000
江苏省无锡市江阴市	1	/	/	/	10	11 000
云南省曲靖市陆良县	1	/	/	/	10	7 000

3.3　语料处理

完成语料收集工作后，各成员负责转写各自的实地录音，考虑到广泛存在的方言因素，转写过程在一定机器转录的基础上，由普通话熟练的方言母语者逐字比对审阅，获得语料共计约 29.3 万字。

本文涉及的语料处理主要是紧扣理论基础相关定义，完成对关键医患话语的分类归纳和定性分析。拟议信任模型及孚莉和帕拉迪斯（Fuoli & Paradis, 2014）的信任修复话语模型中明确道，"能力"维度指使一方能够在某些特定领域内产生影响力的一套技能、能力和特长；"善意"维度指医生被认为想要对患者做好事，而不包含以自我为中心的利益动机；"品质"（又可译为"素质""职业操守")维度指患者认为医生遵守了患者认为可以接受的一套原则,如作为公共机构的一分子做到了诚信、公正和开放。

信任建构的时间节点也相当重要,医患会话有可能在双方信任得到建构的前、中、后任何时间点发生,所以在信任三维度基础上更详细的定性发现可以在先后顺序上得到框定,有助于从历时的角度归纳乡村医患信任建构特点,形成更加清晰的结论。

表2总结了本文出现的多种医患信任建构中的话语行为,旨在顺着时间脉络梳理医患话语,通过凸显各个信任维度完成理想的信任建构。

表 2 乡村医患信任建构多维表

	能力(ability)	善意(benevolence)	品质(integrity)
信任建构前	医生权威	熟人就医	制度信任
信任建构中	专业诊断、医疗方案	呼语、方言	详尽医嘱
信任建构后	患者反馈	人情对话	常态化诊疗、医保

4 案例分析:乡村医疗语境中医患信任的建构

4.1 能力

(1)(语境信息:患者G,中老年男性,高血糖,感到口干浑身无力,推测患有糖尿病,需要进一步检查。)

患者　我晚上老想喝水,是怎么回事啊,白天喝水也多。
医生　血糖高不高?
患者　我也没量过,以前是高的。
医生　吃什么药了吗?
患者　我什么也没吃。
医生　你以前血糖有多高?
患者　空腹19点多。
医生　餐后呢?
患者　这个不知道,我最近没吃降糖药,就是老想上厕所。
医生　你吃得多吗?

患者	倒不是太多。
医生	体重下降了吗?
患者	这个我也没有量过。
医生	你这个情况还是比较典型的,和你的血糖有关系,需要查一下你的血糖。
患者	我是不是吃药就好了?
医生	你这个是要长期吃药的,胰岛素每次吃饭都要打药的,不是打一次就行的,你先查一下空腹血糖。
患者	那我明天来查一下。
医生	你这个吃饭要注意,要控制饮食,多锻炼再加上吃药,需要配合。

片段(1)中,医生通过患者提供的异常身体情况("我晚上老想喝水,是怎么回事啊,白天喝水也多"),根据所掌握的专业知识,认为其与血糖有关,并问询了更多患者信息。此案例中,坐诊医生的能力不仅体现在同血糖有关的专业知识上,还体现于长期从业的诊疗经验("你这个情况还是比较典型的")。医生通过这句话,向患者暗示此诊断是先验的、正确的,通过此种"确定性"使患者对诊疗结果感到放心,并隐性安慰患者,示意他的身体状况是大多数高血糖患者所共有的,从而使患者不必过于担忧。医疗语境尤其是乡村医疗语境下,医生的能力十分强调"经验"与从业年份。采访结果显示,大多数前往乡村级医疗地点就医的患者认为,医生的经验十分重要。在乡村医疗条件不够现代化的条件下,乡村医生缺少制度权威,因此他们面向患者的专业权威更多来自个人经验的积累。这也是乡村医疗患者更倾向于选择"老医生"的原因。

(2)(语境信息:患者腿部关节不适,前来询问医生是否是软骨磨损或关节增生。)

患者	人家都说软骨磨损,这跟那有关系没有?
医生	没有,你现在还没有到软骨磨损。
患者	我看网上说的啥,有时候软骨又是磨损了,又吓得天天黑也睡不着觉,给我弄得不敢干活,这不中。
医生	不用怕不用怕,这软骨会有弹性的。别叫受凉了。
患者	这(关节痛)等于说是因为受凉。
医生	嗯,正常来说这个地方不会增生那么很,你现在还年轻,

软骨看着也可以。

患者　要不要补点(某种补品)？

医生　咱现在这个年纪不需要,带护膝注意保暖就行。

患者　它疼你说疼它又<u>管</u>忍住,它不是<u>老</u>疼,轻轻的稍微那有点肿的感觉,它就是咯嘣咯嘣响天天都吓人,想着是咋回事。

医生　等于说这个骨头都得来回磨,这骨头之间你看着一个缝,实际它两个是挨着的,几乎都是挨着的,就是软骨跟这磨它不可能说缝,你不可能人一个空隙是吧？空隙是站不住,这个软骨下面这个里头,还有这是软骨,软骨里头还有个<u>垫</u>,这叫个半月板,搁这里头的,<u>相当于咱垫个鞋垫子啥东西</u>,上面这软骨起个缓冲作用,对吧？你要是有时间压压,对关节液也有好处,你要长期不活动不压的,说我保护它,那也<u>不中</u>。

片段(2)中,除了专业诊断之外,医生共采取了两种策略获得患者信任。一是同患者使用同一种方言。即使书面文字无法更生动显示方言的使用,但有些用词仍旧可以证明出医生和患者正在使用河南方言进行沟通。此案例也的确提取自河南某医院的语料收集结果。比如案例中下划线部分,医生使用的"很",在河南方言中是"非常"的意思。此外,患者和医生共同使用了"不中",在河南方言中是"不行"的意思。医患沟通中,医生通常会统一使用患者语言。在城乡医院,医生通常需要进行方言和普通话的切换,体现出医生在医患信任中的主动性。除了方言的使用,此案例中,医生面对不理解病情的患者进行了解释工作(详见最后一话轮)。医生使用通俗、生动、易于理解的语言,向患者解释人体骨骼和软骨结构,尤其是将软骨比作鞋垫子("相当于咱垫个鞋垫子啥东西"),更是医生在进行医疗科普的过程中进行的有效语言创造。患者受惊于网络问诊结果,向医生表达了对病情的担忧("又吓得天天黑也睡不着觉")。在此情况下,医生提供了安慰性话语("不用怕不用怕"),并提出了针对性建议("别叫受凉了")。

4.2　善意

(3)(语境信息:患者男,20岁,面部痤疮,母亲陪同。)

患者　　脸上长痘。(撩起刘海给医生看)

妈妈　　医生你看他那个脸上哟,直接……
医生　　多大?
患者　　二十。
医生　　这多好的事嘛!
(患者及其母亲表现出极大的疑惑)
医生　　这说明你这个皮肤是属于油性皮肤嘛,这个没有啥。
妈妈　　没有啥?
医生　　嗯,这个是年轻的标志嘛!你看我们脸上不长(医生指
　　　　向自己和患者母亲),我们老了嘛!
(医生、患者及其母亲都笑了起来)

片段(3)中,医生以其风趣的语言完成了一次面向患者的善意谈话。"嗯,这个是年轻的标志嘛!你看我们脸上不长(医生指向自己和患者母亲),我们老了嘛!"这句话化解了患者对病情的担忧,同时也拉近了同患者母亲的距离,将简单的医患关系拓展到了人情关系,化解了问诊情景下的紧张状态。此种善意对话有赖于医生本人的性格特征以及谈话技巧,对医患交流及信任建构具有显著的促进效果。

(4)(语境信息:一位大爷肠胃不太好,来找医生配点药。)
医生　　一般情况下可以吃泻药。
大爷　　这个不行的。
医生　　你吃益生菌的话代价比较大,这个益生菌和普通的不太
　　　　一样,吃了第二天就见效,但是也要吃一段时间。
大爷　　那么这个要吃到什么效果?
医生　　吃到正常就可以了,从原理上来讲吃到五盒就可以了。
大爷　　那我先弄个两盒就好了。
医生　　那我先帮你配。
(两分钟以后)
医生　　<u>这个早上吃两包,晚上吃两包,记住水温不能太高,不要超过40度,超过40度会坏掉的,里面细菌要(被)杀掉的,吃上去温温的就行了。明天正常了就早上一包晚上一包,还有一个药每天一支,不用变,记住啦</u>。
(患者又重复确认了几遍,向医生道谢离去)

医嘱通常被视作医生的职责之一。详尽耐心的医嘱更是医生善意的体现。在此案例中,医生面对肠胃不适的病人,详细阐述了用药方法及注意事项,以"记住啦"叮嘱病人。值得注意的是,患者和医生在此案例中呈现出合作关系。面对前来配药的病人,医生无需进行专业诊断,但医生仍旧向病人提出了用药建议。医生建议使用五盒,患者主动选择了两盒。医生同意了患者的选择,并未进行进一步建议甚至干涉。配药情景下,医生退居次位,以患者的需求为主,通常体现出了医生的功能性。

(5)(语境信息:父母带着孩子前来问诊。孩子几天前身体出疹,过敏原未知。)

医生　　来坐,乖。咋啦,孩子?
(推拉凳子声)
家长　　孩子从星期一,星期二就开始起这个疹子,猫接回来一两天就开始起,不知道猫是过敏原还是什么。
(医生给孩子听听)
医生　　那皮疹在哪里?
家长　　鼻头,额头。背上也有。
医生　　让阿姨看一下,乖乖。
(医生看喉咙)
医生　　咿,嗓子黄了。嗓子发炎了。受凉了么?大人有发烧的么?有和其他小孩一块儿玩的没有?
……
医生　　把孩子带过来,采一下咽拭子。
(孩子开始哭)
医生　　乖乖。
孩子妈　(笑)好了,就一下我们就去玩。
医生　　好了乖乖,真棒,孩子。哎哟,不舒服啦。(笑)
(孩子父母笑)

片段(5)中的儿科环境下,医生通常会向儿童及父母展现出超出其他科室的善意。孩子面对"白大褂"时,通常会流露害怕情绪,以至于不配合就诊。考虑到儿科问诊背景,医生会采取十分亲昵的呼语与语气词,以消除孩子面对陌生医生的消极情绪,以便更好进行体察,如,此案例中的"孩子""乖乖"等。同时,亲昵称呼如"宝贝"以及对孩子的夸赞,如,案例中的"真棒,孩子"等还具有拟父母的效果,能够向父母传递出积极善意的信号,消解父母在孩子生病时的紧张情绪,并改善父母面对一位陌生医生时的不信任心态。

4.3 品质

  (6)(语境信息:父母抱着孩子过来询问医生,孩子年龄太小又一直发烧不退。)

   家长 孩子已经持续好几天感冒。流鼻涕,一直哭闹,而且体温一直在38摄氏度左右,吃了很多药都没有用。

   医生 如果想要弄清楚小女孩到底是因为什么发烧的话,就必须做血液检验,但是今天检验化验室已经下班。而且如果要继续进行血液检验的话,需要等待很长时间,因为乡镇医院没有独立的检验机构,需要把很多样本收集到一起,集中送去县城医院检验。

   医生 我怀疑是支原体或流感病毒感染了,所以建议父母早日带孩子去县城里的医院进行检查,以免孩子肺部出现问题。

(小女孩父母道谢后离开)

  片段(6)鲜明地体现出了医生品质。乡镇医院由于没有独立的血液检验机构,无法为患者提供即时的血液检测。此案例中,小女孩年龄小,且发烧数日不退,医生考虑支原体或流感病毒感染。即便情况紧急,医生仍不会在没有血检的前提下断言病因。医生在告知父母乡镇医院的血检条件后,建议父母前往县城医院进行血检,以彻查病因。此案例体现出了医生的责任感与原则性,以及对患病儿童和父母负责任的态度,进而体现了医生的从业素质。即使此医生并未进行实质性的诊断,也未给出用药方案,但医生仍旧取得了父母的信任(体现在父母道谢后离开)。

5 结语

  研究表明,在乡村医疗语境中的医患信任建构存在能力、善意和品质三个信任维度。面对乡村患者,处于机构语境的医生能通过多种策略获取患者信任。

具体来说,在能力维度上,医生前期基于专业知识和经验对病症的快速识别,中期通过标准作业程序(如听诊器听诊、看舌苔、测血压等)对患者下达明确的指导意见,并在信任建构完成后巩固专业能力过硬的印象。在善意维度上,医生前期通过稳定的心态将患者带入冷静,中期利用方言、拉家常、调侃等语言技巧与患者拉近距离,待信任建构完成,强化使用拟亲属称呼等令后续疗程或复诊更加顺利便捷。在品质维度上,医生会话全过程中依次凸显医疗系统的层次性、问药取药的流程性、医患的双向评价等,使患者因医生是机构的一部分而感到信任,达到从人际信任到制度信任的"四两拨千斤"的效果。

参考文献

[1] Cockerham, W. C., G. Lueschen, G. Kunz & J. L. Spaeth. 1986. Social stratification and self-management of health. *Journal of Health and Social Behavior*, 27(01): 1−14.

[2] Fuoli, M. & C. Paradis. 2014. A model of trust-repair discourse. *Journal of Pragmatics*, 74 (04): 52−69.

[3] Mayer, R. C., J. H. Davis & F. D. Schoorman. 1995. An integrative model of organizational trust. *The Academy of Management Review*, 20(03): 709−34.

[4] Ong, L. M., J. C. de Haes, A. M. Hoos & F. B. Lammes. 1995. Doctor-patient communication: a review of the literature. *Social Science & Medicine*, 40(07): 903−18.

[5] Parsons, T. 1951. *The Social System*. New York: The Free Press.

[6] Shapiro, S. P. 1987. The social control of impersonal trust. *The American Journal of Sociology*, 93(03): 623−58.

[7] 安东尼·吉登斯,1998. 现代性与自我认同. 赵旭东,方文,译. 上海:生活·读书·新知三联书店.

[8] 陈松林,2006. 信任源理论在医患关系管理中的应用. 中华医院管理杂志,22(12):826−828.

[9] 房莉杰,梁小云,金承刚,2013. 乡村社会转型时期的医患信任——以我国中部地区两村为例. 社会学研究,28(02):55−77.

[10] 宫福清,张斌,2006. 重建医患间的信任. 中国医学伦理学,19(2):65−67.

[11] 李伟民,2005. 红包、信任与制度. 中山大学学报(社会科学版),45(05):110−116.

[12] 刘仲翔,2005. 农民求医行为的特点及其启示. 卫生经济研究,(03):36.

[13] 罗天莹,雷洪,2002. 信任,在患者与医生之间. 社会,(01):32−34.

[14] 尼可拉斯·卢曼,2005. 信任. 李强,译. 上海:上海人民出版社.

[15] 彭迎春,2017. 乡村两级医德关系及道德环境的比较分析. 中华全科医学,15(06):1006−1009.

[16] 朴金花,孙福川,2013. 医患双方视角下的医患信任关系研究. 中国医学伦理学,26

(06):3.
[17] 汪涛,陈静,胡代玉等,2006.运用主题框架法进行定性资料分析.中国卫生资源,(02):86-88.
[18] 王琦,2004.加强医患沟通缓解医患关系.中国卫生事业管理,20(06):361-362.
[19] 徐渊洪,2003.人际关系运作对医患互信作用的思考.江苏卫生事业管理,14(05):7-11.
[20] 朱清蓉,2022.社会变迁视角下的医患信任.贵州民族大学学报(哲学社会科学版),(01):77-94.

导师评语

赵鑫：论文以全国多地乡村医患真实会话为语料(约160小时录音,29.3万字),通过话语分析和主题分析方法,验证了迈耶、戴维斯、肖尔曼等人的信任模型在中国乡村医患信任建构语境中的适应性。研究的创新之处在于,发现了中国乡村医生在诊疗的不同阶段(前期、中期和后期),在能力、善意和素质维度的信任建构话语策略。研究范式通过细化诊疗阶段,关注医生在不同阶段的信任建构,拓展了质性分析的深度,能为机构话语研究提供新的启示。

命名策略视角下约翰·拉贝人物称号的历时研究
——以必应2005—2021年搜索数据为例①

张焱阳　刘丽蘅

摘　要：德国商人约翰·拉贝在南京大屠杀期间救助了大量中国人，被称为"中国辛德勒"、"活菩萨"和"南京好人"。本文运用语言学话语分析的多层次模型和话语—历史分析法的命名策略，以必应为搜索引擎，选取2005—2021年间的548篇报道作为语料，对约翰·拉贝的主要称号进行宏观与微观维度的分析。结果表明，对拉贝各类称号的使用频率具有鲜明的阶段性，与纪念日、典型报道等宣传事件存在显著关联。拉贝的主要称号具有历史或现实根源，其形成始于《拉贝日记》和电影塑造，在当代媒体话语中以归类、隐喻等命名策略得到构建与传播。

关键词：约翰·拉贝；称号；命名策略；历时研究

1　引言

约翰·拉贝（John H. D. Rabe）是一位来自德国汉堡的商人，自1908年抵达北京起，在中国工作和生活近三十年。他曾受雇于德国西门子公司，先后在西门子北京、天津、南京分公司工作。在担任西门子驻南京代表处负责人期间，拉贝亲历了南京沦陷的全过程，目睹了日军狂轰滥炸、策动屠杀的暴行，出于内心的正义与善良，他将自己的住宅设立为"西门子难民收容所"，庇护了600余名城内平民，同时作为南京安全区国际委员会主席，与其他中外人士一起拯救了超

---
① 本文系2021年南京大学本科生国际"云"科考与科研训练项目"拉贝日记与和平城市"成果。

过25万中国人的生命。

不论在当时还是后世,拉贝的事迹都感人至深,正因如此,人们赋予其诸多称号——"活菩萨""南京好人""中国的辛德勒",以表达对他的感激与崇敬。然而,在现有的报道性文章中,这些称号往往只是作为一种修辞,用于呈现拉贝人道主义者的形象,却鲜少关注称号的起源、内涵及动态发展。本文将基于《拉贝日记》等文献,结合必应(Bing)2005—2021年约翰·拉贝称号相关记录,探究约翰·拉贝称号的由来和演变,从而探究约翰·拉贝事迹在中国的传播和其形象建构。

2 研究方法和语料

本文主要运用的研究方法为"多层面分析模型(Multiple level model)"和"话语—历史分析法(Discourse-historical approach)"。多层面分析模型继承了篇章语言学的研究特征,主张从宏观、微观和话语(文本间)三个层面进行话语分析。宏观层面关注话语的情境要素,例如媒介与交际形式;微观层面关注单一文本内部的语言形式及其功能,例如标题/导语、论式、关键词等;话语层面则统括文本间复现的语言模式,旨在透视其背后占据主导地位的社会思维模式(李彬,2020:95)。话语—历史分析法由沃达克(Wodak)提出,是一种跨学科的研究路径,主张将社会学、历史学方法引入话语研究,尤其强调历史背景对于文本和话语诠释的作用,在该方法指导下的话语分析应从主题、策略和手段三个维度展开(Reisigl & Wodak,2009:93-95)。

基于上述方法,本文将在宏观层面考察约翰·拉贝不同称号的使用频率及其历时变化,在微观层面结合历史语境梳理具体称号的由来,继而从话语策略的角度剖析称号内涵。话语策略分为命名策略、述谓策略、论证策略、视角化策略和强化/弱化策略,本研究将聚焦命名策略,该策略关注对人物、事物和行为的话语建构,常用方式有归类、隐喻、转喻等(Reisigl & Wodak,2009:94)。

研究语料的获取步骤如下:以必应为搜索引擎,通过Python爬取2005—2021年期间与"约翰·拉贝"相关的报道共计68507条,经过大数据和人工筛选,去除重复项、无意义项(资源下载页面、无关项、失效网页),保留有效数据共计548条。本文结合宏观和微观分析,以约翰·拉贝的称号变化为抓手,呈现约翰·拉贝在中国的形象建构的历史演变,还原其在中国的接受过程。

3 宏观层面:约翰·拉贝称号的历时变化

3.1 约翰·拉贝称号总次数历时演变结果概览

通过人工对于数据进行筛选,得到的有效数据量为 548 条。将所得称号及其出现频次生成词云如图 1 所示。从该图可知,和约翰·拉贝相关的称号共有 10 种,分别为:中国的辛德勒、南京好人、中国辛德勒、活菩萨、南京的辛德勒、纳粹、南京好友、东方(的)辛德勒、南京大屠杀中的洋菩萨和现实版辛德勒的名单。

图 1 2005—2021 年约翰·拉贝各称号分布

这 10 种称号大致可以分为 3 种类型,即:

"中国辛德勒"相关:此类称号尝试在约翰·拉贝和二战期间拯救犹太人的奥斯卡·辛德勒(Oskar Schindler)之间建立联系,有利于在传播初期对拉贝的形象建构。典型的例子有:中国的辛德勒、中国辛德勒、南京的辛德勒、东方(的)辛德勒、现实版辛德勒的名单。

"活菩萨"相关:此类称号最早来自南京大屠杀期间受助难民对拉贝本人的评价,在当代媒体报道中也多有体现。典型的例子有:活菩萨、南京大屠杀中的洋菩萨。

"南京好人"相关:此类称号源于德国前驻华大使埃尔文·维克特(Erwin

Wickert)整理编纂的作品《约翰·拉贝:南京的德国好人》(*John Rabe. Der gute Deutsche von Nanking*),是德国人视角下对拉贝形象的概括。典型例子有:南京好人、南京好友。

从数量分布来看,"中国辛德勒""南京好人""南京的辛德勒""活菩萨"等称号出现频率较高,而"南京好友""东方(的)辛德勒""南京大屠杀中的洋菩萨""现实版辛德勒的名单"等说法仅处于边缘地位。

根据数据的来源,可大致将其分为官方话语(如人民网、光明网等)和民间话语。由图2可知,从总体趋势来看,约翰·拉贝称号在各类报道中提及次数呈现出波动上升的趋势;从来源看,官方话语中提及次数显著高于民间。

2005—2021年约翰·拉贝称号出现总次数

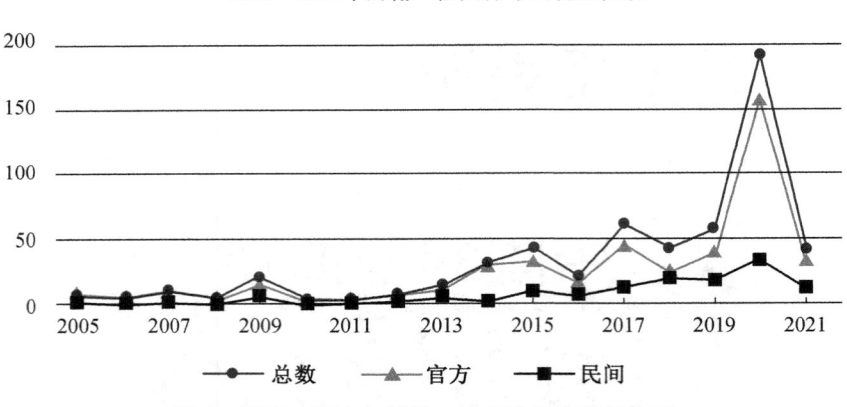

图 2　2005—2021 年约翰·拉贝称号出现总次数

根据以上波段图,结合重大时间点和事件,可将约翰·拉贝称号在中国的发展大致分为三个阶段,2005—2013 年为第一阶段,以 2014 年国家公祭日的设定为节点,至 2019 年底疫情暴发为第二阶段,2020 年至 2021 年为第三阶段。

3.2　约翰·拉贝称号总次数历时演变结果概览

3.2.1　第一阶段:2005—2013 年

本阶段称号分布的数量特点为数不多,年度出现频率最高不超过 20 条,在 2009 年达到小高峰,之后呈现出相对平缓的趋势。在具体的称号方面,则多以"南京""中国"等地域性的限定词修饰"辛德勒",如,"中国的辛德勒""南京的辛德勒",此外"南京好人"出现也较为频繁。

第一阶段(2005—2013)：称号总数

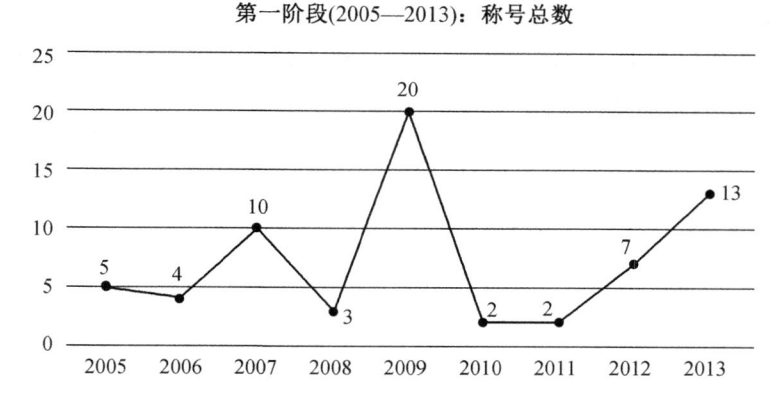

第一阶段(2005—2013)：称号分类

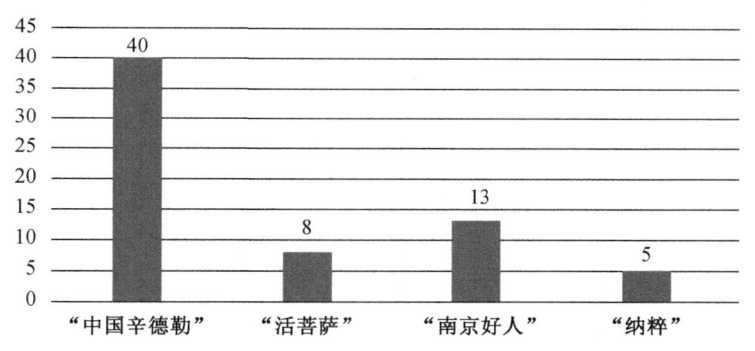

"中国辛德勒" 40
"活菩萨" 8
"南京好人" 13
"纳粹" 5

图3　第一阶段(2005—2013)约翰·拉贝称号总数与分类

　　这一时期以"辛德勒"作为拉贝形象传播的重要抓手,其原因主要在于约翰·拉贝形象和辛德勒形象的共性。自 1993 年电影《辛德勒的名单》上映以来,辛德勒这一人物形象引发了广泛的关注,因其事迹而深入人心。而对于约翰·拉贝这样一位较为陌生的德国人形象而言,以较为熟悉的"辛德勒"形象作为叙事抓手,无疑对其形象传播和建构有着较大助力。

　　2009 年,约翰·拉贝的各类称号提及次数均有上升,这一现象在一定程度上体现了国内对于约翰·拉贝事迹的关注。这些关注或许与 2009 年上映的两部电影《拉贝日记》《南京！南京！》密不可分。前者由德国导演佛罗瑞·加仑伯格执导,聚焦南京大屠杀期间约翰·拉贝及其他国际友人一道设立国际安全区的故事,让约翰·拉贝有了清晰的荧幕形象。后者由陆川执导,再一次唤起了民众对于南京大屠杀这一历史事件的记忆。

3.2.2 第二阶段:2014—2019 年

第二阶段以 2014 年国家公祭日的设立作为起始节点,各类称号的使用频率在 2017 年南京大屠杀发生 70 周年之际达到高峰,以 2019 年底疫情暴发作为结束节点,其显著特征是约翰·拉贝相关称号出现次数较前一阶段明显增加,并且在内容上呈现出多样化的新趋势。

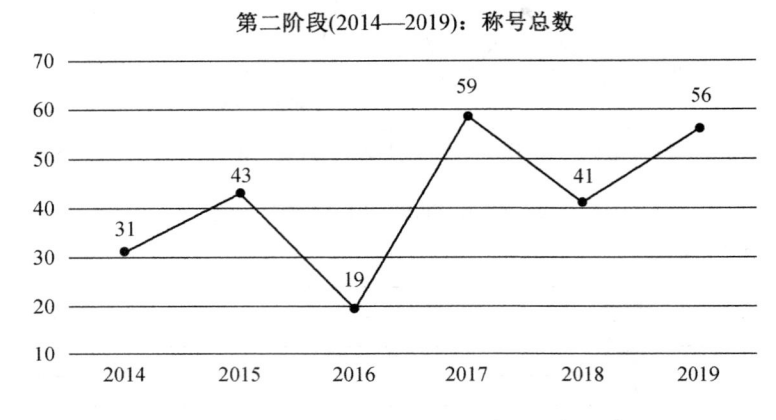

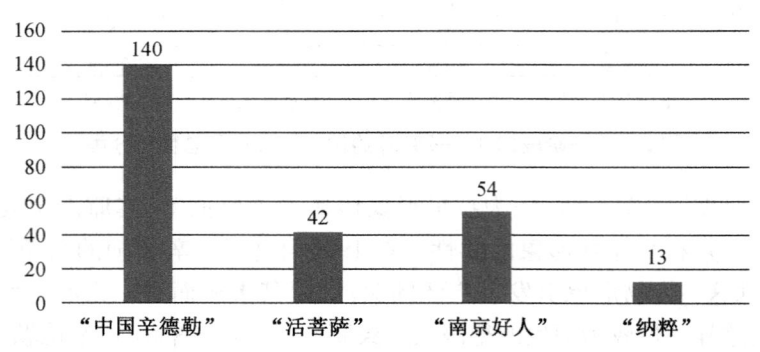

第二阶段(2014—2019):称号总数

年份	2014	2015	2016	2017	2018	2019
称号总数	31	43	19	59	41	56

第二阶段(2014—2019):称号分类

称号	"中国辛德勒"	"活菩萨"	"南京好人"	"纳粹"
数量	140	42	54	13

图 4　第二阶段(2014—2019)约翰·拉贝称号总数与分类

称号的多样化趋势主要体现于此前出现频率不高的"活菩萨"称号使用频率的上升。"活菩萨"这一称号最早是 1938 年受拉贝救助的难民对他的评价,这一称号在此阶段的盛行,实质上体现了随着国家公祭日的设立,与南京大屠杀相关的研究不断深化,越来越多的历史档案重见天日,而"活菩萨"这一称呼的反复提及,即此类情况的典型例证。

这一时期的另一特征则在于拉贝的纳粹身份被提及,然而这一称号仅见于民间报道(如,百家号),这从一定程度上反映出随着自媒体的发展,拉贝事迹的传播在传统的官方话语的基础上,引入了民间自媒体的因素,其传播的范围和受众均有不同程度的扩张。

在本阶段,2017 年约翰·拉贝不同称号的出现次数达到小峰值,共计 59 次。其背后的原因可能在于,2017 年为南京大屠杀 30 万同胞遇难 80 周年纪念日。因此不难发现,约翰·拉贝作为南京大屠杀宏大叙事中建立国际安全区小叙事的核心人物,其传播效用亦与时代相关联。

3.2.3 第三阶段:2020—2021 年

第三阶段起点是疫情暴发。这一阶段提及约翰·拉贝称号的报道数量明显增加,2020 年,各类称号提及次数达到近 200 次。在具体的称号内容上,尽管传统的"中国辛德勒""南京好人"等称号仍然占据上风,但是"南京好友"的称号首次出现。

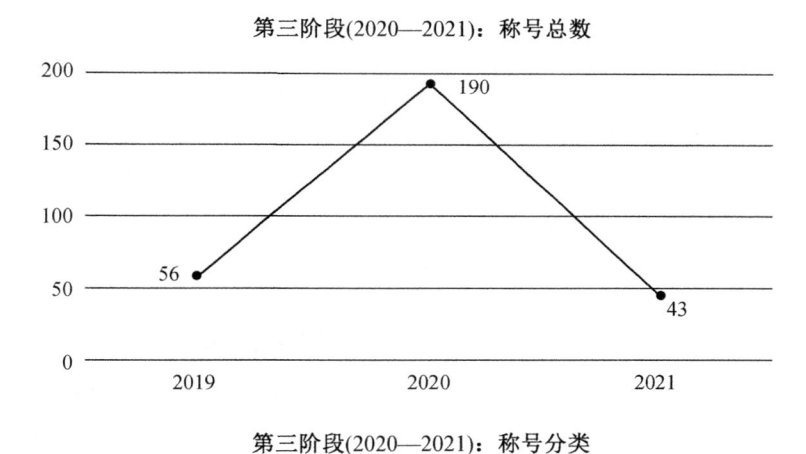

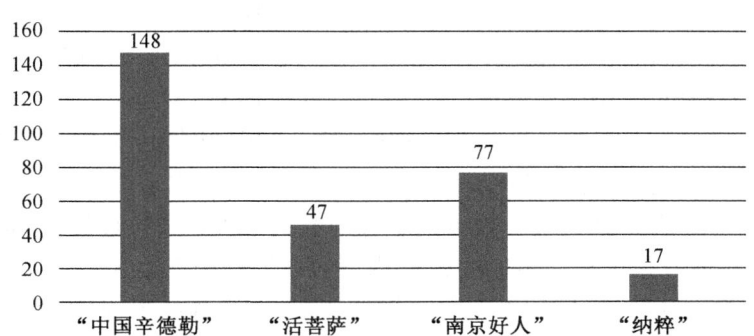

图 5 第三阶段(2020—2021)约翰·拉贝称号总数与分类(2019 年作参照)

这一现象主要归因于疫情期间,约翰·拉贝的后人向中国求助,中国报以医疗物资的事件。在相关报道中,涉及约翰·拉贝曾经在南京建立国际安全区,保护中国难民的往事,而各类称号也是在此类语境中被反复提及。

值得注意的是,在原有的"南京好人"称号的基础上,出现了"南京好友"的称号。这一称号最早见于"跨越80年的互助接力令人动容"的国际时评中。这一称号的出现,说明约翰·拉贝已经由从前伸出援手的德国好人,到如今的好友,从"人"到"友"的一字之差,无疑显现出其中蕴含的友情和感激之心。

4 微观层面:约翰·拉贝称号的话语策略分析

4.1 "中国辛德勒"

见诸媒体报道的全部称号中,"中国辛德勒"及其变体达到近六成,在话语实践中占主导地位。这类称号由两部分组成,一方面给拉贝冠以"辛德勒"之名,试图在两者之间构建关联;另一方面以"中国""东方"等地域名词作定语,点明拉贝主要经历的发生地点。

拉贝与辛德勒具有相同的身份标签——德国人、商人、纳粹党员。更重要的是,两者在二战期间的主要经历十分相似——共同目睹法西斯军队的屠杀暴行,并亲身参与救助难民的行动。出于正义感和同情心,拉贝自1937年11月至1938年2月,担任南京安全区国际委员会主席,围绕其故居建立的西门子难民收容所成为600余人的栖身之所,而由拉贝管理的安全区最多时接纳了25万人。与之形成对照的是辛德勒在二战期间保护1 100多名犹太人免遭纳粹屠杀的经历,可以说,拉贝与辛德勒共有的特征提供了关联基础,而两者兼具的人道主义精神则构成了"中国辛德勒"这类称号的核心内涵。

其次,辛德勒早于拉贝进入公众视野,这一时间因素也促成了该称号的使用。电影《辛德勒的名单》1993年上映后轰动一时,强化了奥斯卡·辛德勒作为"拯救者"的形象,而约翰·拉贝的事迹则要到1997年《拉贝日记》重新公布后才逐渐流传开来。在一定时间范围内,拉贝的知名度远小于辛德勒,例如,《环球时报》刊登的《中国留德学生为拉贝塑像》一文称拉贝为"东方辛德勒",对比呈现了两位人物的接受情况:"辛德勒的名字在全世界早已尽人皆知,而拉贝在西方世界却默默无闻。"以"辛德勒"为中心语的命名策略由此成为介绍拉贝的线索。

在指称拉贝的过程中,"辛德勒"往往在地域名词的修饰下出现,常见形式有:东方/中国/南京辛德勒。这一限定体现了命名策略的一项特征——划分内外群体。央广网纪念抗战胜利70周年的一篇报道表示:"德国人约翰·拉贝称得上是一个与中国、与江苏、与南京最有心灵感应的历史符号。"将作为德国人的拉贝归入中国一方,一方面点明了拉贝主要事迹的发生地点,另一方面也传达出中国社会对于这一人物的认可和接纳。

4.2 "活菩萨"

"菩萨"是梵语 bodhisattva 的音译,用以描述佛教神灵,在其基础上又衍生出"活菩萨"这一表达,用以比喻"心肠慈善、救苦救难的人"(现代汉语词典,2016:591)。这一称号的使用线索来自《拉贝日记》的开篇:

> "亲爱的读者,我想在此明确肯定地说,成为活菩萨即使对一个西藏人来说也不是件十分容易的事,对一个'汉堡人'来说就更是绝对不可能了。尽管如此,当我把我的日记说成是'一个活菩萨的日记'时,为了不致被认为是自大狂,或者像汉堡人说的'高兴得要发疯',我必须委婉地指出,加给我的这个称谓,如同接受勋章一般,无法予以拒绝。(约翰·拉贝,2009a:1)"

上文表明,"活菩萨"并非后世给予拉贝的褒奖,而是他亲历并接受的一项称号。它的使用发生在1938年1月31日,时逢春节,拉贝的中国雇员及佣人向他拜年,在拉贝住宅避难的600多位难民向他三鞠躬,对收留和保护他们的拉贝致以感谢。他们将一块长3米、宽2米的红绸布献给拉贝,上面写着:"济难扶危,佛心侠骨,共祝天麻,俾尔戬谷(穀)。"意思是:"你拯救了危难中的人们,慈悲而侠义,我们共同祈求上天庇护于你,愿你福禄安康。"在场的一位学者取前两句,将这段文字简化、转译成英语:"You are the living Budda for hundred-thousand people."("你是几十万人的活菩萨")(约翰·拉贝,2009a:444)。

"活菩萨"是基于隐喻的命名策略而形成的称号,从受助者的角度出发,将菩萨仁慈施救的符号意义赋予拉贝,反映了拉贝建立"西门子难民收容所",使其中600余人无一伤亡的义举。鉴于这一背景,"活菩萨"在当代话语传播中往往出现在与幸存者直接相关的语境中。例如,《文汇报》的一篇报道引述西门子难民营幸存者李俊的回忆录:"日军破城当天,我们一大帮50多人一起涌入西门子洋行避难。拉贝先生给我们吃,给我们住。当时难民们都说拉贝是'活菩萨',给他磕头。"以上叙述展现了拉贝与难民之间"施助—受助"的关系,在南京大屠杀期间,中国平民流离失所,是无力自救的一方,而愿为其提供庇护的拉贝则是相对有力量的一方,成为难民心目中的"菩萨",象征着善良、正义、希望与护佑。

4.3 "南京好人"

"南京好人"一类称号的出现频率仅次于"中国辛德勒",在中文媒体上得到了广泛的传播,溯其源流则会发现,该称号译自《拉贝日记》德文版和英文版标题。1997 年,位于斯图加特的德意志出版社(Deutsche Verlags-Anstalt)出版了德语版《拉贝日记》,书名为 *John Rabe: Der gute Deutsche von Nanking*(约翰·拉贝:南京的德国好人)。该书的编者埃尔文·维克特曾任联邦德国驻华大使,21 岁时曾在中国见过拉贝本人。他在《拉贝日记》原稿的基础上进行评注和选编,最终形成了日记的德语本。后来,《拉贝日记》译本分别在南京、东京、伦敦和纽约出版,其中,由伦敦 Little, Brown Book Group 出版的英译本名为 *The Good German of Nanking: The Diaries of John Rabe*(南京的德国好人:拉贝日记),而纽约 Alfred A. Knopf 出版社推出的英译本标题略有不同:*The Good Man of Nanking: The Diaries of John Rabe*(南京好人:拉贝日记)(约翰·拉贝,2009b:253)。不难发现,"南京好人"是三版书名中的共同元素,随着《拉贝日记》各语种译本的付梓而开始得到接受与传播。

"南京好人"一称的命名与"中国辛德勒"异曲同工,采取了"地域归类 + 形象特征"的模式。以"中国"作限定词,往往出现在东西方对照的语境之中,即援引辛德勒之形象说明拉贝之特点,而强调"南京"一词则更精确地指向拉贝在该城市的所作所为,并凸显南京与拉贝之间的密切关系。与之对应的"好人"一词是对拉贝品格的概括,在话语实践中通常被具体化为人道主义精神。《约翰·拉贝逝世 70 周年:在柏林纪念"南京好人"》一文体现了这一命名取向:以南京市捐赠的拉贝纪念墓碑和南京籍旅德留学生的采访切入话题,同时以"国际人道主义善举""人性的伟大""对全人类有着重大意义"等表达凸显了拉贝精神的内核。该称号具有以小见大的潜质,即通过讲述拉贝之于南京的意义,刻画中德两国的友好交往,传递超越民族界限的人文关怀。

值得关注的是"南京好友"一称见诸报道的情形。该称谓并非"南京好人"的简单变体,其使用映射出南京与拉贝家族的友谊发展新动态。2020 年,约翰·拉贝的孙子托马斯·拉贝向中国驻德大使馆求助,希望获得一款用于疫情治疗的药物,新华社题为《跨越 80 年的互助接力令人动容》的国际时评报道了该事件,并称拉贝为"南京好友"。"互助"是文中的高频词,也是全篇报道的题眼所在。"好人"与"好友"虽然仅有一字之差,但其背后的命名逻辑发生了微妙的转变,"南京好人"显示的是拉贝与南京之间单向的"施助—受助"关系,而"南京好友"建立在中国人感激拉贝、回报其后人的文本之上,暗示了一种双向的"互助"关系。这表明南京人民与拉贝家族走向了平等的友谊,构成了"人类命运共同体"话语的一大力证。

5 结语

本文运用语言学话语分析的多层次模型及话语—历史分析法中的命名策略,从宏观与微观两个维度对约翰·拉贝的人物称号进行了系统性的分析。结果表明,"中国辛德勒""活菩萨""南京好人"三类称号在数量上占主导地位。在宏观层面上,各类称号的使用频率呈现鲜明的阶段性特征,其总数伴随着《拉贝日记》电影上映、南京大屠杀死难者国家公祭日的设立、南京大屠杀发生 70 周年等事件而显著增长;在微观层面上,拉贝相关称号具有相应的历史或现实来源,体现了归类与隐喻的命名策略,凸显了拉贝济难扶危的人道主义精神内核,并成功构建了中国与拉贝家族守望相助的友好关系。

参考文献

[1] Reisigl, M. & R. Wodak. 2009. The discourse-historical approach (DHA). In R. Wodak & M. Meyer (Eds.). *Methods of Critical Discourse Analysis (Second Edition)*. London: Sage Publications, 87 – 121.

[2] 李彬,2020. 当代德语话语研究的多层面分析模式. 学海,(06):93 – 98.

[3] 约翰·拉贝,2009a. 拉贝日记. 刘海宁,郑寿康,杨建明,李清华,郭鸣琴,钦文,贺艳玲,译. 南京:江苏人民出版社,江苏教育出版社.

[4] 约翰·拉贝,2009b. 拉贝日记. 朱刘华,译. 北京:金城出版社.

[5] 中国社会科学院语言研究所词典编辑室,2016.《现代汉语词典》(第 7 版). 北京:商务印书馆.

导师评语

陈民：围绕约翰·拉贝的研究既往多以历史学、档案学视角开展，少有从语言和文学角度切入的成果。论文以拉贝的人物称号为研究对象，采取话语分析方法对其来源、内涵与使用展开考察，选题具有一定的创新性。作者收集的语料有一定的时间跨度，内容十分丰富，辅以可视化手段，清晰呈现出拉贝称号在媒体报道中的历时特征。作者以《拉贝日记》不同译本作为参照，细致梳理了拉贝称号的由来，并对媒体话语实践的具体案例进行质性分析，诠释其内涵。论文结构完整，论证扎实，方法得当，体现了作者将实地调研与学术理论相结合的能力。

文学研究

自我虚构小说中创伤叙事的疗愈性
——以赫塔·米勒《独腿旅行的人》为例*

谌 红

摘 要: 20世纪暴力史为创伤研究提供了历史土壤,近年来,随着不断与日常生活接轨,创伤研究已成为新世纪德语学术界重要的研究课题之一。在文学批评领域,学界基于创伤与文学在认知方式上的相似性,将文学视为趋近创伤的有力手段。本文结合文学创伤理论及当代创伤研究成果,聚焦罗马尼亚德裔女作家赫塔·米勒移居德国后的第一部作品,自我虚构式小说《独腿旅行的人》,从创伤表达层面分析该小说的创伤叙事特征及其取得的美学效果。以书写疗法的原理作为理论基础,分析作者以及主人公通过写作获得的转变,探究文学如何服务于解构、重构创伤,以期论证写作对创伤的治愈效果。

关键词:《独腿旅行的人》;赫塔·米勒;创伤叙事;写作疗法

1 引言

赫塔·米勒置身于罗马尼亚和德国的边缘,与两者皆处于紧张关系当中,黑暗的童年、长期的政治迫害、文化身份认同的困难成为其心理创伤的重要诱因,同时也为她的创作提供了源泉,成就了她独具一格的书写方式——"以'陌生目光(der fremde Blick)'浸润细节,考量世界,虚构感知(erfundene Wahrnehmung①),以

---

* 本文获2021年全国高校德语专业本科生学术创新大赛优胜奖。

① 虚构感知以现实世界为出发点,但超越现实的界限,进入想象的领域,从而无限接近隐藏在事物表象下的"真实",此处的真实指的并非借由感官得到的切实体验,而更多是主观的感知,这也是文学的根本特性。

文字喻象游弋于能指与所指之间的'空隙'"(胡蔚,2010:74)。但米勒的小说并非传统意义上的自传,而是一种"自我虚构"(Autofiktion)(Breysach,2007)。米勒在采访中多次强调,她在写作中并非作为一个见证者而存在。一方面,语言自身的人为性使得既往经历无法被一对一地记录下来,在书写时也就不可避免地偏离事件的"原貌"。另一方面,由于创伤对认知结构的破坏性,即时的书写成为奢望,事后的书写是常态,并且总是通过语言来重构。对米勒来说,语言的人为性和书写的滞后性导致文本具有强烈的主观性和自主性,也就不可避免地偏离了历史意义上的真实,却也因此更为趋近"更高的真实"。《独腿旅行的人》基于作者本人移居德国的经历,以碎片化的语言、怪诞的想象跨越主观与客观、虚构与现实的界限,成功地将创伤受害者所言的可信性和高度的文学性合二为一,兼具审美价值与现实意义。同时,在"写作疗法"(Poesietherapie)(Heime,2012)的视域中,《独腿旅行的人》不仅以文学手段诉说创伤,更是将文字作为与创伤抗争的手段,因而也可以视为写作疗法的范例。

那么,为何创伤记忆成为米勒书写的核心议题?创伤记忆与文学性书写的交融点何在?创伤书写对作者本人又有何意义,在文本和现实层面有何体现?本文将以上述问题为出发点,结合文学创伤理论和现代创伤研究成果展开讨论。

2 创伤与文学书写

"创伤"(Trauma)一词源于希腊文,意思是"刺破或撕裂的皮肤",核心在伤口的可见性上,自19世纪末起逐渐被西方心理学用来指代精神、心理等方面的无形创伤(林玉华,2007)。弗洛伊德首先对心理创伤展开深入研究,他认为,创伤体验是原本和谐的精神世界由于外界的某种强烈刺激被强制打破所产生的过激反应,这种刺激对受害者的感知意识系统及自我造成不可逆的损害。值得注意的是,这种心理创伤是无形的,但是它们会借助某些外在特征表现出来,例如,过度警觉和紧张、闪回(睡梦或白日梦中反复再现创伤场面、碎片式的回忆、无中生有)、癔症、噩梦、焦虑、抑郁、人格解体等形式(Critchley,1991)。在弗洛伊德之后,皮埃尔·詹妮特(Pierre Janet)、朱迪斯·赫尔曼(Judith Herman)、凯西·凯鲁斯(Cathy Caruth)等研究者结合历史学、文学、社会学、哲学等相关学科知识对心理创伤理论进行了深入的跨学科研究,站在不同立场上对心理创伤做出了解释和定义,得出了一些共识,即心理创伤由外界某种刺激引起,是一种无形的伤痛,但对受害者的精神、心理和行为都造成极大的破坏。心理创伤主要表现在:其一,它超出了受害者正常的自我心理防御机制,损害受害者的感知意识系统，造成线性叙事记忆的断裂。其二，它以各种不愉快的形式反复地侵扰受害者，造成当事人对外界普遍的不信任、焦虑和过度敏感，最终失去正常的处理和理解事情的能力。

创伤的压抑性和破坏性使得即时的言说难以发生，但它迫使一些具有创造力的受害者转向小说，因为小说的形式对表现创伤有着历史叙事所不能比拟的方便性和灵活性，为读者和当事人趋近创伤历史和记忆提供了有效的路径。文学性的碎片化书写、想象与虚构允许人们梳理记忆碎片，释放创伤反复侵扰带来的负面情绪体验。具体来说，叙事人通过写作真实地体验到创伤，返回到创伤性事件的情境之中，这时借助叙述表露的对创伤的体验以及对创伤的记忆超越了写作的滞后性和记忆的偏差性，最具可信度（林庆新，2008）。从这一角度来说，只有超越现实的界限，进入想象的领域，才能趋近更深层次的真实。

米勒的人生历经磨难——黑暗的童年、酗酒成性的父亲、粗暴的母亲、长期生活在秘密警察的监视以及集权政府的压迫下、作为少数族裔移居德国的文化认同危机等，这些都形成了她对于人生、家庭乃至整个社会的创伤记忆框架，再加上作者本人对语言运用的特有天赋，创伤书写成为米勒作品的核心主题也就不足为奇了。《独腿旅行的人》作为米勒迁居德国后的首部作品，无论从内容还是风格上，都别具一格。小说的主人公表现出闪回、噩梦、莫名的恐惧、焦虑、过度敏感等创伤症候，而作者借用联想、想象，用简白的语言将她的恐惧、混乱、陌生、无依感等复杂情愫很好地传达了出来，勾勒出了少数族裔边缘生存的图景，可谓是创伤书写的范本。下文将具体分析小说如何从内容和叙述两个层面展现作者的创伤经历以及取得的效果。

3 《独腿旅行的人》中的创伤书写

小说的叙事视角聚焦于女主角，展现她的内心想法和她眼中建构的主观世界。她的感官像放大镜，细节取代整体成为知觉的原则，看似不起眼的细节不断地被放大、被肢解，带有创伤色彩的联想由此细节展开，隐藏在其下的真实渐渐浮出水面。将自己作为知觉对象，伊莲娜总感到自我在异化、分裂。初到德国，与他人进行交往时，伊莲娜也显得异常的冰冷、麻木。碎片化、联想、"零度语言"等叙事方法则更为强烈地凸显了主人公破碎的自我以及冰冷、麻木的情感状态。因此，海恩斯（Haines，2002）基于文本分析，将伊莲娜解读为遭受创伤后应激障碍①困扰的个体,并将其症状源头归为作者本人在罗马尼亚的创伤经历。在这一基础上,我们将结合创伤叙事理论进一步探究作者如何借助文学手段曲折表达创伤,以及这种曲折表达其在文本内外层面可能存在的意义。

3.1 碎片化的书写

在米勒的文字世界里,"首先被颠覆的是整体性的宏伟叙事和纵观全局的视角,自我与世界的感知存在于支离破碎的每一个瞬间"(胡蔚,2010:73)。米勒笔下的伊莲娜也总将目光和注意力放在一个个细节、片段上,诸如纽扣、发梢、眼白、瞳孔、舌头这些非整体的局部,它们充满情绪和变化,带来的则是更接近本质的真实。她能在黑夜中发现一片在摇摆频率上有细微差异的灌木,听到海浪声背后男人的喘息声,进而发现自己、沙滩上的姑娘都正在被动地成为男性自慰的工具。她能听到机场大厅大声说话的人藏在"喉咙里的另一个人"(米勒,2010:128)。她敏锐的感官并非偶然,米勒(Müller,1999)自述,这种陌生的目光并非移居德国所致,也不是文学研究家们所认为的特殊写作技巧,通过练习获得,而是养成于长期遭受监视和恐吓的生活,是政治高压下戒备、怀疑的目光。拼贴画(Collage)则是这一目光发展到一定阶段的产物,借助拼贴画,创伤的破碎特性得到了视觉上的呈现。在小说中伊莲娜从报纸上剪下了数张照片组成了拼贴画,米勒用文字的形式对其进行了描述:

> 正在行驶的公共汽车旁边,有很大的一块大拇指甲。一座门的废墟旁边有块手表,那座废墟之门从石板路通向看不见的远方。人们飞驰在一个摩天轮上,旁边是一处流向远方的活水。空中有架飞机,挨着一只手。一张脸飞快地从秋千上的女孩子旁边闪过。一只手握着手枪,旁边是个男人,正骑着自行车穿梭在树荫里。一张哭喊着的嘴,一直咧到了眼角处。两个戴鸭舌帽的男人,站在水边张望。一位老妇人坐在城市上方的一个阳台上。一个戴黑色太阳镜的女人。一个穿着西装的死者。一盘水磨。一个被查抄过的房间。(米勒,2010:150)

这段描述在形式上以并列和破碎的句法为特征,即句子往往缺乏动词和连词,只是由一系列名词松散地串接而成。似乎图片之间缺乏显而易见的联系,实则不然。在语言学层面,"飞机"(Flugzeug)与"飞行"(fliegen),"水磨"

---

① 创伤后应激障碍的三大典型症状为过度警觉、闪回以及情感淡漠。

(Wassermühle)与"被查抄的"(durchwühlen)押了头韵,将整个画面用语音联系起来;在内容层面,左轮手枪、哭喊着的大嘴、穿着西装的死者、废墟之门以及被查抄的房间暗指一个共同的主题——秘密警察的活动。独立的身体部位——大拇指指甲、手、脸、嘴,进入视野中心,凸显了支离破碎的身体与碎片化的美学结构之间的对照性(Marven,2005)。米勒也在小说中指出,联结这些图像的恰恰是它们彼此间的分离。"每张图片都自成一道陌生的风景。这幅图像如此陌生,以至于适合表现一切场景。它在不断地运动中。"(米勒,2010:151)也正如马文(Marven,2005)解释的那样,"拼贴画的功用在于表达作者的分裂的内心世界,隐喻其移民生活的偶然性。"

3.2 虚构与现实的交融

无生命的物体几乎总能立刻引发伊莲娜关于过往经历的记忆,随即就被强烈的情绪裹挟而丧失原貌。米勒自述,"一样东西总是会突然变成截然不同的东西,不是吗?因为它会骤变和颠覆。我们的目光落在某物上,它在我们的眼中,下一秒就会变成其他的东西。它的内部在运动,变化成其他形式"(Müller & Eddy,1999:332)。

"二手店里的毛巾散发出贫穷和仓促做爱的气息。"(米勒,2010:156)伊莲娜看到的不是作为无生命的物体而存在的硬毛巾,而是伴随着烟、酒、穷人的皮肤一起进入伊莲娜的知觉域。店里绿色的大衣令她联想到战争;超市箱子里的便宜鞋几乎立刻引发了她关于儿时村庄超市争抢购买断码鞋的记忆——"男人和女人拥挤着冲向箱子,小孩也夹在里面…… 小孩在哭"(米勒,2010:132)。这些中性的物体因为记忆散发出贫穷的气息、战争的气息。借助对物体引发的联想和回忆的阐述,儿时生活的贫困的村子、战争对伊莲娜的影响不言自明。同时,作者在书写、阅读这一部分时也像读者一样,站在第三者的角度,得以带入新的认知,以成人的视角重新诠释自身的童年经历。

一张英年早逝的政客的照片令她如此震惊,以至于"寒意由体内向外散发出来,……冻得她头皮直疼"(米勒,2010:153),眼前的景象也瞬间被颠覆,落入可怕的幻想空间:头顶白色波浪卷的老妇、抛光的手杖、保健鞋,走进德意志少女团的队伍。可能会有长长的、没窗子的车开过商店门口。穿制服的男人们没收了柜台上的货物。报纸上会登出法律法规,就跟另一个国家里的一样。(米勒,2010:153 - 154)

伊莲娜身边的朋友有不少都死于政治迫害,这种死亡恐惧裹挟着她,她担心纳粹政权会卷土重来,政治谋害、思想囚禁、暴力会再次上演。这一幻想的出现其实可以用现代创伤心理相关研究加以解释,范德考克等(van der Kolk et al, 2001:12-13)汲取现代认知神经科学成果,认为创伤记忆可以分为"内隐记忆"和"叙事记忆",其中,内隐记忆会将眼前接收到的信息整合到原有心理图式中去,而该心理图式又是由既存的创伤经历所构成的一种特殊的神经网络,一经处理,便上升到意识层面,被当事人感知。米勒与朋友在罗马尼亚遭受政治迫害的创伤记忆作为她原有的心理图式,融合眼前景象,假借有关纳粹历史的幻想展现出来。

伊莲娜总将他人的言行与犯罪、暴力、拒绝等阴暗面联系起来,不惜以最坏的意图揣测对方,在字里行间中总传达出一种恐惧、疏远甚至敌意,行为也显得怪异、疏离。醉酒的弗兰茨与村里小孩的对话在伊莲娜的眼里是"两种不相通的语言对彼此的靠近,是一种对外国人的接近,是一种被禁止的接近"(米勒, 2010:113)。"男人的口哨声听起来就好像他正唱着歌踩过尸体"(米勒,2010: 163),她害怕地走进小酒馆,远离这个可能会对她造成威胁的男人。闯红灯时,她听到了身边男人的呼吸,还听到他跟她以同样的步幅走路,便害怕得停止摆动手臂,感觉自己就像躺在床上睡觉,任他处置。为了摆脱这个念头,她与那个男人走了不同的路(米勒,2010:167)。这种对男性过度的恐惧可以追溯到米勒酗酒的父亲以及秘密警察长期的监视、跟踪,男性在她眼中成了暴力、威胁的象征,在夜晚、阴暗处更是如此,以至于任何可疑的线索都能在脑中自动引发对可能出现的可怕场景的联想。因此她的神经不敢有一点松懈,几乎每次都选择了跑开。

难民营、路基、铁轨和围墙在伊莲娜眼中构成了犯罪的舞台布景,交头接耳的士兵、车站的旅客,如戴帽子的女人、吃薯片的孩子、年长的女人都是这出戏的主演。年长的女人看向孩子,孩子突然转身,上了年纪的女人感到疑惑,变小的眼睛传达出恨意,这一场景在伊莲娜看来是一种行凶。进站的列车发出的绿光意味着审判,车开走,站台空了则意味着审判的结束。这一联想看似荒谬,但站在伊莲娜的角度结合上下文分析似乎也能够理解其中的联系。伊莲娜刚刚接受完官员的审问,在脑中闪回了有关被秘密警察监视、压迫的创伤记忆,眼前的士兵、穿制服的男人更是加深了这一记忆提取的线索。她虽然没有犯罪,却被审问,是不是也像这个沉默转身实际上无辜的孩子呢?所幸列车来了,孩子得到了无罪的审判坐上了车,逃离了现场,但伊莲娜仍然被留在了站台,等待着对她的审判。在这一解释框架下,这出戏其实是伊莲娜对自己处境的具象化表现,荒谬的背后实际上是难以言说的创伤的曲折表达。

4 书写与治愈

20世纪80年代,彭尼贝克和比尔(Pennebaker & Beall,1986)发现,按照一定结构的书写来表达与创伤经历有关的感受和想法可以从长期改善健康状况,这一实验结果受到广泛的关注。随后,心理学家、语言学家、医学家等在这个领域进行了大量的研究,证实了书写对人们身心健康的促进作用(Lepore & Smyth,2002;Smyth,1998)。书写表达也因而发展成为一种心理干预方法,称为"写作疗法"(Poesietherapie),它"通过提升当事人的创造潜力、感知体验能力以及对压力生活事件的洞察力,促进创伤治愈和人格发展"(Heime,2012:14),目前已经被广泛地应用到学校、社区保健以及临床治疗上(Harris,2006)。对于写作疗法的作用机制,研究者们尚未形成一个统一的观点,暴露、引导注意转向、促进适应和认知重构可能是主要的作用因子(王永、王振宏,2010)。

首先,关于暴露,相对于抑制、隐藏消极情绪和想法,宣泄、表达于身心更为有益。并且由于书写时可能的读者并不在场,相较于面对面的交流,书写的方式为当事人表达感受提供了更为安全和便利的环境。其次,事后的书写表达在时间和空间上都更为深入,使得对于压力的来源和类型的关注成为可能,由书写引发的主观的生理和行为反应也得到了当事人更多的注意,这种注意的转向有助于情绪调节。同时,注意转向使得当事人多次体验消极情绪并逐渐适应,在主观体验和神经生理生化反应以及行为表现上都得到了调整和改善(王永、王振宏,2010)。最后,书写为解构、重构既往经验提供可能性。在解构中,视角得到转变与拓展,内心深处的情感和思想浮出水面,适应不良的认知被取代,事件的意义也得到了新的诠释。一方面,与即时的、针对少数听众的口语对话相比,书写表达不受注意力和工作记忆力的限制,也无需争夺话语权,因而包含更多描述性、解释性以及整合的信息,也更具逻辑性和组织性。另一方面,书写带来的对创伤经历的适应性使得人们带着更少的情感包袱来评价、认知事件,也有助于提供更远的距离和更多的视角(Pennebaker & Smith,2018)。

《独腿旅行的人》可以看成写作疗法的一个范例。在现实层面,通过文学创作,米勒得以在虚构的世界中反思回顾过往的经历,遇见自己,与自己和解。正如作家在采访中提到的那样,"通过写作,白纸黑字地记录下来,死亡恐惧'跑'起来了,变得可以忍受了,日子也变得可以理解了,这对于我继续生存下去是必不可少的"(Müller & Eddy,1999:330)。在文本层面,伊莲娜通过在卡片上记录自己想对弗兰茨说却未当面说出的话,尝试将自己从天而降没有预警的恐惧图像化,思考头脑与城市的关系,也逐渐在书写中找到一种居住在现在、继续生存的方式。下面就从文本内和文本外两个角度分析伊莲娜和米勒各自经由书写获得的变化,从而探究书写在疗愈创伤方面的重要意义。

4.1 伊莲娜的书写与转变

赫尔曼(Herman,1997)根据创伤的特点总结出创伤治疗的三个阶段,这三个阶段的核心任务分别是:第一个阶段要帮助患者建立起安全感和信心,第二个阶段是帮助患者对创伤进行追忆和哀悼,重构创伤事件、整合创伤记忆,达成理解和释怀。第三个阶段是重建自我,开发新的人际环境,在崩塌的废墟上重建精神家园。据上述理论分析,小说的主人公伊莲娜在对创伤的认知和人际关系的建立上都显示出了好转的迹象,叙事层面的情节推进也与上述治疗框架展现出了一致性。

症状的闪回以及那些毫无预警从天而降的恐惧迫使伊莲娜对过往经历深入思考。她开始尝试用语言描述、记录自己的心理状态,借助书写,她对自身所处的状况有了更清晰的认识——她发现自己的痛苦其实源于一种可命名的权力结构——独裁,源于她对德国的过度期望;她渐渐发现迁居到德国并没有让她远离集权统治的阴影,反而使她早已千疮百孔的内心更加支离破碎。杜特曼(Düttmann,1999)指出,创伤造成经验的断裂,身心千疮百孔,这种不连贯性与矛盾性使得当事人常常嗅到死亡的意味。德国大城市的生活反倒引发了她对法西斯政权的联想。对身处异乡的外国人伊莲娜而言,德国既不是自由和繁荣的象征,也算不上是与罗马尼亚相对立的正面形象,而更像是经过美化的罗马尼亚的类似物。两者的相似性让伊莲娜认识到,无论在哪里,她都不可能会拥有新生活。她发现自己只能作为观察者生存,她观察到人们"背上扛着他们生活着的城市"(米勒,2010:243)。但她并不知道自己是否也想跟其他人那样,继续这样生活,正如小说结尾写的那样:"人们不知道自己现在是不是穿着挤脚的鞋子旅行在城市的人,抑或是拎着手提行李的居民。伊莲娜躺在黑暗中,想起了城市。伊莲娜不愿去想离别。"(米勒,2010:273)伊莲娜在德国的处境并不如意,身居大城市的陌生感和作为少数族裔的边缘感使她怀念那个小村庄,那个她从小长大的熟悉的地方。她自己解释道,"我把乡愁分散地规划到土地和国家、当局和朋友身上"(米勒,2010:182),她怀疑自己"把乡愁缩小、缩成一团装进脑袋,为了不被认出来。她怀疑她的忧伤一见光就解体。她怀疑自己在感官上建立起一座思考的楼宇,目的是去抑制感官"(米勒,2010:168)。她开始意识到自己试图用理智征服情感,因为从理智出发,她既无法将她长期生活过的罗马尼亚视为她的身份归属地,又无法认同隐含集体压迫的德意志民族身份。但乡愁背后是人归属某一群体的天然需要,无法压制,它作为一种与生俱来的情感,自发而混乱地处在思想中,人只能带着乡愁生活,不断在满足自身需求与适应环境中寻找平衡。而她对周围世界细节超乎寻常的关注,转向拼贴画和破碎语言,其实可以看作寻求平衡以继续生存的一种尝试。

此外,伊莲娜还采用写小卡片的形式,与自己的感性对话,为情绪的表达和宣泄提供安全的空间,也促进了对自我情绪和想法的觉察与理解。她前前后后给弗兰茨,一个她尚在"另一个国家"时认识的德国男人写了六张卡片,记录自己想对他说却未当面说出的话。例如,在两人一夜缠绵后,伊莲娜到邮局买了一张明信片,在上面写道:"其实我根本不想给你写卡片。我更期待你能回复。如此一来,我就想给你写信了。二者是有区别的。"(米勒,2010:118)伊莲娜在这里强调对方的回信是她继续写信的动力,这种特意强调实际上透露出她的不安,她害怕弗兰茨不再与她联络,害怕弗兰茨代表的新家园——德国——只是短暂地给予她希望,害怕她最终还是无家可归。又如,两人最后一次见面后,她在卡片上写道:"当我把自己和你联系到一起,一切都成了虚构。我可以把我的生活建立在一个完全虚构的支柱之上。然而所有这些故事,人们怎么能让它们清晰得一如往昔呢?"(米勒,2010:231)书写使得伊莲娜真正明白了弗兰茨的完美形象不过是她臆想出来的,是她为了平衡"内心愿望的过度膨胀与外在事物的贫乏干涸"(米勒,2010:246)而创造出来的东西,是一种防御机制,一种内心不成熟的表现。哈尼施(Harnisch,1997)也将弗兰茨理解为伊莲娜臆想出来的新家园的象征,将伊莲娜对他表达的思念阐释为伊莲娜对新家园的期待,将两者以失败告终的关系理解为一种暗示,即如果伊莲娜带着不理智的预期,是难以融入德国这一新环境的。最终,在清楚认识到弗兰茨对自己的意义后,伊莲娜也选择了离开弗兰茨,避免了不必要的持续伤害。

4.2 米勒的书写与抗争

暴力独裁和集权统治的影响伴随米勒的一生,即使是在她离开罗马尼亚后,过去的影响仍然持续着,她甚至还在德国这一新环境下遭受了二次创伤:联邦情报局的审讯、朋友的背叛、作为少数族裔而无家可归等。这些都使她生活在"死亡恐惧(Todesangst)"下,而创伤对感知意识系统的捣毁性使得任何直接的记录与分析成为奢望,她被迫转向文学创作,在既定的语言框架里找到特殊的言说方式,影射"无法言说者",在词句的缝隙中发出声音(李双志,2019:289)。米勒自述,"当我将既往经历写入句子时,就像幽灵搬家。事件的本质被打包进了单词,他们自己学着跑起来,自发地移动到一个尚且陌生的地方。因此,于我而言,写作就像把床放进一片树林里,把椅子放进苹果里,街道也开始在手指上奔跑;一切似乎都可以被颠覆,手帕可以比城市还大,眼白可以比墙面还多,手表也可以比月亮还大。"(Müller,2003:85)"搬家"这一隐喻暗示,于米勒而言,写作并不能重现现实,但在写作中视角得到转变与拓展,细节得到更为精细的加工,从而有助于记忆的重构,并促成对创伤新的诠释。因此,米勒的文学书写为自我救赎提供了一种现实的可能性。

如今已有不少研究者将米勒的作品诠释为一种"美学抗争"。雷恩茨(Reents,2017)就将米勒以中性叙事、仅靠标点符号连结的并列短句为特点的写作风格理解为对既有秩序和规则的美学反抗。坎普迈尔(Kampmeyer,2014)则认为米勒的艺术创作应当被理解为"创伤展示","一种服务于愈合'伤口'的叙述"。通过创作《独腿旅行的人》,米勒试图以一种诗意的方式,在"沉默"的言说中对抗创伤。对像她这样经历过政治迫害被迫移居他乡的少数族裔来说,长期固定且合适的生存空间是难以寻觅的,只有在"流动"和不断的"旅行"中,他们才能继续生活。而交融虚构与现实的文学世界为他们提供了这一可能,允许他们在相对静止的生活中继续"呼吸"。像小说结尾的伊莲娜不愿去想离别一样,米勒也拒绝离开德国,部分也是因为德国的城市作为"一个不完整、模糊和无序却也因此拥有决定性自由的空间"(McGowan,2017:30),允许多元的文学创作与美学抗争。

5 结语

在《独腿旅行的人》中,米勒巧用超现实联想、简单并列句、碎片化叙事、拼贴技法赋予不幸的过往、边缘的身份、不屈的反抗,以具体的形态和质感为创伤叙事赋予美学价值。同时,创伤回忆过程的虚构性、多变性与文学创作的本质不谋而合,文学允许作者重新体验创伤,趋近创伤,弥补过去经验断裂所致的认知加工不充分以及叙事记忆的缺失,进而达成理解与释怀。米勒自述,"写作中,我必须停留在内心创伤最深的地方,不然我根本不必写作"(胡蔚,2010:71)。从这一角度出发,写作于米勒而言,绝非仅仅是一种审美的需求,更是对抗创伤的有力手段,是她赖以生存的精神支柱。米勒的文学实践,展现了文学书写与创伤经历之间的特殊的诗学张力,在此场域下,创伤不仅为文学提供了话题,文学也为趋近、解构并最终战胜创伤提供了可能性。

参考文献

[1] Breysach, B. 2007. Räume der Gewalt-Poesie der kleinen Räume. Herta Müller in der frühen Prosa und neueren Essayistik. *Spiegelungen. Zeitschrift für deutsche Kultur und Geschichte Südosteuropas*, 2: 144 – 58.

[2] Critchley, S. 1991. *Ethics, Politics, Subjectivity*. London: Verso.

[3] Duggan, P. & M. Wallis. 2011. Trauma and performance: maps, narratives and folds. *Performance Research*, 16(01): 4 – 17.

[4] Düttmann, A. G. 1999. Flugsimulator. Notizen zum Trauma. In Elisabeth Bronfen, Birgit R Erdle and Sigrid Weigel (Hg.): *Trauma. Zwischen Psychoanalyse und kulturellem Deutungsmuster*. Köln: Böhlau, 217 – 18.

[5] Haines, B. 2002. The Unforgettable Forgotten: The Traces of Trauma in Herta Müller's Reisende auf einem Bein. *German Life and Letters*, 55(03): 266 – 81.

[6] Harnisch, A. 1997. Ausländerin im Ausland: Herta Müllers Reisende auf einem Bein. *Monatshefte*, 89(04): 514 – 16.

[7] Harris, A. S. 2006. Does expressive writing reduce health care utilization? A meta-analysis of randomized trials. *Journal of Consulting and Clinical Psychology*, 74: 243 – 52.

[8] Heime, S. 2012. *Warum Schreiben hilft: Die Wirksamkeitsnachweise zur Poesietherapie*. Göttingen: Vandenhoeck & Ruprecht GmbH & Co. KG.

[9] Herman, J. L. 1997. *Trauma and Recovery: From Domestic Ability to Political Terror Pandora*. London: Baisc books.

[10] Kampmeyer, D. 2014. *Trauma-Konfigurationen. Bernhard Schlinks „Der Vorleser". W. G. Sebalds „Austerlitz". Herta Müllers „Atemschaukel"*. Würzburg: Königshausen & Neumann.

[11] Lepore, S. K. & M. S. Joshua. 2002. Writing *cure*: *How expressive writing promotes health and emotional well-being*. Washington, DC, US: American Psychological Association.

[12] Marven, L. 2005. „In allem ist der Riss": Trauma, Fragmentation, and the Body in Herta Müller's Prose and Collages. *The Modern Language Review*, 100(02): 397 – 400.

[13] McGowan, M. 2017. Reisende auf einem Bein. In Nobert Otto Eke (Hg.): *Herta Müller Handbuch*. Stuttgart: J. B. Metzler, 25 – 30.

[14] Müller, H. 1991. *Der Teufel sitzt im Spiegel. Wie Wahrnehmung sich erfindet*. Berlin: Rotbuch Verlag.

[15] Müller, H. 1999. *Der Fremde Blick oder Das Leben ist ein Furz in der Laterne*. Göttingen: Wallstein Verlag Gmbh.

[16] Müller, H. & B. D. Eddy. 1999. „Die Schule der Angst": Gespräch mit Herta Müller. *The German Quarterly*, 72(04): 329 – 39.

[17] Müller, H. 2003. *Der König verneigt sich und tötet*. München: Hanser Verlag.

[18] Pennebaker, J. W. & S. K. Beall. 1986. Confronting a traumatic event: Toward understanding of inhibition and disease. *Journal of Abnormal Psychology*, 95: 274-81.

[19] Reents, F. 2017. Trauma. In Nobert Otto Eke (Hg.): *Herta Müller Handbuch*. Stuttgart: J. B. Metzler, 231-32.

[20] Smyth, Joshua M. 1998. Written emotional expression: Effect sizes, outcome types, and moderating variables. *Journal of Consulting and Clinical Psychology*, 66: 174-184.

[21] van der Kolk, Bessel et al. 2001. Exploring the Nature of Traumatic Mamory: Combining Clinical Knowledge with Laboratory Methods. *Journal of Aggression, Maltreatment & Trauma*, 4: 9-31.

[22] 胡蔚,2010.政治·语言·家园——赫塔·米勒的文学观.探索与争鸣,(01):70-74.

[23] 李双志,2019.流离失所者的美学抗争:赫塔·米勒研究.南京:南京大学出版社.

[24] 林庆新,2008.创伤叙事与"不及物写作".国外文学,(04):23-31.

[25] 林玉华,2007.创伤治疗:精神分析取向.台中:五南图书出版股份有限公司.

[26] 米勒,赫塔,2010.人是世上的大野鸡.陈民,安尼,译.南京:江苏人民出版社.

[27] 彭尼贝克,詹姆斯,约书亚·史密斯,2018.书写的疗愈力量.何丽,译.北京:机械工业出版社.

[28] 王永,王振宏,2010.书写表达及其对身心健康的作用.心理科学进展,18(02):314-321.

导师评语

刘健:论文用跨学科研究视角,结合文学研究与当代创伤研究,以德裔罗马尼亚女作家赫塔·米勒的自我虚构小说《独腿旅行的人》为例,分析文学与创伤表达及治疗的关系,探究文学作为创伤叙事手段如何服务于解构和重构创伤。论文从创伤表达与书写疗法两个层面分析该小说的创伤叙事范式特征与美学效果,并以书写疗法理论为基础,分析作者以及主人公通过写作获得的转变,借此论证写作对创伤的治愈效果。论文的研究主题具有较强的当下性和现实性,研究方法有一定创新,作者对文献的研读较为广泛和深入,研究思路严谨,框架合理,论述清晰,体现了较好的学术写作能力。

论南京大屠杀英语小说中的角色形象与互动
——以哈金和祁寿华作品为例*

宫振宁

摘　要: 研究南京大屠杀英语小说中的角色形象,应将其置于角色间的互动之中。形象一方面塑造互动关系,另一方面也在互动中得以彰显。在南京大屠杀英语小说中,中、西两类角色的形象与互动是叙事的重点。祁寿华 When the Purple Mountain Burns 和哈金 Nanjing Requiem: A Novel 这两部美籍华人作家的作品对中西方角色的呈现方式大相径庭。本文分别分析两部作品里中西角色的形象与互动关系,揭示两者重现南京大屠杀事件的视角差异及其利弊。本文认为,哈金的书写方式更好地迎合了西方读者的阅读期待,但其呈现南京大屠杀的方式却有失公允。相较而言,虽然祁寿华的作品中蕴含的中国民族主义倾向或会阻碍其在西方世界的传播,但该书的书写方式仍为致力于书写南京大屠杀的英语作家提供了宝贵的借鉴。

关键词: 南京大屠杀英语小说;海外华人作家;角色形象;角色互动结构

南京大屠杀英语小说主要由海外华人作家及英美作家写就,意在向英语读者讲述这场历史悲剧。此类作品目前数量较少,出版于 21 世纪的仅有四本: When the Purple Mountain Burns(Qi, 2005)、Nanjing Requiem: A Novel(Jin Ha, 2011)、The Flowers of War(Yan, 2012)、The Devil of Nanking (Tokyo)(Hayder, 2005)。四部小说直接向读者呈现大屠杀期间南京城中的惨状。通过塑造中

---

* 本文系 2023 年国家级大学生创新训练计划项目"南京大屠杀英语文本考察与研究"(项目编号:202310284048Z)成果。

国、日本和西方三类角色的形象与互动,四部小说从不同角度重现南京大屠杀,在揭露日军反人类暴行的同时,深化了这场悲剧的历史维度。

其中,中、西两类角色的形象与互动是叙事的重点。在哈金 Nanjing Requiem: A Novel(《南京安魂曲》,下称《安魂曲》)以及祁寿华 When the Purple Mountain Burns(《紫金山燃烧的时刻》,下称《紫金山》)这两部美籍华人作家的作品中,中西两类角色的呈现方式大相径庭。哈金笔下的中国角色四分五裂,面对侵略毫无抵抗之力,而以魏特琳为首的西方角色俨然承担起了拯救中国人的使命。《紫金山》则以中国民族主义为底色,中国角色不论军人还是百姓都以团结一致的抵抗形象出现,而西方角色则作为救助者与前者产生平等互动。本文将分析两部作品里中西两类角色的形象与互动关系,以期揭示两位海外华人作家在重现南京大屠杀事件时的书写差异及其利弊。

1 哈金笔下的中西角色

《安魂曲》一书参考《魏特琳日记》写成,选取金陵女子文理学院安全区为叙事空间,借虚构人物、魏特琳的中国助手安玲之口,讲述南京大屠杀期间日军犯下的种种罪行,颂扬魏特琳等外籍人士对中国难民的救助。然而,细究哈金小说中的角色形象,不难发现作者有意贬损中国角色,突显西方角色的拯救力量,以此迎合美国读者的阅读期待。

哈金笔下的中国角色整体分为难民与士兵两类。作品的笔调看似冷静、中性,但实则是在对南京卫戍部队士兵进行形象丑化。自一开始,小说便借路易斯·斯迈思、明妮·魏特琳两个西方角色之口,将保卫南京描述为蒋介石对外保存脸面,对内削弱唐生智势力的计谋(Ha,2011:31-32),试图消解一切从中国民族主义与爱国主义出发阐释南京保卫战的可能。作者借魏特琳之口说道:"可怜的士兵——他们会像老鼠一样被围困城中。"(Ha,2011:32)在哈金笔下,"老鼠"这一负面意象,竟成了南京卫戍部队士兵形象的全部写照。南京即将失陷时,叙事者安玲与吴校长、魏特琳讨论如何保护校产免于士兵的抢劫,在她们的眼中,"中国士兵因缺乏军纪而臭名昭著,在他们受挫绝望时尤其如此"(Ha,2011:8)。事实上,魏特琳对于中国士兵的态度却并不如此绝对,她写道,"许多人担心中国军队的抢劫。我个人认为,有关方面会做出巨大的努力来防止这类事情的发生"(魏特琳,2000:164)。而日军的劫掠才是安全区财产的最大威胁。南京陷落的第三天,程瑞芳女士在日记中写道,"又有(日)兵到南山房子,把门打破,……不但拿此地的东西,连国际委员会的酒和香烟也拿去了"(程瑞芳,

2016:66)。

小说中虽然也提及日军的抢劫偷盗行为,但仍不断强化对中国守军的偏见。在下关火车站候车室里,魏特琳与安玲见到了三百多名被"遗弃"的伤兵。但叙事者安玲对士兵英勇抗敌、保卫南京的壮举只字不提,只是以悲悯为借口分裂士兵与长官,"这些乡下的小伙子似乎生来就是受苦和被利用的"(Ha,2011:22)。毫无疑问,哈金只描绘兵败城破后的混乱,刻意忽视了南京卫戍部队官兵为国家做出的壮烈牺牲,极大程度上扭曲了他们的形象。实际上,自12月4日至12日,南京卫戍部队在外围阵地和复廓阵地与日军进行了激烈战斗,在淳化、牛首山、紫金山等阵地殊死抵抗(张宪文,2015:41-54)。虽然最终战败,但卫戍部队官兵前仆后继、不畏牺牲,绝非哈金笔下的"鼠辈"。

在叙事者安玲充满偏见的眼光下,中国难民呈现出混乱而自私的形象。在金陵女子文理学院刚刚作为安全区开放时,魏特琳宣布只接收妇女儿童,在场男性难民首先抱怨不公(Ha,2011:25),接着又是其他女性难民不满与家人分离,叫喊道"为什么把我和家人分开?""接收男性难民的安全区离这儿也太远了!"(Ha,2011:26)聒噪之中,安全区的中国工作人员娄小姐试图维持秩序,告诉群众金陵女大本无义务接收难民,应该对魏特琳心怀感激,但得到的却是一个男人的叫骂"闭上嘴吧!别拍马屁了!"(Ha,2011:26)安玲忍无可忍,回应道"至于在场的男人,跟妇女和孩子抢地方,你们不觉得耻辱吗?你们没法击退敌人,用武器保护家人,那么至少应该让更有能力的人保护他们!"(Ha,2011:26)素芬偷大米被发现的场景也是一例。素芬的儿子被日军投入监牢、饥饿难耐,她迫不得已偷了一茶缸大米。然而安全区本就粮食短缺,被发现的素芬也因此成了其他难民宣泄愤怒的对象。纷争在魏特琳赶到后才得以平息,她训斥了其他难民,并宽恕了素芬。这典型的一幕无疑体现了贯穿全书的中西角色关系。

安玲与魏特琳在一处日军的"行刑场"目睹了数百具中国军民的尸首,但面对如此惨状,对日寇的谴责却只有一句"日本人真是凶残"(Ha,2011:96),随后两人的讨论转向中国人"善于遗忘"的文化传统(Ha,2011:96-97)。纵观全书,作者对中国角色形象的丑化已然扭曲了官兵的英雄气概与难民的惨痛经历。在此基础上,对中国文化的无理贬斥更使小说对大屠杀的描写严重失真。

在哈金的三重贬抑下,小说的中国角色失却了抵抗力与凝聚力,面对侵略,完全依靠西方角色的保护。以美国传教士明妮·魏特琳为代表的西方人士被置于道德的"制高点"。小说中,魏特琳是最为核心的角色,是无助难民眼中近乎神化的拯救者。对外,魏特琳联络南京国际安全区委员会、红十字会南京委员会以争取物资,接触日方人员以抗议日军暴行;对内,她处理安全区中的一切事务。

她的中国助手除向她报告危机外,几乎没有行动力。"下午三点左右,茹莲来报告说有些士兵闯进了南山宿舍"(Ha,2011:56)、"一个男孩急匆匆地跑来,气喘吁吁地报告说'很多日本鬼子正在校园里打人'"(Ha,2011:62)、"路海进到校长办公室,告诉我和明妮两个日本兵闯进了教工楼"(Ha,2011:74),类似的情节贯穿小说中直接描绘南京大屠杀的内容,中国助手与魏特琳之间"报告——反应"的行动模式增强了他们"被保护——保护"的关系,深化了魏特琳"活菩萨"的伟岸形象。

在《安魂曲》中,中西角色的互动模式呈现"西方角色为重心,中国角色完全倒向西方角色"的样态。也因此,哈金笔下的南京大屠杀与史实存在巨大的出入。对于西方人士在南京大屠杀中的作用,需要一分为二地看待。一方面,他们在救护中国难民、留存日军罪证等方面功不可没。另一方面,他们在南京的存在及其与日本政府、日本军方的接触也反映了列强在中国的利益关系。在南京大屠杀期间,美国政府对日态度十分矛盾:高层一面严厉谴责日军的肆无忌惮,但仍支持日本战争机器的运行,为日军提供卡车、运输机、汽油等战争物资(张宪文,2015:300)。同样,拉贝、罗森等德国在华人士对南京大屠杀的反应都以德国利益为基点,早在1937年11月18日,德国驻华大使馆就要求上海总领事馆找到南京详细的地图交给日本大使馆并转交日本军方,以便保护德国财产(张宪文,2015:304)。西方人士尽管在大屠杀中发挥了积极作用,但绝非超脱中日而高高在上的第三方,故不会是"拯救者"。哈金的小说在一定程度上更符合西方读者的心理预设与价值观念,更易为之接受。

在哈金的作品中,中国军民作为受害和正义的一方,其形象却在极大程度上被扭曲和丑化了。作者对于中国角色三重贬抑突显了美国传教士魏特琳的形象。面对日军,中国角色既然抵抗与否都无效用,也就不得不完全倒向以魏特琳为代表的西方人士与基督教的"拯救力量"。由此看来,《安魂曲》的叙事重点不在于南京城中百姓的悲痛遭遇,而是明妮·魏特琳及其所代表的西方人道主义力量。魏特琳女士在南京大屠杀期间为中国难民做出巨大奉献确是史实,但哈金塑造中西角色形象与互动的方式也直接反映了他对美国读者的迎合。

2 祁寿华笔下的中西角色

《紫金山》讲述了南京沦陷前后七天的故事。作者采用散点透视的叙事方法细致刻画了大屠杀背景下中国、日本及西方三类角色的形象与互动。与哈金相比,祁寿华似乎走向了另一个极端。后者的叙事中有明显的民族主义色彩。

《紫金山》刻意理想化中国角色形象,有浪漫化、简单化南京大屠杀的倾向,但其塑造中西角色互动的方式却值得称道。

不同于哈金的描述,祁寿华笔下的中国人不只是无助的受害者,也是英勇的反抗者。小说中,南京卫戍部队官兵团结一致、顽强抵抗。林耀光上校临危不惧,危难之中从容应战。即使不幸负伤,正被副官抬往医院,他也仍挂念着其他士兵。"'上校,'在担架边跑着的小赵说,'你不打紧的,再有两三分钟就到医院了。''其他人怎么样?'林虚弱地问"(Qi,2005:40)。这与哈金作品中军官逃命、士兵弃战的情形截然不同。南京城破之际,由于撤退令下达仓促,守城部队的确出现混乱,但这并不意味着中国军队面对侵略一触即溃,直至12日,守卫中华门、赛公桥等要塞的官兵仍殊死抵抗,多次击退日军的进攻(张宪文,2015:52-54)。在祁寿华笔下,即便是战败被俘的中国军人,仍然高唱着抗日歌曲(Qi,2005:70),彰显着厚重的民族精神。此外,《紫金山》也通过对比中日两军形象深化了前者团结一致、视死如归的精神。生命的最后时刻,站在埋尸坑前的林耀光上校毅然挡在副官小赵之前,命令他"紧靠在我身后,我跌进坑里的时候,跟我一起跌下去"(Qi,2005:193)。相反,日本指挥官中本竟在兽欲无法满足时,挥刀杀死了自己的士兵黑田(Qi,2005:250)。相较于哈金刻意丑化卫戍部队官兵,甚至将中国军人与日本侵略者并列的描绘,祁寿华则只展现守城官兵可歌可泣的牺牲精神。但不难发现,祁寿华笔下的中国军人形象显得单薄、片面。对比来看,哈金过度强调卫戍部队兵败后的混乱,而祁寿华则只关注其英勇、悲壮的一面,后者笔下近乎理想化的中国军人形象同样难以展现这场历史悲剧的复杂性。

如果说,《安魂曲》中的难民自私自利、冷漠无情,那么祁寿华笔下的难民则充满民族气节、守望相助。漫天炮火之下,栖身小楼的外公和宁宁仍时常温习李杜的诗歌,仍能得到邻居的照应,"'宁宁!是我啊,黄姨。我们昨晚后半夜回来了,(……)有什么需要就说啊'"(Qi,2005:83)。南京城中屠戮不断,一众难民被迫前往安全区寻求庇护。当拉贝敞开大门,他们"彼此搀扶着起身,缓缓走进大门。经过拉贝时,他们深深地鞠躬,念叨着感激的话"(Qi,2005:196)。对比哈金作品中为得到庇护大吵大闹、为了一茶缸米围攻同胞的难民,祁寿华的描述明显更具有叙事温情,却也在一定程度上弱化了难民的真实困境。在日军的暴行之下,留在南京的绝大多数难民都涌向安全区(张宪文,2015:204)。因此,祁寿华着力塑造的难民形象——外公与宁宁——无法代表大多数中国难民。同时,作者对安全区内难民的生活状况也仅是泛泛而谈。实际上,安全区对于难民的保护有限,一方面,即便是在安全区内他们也随时可能受到日军的伤害;另一方面,安全区中食物等资源的短缺也让难民苦不堪言(张生,2015:701-702)。《紫金山》中缺少对安全区内难民形象的聚焦性描绘,而把理想化的难民形象——外公和宁宁——置于前景,导致小说对中国难民实际困境的讨论浮于表面。

同《安魂曲》一样,《紫金山》也讨论了中西文化的关系。但不同于哈金"贬抑中国文化、抬高西方文化"的态度,保存民族、亲和西方才是祁寿华的立场。祁寿华笔下的中国人物大多与基督教的救赎力量保持着民族主义的距离。祁寿华借外公之口讲述梁武帝萧衍令高僧编制《梁皇宝忏》以超度亡妻的故事(Qi,2005:145),坦明中国佛教传统中"忏悔得救"与基督教教义的共通之处,在保存民族文化的基础上与西方文化达成共识。林耀光上校之女海伦对基督教的态度则更直接地表明了作者的立场。海伦,这位"尚未完全皈依的基督徒"(Qi,2005:240),向同被日军囚禁的其他女性布道,"姐妹们,不管发生什么,请你们记住:上帝爱你们,上帝爱我们所有人"(Qi,2005:239-240)。可话音刚落,海伦自己便意识到"她血液中流淌的中国文化使她无法全身心地拥抱基督教这个外国宗教,她知道在中国文化中也同样有厚爱、造福同胞的教诲"(Qi,2005:239-240)。海伦的立场反映了中国文化与基督教文化基于共性的亲和,以及它们共通的精神在危急时刻给人的慰藉,"在生命的这个时刻,仅仅是说句'上帝爱我们所有人'就足以让她感觉好了些,更坚强,也不再那么害怕。在她眼里,自己所祈祷的究竟是耶稣、老天爷,还是其他什么至高无上的神灵其实无关紧要"(Qi,2005:239-240)。

《紫金山》里西方人士的形象并非"救世主",大量的心理描写展现了他们的恐惧、无奈与愤怒。《紫金山》中的魏特琳在护送难民前往金陵大学安全区的途中,遭遇日军的骚扰。在鼓足勇气赶走日本士兵后,她仍吓得浑身发抖,心中不禁想到"尽管日军射杀西方人的后果会十分严重,但谁又能保证西方人的确是安全的呢?"(Qi,2005:218)这处描写虽然简短,却赋予了西方角色以鲜活的救助者形象,而非无所不能的拯救者形象。小说中拉贝"劝降"中国士兵的情景则反映了人道主义与民族主义之间的矛盾。拉贝与约翰·马吉一同乘车察看南京城惨状时,遇到诸多中国士兵。拉贝每次都"尽力说服他们放下武器"(Qi,2005:87),他认为"坚持与一个人数更多、装备更好且快速推进的军队作战"无异于自杀(Qi,2005:87-88)。后文中,当拉贝得知投降的士兵皆被日军杀害时,他才意识到,"是他让那些撤退的中国士兵放下了武器"(Qi,2005:119),因而失去了抵抗的能力。这样的安排在深化日军残暴形象的同时,体现了西方人士基于人道主义立场对战争认知的偏差。

在祁寿华的作品中,中国角色作为叙事重心与西方角色产生平等互动。小说中的中国角色既有惨遭屠戮的难民,也有英勇抗敌的南京卫戍部队官兵。作者着力塑造"林耀光""王豹子"等军人角色,以及海伦等安全区中国工作者角色,使小说里的中国人恢复了主动性,摆脱了被动依靠西方人的脆弱形象,更符合史实。面对日军的疯狂,仅凭二十几位西方人士的力量,不足以庇护安全区中二十多万中国难民,更有大量中方工作人员共同参与救助,他们"总数达1500余人,其中不仅包括南京安全区国际委员会的各级管理人员及基层工作人员,还包括国际委员会协作机构的工作人员"(张连红、刘燕军,2022:4)。包括姜正云、陈斐然、程瑞芳、齐兆昌在内的众多中国人都在安全区中发挥重大作用,保护同胞的生命。在南京大屠杀期间,西方人士的人身安全也难以得到保证。安全区国际委员会成员有时会直接遭到日军殴打和侮辱,甚至面临生命威胁(张宪文,2015:227)。包括魏特琳、索恩(Hubert L. Sone)、里格斯(Charles H. Riggs)、麦卡伦(James H. McCallum)等西方人士都受到过日本士兵的直接侵犯(杨夏鸣,2017:216-219)。在《紫金山》中,明妮·魏特琳(Minnie Vautrin)、约翰·拉贝(John Rabe)、罗伯特·威尔逊(Robert O. Wilson)、约翰·马吉(John Magee)等西方人士并不是神通广大的"菩萨",而是不顾及个人安危的救助者,这样的设定更符合史实。相比《安魂曲》,《紫金山》更加强调中国人的主动性,将西方人与中国人描绘为抵御日军的共同体。祁寿华的作品在展现抵抗力量的同时,揭露施害者的残暴;在凸显受害者无辜形象的同时,刻画救助者的积极形象。这样的叙事策略一方面较为符合史实,引导读者同受害者一方共情,但另一方面,其明显的中国民族主义色彩也有可能疏离西方英语国家的读者。

《紫金山》虽然在一定程度上理想化、简单化了卫戍部队官兵、难民等中国角色的形象,但其对中西角色互动的处理却值得称道。不同于哈金笔下扭曲的中国角色形象、中国角色完全依赖西方角色的互动样态,祁寿华书中的中国角色位于叙事的重心且极富民族特点,充满英雄气概与爱国情怀,而西方角色则作为救助者出现,在庇护难民的同时见证南京大屠杀的罪行。

3 结语

南京大屠杀英语小说是向世界讲述这一历史悲剧的重要方式。本文分析了《安魂曲》与《紫金山》两部作品里中西角色形象与互动的差异。哈金笔下的中国军民脆弱不堪,而以魏特琳为首的西方人士则呈现出"救世主"般的形象,前者在互动中完全倒向后者。这种书写方式一定程度上迎合了西方读者的阅读期待,但其呈现南京大屠杀的方式却极为失真。与之相反,祁寿华笔下的中国军民敢于牺牲、团结互助,西方人士则以救助者的形象出现。祁寿华将中国角色作为叙事重心,使之与西方角色所代表的基督教文化保持民族主义的距离,并与之平等互动。虽然祁寿华作品中蕴含的民族主义倾向或会阻碍其在西方世界的传播,但该书呈现中西角色互动关系的方式仍为南京大屠杀的文学书写提供了宝贵借鉴。南京大屠杀英语小说是向世界讲述中国历史的可贵尝试,分析其中的角色形象与互动,剖析其背后叙事视角的异同,或不失为一种揭示、评价此类作品重现历史方式的有效途径。

参考文献

[1] Ha, J. 2011. *Nanjing Requiem: A Novel*. New York: Vintage.
[2] Hayder, M. 2005. *The Devil of Nanking*. New York: Grove Press.
[3] Qi, S. H. 2005. *When the Purple Mountain Burns*. An Francisco: Long River Press.
[4] Yan, G. L. 2012. *The Flowers of War*. Trans. Nicky Harman. New York: Other Press.
[5] 程瑞芳,2016. 程瑞芳日记. 南京:南京出版社.
[6] 明妮·魏特琳,2000. 魏特琳日记. 南京:江苏人民出版社.
[7] 杨夏鸣,2017. 美国外交文件中的日军南京暴行研究. 南京:江苏人民出版社.
[8] 张连红,刘燕军,2022. 南京安全区中方工作人员的构成、角色及作用. 日本侵华南京大屠杀研究,18(02):4-17+140.
[9] 张宪文,2015. 南京大屠杀史. 南京:南京大学出版社.
[10] 张生,2015. 南京大屠杀史研究. 南京:凤凰出版社.

导师评语

杨金才:论文基于南京大屠杀英语文学研究,选取《南京安魂曲》与《紫金山燃烧的时刻》这两部南京大屠杀英语小说为研究对象,对比两部作品里中西角色形象与互动的差异,剖析两者对南京大屠杀的不同书写方式。作者立足充分、扎实的文献考察,结合相关史学研究,从中国视角出发反观西方语境下的南京大屠杀英语叙事,阐述其优势与不足。此研究一定程度上拓展了南京大屠杀文学研究的深度和广度,有助于提升对日本军国主义蹂躏中国的认知。论文具备一定创新意识与理论反思,结构清晰,体现出作者较好的学术视野和研究潜力。

从文学至电影:《双城记》电影改编的价值与艺术反思*

陶君函

摘　要: 英国现实主义作家狄更斯的《双城记》具有深刻的社会效应,并被多次改编成戏剧影视作品。《双城记》现实主义特色显著,文字描绘富有电影风格,叙事策略与电影叙事手法呼应。鉴于文字艺术与视听艺术的差别、思维想象与感官审美的隔阂、思想表达与内涵解读的错位、时代语境与文化价值的隔离,《双城记》电影改编在作品本质的内涵诠释、形象建构、意象表达、价值传递等方面保留着一定的改良空间。电影与文字的互文也让忠实性成为电影改编的关键要求。作为独立的艺术形式,《双城记》同名电影与小说的互动暗示着两者的差异和交流。

关键词:《双城记》;查尔斯·狄更斯;电影改编

1　引言

《双城记》(A Tale of Two Cities)是英国现实主义作家查尔斯·狄更斯(Charles Dickens,1812—1870)于1859年首次出版的长篇小说。小说以法国大革命为社会背景,以德法日夫妇(Monsieur / Madame Defarge)、马奈特医生(Dr. Alexandre Manette)、马奈特小姐(Lucie Manette)、伯爵外甥查尔斯·达内(Charles Darnay)、卡顿(Sydney Carton)为主要人物,介绍了在革命的混乱中发生于伦敦、巴黎两城的故事,呈现出作者的人道主义思想(邱细平等,2012;

---

* 本文发表于《剧影月报》,2023年第3期,12-14。

135)。《双城记》是狄更斯最具代表性的作品之一。由于《双城记》的巨大影响力,其改编作品种类繁多,涵盖舞台剧、电视剧、话剧等。其中,电影的传播较为广泛,《双城记》最早于 1911 年被维塔格拉夫制片厂(Vitagraph Studios)改编为无声电影,导演是查尔斯·肯特(Charles Kent)。受当时电影学说影响,片长只有 20 分钟,内容情节较为简略。随后,《双城记》分别于 1917、1922、1935、1958、1980 年在英美上映 6 次。其中,1935 年版较为成功,收获奥斯卡金像奖提名。其作品于不同时期的影视改编也恰当地体现出电影的发展状况以及时人对狄更斯作品的不同解读。本文基于 1935 年好莱坞版《双城记》讨论小说文本与电影改编之间的互动与关系。

2 《双城记》的艺术特色与电影改编潜力

2.1 原著的现实主义特点

大卫·本德尔(David Bender)认为,《双城记》因极强的历史性区别于狄更斯的其他小说,其强大的故事情节性也与作者其他人物主导的小说不同(Nardo,1997:22)。学界普遍认为,狄更斯在此部作品中反映了 18 世纪英法两国的社会风貌,其对法律制度的描写揭露了英法等国司法体制的种种弊端。小说中德法日夫人的形象与残暴的雅各宾派相呼应,对愤怒市民进攻巴士底狱的描写增添了小说的现实性。《双城记》的历史资料主要来源于托马斯·卡莱尔(Thomas Carlyle,1795—1881)的《法国大革命史》,充足的资料让小说对社会的建构与真实社会紧密贴合。狄更斯目睹法国大革命及其后期雅各宾派的暴虐统治,更意识到暴力革命不应当成为改变社会的方式,通过暴力取得的自由必将再次交还给暴力自身。作者人道主义的价值观与暴乱的社会现实相抵牾,翔实的史料积累赋予这部反映宏大历史的小说现实客观性,与现实相互文。

2.2 原著中的蒙太奇手法

与一般叙事结构不同,狄更斯在《双城记》里将蒙太奇式的电影剪辑手法贯穿于文本叙事中。"蒙太奇"来源于法语词汇 montage,原意为"装配",后逐渐成为电影艺术的专有名词,意为组合、构成、剪辑。(钟华,2015:14)《双城记》情节不围绕单一线索展开,而采用跳跃式的叙事逻辑,将悬念感注入文中。

在小说第二章"邮车"中,狄更斯在不同视角的环境描写之中快速变换,首先描绘马匹的艰难前行。"他们(马匹)低垂着头,抖动着尾巴,在深深的泥淖中跋涉,跟跟跄跄地向前挣扎,仿佛随时都会散了骨架似的。"(Dickens,2001:5)随后,狄更斯以俯瞰的视角,描绘荒郊野外的大环境,"所有的低谷洼地里都弥漫着腾腾雾气,雾气阴森森地在往山上游荡"(Dickens,2001:5)。这样的处理使环境的构建丰富立体,悄然布局了剧情的场景。

在不同空间同时发生的不同情节通过变换视角的手段被联结起来,这种平行叙事逻辑印证了电影叙事的蒙太奇手法。苏联导演爱森斯坦(Sergei M. Eisenstein,1898—1948)认为,狄更斯发明了平行的蒙太奇手法,两段独立情节各自发展,狄更斯的写作启发电影导演采用特写镜头。狄更斯通过蒙太奇、空间叙事等现代叙事艺术方式塑造了"文学伦敦"。狄更斯作品中的蒙太奇特质让文学写作充满电影风格,在叙事逻辑上与电影相贴合,部分消解了文学与电影间不可逾越的隔阂。由此,狄更斯文学作品也成为助推电影发展的重要基础。

2.3 狄更斯文学作品对电影改编的吸引力

早期电影的生产大量改编自经典文学作品,70%的电影剧本来源于文学作品,电影在一段时期内被视为文学的附庸。一方面,小说较强的情节性符合剧本冲突的需求,两者的核心需求相似;另一方面,由于部分小说对主要人物的描写大量采用直接对话的形式,编剧的台词设计工作量得以减少,小说中的环境、社会描写能够对电影工作者起到指导作用。这些因素使得文学作品"统治"了早期电影。

狄更斯在世时即有较大的影响力,其作品深受中产阶级关注与喜爱。在电影诞生早期,狄更斯的各类经典作品就受到关注并被改编上映。1911年,英国维塔格拉夫制片厂将《双城记》改编成电影,该剧情稍显松散,但在一定程度上呈现了原著风貌,导演大胆尝试采用三段式情节模式,延长电影放映时间,市场反应良好。由于狄更斯所秉持的中产阶级观念与观众心理预期相契合,狄更斯原著便在早期电影改编史上占据了重要位置。中产阶级受众的支持使电影成为推动狄更斯人道主义思想传播的重要手段,在一定程度上深化了大众对狄更斯文学作品的认知。

3 《双城记》的电影改编技巧与形象建构

3.1 对非必要叙事元素的抛弃

在《双城记》中,狄更斯构建了一个复杂的小说世界,除主要人物外,大量次要人物支撑起了情节的发展与变化。在关键情节的处理上,狄更斯扩充了细节,在故事情节发展中创造多重冲突变化,对社会的构建呈现出多元化、复杂化特征。在达内收到老家仆加贝尔的求救信后,他动身前往法国营救,一进关卡即遭关押,被送法庭审判。狄更斯通过两次审判揭示了德法日夫人的暴力本质,通过马奈特医生的两次证词及陪审团的不同反应来体现法国革命对社会公平正义所造成的破坏,通过不公正审判、粗暴处刑等情节来表现社会的混乱、司法系统的崩溃。

在1935年版电影改编中,由于早期电影拍摄技术的限制以及出于篇幅考量,导演大量省略原著中的次要情节,并压缩重复性的故事情节。达内在法国受审的情节是这类省略改编的典型案例。两次受审在狄更斯原著中间隔时间较短,但发生场景相同。电影《双城记》在改编过程中将两次审判压缩成一次审判,删除达内短暂获释的情节。这样处理一方面强化了革命变质后暴力行径的张力,另一方面精简了叙事逻辑。缕析逻辑主干是电影改编的重要手法。然而,这样的改编容易部分消解人物性格、破坏文学人物原型,不利于人物形象塑造。达内对法国贵族身份的坦白、马奈特神智的恢复等众多情节的处理,都运用了这种省略过渡情节的改编策略。同时,加快叙事节奏、清除观众理解复杂的障碍,也是重要的电影改编叙事策略。

3.2 电影人物的形象建构

《双城记》人物众多,关系复杂,主要建构了马奈特父女、达内、卡顿等主要人物。在这部以宏大历史为背景的小说中,主角并不明确,读者有很大的想象空间。1935年版《双城记》竭力保持对原著的忠实性,直接采用狄更斯原著中设计的对话,复制狄更斯描写的场景,复原社会运动现场风貌。罗伯特·麦基(Robert McKee)认为,构建电影形象应当抓住精彩瞬间,展示角色人生轨迹,有选择性地摘取主要人物故事情节,构建叙事结构(McKee,1999:40)。

1935年版《双城记》上映较早,在电影历史上具有实验性意义。电影在尽力囊括小说主要人物基础上进行压缩改编,以完整塑造人物形象。电影中,达内首次出现在埃弗瑞蒙德伯爵庄园和舅舅交谈,随后乘船来到英国,在船上结识了马奈特父女,到达英国后紧接着就落入舅舅布置下的陷阱,被送进法庭接受审判,由此引出了卡顿律师出场。电影改编者厘清小说中复杂穿梭的时间线,采用线性叙事方式。小说中,达内在英国遇莫须有案件,但他并没有和埃弗瑞蒙德伯爵有联系,电影改编一方面突出了达内与法国封建贵族的巨大不同,另一方面使达内回到法国后的遭遇更富有冲击性。电影通过直接图像叙述,人物衣着和口音可以直接反映达内的生活情况,即使在法国接受审判时他都身穿熨烫工整的大衣,临危不惧,其贵族气质得以彰显。

除主要人物外,普罗斯小姐、"复仇女"等次要人物也描绘得生动传神。主要人物被放置于电影镜头叙事所构建的环境中,其人物性格得以不断加深。将时代环境深刻烙印在虚构的形象上,主要人物的社会属性便得到展露,电影环境的复原设计很好地揭示出电影人物的复杂情感冲动,提升了剧情表达的合理性。

3.3 改编电影重现原著细节的艺术目的

1935 年版《双城记》注重细节重现,部分情节演绎得细致深刻。"复仇女"是狄更斯在《双城记》中构建的支撑性配角,是德法日夫人革命中的助手。狄更斯在小说中曾描写"复仇女"的形象和笑声,电影艺术充分利用了在形象和声音表达上的优势。导演紧紧抓住电影视觉化叙事方式,电影中"复仇女"的笑声尖锐、古怪,出现在全片数次重要情节中,比如,埃弗瑞蒙德伯爵马车碾压平民,德法日夫人欺骗加贝尔、诱骗达内,马奈特小姐恳求德法日夫人而遭到拒绝等。从平民受到压迫的无奈与愤怒、革命后复仇的变态到理智完全丧失后的走火入魔,这些"蒙太奇"剪辑效果使观众听到笑声后产生不同联想。原著塑造的"帮手"形象,串联起复杂变幻的风云际会,成为电影彰显法国平民情感变化的重要线索。

1935 年版《双城记》特别注重对原著的忠实性,在细节处理上尽量贴近狄更斯原著中的细致描写。巴黎人民攻占巴士底狱的情节是电影的高潮,在拍摄法国大革命中巴黎平民攻占巴士底狱的宏大场景时,导演特别将拍摄地点选定在法国,并在法国导演的指导下完成,力图还原法国风貌人情。电影对原著细节的重现在艺术上较为成功,得到了观众的肯定。

4 《双城记》电影改编的局限与意义缺失

4.1 情节呈现的差别与效果

《双城记》早在 1935 年即已成片,是电影高速发展时代的产物,剧情安排稍显生涩,对现代电影来说,该剧仍处在探索阶段。《双城记》原著规模宏大,触角深入社会各个方面,如揭露司法腐败(赵炎秋,2005:94 − 95)、工业污染等问题,是一部极其复杂的现实主义小说。电影对革命持否定态度,大多省略旁枝的次要剧情,仅保留与主要人物相关的剧情,这就降低了剧情的流畅性,使那些不了解原著情节的观众难以理解电影。《双城记》对马奈特医生入狱的介绍出现在马奈特医生的手稿上,直到达内在法国接受审判时才得以全幕浮现,用悬念和巧合解释马奈特医生痛苦的根源。但在1935年版电影中,达内在法国接受审判的情节被大幅度改变,马奈特医生手稿的相关情节也随之略去,变更为德法日夫人手持信件对达内的控诉,以至于影响情节展开,观众在电影中无法理清马奈特医生入狱的原因。在马奈特小姐前往法国"复活"父亲时,电影描绘了马奈特医生希望在墙面上寻找手稿并希望将之带走的细节,但是这种处理明显失调,与审判时的信件关联较弱。

在《双城记》中,马奈特医生初步得知达内的埃弗瑞蒙德伯爵家族血统后近乎崩溃,最终在斗争中接纳达内,体现了狄更斯的仁爱思想和人道主义理念,小说主题在戏剧冲突中得以升华。而在电影中仅讲述达内亲自向马奈特小姐解释的情节,马奈特医生对达内身份的接受略显突兀。马奈特医生以人道主义解决社会矛盾,是以德化怨的理想化人物,是狄更斯塑造的榜样形象。马奈特医生的身份撕裂和认知冲突是人物人格化的载体,是人区别于上帝的标志。电影改编弱化了马奈特医生上帝般的博爱品质,改变了马奈特医生的形象,曲解了狄更斯的人道主义,解构了改编电影的思想主题。

4.2 思想表达与内涵解读的错位

《双城记》首次出版与1935年版电影上映已间隔数十载,文字艺术与视听艺术的鸿沟也将两种形式分隔开。影片的叙事结构是封闭而充满暴力的(田兆耀,2006:93),与之相对的文学作品则能更全面、开放、包容地展现虚构的社会。

德法日夫人是狄更斯塑造的革命者的典型人物,也是众多戏剧冲突的交汇处。德法日夫人作为受压迫法国人的代表,反抗暴虐的封建统治,这当然是正义的,但随后心境的改变让自身最终走向毁灭。对于德法日夫人形象的复杂性不能简单加以归纳总结。狄更斯并没有单纯地反对她在革命浪潮中的种种过激行为,而归因于其长期以来的受害和不共戴天的阶级矛盾的影响。作为代表人物,其他在革命风暴中被复仇欲裹挟的群众形象也具有复杂的时代性与社会性,小说原著也表现了以德法日夫人为首的革命群众心态的改变。与之相对,电影中对德法日夫人和革命群众的处理呈现不同的特征。小说中,狄更斯介绍了贵族欺压人民,列举了种种变态手段,如不加姓名的逮捕令、骄横跋扈的态度等。而电影则趋于简单化,弱化了腐朽贵族欺压人民的情节,不足以展现革命的正当性。狄更斯以审视的眼光面对剧烈的社会变革,电影妖魔化了群众反抗邪恶统治的正义性,将底层民众塑造为暴民形象。思想表达与内涵解读的错位在剧情呈现中凸显出来,在实际表达过程中产生不符。

4.3 人道主义内核塑造的改变

狄更斯的一系列小说,如《雾都孤儿》《大卫·科波菲尔》等都阐述了人道主义思想,他认为,在复杂的社会中,爱可以消解困境,改造社会。狄更斯阐释的人道主义是其一系列作品的内核,也应当是这部以对原著忠实性为特点的改编电影的价值核心。在《双城记》小说原著中,卡顿对马奈特小姐的情感在情节发展中悄然发生变化,从对伴侣的渴望一步步过渡至自己心灵的寄托。电影中,受限于情节删节和时长因素,卡顿的献身被简单归因于对马奈特小姐的爱情,渴望马奈特小姐生活幸福。这样的处理使崇高的献身精神表现为"殉情"的悲壮,实际上已经背离了狄更斯的人道主义思想。狄更斯认为,唯有通过社会中广泛的人道主义,让仁爱的光辉沐浴社会,才能将社会从当时的种种苦难境况中解脱出来。人道主义是狄更斯宏大且一以贯之的立场。电影中,爱情作为卡顿献身的主要因素,使并不相同的爱情和人道主义观念对等起来,改变了人道主义的内核,电影的价值阐释深受影响。电影的改编需要根据实际,改编者的创作立场和电影出品时的时代环境带来的微小差别,使电影呈现的价值观念与小说大异其趣。

5 结语

随着现当代文化电影产业的发展,文学与电影的交互转换日渐兴起。文学与电影作为两种不同艺术形式,既存在着互通性,也存在不可逾越的隔膜。经典文学作品是电影改编创作的重要来源,而从文学至电影的转换,无疑能够丰富文学作品的外在表现形式,加强文学作品的思想表达与视听效果,渲染文学作品的艺术特色与价值内涵,提升大众广泛认知与深度接受。然而,鉴于文字艺术与视听艺术的差别、思维想象与感官审美的隔阂、思想表达与内涵解读的错位、时代语境与文化价值的隔离,《双城记》电影改编在作品本质的形象建构、意象表达、内涵诠释、价值传递等方面存在着一定的艺术缺失和改良空间。而电影的改编需要使之契合文学作品特定的时代语境、价值观念和态度立场,加强对故事情节发展、人物形象建构、思想意象表达、价值观念传递等层面的改编和转换,以新颖的艺术形式将视听艺术的审美意境和文学语言的内涵意蕴深刻展现出来。

参考文献

[1] Dickens, C. 2001. *A Tale of Two Cities*. Chicago：Courier Corporation.
[2] McKee, R. 1999. *Story*. London：Methuen Publishing.
[3] Nardo, D. 1997. *Readings on a Tale of Two Cities*. New Haven：Greenhaven Press.
[4] 查尔斯·狄更斯,2018.双城记.宋兆霖,译.长春:吉林大学出版社.
[5] 邱细平,王桃花,何素芳,2012.《双城记》中狄更斯人道主义思想解读.湖南科技大学学报(社会科学版),(04):135-137.
[6] 田兆耀,2006.电影美学与文化学:电影思维的特质与审美救赎作用.北京:中国广播电视出版社.
[7] 赵炎秋,2005.狄更斯小说中的监狱.外国文学评论,(05):94-100.
[8] 钟华,2015.论爱森斯坦的蒙太奇理论与实践.电影文学,(20):13-15.

导师评语

杨金才：论文以英国经典作家狄更斯《双城记》电影改编为考察对象,分析了该小说中的电影特质和改变潜力、电影改编技巧和形象建构,以及电影体裁的局限性和艺术缺失。通过论证,作者认为,电影的改编需要使之契合文学作品特定的时代语境、价值观念,并涵盖故事情节发展、人物形象建构、价值观念传递等多层面因素,其中改编和转换还得兼顾视听艺术的审美意境和文学语言的内涵意蕴展现。论文整体符合规范,结构清晰,体现了作者较好的学术素养和独立研究的潜质。

荣格原型理论视域下《李陵》中的人物自我探析

魏文君　郭秋栾

摘　要:《李陵》作为中岛敦的后期代表作品,取材于中国古典名著《史记》,通过对李陵、司马迁、苏武三人命运的阐释和改写,展现了作者对生命与存在的独特思索。本文旨在从瑞士心理学家卡尔·荣格提出的人格心理学中的原型理论出发,分析并还原三位主人公的心理活动与人格发展历程,以期发掘中岛敦文学中自我存在、自我实现主题的更多侧面。

关键词: 中岛敦;《李陵》;荣格原型理论

《李陵》是日本近代小说家中岛敦(1909—1942)创作的著名短篇小说,他在《史记》的基础上,将李陵的故事扩展延伸,将李陵、司马迁和苏武三人的命运相连,呈现了在同一时代背景下拥有相似人生经历的三个主人公不同的人物形象和人生选择。

迄今为止,国内中岛敦的相关研究主要从其文学特质、中国情趣以及艺术抵抗派特征等方面展开。学术文献主要以其与中国文学和道教思想的关系探究以及作品主要人物分析为主题,也出现了以道家生命哲学、自我意识、命运意识、追求等为关键词的研究。

卡尔·荣格(Carl Gustav Jung)是瑞士著名心理学家,集体潜意识是其人格分析心理学的核心概念。荣格借用原型这一概念,认为集体潜意识的内容全部由本能和与其相联系的原型所组成,原型才是集体无意识的核心(王磊,2017:268)。荣格的"原型"概念已经成为现代文艺学中的重要术语之一,有学者指出:"荣格所倡导的分析心理学要求在超个人的集体心理中去探索艺术活动(包

---

*　本文发表于《文化创新比较研究》,2022年第6期,5-8。

括创作和欣赏)的主体根源,发现伟大艺术的魅力所在。荣格用原始意象即原型的自我显现来解释创作中的非自觉性现象,认为作家一旦表现了原始意象,就好像道出了一千个人的声音(叶舒宪,1986:114)。"在本文中,笔者将借助卡尔·荣格的原型理论,进一步对《李陵》中李陵、司马迁和苏武三人进行心理分析,从而发掘中岛文学的更多价值。

1 荣格原型理论

原型是人类所共同拥有的心理基因,是我们精神基础的构成要素(荣格,2018:36)。其中,有一些原型对形成个人的人格和行为至关重要,它们分别是人格面具、阴影、阿尼玛、阿尼姆斯和自性。在本文中,笔者将主要通过对人物的阴影、面具和自性进行分析,以深入解剖并理解其心理变化。

阴影是集体无意识理论的重要原型之一,荣格将其解释为"个体不愿意成为的那种东西"(荣格,2018:19-20)。由于阴影往往埋藏在隐秘的无意识之中,它也比其他原型承担了更多的动物性,从而具有强大的生命力和自主性。如果阴影被自我意识和社会规范压抑而久久不得排解,则会导致严重的分裂感,使个体陷入迷途。

Persona(人格面具)一词,本义为古典剧表演者佩戴的面具,后被荣格引申为心理学概念,也被称为"从众求同原型"。就像演员需要佩戴符合角色形象的面具一样,人为了更好地适应社会,会时刻佩戴适合该场合的面具。荣格认为人格面具有两个来源:一方面是符合社会期待与要求的社会性角色;另一方面也受到个人的社会目标与抱负的影响(王磊,2017:268-269)。

人格面具与阴影是作为心灵对立面而存在的一组次人格,是心灵中互补的结构(史坦,1989:141-142)。在荣格心理学中,正确处理包括人格面具和阴影在内的对立人格关系,使心灵的各个部分和谐相处的过程就是自性化,也是实现人的最终发展目标的过程(郭燕燕,2010:6)。因此,在所有的人格原型中,自性也被称为"原型中的原型",是一种精神的整合力量。自性的作用在于它能够潜在地把一切意识和潜意识的心理过程内容和特征都整合成一个有机的整体,使人格稳定一体(许燕:2009:137)。然而,大多数人都无法实现完善的自性,不能充分发挥其积极作用,进而产生分裂、矛盾和焦虑等负面情绪甚至严重的心理问题。

李陵、苏武、司马迁三人均经历了人生命运的重大转折。在外界因素的影响下,三人相应进行的自我意识调整,即对自性化的尝试,也对其人生道路至关重要。可以说,自性化的成功与失败将三人导向了截然不同的结局。

2 《李陵》人物分析

人格面具以社会道德为标准、以群体价值为基础,在特定集体中作为同一的符号存在的,是一种表面人格。孔子之后的儒家强调士大夫的道德修为,将忠君利民作为道德规范的核心之一。汉武帝时期,董仲舒进一步提出"屈君以伸天,屈民以伸君"的政治策略,将"忠君"作为臣民必须遵守的行为准则(孔祥安,2020:9)。在中国的封建君主制度下,"爱国"与"忠君"往往同质同向,尤其是外敌入侵之际,君、臣、民在抵御外敌上具有一致性,爱国和忠君二者可以统一(杨鹏程,1996:85)。李陵、司马迁、苏武三人同为汉朝官员,忠君爱国的社会要求均以内化为人格面具的形式,对他们的行为产生了不同程度的影响。

2.1 李陵

李陵出身武将世家,是飞将军李广之孙。甫一开篇作者便用士兵对李陵的绝对信服来侧面证明了他卓越的军事才能。击退匈奴是李陵肩负的责任,更是其报效皇帝和国家的追求。个人才能和社会价值观的双重影响,在他心中形成了忠于君主和国家、履行武将职责的人格面具要求。然而,李陵拒绝接受运送军旅辎重的后勤工作,他认为自己正值盛年,担任辎重是大材小用。他对"李广之孙"的身份深感认同,极其渴望用杰出的战功证明自己不辱家族荣誉。自尊敏感、需要别人认可的深层欲望正是李陵人格中的阴影一面。在两种原型力量的综合作用下,虽知兵马不足,李陵仍提出"以寡击众,臣之愿也"的请求,而这也是他悲剧命运的起点。

李陵心高气傲,志在杀敌立功,以做辎重后援为耻,进而带领区区五千步兵深入敌境。兵败被俘后,李陵并没有见风使舵、轻易变节,而是假意投敌、伺机而动刺杀单于。他多次拒绝单于的示好,不向匈奴提供任何对汉作战建议。然而,李陵如果完全遵从爱国忠君、伏节死义的人格面具的指引,就会只专注刺杀计划而毫无顾虑。但实际上,他担心匈奴会封锁消息,担心即使刺杀成功,汉朝也无从得知。就此,渡边瑠莉(渡辺ルリ,2006:270)敏锐指出了李陵渴望汉朝认可的心理,即李陵意识中的"义"伴随着汉朝的认可而存在。他的节义中存在着灰色地带,并非全然无私,高尚的人格面具和怀有私心的阴影都是他的一部分。在理解李陵复杂幽微的心理历程时,两个动因都不可忽略。

在荣格心理学中,人格面具"以不同的方式去适应不同的情境"(史坦,

1989:141-142),并非一成不变。对李陵而言,家人被汉武帝斩首是他身份从汉人向匈奴人转变的直接契机。渡边瑠莉(渡辺ルリ,2006:272)评价:"李陵因家人被杀害而产生痛切的怨恨,也失去了作为汉朝武将的自我。"迎娶单于女儿、随匈奴军队作战等行为标志着李陵与过去立场的彻底割席,李陵还逐渐发现了匈奴生活方式的合理性,并对往日的偏见有所反思。但李陵的归化胡俗并不如表面般顺利。踏上战场时,想起昔日战死的部下和自己降将变节的举止,他又在莫大的空虚中失去了作战勇气。他只能纵马消愁,以肉体的疲惫来回避内心的分裂和迷茫。直到与老朋友苏武重逢,苏武对汉朝和故土"毫不功利的爱"才迫使自惭形秽的李陵真正审视自身。

纵观李陵一生,他看似对于胡汉之别、君主权威等问题有所见解,却从未在深入思索中形成明确信念。他将刺杀单于视作对兵败之责的补偿,又将投降匈奴归结为无可奈何,全部是近乎直觉的感性判断。李俄宪指出:"每当到了人生的歧路和转换的契机等紧要关头,左右李陵价值判断和选择的,总是强烈的自尊心、羞耻心和敏感的自我意识以及他人对自己的评价。"(李俄宪,2004:111)无论是作为汉朝武将,还是匈奴的右校王,日常生活中,李陵从来只是在大环境里被动履行人格面具的要求。自尊敏感的阴影面在思想上反复侵扰他,却从未得到正确排遣,又如积抑已久的火山般,在涉及重大决定时爆发,支配他的行为。也正因此,英勇的将军才会在考虑刺杀时反复迟疑,全家被武帝杀害的痛苦与面临汉使的惭愧才会同时共存。李陵对人格面具的追求流于表面,缺乏坚实的理念支撑;他也从未正视过内心的阴影面,以逃避来代替反思。因此,李陵无法调和人格中的各个侧面,被分裂感和迷茫感所困扰的他,自性化过程始终没有成功推进。苏武的出现则如一面残忍的镜子,揽而自观,李陵才终于明白自己缺乏的正是一种信念。"士众灭兮名已聩,老母已死虽欲报恩将安归",苍凉的歌声中,他最终无奈地接受了灵魂无处栖居的悲剧命运。

2.2 司马迁

小说中的司马迁个性鲜明,虽正直智慧,但人格中也存在无法忽视的自负阴影,即一种相较于他人的优越感。

"李陵之祸"初起时,司马迁便表露出对其他大臣甚至所有"人"的蔑视。他在朝堂议事中,直截了当地将那些在他眼中恬不知耻、阿谀奉承的大臣称为"全躯保妻子之臣"(中岛敦,2000:14),毫不掩饰自己的傲气清高。作者在后文也对此阴影面做了进一步阐释,即司马迁的自负在他长期以来的行为中都有所体现。"可他对自己的头脑又过于自信,非但不善于与人交往,并且一旦与人论辩就绝不甘居下风。"(中岛敦,2000:14)这种锋芒毕露的处事方式和暴露无遗的优越感令他树敌颇多。

如上文所述,人格面具也受到个人的社会目标与抱负的影响。与过度自负的阴影相对应,司马迁的理想自我,即人格面具是"正直智慧的大丈夫"(中岛敦,2000:16)。在修史方面,他认为凭借学识和文笔,自己的创作对今世和后世都是必需的。在为人方面,司马迁对人格面具的追求更为明显。撰写《项羽本纪》时,他将自己与项羽合二为一,这不仅体现出超常的想象力和文学素养,也说明项羽这样的男子汉正是他对自己的形象期望甚至自身定位。"虽说仅是一介文笔之吏,但他确信自己要比那些武人更像一名男子汉大丈夫。"(中岛敦,2000:16)

司马迁与自己设定的人格面具几乎合二为一,甚至"连一些不喜欢他的人,也都不得不承认这一点"(中岛敦,2000:17)。然而,如果人过分沉湎于自己所扮演的角色,产生认同甚至以此自居,就会受到人格面具的消极影响,产生一系列的心理问题,即"人格面具的膨胀"。人格面具的膨胀会使个人对自己的扮演骄傲自满,进而对他人产生同样的要求;当自身或他人达不到预期目标时,就会产生自卑、悔恨甚至分裂感等负面情绪。司马迁自信地认为他已兼备道德和学识,面对身边不符合他的要求的人,则会直接表达排斥。在自己没有达到人格面具的要求,即因宫刑而无法满足成为男子汉的条件时,他内心也产生了深重的自我厌恶,痛斥身体状况是"无论怎么看都是绝对丑恶的"(中岛敦,2000:25)。然而,经历了这一切的司马迁仍未发觉自身的阴影面。他在反省时将一切归因于客观条件,先后将怨恨的矛头指向君王、奸臣和那些老好人,直到最后,才将愤怒转向了自己,但依旧认为一切是问心无愧的士大夫之举。在始终无法厘清错误之后,他得出一个宽泛的结论——"'我'这个存在本身就是错的"(中岛敦,2000:28)。虽有"我"的字眼,但这并非司马迁对自身阴影的反思,而是一种心灰意冷式的自怨自艾。他认为地位和权力的渺小导致自己无法施展才能,并且认定"举世皆浊我独清",自己的思想和品德无法被这灰暗时代所容纳,却并未意识到自身人格也有一定的缺陷。

宫刑截断了司马迁实现"男"这一人格面具的道路,而未促使其发觉自身的阴影。人格的两个关键部分没有得到完善的发展,反而产生了极端的不平衡,这使得司马迁的自性化彻底宣告失败,学者郭勇将其称为"处于准死亡状态的司马迁"(郭勇,2006:133)。自性失衡后,支撑司马迁的便只有修史一事,他变成了"一架既没有知觉,也没有意识的书写机器"(中岛敦,2000:30),并在完成使命之后不久便萎靡不振、身心崩溃了。

从人格自性化的角度来看，小说中的司马迁和李陵都未将自性发展成熟；但不同的是，司马迁的面具与阴影之间产生了极度不平衡，致使其出现了比李陵更加极端的心理问题。司马迁强烈的自我意识是支撑他完成伟大事业的动力，也是他不被专制君主和当时的环境所容的原因，激烈的心理矛盾更为其人物形象增添了动人的悲剧色彩。

2.3 苏武

关于中岛敦文学的特点，姜天喜指出："主人公的生活中始终有另一位近乎绝对完美者的人物形象"（姜天喜，2008：93），在这部作品中完美者即为苏武。"李陵需要得到他人的评价，司马迁需要与他人相比较，两人的追求都无法脱离他人而独自存在。"（张芊芊等，2021：5）但苏武不同，他怀有对大汉国土的清澈纯粹之爱，只遵循内心的评价尺度，外界的看法则无足轻重。

苏武的不现实，抑或说不真实，既在于他的追求完全脱离他人，也在于他跨越了自性化的过程，直接实现自性的充分发挥。李陵的旁观者视角带有强烈主观性，使读者无从得知苏武本人怎样渐渐实现心灵的整体和谐。他自始至终以圣人般的形象出现，其百折不挠的坚强意志，似乎在19年流放般的生活中从未动摇。他并不向读者展现心灵改造的方法论，却作为绝对完美的神像而存在。"对李陵来说，苏武的存在，既是高尚的道德训诫，也是令人焦躁不安的噩梦。"（中岛敦，2000：60）面对已在彼岸的圣人，仍在人世泥泞中挣扎的行路者，难免会同时生出心向往之和自惭形秽两种心情。不过，尽管有些过于理想化，苏武也确实完成了人生价值的追求和实现，向我们展现了自性调和的强大力量。

3 结语

针对"李陵之祸"，文学创作可以从多角度展开，作者却选择从李陵的自尊心入手。究其原因，李俄宪指出："对于中岛敦来说，这无疑是最有说服力也是最容易赢得理解的理由了。"（李俄宪，2004：112）

文中人物的所思所想常常是文外作者的投射。回观作者本身，在日本社会重视西学、提倡"和魂洋才"的年代，汉学功底深厚的中岛敦处境颇为尴尬落寞。他自幼体弱多病，身边亲人又渐次离世。这些经历促使他形成内省的性格，对自我的探索也成为他不变的创作主线。借助荣格人格理论读《李陵》，我们得以更加清晰系统地看出作者对人的追求与自我实现的执着思考。

李陵因缺乏信念而陷入怀疑，无法实现人格侧面的调和；司马迁强烈的自我与外界环境激烈冲突,其人格面具与阴影极度失衡。苏武虽实现了完善的自性,却因过度完美而失去现实参考意义。三人的悲剧经历都取材于史书,所要表达的困苦情感却全属于中岛敦本人。在作者看来,彻底的自我实现道阻且长,甚至根本没有可能。但他仍然塑造了苏武这一理想人格,以展示对命运和人生的不屈反抗。

中岛敦曾写道:"看尽所有俗恶仍不失高尚的人,必须受到尊敬。而我觉得,深陷怀疑的深渊却不绝望,偏执地编织幻想和语言的人,也一样。"(中岛敦,2000:254)小说《李陵》经久不衰的魅力,就在于它通过展现历史人物的遭遇,深刻揭示了自我存在的命运和真相,并保有积极探索的高尚追求。默然忍受命运暴虐的毒箭,还是挺身反抗人世无涯的苦难?面对这一永恒的追问,在《李陵》中,我们可以一窥中岛敦的答案。

参考文献

[1] 渡辺ルリ,2006.中島敦『李陵』論.叙説,(33):268-287.
[2] 中島敦,2000.李陵.李陵 山月記.小学館.
[3] 郭燕燕,2010.荣格分析心理学中的阴影及其对人格发展的意义.太原大学教育学院学报,28(03):4-7.
[4] 郭勇,2006.自我受难与自我实现的反转:论中岛敦《李陵》.外国文学研究,(05):128-134.
[5] 姜天喜,2008.中岛敦文学的命运意识——试析中岛敦的集大成作品《李陵》.国外理论动态,(10):90-93.
[6] 卡尔·古斯塔夫·荣格,2018.原型与集体无意识,徐德林,译,北京:国际文化出版公司.
[7] 孔祥安,2020.汉代忠君伦理的发展与强化.武陵学刊,45(04):7-12.
[8] 李俄宪,2004.李陵和李徵的变形:关于中岛敦文学的特质问题.国外文学,(03):108-113.
[9] 史坦·莫瑞,1989.荣格心灵地图,朱侃如,译,新北:立绪文化事业有限公司.
[10] 王磊,2017.荣格集体无意识理论综述.科教导刊,(31):267-269.
[11] 许燕,2009.人格心理学.北京:北京师范大学出版社.
[12] 杨鹏程,1996.爱国与忠君——中国近代史教学问题之一.湘潭师范学院学报(社会科学版),(05):85-86.
[13] 叶舒宪,1986.神话—原型批评的理论与实践(上).陕西师大学报(哲学社会科学版),(02):114-123.
[14] 张芊芊,阿莉塔,2021.追求之路的始与终.世界文学研究,9(01):1-7.

导师评语

刘东波：论文以中岛敦的后期代表作品《李陵》为研究对象，运用荣格的人格心理学原型理论，对李陵、司马迁、苏武三位主人公的心理活动与人格发展进行分析与还原，为理解中岛敦文学作品中的自我存在、自我实现主题提供有益参考。作者运用跨学科研究方法对文本展开剖析，挖掘三位主人公各自独特的心理特征和人格魅力，这不仅可以拓宽文学研究的视野，也能为读者提供全面理解中岛敦作品的新途径。论文选题独特，视角新颖，体现出作者较深的理论功底和较强的分析能力。

"物本主义"视角下法国新浪潮电影与"新小说派"的交融现象*

徐靓琼　何雨晴　伍灿森

摘　要：20世纪50年代以来，"物本主义"思想成为法国"新小说"文学的指引，并催生了现代小说写作中的人称变位、物象隐喻以及感官书写等多种叙述手法。此后，"新小说"作家积极投身"新浪潮"电影的创作之中。本文将以杜拉斯的《广岛之恋》为例，挖掘物本主义思想在法国"新浪潮"电影与"新小说派"叙事中的显现，并探索电影媒介和小说文本之间相互交融的现象。

关键词：新小说；新浪潮电影；物本主义

1　引言

　　20世纪50、60年代法国"新小说派"代表人物阿兰·罗布-格里耶（Alain Robbe-Grillet）提出其独特的"物本主义"思想，作为一种文学理论，也同时显现在当时的法国"新浪潮"电影中，产生了一种特殊的文学-艺术（电影）沟通形式。

　　长久以来，法国"新浪潮"电影以及"新小说"一直分别作为电影和文学研究领域的两个热点而备受瞩目。这两股潮流都兴起于20世纪50、60年代的法国，都受到柏格森的直接主义、胡塞尔的现象学以及萨特的存在主义等哲学思潮影响，都创新性地形成了情节与时空交融的叙述方式。然而，国内外学者多单独研究法国"新浪潮"电影或法国"新小说"文学。已有文献即使已涉及了"新小说"与"新浪潮"电影之间的联系，比如二者的内在性/外在性、时间/空间性、单一

---

* 本文系2023年校级大学生创新训练计划项目"'物本主义'视角下法国新浪潮电影与'新小说派'的交融现象"（项目编号：202310284432X）成果，获南京大学第二十六届基础学科论坛三等奖。

性/多样性等问题，但大多数也只停留在概括性的介绍，并没有从"物本主义"的视角切入，对二者之间的相似性与联系进行具体分析。

本文试从这两股浪潮交融互通的共性出发，以阿兰·罗伯-格里耶在其文艺评论集《走向新小说》提出的"物本主义"思想为切入点，研究"新浪潮"电影中长镜头拍摄手法以及"新小说"写作方式中"物本主义"思想的显现，并对二者进行比较，进一步探讨电影和文学二者之间的交融互渗现象。力图根据资料和调查发现，整理和填补逻辑链条，相对清晰地呈现上述文学-艺术（电影）独特沟通形式的局部内容。同时加深对法国"新小说派"和法国"新浪潮"电影的理解，进而在已建构的文学艺术（电影）通道中挖掘一定新的意涵与启示。同时，伴随着对持续进步的中国新文学、新文艺的观察，适时介入对外国文艺思想、理论、经验的考察和研究，进一步审视本土文艺的发展状况，形成亦能服务本土文艺实践的研究成果。

2 叙述人称

如果说，第一人称叙事的出现打破了"上帝之眼"的叙事者神话，那么"新小说"中第二人称叙事以及各种人称的杂糅，则展现出对巴尔扎克式小说鲜明的反叛态度。正如布托尔所评论的那样："这种小说中的第一人称，尤其是第二人称，不再是我们现实生活中所使用的那种简单的人称代词。'我'包含着'他'；'您'或'你'包含着其他两个人称，并在这两种人称之间建立联系。"（郑克鲁，2018：562）在"物本主义"的美学中，抒情者的意图让位于呈象，而"象"更是一种脱落之物，否认任何媚俗的符号解谜游戏，形成其自身的语言。此时，传统的漫画式的人物不复存在，甚至情节也随着繁复絮叨的言语而泯灭。在这里，巨大的客观世界不再接受人眼主观的审视，物的主体性经由叙述者的隐身而显现。

在《广岛之恋》的文本中，一系列对话都显示出这种特征：

> ……我遇见你。
> 我记得你。
> **你是谁？**[①]
> 你害了我。

[①] 黑体部分为笔者添加，下同。

你对我真好。我怎么会怀疑这座城市生来就适合恋爱呢？

我怎么会怀疑你天生就适合我的肉体呢？（杜拉斯，2005：36）

在这段丽娃的自白中，我们看到两处明确的代词含混。首先，虽然她的言语"你是谁"中的"你"指向的是初次见面的日本人，但紧接着的一句"你害了我"却指示出这个"你"另有其人。这个人并不是与她寻欢作乐的日本人，而是她少女时代的情人——曾经在法国革命胜利中死去的德国士兵，正是他曾经带给她痛苦、蔑视以及死亡的回忆。其次，当她说出"我怎么会怀疑这座城市生来就适合恋爱呢"时，身体正处于广岛炎热的街道之中。然而，在小说附录以丽娃视角叙述的对内韦尔的阐释中却明确写道：我需要一座适合爱情本身的城市，在内韦尔，我找到了这样的地方（杜拉斯，2005：182）。由此可见，此处的这座城市指的并不是此时此地的广岛，而是回忆中的内韦尔。

第一人称指代的模糊性衍生出了现实与回忆相交织的虚拟空间。而在下一段对话中，这种指代则完全跨越了现实的空间，而指向过去：

他

你在地下室的时候，我已经死了？

她

你已经死了……而且……

内韦尔：德国男子在堤岸慢慢地死去。（杜拉斯，2005：114）

在这段对话中，日本男人完全取代了德国士兵的地位，成为这个死者记忆的投射，同丽娃展开对话。自此，来自广岛的男人和来自内韦尔的男人的身影逐渐重合，直至再也不分彼此，将丽娃彻底拽入过去痛苦的回忆之中。他们的名字也变得模糊了，成为某个城市的名字，某个地点，某一段回忆的具体形象。

这种人称的模糊不仅发生在第一人称的对象上，不仅是交织重叠的两个男人、两座城市，更包括叙述者自身对身份的不确定：

卑微的小姑娘。

她在内韦尔为爱情死去。

被剃了光头的内韦尔的小姑娘，今夜我要把你遗忘。（杜拉斯，2005：163）

在这里,"她""我""你"所指代的对象都是同一个人——丽娃,但是她将现实中进行回忆和叙述的自己与过去饱受爱情之苦的自己进行了分割。有时候,她像一个完全的旁观者叙述自己过去的处境——卑微的小姑娘,她在内韦尔为爱情死去;有时候,她又试图和过去的自己进行对话——今夜我要把你遗忘。在这种人称的不断变换之中,我们看到的是一个不确定的叙述者、一种既为主体又为客体的叙述角度和叙述者飘忽不定的心理立场:永远活在过去的受害者、试图遗忘过去的回忆者以及全然冷漠的观看者。

下表展示了影片对文本叙述人称混合使用方式的延续:

表1 《广岛之恋》电影镜头中的叙述人称

台词	画面描述	镜头说明
——我遇见你,我记得你。你是谁,你害了我,你对我真好。我又怎会怀疑,这座天生就适合恋爱的城市呢?我又怎会怀疑,你如何适合我呢?我钟情于你,多么不可思议。我喜欢你。突然间,一切戛然而止。	广岛街景	主视角运动长镜头;女主角独白;在向观众揭露人物情感的同时呈现广岛的城市风貌或者交杂内韦尔和广岛的景观,两者互文示义,"这座天生就适合恋爱(为恋爱而生)的城市"和叙述中的"你"浑然一体。
——多么甜蜜啊,你无从知晓。你害了我,你对我真好。我有时间。求求你,吞噬我吧。让我扭曲变形直至丑陋不堪。你为何今夜,不在这座城市里。这个与其他夜晚几乎没有差别的城市里,你为什么不在。我求求你。	广岛街景	
——我遇见你。我记得你。这座城市就是为恋爱而生的。就像你是为我的身体而生的一样。你是谁。你害了我。我那时的渴望,就是在渴望不贞,渴望越界,渴望骗人,渴望死亡。	广岛、内韦尔街景穿插	

（续表）

台词	画面描述	镜头说明
——你在地牢的时候，我死了吗？你怎能忍受这样的痛苦呢？怕什么呢？ ——我怕再也见不到你。我疯狂地爱着你。	在日本男人的注视下，女主角因陷入对德国士兵的回忆而痛苦掩面。	静止镜头剪接； 男女主角对话； 男主角以"我"自称，他的身份成为女主角叙述中的"你"，即她失去和怀念的恋人，两个男性角色跨时空地叠合成一体，随着对话的上升男女主角的情感表达也激跃至顶峰。
——搂住我的肩膀。亲吻我。他的吻会让我不知所措。	女主角自叙；两人在街上行走。	运动镜头； 女主角独白； 在女主角内心的情感斗争中，两个男性角色再次以独白人称变换的方式合为一体，内韦尔和广岛两个时空联结紧密。
——她年轻时在内韦尔，有过一个德国情人。我们将要去巴伐利亚，吾爱。我们将结为夫妻。她从未去成那里，就让那些从未去过巴伐利亚的人，放胆与她谈论爱情吧。你并没有完全死去。我说起我们的故事，我在今夜，与这个陌生人一起欺骗了你。我讲述了我们的故事，这件事是可以与人诉说的。14年了，我经历的那段不可能的爱情。离开内韦尔已经14年了。看我把你忘得一干二净。	女主角自叙； 女主角在镜前洗脸，因惶惑流泪。	静止镜头； 女主角独白； 女主角以"我"和"她"两个人称交换自称，形成忏悔和审判交杂式的叙述风格，内心斗争极富感染力。

（续表）

台词	画面描述	镜头说明
——我早已忘却的内韦尔，今晚，我很想再见到你。无数个夜晚，无数个月，当我的身体燃起回忆的激情，激情也在燃烧着你。当我的身体燃烧起缅怀你的火焰，我多希望能回到内韦尔，卢瓦尔河。	女主角在车站枯坐，回忆故乡内韦尔的风景。	静止镜头剪接；女主角独白；"我"和"她"交换，"你""他"代指的意义在两个男性角色之间、两个男性角色和内韦尔的风物之间交换，内韦尔和广岛两个时空、两个时空中的人与情感达成统一，意境也联结在一起，更为广旷绵远，情绪浓郁悠长，符合意识流的叙事方式。
——涅夫勒美丽的白杨树，我要把你们遗忘。这廉价的爱恋，我要把你遗忘。只要一夜没有想起你，我就如等待解脱似的盼天明。只要一天见不到他的眼睛，她就想死，那个内韦尔的少女。内韦尔挣脱了羞耻感的少女。只要一天碰不到他的手，她体会到，为爱所困是多么不幸。卑微的小姑娘，她在内韦尔为爱死去。被剃了光头的内韦尔姑娘，今夜我要将你遗忘。这廉价的爱恋，就像忘却他那样，从你的眼睛开始遗忘。就像忘却他那样，遗忘将吞没你的声音。就像忘却他那样，遗忘将吞没你的全部。你终将变成一支歌曲。	女主角在车站枯坐，回忆故乡内韦尔的风景。	
——我会忘了你。我已经忘了你。你看，我要忘掉你了。 ——你看着我。 ——广岛，这是你的名字。 ——是的，这是我的名字。你的名字叫内韦尔。		静止镜头剪接；男女主角对话；电影结尾，两个男性角色、两种时空最终通过女主角"你"的人称使用互相融合、互相包含。

电影中叙述人称的混合主要通过台词实现,辅以人称意指镜头的剪接。台词中含有大量女主角"咏叹式"的独白,风格直接延续自杜拉斯的小说文本,"她的小说语言有着反文化的美学特征,喜欢用第一人称咏叹式地进行叙述,而叙述的主要内容乃脑海里意识流激起的浪涛。而意识流的显著特点就是,其时间和空间绝对自由的转换与交错,不受任何客观因素的影响与限制"(孟涛,2002:225)。如此完成时空的交叠,人物思想在其间洄游,情感跌宕,观看者也能通过叙述人称的交换体验并参与情感的建构。

3 物的主体性

新小说呼吁打破传统小说"人本主义"的思想主张,宣称要不带任何感情地、客观地去看待物、描述物,认为"世界既不是有意义的,也不是荒诞的,它存在着,仅此而已"(格里耶,2001:83)。他们要求用实体的、直观的世界代替心理的、社会的和功能意义的世界,在物的客观显现中思考物对人的作用和影响。经历了人物的祛魅之后,线性的叙述不再可能,新小说的情节化为一片空白,叙事被潜藏在星罗棋布的物的隐喻之中。

作者主动地抽离于作品之外,为了在错综复杂的文字迷宫中寻找出路,读者被要求参与并完成叙事。完整的叙事被隐藏在物象之下,回答"您一个人吗"的不再是作者的介入,而是沉默的物象———一把椅子或高脚圆凳:

日本人
您一个人吗?
她只是点头作答。[他指着她**身旁那把椅子或高脚圆凳**](杜拉斯,2005:114)

理解这一动作与物象共同构成的意境,需要领会成人世界社交辞令方面的心照不宣,而文章中反复出现的战争隐喻,则指向法国大革命的文化表征。法国大革命胜利时,丽娃听到《马赛曲》的歌声从我头顶飘过……这歌声……震耳欲聋……"(杜拉斯,2005:116);在广岛的餐厅中,"当她听见风笛舞曲唱片的音乐时(醉了或疯了),她又笑又叫"(杜拉斯,2005:126)。如果读者无法解读《马赛曲》与法国革命之间的联系,又无从发现它与风笛舞曲唱片音乐的相似性,那么德国士兵的处刑与丽娃的疯狂都会变得难以理解。难以理解,这一现代小说的典型特征,正反映出作者在叙事中的克制和退让,而将读者的体验拉入聚光灯中央。

另一个物象把发生在广岛的战争与内韦尔的战争联结到一起：咖啡馆里近在咫尺的最后一盏灯熄灭了。他们垂下眼睛。"一艘汽艇逆流而上，向海洋方向驶去，轰隆隆的鸣声使人联想起飞机的马达声。"（杜拉斯，2005：146）此处的所有声音都与过去的战争相联系，《马赛曲》是法国大革命胜利的声音，而飞机的马达声则象征投向广岛的原子弹。

有时候，这种物象的隐喻与指称的含混一同出现：

> [在唱机上转动的唱片所播放的风笛舞曲的乐声，突然降低了音量。]某处的一盏灯灭了。或许是河岸上的灯，或许是酒吧间里的灯。
> （杜拉斯，2005：142）

灯这一物象的重复出现，与它的象征含义联结起来，并通过指称的含混留下持久的印象。在内韦尔的河堤上，丽娃曾经在所有灯光熄灭的花园中见证了德国情人的死亡。灯光熄灭的夜晚从此构成了一个离别的隐喻。由此，在广岛的酒馆中，尽管此前没有任何人提起离别，灯光熄灭后，两人却开始相互挽留和推拒。这一情节的陡转，正是由于灯光熄灭这一意象所引起，而正因如此，丽娃才会在叙事中含糊其词，声称自己无法分清究竟是"何处"的灯光熄灭了。因为灯光的熄灭并不重要，重要的是它作为符号的意义，象征着离别的开始。

小说中曾对这些刻意为之的物象安排有这样的描述：

> 他们在旅馆前踱来踱去。她在等候来接她去和平广场的汽车。旅馆前是一条大街。街上行人稀少，但来往的汽车驶过，根本不停。
>
> 车声轰鸣，对话几乎是喊出来的。
>
> ……
>
> 声音太低，仿佛早就应该这么说：
>
> ……
>
> **汽车声由强到弱，恰好同话语的重要性成反比。**
>
> ……
>
> 扯着嗓门喊，仿佛说不上来似的。
>
> ……
>
> 她在他的面前站住，一动不动，沉默不语，神情固执。
>
> 他差不多同意了。（杜拉斯，2005：72－78）

这些片段在男女主角对于疯病的讨论中不断穿插出现,随着丽娃对日本男人的反对越来越固执和坚定,汽车的声音由强变弱,"恰好同话语的重要性呈反比"(杜拉斯,2005:74)。这也是该文中作者对于物象涵义最为直白的暗示。此后,汽车又变为单纯的交通工具,它的声响与话语的重要性再无联系,日本人就这样目睹着丽娃坐上车远去。

《广岛之恋》电影则采取跳跃的内容组织技巧来表现物的主体性:

表2 《广岛之恋》通过电影镜头表现物的主体性

台词	画面	镜头说明
(河流蛙声)	女主角被囚禁在地下室,从小窗望向街外。	静止镜头;女主角被囚禁在地下室时,室外广场传来远方河流(卢瓦尔河)的蛙声。
(报站声)	两人在车站静坐。	静止镜头;广岛车站候车厅传来内韦尔报站声。
——不,不是那么回事。 ——我是这么理解的。我以为,我险些失去你。我可能永远都不会认识你。我是这么理解的。我想,你大概已经开始活成如今的你。	男女主角在房间里交谈。	静止镜头剪接;快速、跳跃地剪接男女主角的特写镜头,节奏紧张,两人惶惑不安的情绪对撞强烈。
——我连夜骑车往巴黎走。	少女骑自行车穿越林间。	主视角、侧视角运动镜头;电影节奏较为松快时,使用跃动性和行进感强的运动镜头配合表达。

电影将符号式的内容组织技巧丢弃,独立地组织各种内容进行表意,电影的声音、画面,画面的动与静等成为客观存在的、具有鲜明主体性的内容项目。这一点在电影的环境表现中更为突出:

续表2 《广岛之恋》通过电影镜头表现物的主体性

台词	画面	镜头说明
——城市天翻地覆,地表将会高达一万度,就像被一万个太阳照射。人们会说,柏油将燃烧,混乱将无休,一切轰然倒塌成为乌有,砂砾中冒出植物新芽……	闪烁的迪斯科灯球,周围环绕着拼接的轨道,模拟太阳和其他天体运行的轨迹。	静止镜头剪接;电影开头对广岛历史的表现通过大量剪接纪念馆的景物镜头完成,仅呈现客观存在的物体,并不进行过多主观的叙述,观看者在理解画面的同时也参与了内容的建构。
——从第二天起,某些动物又从地底之下,灰烬深处,钻了出来。一些狗被照出来了,我看到了。从此要流芳百世了,我都看到了。	广岛核爆后颓残的静物。	
——你在广岛什么都没有看到。 ——我看了新闻短片,我看了。 ——不。你记性并不好。	广岛的河岸边,老人、妇女和孩童坐在废墟上向对岸眺望。	
——这点时间做得了什么呢? ——用来活着,用来死去,用来想个通透。 ——这种时间并不存在。既没有用来活着的时间,也没有用来死去的时间。所以,我一点也不在乎。	咖啡馆前,男女主角交谈。	运动镜头、静止镜头剪接;对于环境的重要构成因素"时间"和"空间",电影用大量独白强调它们异于叙述者的存在方式,即时间和空间也具有主体性的客观存在。
——我预料到,你总有一天会突然出现。我静静地,极其不耐烦地等待着你。吞噬我吧,让我变成你想要的样子吧。就让我在你之后,再也不可能有谁,能理解如此强烈的欲望。吾爱,我们将独处着。黑夜漫漫无尽头,太阳也不再升起。永远,总之永远不再升起。	女主角在广岛街头徘徊。	

台词	画面	镜头说明
——你害了我,你对我真好。我们将满怀诚意,问心无愧地哀悼消失的太阳。我们将不再有其他事情可做,唯有哀悼那消逝的太阳。时光会过去,唯有时光。时光也将到来。到那时,我们都将说不出,究竟是什么原因让我们走到一起。那个名字将渐渐从我们的记忆中被抹去,然后消失无影踪。	女主角在广岛街头徘徊。	

"她(杜拉斯)的作品整体来看,便是爱与疯狂、死亡与毁灭、母爱与父爱这些主题的变奏。随着作品的积累,她又接触现代电影的感性——孤独、疏离、死亡的呈现,时间的对抗,多层面的诠释,以及个人去人性化的过程……"(Michalczyk,1980:134)使物独立客观地出现,独立客观地进行表意,使各种内容都能成为表意的主体,坚持和发挥了"新浪潮"电影的主要原则,并且延续了杜拉斯小说文本的风格。"她(杜拉斯)在叙事形式和心理呈现上做各种实验,角色多半去除历史性,特别重饱满的声音与微限主义影像间的张力。她也常用自己催眠迷人的声音作旁白叙述。……相比起来,对白和声音、音乐都比她的影像重要,她的构图常常长久不变,缓慢的摄影机移动和对白与影像的非对位处理,使她的影片有一种封闭、走不出去的梦魇气息。"(焦雄屏,2004:409)以杜拉斯为代表,某种独特且统一的文本气息成为"新浪潮"电影中作家电影的显著标志。

4 感官书写

在绘画领域,作品的实现似乎包含着一些精神做出的决定,而精神的决定又受到感官世界的约束,对此灵魂的现象学能够揭示作品的初创过程——必须把自己投到中心、内心、圆心中去,在那里一切都获得了源头和意义:正是在那里我们找回了那个被遗忘或者说被抛弃的词,灵魂。这一视觉艺术理念,在"新小说"的文学创作中贯彻为一系列的感官书写。作为一种主体性的体验,感官以一种客观的形式展现出来。

在被孩子们丢失的玻璃球的一场戏中,如果仅以一般隐喻的视角入手,读者将感到一头雾水,几乎无法挖掘出任何内涵。因为玻璃球这一意象并没有任何类似《马赛曲》那样的社会文化涵义,也不像前文中提到的灯光那样可以在上下文中找到等价物。此时,人物的感官体验成为一把解读文本的钥匙:

> (这里,整场玻璃球的戏:玻璃球滚进地下室,她捡了起来,玻璃球热乎乎的,她把它捏在手里,等等,然后,她把玻璃球还给外面的孩子们。)(杜拉斯,2005:136)

整个画面中,呈现给读者的只有人物简单的动作和物象在空间中的移动,而唯一的感官体验是一个模糊的形容词"热乎乎的"。文后关于内韦尔的阐释中有这样的解析:"当玻璃球消失得不见踪影时,我意识到又要发生什么事了。我重又胆战心惊。玻璃球是个没有生命的东西,它不可能死去。我回忆着。我到处寻找。我又找到了它。"(杜拉斯,2005:184)这似乎暗示了玻璃球与女主角丽娃所失去的某种事物的关联。然而,这样的解释并不足以揭示玻璃球的秘密。真正的落脚点仍然在于"热乎乎的"这四个字,作者进一步将对玻璃球的这一触觉体验描述为"五彩缤纷的夏季存在于球体内。它也具有夏日的炎热"(杜拉斯,2005:136)。此时,文本的涵义才真正地显露出来,"热"的感受超越了感官本身,而成为与内韦尔的夏日记忆相勾连的客观媒介。玻璃球象征着与德国士兵在内韦尔曾经热烈初恋过的夏日,它是如此"鲜艳夺目",如此"炎热",而令人如此难以忘怀。丽娃认为自己在地下室彻底忘记了那个男人,当她再次被迫回想起内韦尔的往事时,她同样想起了孩子们丢失的玻璃球。她想"也许我会把它敲碎。我把它扔掉,但它又反弹回我的手中,我再扔掉它。它不再回来。它就这样走得无影无踪"(杜拉斯,2005:184)。

尽管没有人真正触摸过孩子们的玻璃球,也无法亲历丽娃曾经在内韦尔经历的那个夏季,但是通过"热"这一感官体验的书写,我们得以将这两个意象紧密地联结在一起,最终理解丽娃对玻璃球紧握不放的执念和她的疯癫。

在电影中,这种特征同样显著:

表3 《广岛之恋》电影镜头中的感官"书写"

台词	画面	镜头说明
——我只听得到头顶上剪头发的声音。我又长出了头发,我每天用手摸,能感觉到。我无所谓,可头发就这样长出来了,14年过去了。	女主角在广岛的房间中抚摸自己的头发。	静止镜头剪接;女主角对地下室囚禁经历的感受通过墙鞘、血的味道、玻璃球与泥土的味道、钟声、马赛曲、墨水,她头发被剃、重新生长、生长完成以及她重新获得视觉这两个过程表达出来,读者能够参与和体验这一系列相当具有身体性的内容。
——无论冬夏,每天傍晚6点,教堂的钟声响起,我记得我曾听见过这种钟声,就是我们相爱的那阵子,在我们沉浸在幸福中的时候。我看见墨水,我看见白天,我看见我的生命,你的死亡。我看见,我的生命在继续,你的死亡成定局。	女主角在家中卧室梳妆台前端详怀表。	
——你的皮肤真美。	女主角的肌肤特写。	静止镜头剪接;电影在表达女主角和两个男性角色的情感关系时,注重他们身体联结的呈现,聚焦肉体进行特写刻画,读者亦能获得切身的感受。
——在地牢,我的手毫无用处。	女主角紧握住日本情人的手。床上的日本男人的手与在内韦尔死去的德国士兵的手交替闪过。	

电影延续小说,由精神与感官的内在活动来完成叙述。感觉的重要对象除了身体,还有环境中的空间:

续表3 《广岛之恋》电影镜头中的感官"书写"

台词	画面	镜头说明
——有人在花园里朝他开了枪。	内韦尔的建筑。	

(续表)

台词	画面	镜头说明
——《马赛曲》从我头顶传来。 ——全城上下高歌《马赛曲》。	女主角在酒馆向男主角倾诉过去。	静止镜头剪接； 电影构造垂直的空间结构来营造命运感，死亡从高处的花园降临，集体暴政以高处飘扬的歌声降临，天空也始终在高处压抑人的精神。
（无台词）	画面从酒馆棚顶摇至墟烟。	
（无台词）	男女主角私会。 街头的汽车和咖啡馆的客人出现在画面内。	静止镜头剪接； 电影在表现男女主角的相处时始终令第三方客体介入，形成一个含有人物在内的完整的空间，疾行的车辆影响男女主角的沟通，游行的人群将他们冲散，在他们的几次私会中也注意刻画环境中存在的第三方静物。
（无台词）	女主角离开咖啡馆，男主角去挽留，两人之间保持一定距离。	静止镜头剪接； 电影后半段，男女主角间始终保持一定的空间轴距，空间感觉被利用来表达人物情绪和人物之间的关系。

5 结语

《广岛之恋》中并不存在故事、符号，甚至也不存在人物和形象，试图对《广岛之恋》进行复述是徒劳的。《广岛之恋》形成的实为一团巨大的混沌，其中的情绪云团是其美学实现的重要途径。剧本与电影中并不存在作为日常经验的语言（言语），言语在文本和电影中经历了一次坍塌，接收者在这次坍塌中得以接近这团无名的混沌，形成空间。在该空间中，言语渐渐湮灭，近于无言的絮语似乎在空间中产生了回响，该回响不仅产生于该无名混沌的言说者与接受的主体之间，更在接受主体分离出的复"我"之间，类似于一种波。波般的回响产生的衍射消涨作用中该无名混沌的能级使得回音般的预感成为可能。剧本和电影中试图被指认出来的连贯性被该回音般的预感取代，而该预感则指示了主体与混沌之间的接近。

此时，一切终于有了梦境般的自明性，占据在充满跳跃穿梭的虚空上。我们接收到了来自内部烁灭空间的应召，自如地借（混沌）实体行动。借助该混沌，主体从剧本和电影中感知到了一个个的刺点，刺点之间则是不可踏入的空无。

此时，剧本和电影在主体中开始呈象。呈象前似乎主体必须历经一种自觉的放弃，接受（混沌）语言诡秘的附身。形成的空间被主体"我"的行动充斥，通过凝视而达到了混视，以无角度的方式接近了这团混沌。固然存在对一种空间体的实体意义和概念上的双重凝视，然而实体意义凝视使概念上的凝视失效。当下对空间体在概念上的凝视并不作为具备意义的完整动作或事件存在，揭开这一角度伴随着意义的消解，因为它似乎是概念上的"无"。以时空穿梭跳跃的方式才能完成对空间体的解蔽。混视呼唤一种入梦状态。入梦状态是一种抛掷，其中不具备自反性。该状态下的混视，时间不再以线性方式流动，而是与空间转变为同一种物质，使该空间体其自身的存在性成疑。伴随着时空压扁、膨胀与穿梭，空间体的形象才开始显现。"我"在该空间体内的复数性使之如其所是地在混视中消融了"我"，该空间体的形象由内部显现，从而使我从根本上质疑该空间体在外部的存在。

《广岛之恋》成功地完成了接近梦境的呈象，具有奇妙的自明性，主体不再通过视觉或文字来感知这团无名的混沌，而是开始通过内感官接近它。诗是闪念的爆发，而梦是闪念的终极形式，此时，该作品接近了诗的语言。其中，在"物本主义"下，发声的不再是任何抒情主体，而是无名的混沌从主体中解脱出来，是其所是地呈象，与接受主体产生了回响，回响中发生了美学救赎。

参考文献

[1] Michalczyk, J. J. 1980. *The French Literary Filmmakers*. Philadelphia: The Art Alliance Press.

[2] 阿兰·罗伯-格里耶, 2001. 为了一种新小说. 湖南: 湖南美术出版社.

[3] 焦雄屏, 2004. 法国电影新浪潮. 南京: 江苏教育出版社.

[4] 玛格丽特·杜拉斯, 2005. 广岛之恋. 上海: 上海译文出版社.

[5] 孟涛, 2002. 电影美学百年回眸. 台北: 扬智出版公司.

[6] 郑克鲁, 2018. 现代法国小说史. 北京: 商务印书馆.

导师评语

陈畅：论文探讨20世纪50、60年代法国"新小说"和"新浪潮"电影之间的关系，以及它们如何在"物本主义"思想的指引下形成一种独特的文学－艺术（电影）沟通形式。论题设计上，作者选择经典案例《广岛之恋》作为研究对象，能够有效地展示"新小说"和"新浪潮"电影之间的相互交融与影响。论文试图跳出单一领域的分析，通过跨学科视角审视"新小说"与"新浪潮"电影的关系，揭示两个领域与哲学、社会文化等其他领域的关联。同时，论文不仅仅停留在文本的分析上，也通过比较文学与电影媒介中的叙事手法，探讨"物本主义"如何影响叙事结构和美学理念。特别是对《广岛之恋》中的叙述人称、物的主体性和感官书写进行了具体分析，这都是在现有文献中鲜有深入讨论的主题。论文还特别关注了中国新文学、新文艺的发展，试图将法国文艺发展的经验与本土文艺实践相结合，体现了作者的国际视野及其研究的实践价值。

《黑分五色》中的南京城市形象

杨 一

摘 要：米夏埃尔·勒斯的长篇小说《黑分五色》以南京为背景，讲述了一个文化他者来到异域的一系列体验与冲突。该作品通过其后现代的笔调，以主人公霍尔茨的视角书写出一幅南京的独特城市形象：首先是通过霍尔茨行走于南京城市空间时的感官直觉所构建的城市形象，呈现出传统性与现代性的矛盾、冲突与融合；其次是因与主角的精神活动相联系而体现出的具有超现实色彩、真实与虚拟互相交织的空间；最后是文学性的、作用于小说情节发展的城市空间。这一多重城市书写丰富了南京在文学作品中的形象，是南京"文学之都"称号的有力注脚。

关键词：《黑分五色》；南京；文学之都；城市形象

1 引言

2019年，南京入选联合国教科文组织批准的"文学之都"，成为中国第一个获此殊荣的城市。新世纪以来数部德语文学作品以南京为写作对象，亦为南京"文学之都"的称号提供力证。在这些作品中，米夏埃尔·勒斯于2009年推出的作品《黑分五色》尤其值得注意。这部以南京为叙事背景的长篇小说以勒斯固有的支离破碎的叙述结构和混杂于一体的多种文学体裁（Hermann，2004）的风格，讲述了修辞学教授霍尔茨在儿子失踪后感到生存危机的压迫，来到中国南

---

* 本文系2023年省级大学生创新训练计划项目"新世纪德语小说中的南京历史与文化形象研究"（项目编号：202310284236Y）成果，发表于《语言与文化研究》，2024年第2期，158-161。

京寻求答案与解脱的故事,并通过他的视角展现出南京这座城市独特的魅力。他既震惊于南京集现代与传统于一体的复杂性,也在这座城市进行着独具个人特色的探索,并且最后在南京完成了自己的救赎。该小说一大特点便是文本体例的多样性,其在约六百页的篇幅中包括了"随笔、书法墨迹、表格清单、观察、格言、民族志、侦探小说"(Langenbacher,2010)等多种多样的体裁。有鉴于此,研究者对其解读的角度也不一而足,有学者结合德·赛托和本雅明的城市空间理论探究主角的空间实践和小说的南京城市意象(卢盛舟,2019),亦有论文探讨小说主角作为认知主体对南京的跨文化体验(顾小乐,2016)。本文在前人研究基础上,对小说情节进行细致爬梳,试图分析南京在作为小说叙事的空间背景的前提下的多重形象构建,并观察南京在该部小说的情节作用下呈现出的独特性和其本身对情节所作用的文学性,以此突出南京在文学作品中的独特形象,发现对南京"文学之都"这一称号新的观察视角和解读思路。

2 集现代性和传统性于一体的综合体

小说主角霍尔茨在莱比锡大学的中国学生鲁健儒雅、谦逊、内敛,且在多次交谈中向他介绍过中国传统文化,可以说是霍尔茨了解中国文化的引路人,间接地促使了霍尔茨接受前往中国访学的邀请。他前往中国,是为了在这个他想象中的乌托邦寻找儿子失踪、妻子离开自己所造成的精神创伤的解脱,但他初抵中国时发现此地并非他想象中的样子,理想中的中国形象在其初到南京时便不见踪影(Liu,2020)。南京的现代化程度带给了霍尔茨极为震惊的体验。"震惊"是本雅明的现代性批判中的一个术语,他运用弗洛伊德心理学对此概念做出阐释:"对于一个生命组织来说,抑制兴奋几乎是一个比接受刺激更为重要的功能;保护层由它本身的能量储备装备起来,它必然力求维护一种能量转换的特殊形式,在这种形式中,它的能量抵制着外部世界过度的能量的影响……这些能量对人的威胁也是一种震惊……震惊在'对焦虑缺乏任何准备'当中具有重要意义"(瓦尔特·本雅明,2008:173-174)。而这正是霍尔茨初次接触南京便产生的现代性体验,他缺乏对传统缺失的中国的准备,因而产生本雅明意义上的震惊,这也为他后来在南京的离奇经历埋下了伏笔。南京现代化的城市景观和行色匆匆的人群便让他产生了"职员之城"(Roes,2009:156)的印象,传统建筑的数量和规模都令其失望,他寻找不到"木材这一中国传统建筑中常用的材料"(Roes,2009:158),并在游览城墙时感叹"这城墙在摩天大楼的阴影的掩映之下已不再像过去几个世纪那般令人印象深刻了"(Roes,2009:156),如此现代化的城市让霍尔茨甚至将南京与纽约相比。透过城市景观的表象,霍尔茨还观察到商品化的浪潮对传统文化的挤压,商店众多的夫子庙被其形容为"被列入保护名录的迪士尼乐园"(Roes,2009:167);在他更乐意去一家传统的小茶馆的时候,他却只能寻找到大型商场中的咖啡厅,并且感叹这些商场、咖啡馆比长城、天安门更能代表中国。

此外,霍尔茨关注"人群"这一都市意象,周一早晨通勤路上"衣着精致而透气""目标明确,带着清醒、乐观的脸庞""自信,几近骄傲"的年轻人(卢盛舟,2019:88),他们与那些因城市的快速发展而感到疑惑枉然的老年人形成鲜明对比。在年轻人中,作者着重描写了一批亚文化青年,他们和鲁健的形象截然不同,在衣着打扮、行为方式上都反对传统、反对权威。这些人物亦是城市现代性的一个注脚。

但在对城市更加深入的探索中,霍尔茨也寻找到了他所期望的传统中国的痕迹。如白鹭洲公园里的石桥、佛像和锈红色的水榭,吐露着庄严和神圣的气息的鸡鸣寺和其中剃度的见习僧都盎然有古意。在玄武湖岸漫步时,他也感受到了现代与传统的和谐,他的"目光掠过灰色的湖、砖石砌筑的城墙、掩映在绿树丛中的鸡鸣寺屋顶,触及被渲染了墨色的紫金山,再抵达高楼林立的河西新城"(Roes,2009:245-246),自然、传统的景观和现代的建筑在此刻形成了统一协调的画面。

如果说在城市中霍尔茨仅仅寻找到了传统中国的余韵,那么汉字书法则成了霍尔茨在南京感受中国传统文化的集中体现。他在侵华日军南京大屠杀遇难同胞纪念馆外的和平公园区遇见有人用形如拖把的巨大水笔在地面上书写毛泽东的《沁园春·雪》,而霍尔茨因为汉语水平有限,在水迹被烈日晒干之前无法完全阅读理解书就的内容,而这从另一方面讲也可以使他不囿于文字,充分发挥自己的想象力。所以他更加在意书写者舞动水笔时的动作律动,这样的律动使霍尔茨联想到练习剑道时呼吸的节奏,如此他便剥离了地面上转瞬即逝的汉字的意义,转而注重书法动作本身。而霍尔茨自己练习书法的目的也并非磨炼技艺或是提高文学艺术素养,他在练习时同样更加注重书写时的动作、对身体的控制,他将自己也想象成宣纸上舞动的笔墨,这种沉浸于书法的奇特方式给他带来了心灵上的慰藉(Liu,2020),这是他行走于南京城市中时求而不得的东西。

因而南京的形象并非单一,虽然初见时现代化的景观使得霍尔茨失望,但随着探索的深入,南京的多样性得以体现,成为一个复杂的综合体。

3 私人化、超现实的城市空间

霍尔茨对南京的探索有着私人化的特点,其游荡于南京的过程交织着精神世界的活动,霍尔茨的情感流变与他周围的环境所交融,他在游荡中追忆自己的过往,南京也时而在他的梦境中出现。在南京充满柴油与硝酸气味的空气中,他思考着自己与妻子的婚姻与危机;在酒吧里喝至微醺后、在看着年轻人们在夜生活中疯狂时,他回忆起自己与妻子在结婚之前的分分合合;在霓虹灯和商店橱窗里的灯光都已熄灭的深夜里,霍尔茨想起了儿子失踪后家庭中沉郁的氛围。而霍尔茨还在莱比锡之时,就已梦到南京。他在儿子失踪后梦到自己前往南京寻找自己的儿子,然后因为流浪被捕。在他出发前南京即已出现在梦中,而对这一梦境的叙述又穿插在霍尔茨已到南京后的游历之中,这种叙事上的交错赋予了南京梦幻的意境。在儿子失踪后,霍尔茨收到过一张儿子赤裸身体、从嘴巴处直至腰腹处被劈开的相片,而在南京的某一个夜晚里,他突然从梦中惊醒过来,他躺在床上看见墙角的水渍,没有由来地想到了被捆绑住手脚倒挂起来然后被劈成两半的罪犯,这呼应着儿子在照片中的惨状,让不安在其心中持续蔓延。特定的场景与精神活动联系在一起,小说中的南京因而成为带有人物精神印记的个人空间。

霍尔茨对历史的怀想构成了一个在时空上具有多重性的南京城,城市的形象与历史事件和个人的怀想遥相呼应。他履履"墙帽和旧民主德国的公路一般宽阔的城墙"(Roes,2009:245),这样的规模使他遥想在六百多年前的明朝君主的统治下,到底是怎样的苦役造就了这个"如巴黎梯也尔城墙般宏伟的防御工事"(Roes,2009:245)。而当他再次登临城墙时,他感叹这座城墙在古时"更为英雄的时代"(Roes,2009:357)极其森严的戒备,将高楼深院都庇护起来,而在霍尔茨所处的时空,城墙已经不再具有城防意义,它"在过去的百年间被撕裂,成为纯粹的、荒芜的装饰"(Roes,2009:357)。伫立在现代时空的南京古老城墙的砖壁之上,霍尔茨的思绪从千百年前恢宏动荡的时代飘荡至日新月异的今天,一座贯穿古今、充满沧桑的南京城市形象在个人思绪的呼应下跃然纸上。

而当他在酒店的床榻下阅读一篇关于清末时的动乱的文章时,他在脑中想象着焰火肆虐、惨绝人寰的村庄,看到了在河面漂流着的浮肿的、扭曲的尸首,听闻了慈禧太后西逃的消息。在酒店的一方封闭空间内,帝国主义的侵略、义和团运动、太平天国等真实的历史事件在霍尔茨的想象中汇集,延伸出酒店的墙外,构建出一个亦真亦幻的空间。

4　边缘之地和主人公精神救赎之地

南京在这部小说中是具有独特文化底色的背景和体现主角鲜明特征的自我空间,此外,主角在小说后部对南京社会边缘的探索成为重要主题,并且南京的形象在作者笔下的变化在某种程度上也暗示了主人公在小说最后的个人命运。

小说第四章讲述了霍尔茨在狱中的生活,书中并未交代他被捕入狱的缘由,而是将重心放在他个人的观察以及精神上逐渐发生的变化。他在狱中见识到了此前在城市漫游中不曾涉足的罪恶的阴暗面,其中有出售伪劣奶粉的奸商,有孕在身却染毒多年的妇女,非法售卖公车号牌和警察制服的贩子等。与这些明显的罪状相比,霍尔茨显得格格不入。因而霍尔茨更像是一个观察者,他虽身处监狱这个封闭的空间,却探索到了他在南京繁华的城市中所看不到的更为广袤的边缘地带。

在狱中另一值得注意的重点便是霍尔茨或是出于无声的抵制,或是因逐渐习惯了孤独的个人生活而在面对审问时所保持的全然沉默,甚至在确定他的国籍时,他也故意胡乱地将自己指认成加拿大人。在狱中,与外界的所有感官联系都被切断,霍尔茨自来南京后本就沉默寡言,他极度依赖于他的五感去体味城市,语言交流的缺失并非问题,但感官上的隔绝让霍尔茨陷入了完全的自我封闭与内倾,他自认在狱中找到了"独属自己的幸福"(Roes,2009:396),且"突然间物体变得比人类更加显得亲近"(Roes,2009:396)。而令其着迷的书法,现在也只能在他的想象之中出现,他只能以墙为纸,以意念为笔,以想象力为墨。本来汉字书法是其来到中国后面对传统文化缺位的失望的一大慰藉,是其找到的一种脱离语义的表达自我的全新方式,但在狱中霍尔茨已无法真正练习书法,这也进一步加深了他的封闭程度。

因为一场大火,霍尔茨被带出监狱而重获自由,在狱中霍尔茨经历了精神巨变,从另一角度讲,这也是一种蜕变。他完全抛弃了包括姓名、国籍、职业在内的一切身份认同,而这正是从生存危机解脱所需要的。这种蜕变也为最后霍尔茨越发怪诞的行为和其最终在南京的归宿埋下了伏笔。

离开监狱的霍尔茨去到工地当苦力,在这里他又发现了工人这一隐藏在南京城市边缘中值得关注的人群。他作为身份理应最为特殊的外国人却敏锐地察觉到大多数工人都跟他没什么两样,"几乎不会说当地的方言,也毫不在意其他人"(Roes,2009:476),霍尔茨与他们同住在条件恶劣的棚屋之中,过着同样困苦的生活,连鞋子不见了都不买新的,而是任由脚部在繁重的工作中发炎,还与一个工友去卖血换钱。工人这一城市现代化发展中不时被忽略的群像通过霍尔茨的视角被夸张化地表现出来,成为书中南京城市现代化形象的一个鲜活侧写。

小说后半部分的笔调相比前面本就略显晦暗的基调愈发沉重,这一方面是呼应《黑分五色》之题,另一方面也暗示着主人公的命运走向。霍尔茨混迹于工地和血贩间,其身体已经不堪重负,精神也开始出现幻觉,他开始翻捡垃圾桶寻找吃食,他在现实中所见到的南京也和他幻觉中的刚果发生混合,在幻觉中他见到宰牲节当天血流成河的刚果街道,还发起了高烧卧床不起,这些都暗示着霍尔茨最终在身体层面的消亡。在小说的最后,霍尔茨来到南京的江心洲上,此处平静的环境让他"一瞬间感到这条大江中的小岛是一个消失的好地方"(Roes, 2009:539),这成为对霍尔茨死亡的最终预言。他被此前在南京游荡时结识的一群亚文化青年绑架,最终被残忍分尸。而在分尸前的一刻,他失踪的儿子提图斯突然出现,其失踪的原因也通过作者的插叙而揭晓,这令霍尔茨自责并来到中国寻求答案的郁结终被解开,其生存危机通过肉体上的暴力性毁灭和精神上的解脱得到了救赎。小说的结局被设置为开放的,霍尔茨被分尸的结局也存在被解读为是其幻想或梦境的可能性(Ostheimer, 2016),但无论这是否是现实性的结局,都可以视作霍尔茨的精神解脱,唯其肉体的存续与否有所区别,而这在这部后现代的小说中显然并非重点。

5 结语

《黑分五色》通过主人公霍尔茨在南京的经历,表现出南京在三个层次上不同的形象。首先,霍尔茨作为文化他者,怀着对传统中国的乌托邦式的向往来到中国,失望地经历了这座城市的现代性给其带来的震惊体验,但其后又逐渐发掘出现代化城市形象下更深入、更复杂迷人的魅力,这是南京作为一个客观的城市空间所呈现出的形象。其次,这部小说以其独特的后现代笔调书写了霍尔茨在南京的游历过程,城市中的景象、人物多走马观花式出现,有着独特的表面张力,使南京的形象呈现出超现实主义的色彩。最后,南京作为这部小说的空间背景,承担了其文学性的功能,成为呼应主人公命运的草蛇灰线,因而这也是本书中最为独特的南京形象。此书对南京形象的书写也相应地带给了中国读者在面对他者叙述的中国形象时进行观察与思考上的启发,或能在未来发现作为文学之都的现实南京空间和在文学文本中的南京之间的更多勾连。

参考文献

[1] Hermann, K. Michael Roes im Porträt Ein (Werk-) Porträt des Michael Roes. http://culturmag.de/rubriken/buecher/michael-roes-im-portrat/14846.

[2] Langenbacher, A. Schreiben in extremen Zonen. https://www.nzz.ch/schreiben_in_extremen_zonen-ld.860247.

[3] Liu, J. 2020. *Eine Poetik der Fremdheit*：*Zur Verarbeitung von China-Motiven in der deutschsprachigen Gegenwartsliteratur im 21. Jahrhundert*. Göttingen：Cuvillier Verlag.

[4] Ostheimer, M. 2016. Der zeitgenössische deutschsprachige China-Roman. *Jahrbuch für Internationale Germanistik*，(02)：49-67.

[5] Roes, M. 2009. *Die Fünf Farben Schwarz*. Berlin：Matthes & Seitz Berlin.

[6] 顾小乐,2016.跨文化视角的主观中国形象建构和文化互动认知：以德国作家 Michael Roes 的旅行笔记 Die fünf Sinne Chinas 为例.现代交际,(17)：78-79.

[7] 卢盛舟,2019.论勒斯《黑分五色》中的人物空间实践与南京城市意象.当代外国文学，(04)：83-89.

[8] 瓦尔特·本雅明,2008.启迪·本雅明文选.汉娜·阿伦特,编.张旭东,等,译.北京：生活·读书·新知三联书店.

导师评语

卢盛舟：论文侧重于分析德国当代作家米夏埃尔·勒斯于2009年出版的长篇小说《黑分五色》笔下勾勒的南京城市空间形象。论文指出，小说中的南京城市形象除了传统性与现代性的矛盾，还是具有真实与虚拟相互交织的、具有超现实色彩的空间。论文思路清晰，有一定的创新见解，并且文笔初具个人风格。作者指出，勒斯这一多重城市书写丰富了南京在德语文学作品中的形象，是南京"文学之都"称号的有力注脚。这亦体现出作者对当下本土文化事件的关怀。

论《黑分五色》中的南京文化与历史形象

姚睿思

摘　要：德国作家米夏埃尔·勒斯的长篇小说《黑分五色》以南京为叙事背景，讲述了主人公霍尔茨在陷入现实世界与精神世界的双重危机后来到南京，试图在传统中国寻找救赎的故事。霍尔茨对南京的探索由表及里，从对自然、人文景观的观察、欣赏逐渐演进为对当地文化的沉浸式体验以及对南京市民的深入了解。小说通过对南京传统与现代杂糅的城市空间、厚重的历史形象和现代与后现代并存的人文社会的书写逐步构建出南京多维的文化与历史形象。

关键词：《黑分五色》；南京；文化；历史；城市形象

1　引言

　　南京是中华文明的重要发祥地，素有"六朝古都""天下文枢"之美誉。随着时代的变迁，南京进入了现代化发展的快车道，并凭借其现代都市魅力与深厚的历史文化底蕴获得了中外众多文人墨客的青睐。2007 年，德国作家米夏埃尔·勒斯在"德中同行"友好活动期间来到南京，在异域文化中寻找创作灵感，收集写作素材，创作出长篇小说《黑分五色》(Die Fünf Farben Schwarz, 2009)。勒斯此前已创作出多部涉及跨文化视角下的空间塑造主题的佳作，也因此被德国读者称赞为"周游世界者""感知细腻的观察者"。早在 1997 年，勒斯就凭借以鲁卜哈利沙漠为叙事背景的长篇小说《空旷的四分之一》(Leeres Viertel, 1996) 获得

---

* 本文系 2023 年省级大学生创新训练计划项目"新世纪德语小说中的南京历史与文化形象研究"（项目编号：202310284236Y）成果，发表于《语言与文化研究》，2024 年第 2 期，154 - 157。

不来梅文学奖。作为勒斯对中国城市空间书写的首次尝试,同时也很可能是德语现当代文学史上第一部以南京为叙事背景的长篇小说(卢盛舟,2019:84),《黑分五色》从封面起①就"邀请读者对中国知识敞开心扉,并将读者引入中欧知识交叠的漩涡之中"(Ostheimer,2016:56)。

小说主人公维克多·霍尔茨是一位莱比锡的修辞学教授,在经历了儿子失踪、与妻子离心的家庭变故后,他将所有精力全部倾注于课堂教学与学术研究,并结识了学识渊博、温和知礼的中国学生鲁健,与之志趣相投。然而,在霍尔茨终于获得威廉·陶布纳奖这项德国人文科学的最高荣誉后,他陷入了极度的空虚,身体和精神状态每况愈下。恰逢武汉大学向霍尔茨递出访学邀请,霍尔茨借此机会来到中国,却驻足在鲁健的故乡南京,试图在传统中国寻找精神危机的出路。总体来看,整部小说文体杂糅,情节主线并不突出,像是一本"唯心主义者的笔记"(Kittlitz,2010),开放式的结局艰深晦涩,不确定性强烈,具有显著的后现代主义风格。在前人研究的基础上,笔者对这部内容驳杂的后现代主义小说进行了进一步的细读和内容梳理,基于霍尔茨在南京的经历,分析南京在文化他者视角下构建的多维城市形象。

2 南京作为城市空间书写

初至上海,霍尔茨便发现眼前的景象与自己想象中的传统中国大相径庭。目之所及皆是由"钢筋混凝土板材和普勒克斯玻璃"(Roes,2009:154)建构而成的新式建筑,人们也已经进入了现代生活的节奏。"机场大厅里更像个公交车站,人们面色疲惫,很少跟别人攀谈,室内却嘈杂不断……有人一手提着公文手提箱,一手拿着手机。"(Roes,2009:155-156)霍尔茨内心追寻的古老中国遗迹在此处已经消失殆尽。

来到南京,沉重的幻灭感、内心的积郁以及初入异域文化的种种不适使得这座城市在霍尔茨眼中散发出别致的忧郁气息。"牛奶灰,茧灰,余烬灰,沥青灰与蓝灰,这是南京的五种灰色。"(Roes,2009:190)霍尔茨抵达南京时正值梅雨时节,天空常是晦暗的灰白色,欲雨时更是阴云密布。此外,彼时的南京正处在工业化、城市化发展高速前进的阶段,建筑工地施工、工厂运转昼夜不息,污浊的

---

① 《黑分五色》的封面除小说标题外还印有"黑、土、水、火、风、鬯"六个汉字,其中"黑"是对中国水墨画美学的借鉴,"土、水、火、风"代表的是古希腊的四元素说,"鬯"是中国古代用于祭祀仪式的香酒,中国美学、欧洲自然学说和中国宗教三个领域在此交汇。

空气中弥漫着烟尘,灯光里也充斥着"硫黄和煤烟油"(Roes,2009:180)。在自然环境和城市建设的共同影响下,南京呈现出以灰色为基调的现代都市形象。虽然没有"花朵开满枝头的樱桃树"、"微微上翘的飞檐"和"远处白雪皑皑的山峰"(Roes,2009:180)等西方文化中代表忧郁的典型意象,南京却创造出了一种独属于现代化都市的忧郁气质。

在霍尔茨对南京探索不断深入和与鲁健的母亲鲁莲明、在商场前跳霹雳舞的少年哥斯拉以及交警韩越等南京市民结识的过程中,他逐渐走出了初到中国时完全自我封闭的状态。心境的变化使得南京的忧郁形象缓缓褪去,其古典风韵随之浮现。霍尔茨曾漫步于缭绕着清凉的玄武湖畔,目光蔓延至"湖对岸雾霭中苍翠"(Roes,2009:245)的紫金山。随后,他又登上气势恢宏的明城墙,走进"庄严神圣"(Roes,2009:245)的鸡鸣寺。当霍尔茨在此处回望玄武湖,方才所行之处皆映入眼帘。曾经愤懑地斥责南京如同"一本写得仓促又浅显的艺术鉴赏指导,为了一时的畅销写尽老生常谈的内容,最终沦为劣质品"(Roes,2009:158),又快快地将灰白天空下的白鹭洲公园喻为"忧郁气息浓厚的世外桃源"(Roes,2009:174)的霍尔茨,如今则怀着激动的心情盛赞道:"我必须承认,此时此刻,南京是世界上最美的城市"(Roes,2009:246)。在这座霍尔茨眼中被现代化建设"剥夺了历史、独特性和美丽"(Roes,2009:158)的都市里,这些蕴含着南京古典气质和历史文化底蕴的独特景致与霍尔茨想象中的传统中国形象产生了一定的重合,给予了霍尔茨因幻想破灭而痛苦的内心深深的慰藉。

然而,游历山水风光带来的精神慰藉只是暂时的,霍尔茨终须回归现代城市的日常生活。本雅明认为,城市是"现代性的关键样品"(刘白,蔡熙,2015:141)。在以快节奏著称的现代城市,数不胜数的景象、声音在脚步匆匆的人群周遭如走马灯般不断变幻,稍纵即逝,以至于人们的感官无法消受。而隐去德国大学教授身份的霍尔茨则作为本雅明笔下"游荡者"的角色穿行于南京的大街小巷(Roes,2009:86,87)。他充分使用视觉、听觉、嗅觉、触觉和平衡觉这五种感知能力,切身体验了南京百姓平凡而丰富的生活,并将其记录为题为"中国五觉"的笔记穿插于小说中。比如,他看到"打牌时把条纹汗衫卷到腋下的老年人"(Roes,2009:313),听到"车流轧过钢板、竖井和地铁建筑工地发出重金属相撞般的轰鸣"(Roes,2009:181),嗅到市场里"熟好的桃子散发出水果甜香"(181),感觉到"卖甜瓜的小贩淋在'我'手上的温水"(Roes,2009:247)。随着时间的推移,霍尔茨的足迹遍布整座城市,他既在派拉蒙影城购物中心(Roes,2009:318)、德尼罗咖啡厅(Roes,2009:319,350)等现代化建筑中见证了都市的繁华,也曾跟随哥斯拉的脚步踏足隐匿在城市深处破败的角落,如在街道后院

"湮没在晾衣绳、生锈的自行车和餐馆厨房垃圾之间"(Roes,2009:286)的歌厅、西城区"年久失修的高架桥下和下水道旁"(Roes,2009:299)脏乱的小吃街等,如此种种,共同构成了这座正在崛起的城市的双面图景。一方面,这种在慢节奏生活中对快节奏城市敏锐且细致入微的观察是霍尔茨对现代都市的无声抵抗和主动脱离;另一方面,"正是基于游荡者与现代都市的这种互动关系以及游荡者自身充满辩证色彩的空间实践,南京作为现代都市的一面得以在小说中铺展开来"(卢盛舟,2019:87)。

虽然南京已经踏上了不可逆转的现代化进程,但源远流长的传统文化仍然在这座城市中无孔不入,历久弥新。昆剧①、书法、诗词、中医等丰富多彩的中国元素涵盖艺术、文学、医学等多个领域,为市民生活打下了深刻的传统中国烙印。平日里叛逆不羁的哥斯拉"打上面红,双唇涂成樱桃色"(Roes,2009:304),登台饰演改编版昆剧《荆钗记》中的书生;鲁莲明的弟弟鲁瑜"像僧人舞剑一般挥舞着地书笔"(Roes,2009:336),在公园"红灰色的地砖上留下龙飞凤舞的字迹"(Roes,2009:335);女大学生红色袖章上印着的英文,是"中华儿女多奇志,不爱红装爱武装"(Roes,2009:319)的翻译。无论是何年龄,是何身份,南京市民都在以自己或传统或新潮的独特方式守护并传承着中华民族赓续千年的文化脉络。

对于作为文化他者的霍尔茨来说,对中国传统文化的深入体验既是了解中国人思维方式和人格秉性的契机,也是帮助他纾解负面情绪的一味良药②。在一次中医推拿治疗的过程中,盲人推拿师袁伟纯熟的手法令霍尔茨感到这双手可以"倾听并回应灵魂深处的声音"(Roes,2009:315)。袁伟的双手仿佛与霍尔茨身上的疼痛展开了一场"既没有魔力,也不使用暴力,但足以触动人心"(Roes,2009:316)的对话,它们无声地告诉霍尔茨:"不是所有疼痛都能被治愈,我们需要和其中的一部分共存"(Roes,2009:316)。来到陌生文化当中,霍尔茨一度深陷于周围不计其数的人"过分地靠近"(Roes,2009:315),并"把他们的生活节奏强加"(Roes,2009:315)在自己身上所激起的愤怒以及无力反抗的挫败之中,而推拿治疗不仅缓解了霍尔茨身体上的疼痛,其背后中国人透过表象洞悉

---

① 2014年,作者米夏埃尔·勒斯在小说《白蛇传奇》中重新书写南京,从一位名为健的青年昆剧演员的视角,描绘了健的生活与昆剧的羁绊、昆剧在南京的发展现状以及南京在传统与现代之间的艰难抉择。

② 十九世纪末二十世纪初,西方传统文明在工业革命和世界大战中遭到严重冲击,西方人的精神世界几近崩塌。以德语作家黑塞为代表的众多西方学者选择寄情于东方传统文化,在其中寻求个人的精神救赎与西方世界精神危机的出路。勒斯在《黑分五色》中继承了这一德语文学的传统书写模式。

本质的智慧、豁达通透的生活观更是抚平了他恐慌不安的心绪,使他回归内心的宁静,从而能够平和地面对因在陌生文化中无所适从而产生的诸多困扰以及过去遭受的精神创伤。

霍尔茨对南京的探索由表及里,从对自然、人文景观浮于表面的观察和欣赏逐步演进成为对当地文化的深入体验。南京的传统意蕴与都市景观在霍尔茨的视野中不停流转,相互交织,形成了传统与现代杂糅的城市空间。值得注意的是,小说题目"黑分五色(Die Fünf Farben Schwarz)"在书中曾作为对夜幕下雪松林的描写出现。在郊外的湖畔,月光笼罩下的雪松林如同"由水墨绘就"(Roes,2009:296)一般,呈现出"浓淡各异的五种墨色(die fünf Farben Schwarz)"(Roes,2009:296)。不难看出,小说题目即是修辞学家霍尔茨对中国绘画传统"墨分五色"的转喻,故翻译为"黑分五色"为宜。

3 南京的历史社会形象

"江南佳丽地,金陵帝王州",南京在中国历史上既是钟灵毓秀的天下文枢,亦是虎踞龙盘的十朝都会,东吴、东晋、南朝宋、齐、梁、陈、南唐、明乃至太平天国、中华民国皆建都于此,南京也因此见证了古代王朝的兴衰更迭与近现代动荡时期的风雨飘摇。在南京,霍尔茨基于自己在游历中的所见所闻、所思所想,逐步在认知中构建起这座城市厚重的历史形象。

虽然南京名胜古迹众多,但唯独宏伟雄壮的明城墙成为霍尔茨两度寻访之地。这座始建于元朝,历经"数十万夫役昼夜劳作四十载"[①](Roes,2009:245)方才于明朝竣工的古代城垣,"墙冠如同东德旧日的高速公路一样宽阔"(Roes,2009:245),"规模之宏大更胜于巴黎城墙"(Roes,2009:245)。沿着城墙脚下骑行而过,霍尔茨的思绪透过它在高楼林立的现代化都市中"已经远不如往昔那般摄人心魄"(Roes,2009:245)的外观,穿越时空,抵达一幅幅波澜壮阔的历史画卷。"这座城墙隐藏着一个秘密"(Roes,2009:358):它既可作坚不可摧的屏障抵御外敌,守卫城中百姓使其免受流离失所之苦;也可不设任何防御,迎接远道而来的宾客。在这里,明城墙始终以威严而宽宏的姿态面对世人,使得"接纳和防御都成为可能"(Roes,2009:358),南京作为都城既不容侵犯,又兼容并包的恢宏气象得以彰显。

---

① 据考证,南京明城墙始建于公元1366年,完工于公元1393年,历时28年。此处按照小说原文翻译为"四十载"。

然而，即便是曾经鼎盛辉煌的金陵城，也没有逃过在屈辱的近代饱受凌虐的命运。清朝末年，腐朽的清王朝江河日下，九州之内兵连祸结，虎视眈眈的帝国主义侵略者将目光对准了地理位置得天独厚，不仅是中国南方的政治中枢，且代表着"天朝上国"曾经的繁华富庶的南京。这一段笼罩在血雨腥风中的战争岁月被镌刻在南京的城市记忆里，不可磨灭。行至扬子江畔，浑黄的江水在眼前奔腾而过，霍尔茨联想到百年之前"欧洲的坚船利炮曾在此逆流而上"(Roes, 2009:473)，只为强硬地冲破这个闭关锁国的国家。穿梭于城市街巷，霍尔茨也曾思索：那时的"亡魂安葬于何处"(Roes,2009:227)？当南京大屠杀惨绝人寰的场面在脑海中浮现，霍尔茨感到自己仿佛置身于战火纷飞中满目疮痍的南京。他看到"被踹开的门，被砸碎的窗户，道路上遍是活埋居民的坑洞"(Roes,2009:228)，日军的刺刀砍向手无寸铁的百姓，三十万平民惨遭屠戮；他的双脚"识得雨水……；也识得鲜血，它们在屠城之后顺着开阔的江面蜿蜒而下，或是漫入未曾铺设石砖的胡同，直至在烈日的炙烤下结成棕色的血痂"(Roes,2009:228)。如此沉痛的城市记忆为南京渲染了一抹浓重的悲剧色彩。

进入社会发展日新月异的新时代，南京的城市气象焕然一新。随着城市现代化建设进程的不断推进以及对外来文化的吸收接纳，新生事物如雨后春笋般涌现，传统的生活模式和思想观念发生剧变，其所带来的问题也亟待解决。

例如，生活模式和思想观念的转变无可避免地造成了城市中不同年龄群体间的代际割裂感。哥斯拉和他的诸多伙伴代表的年轻一代自身便是后现代亚文化的传播者，他们以充沛的热情迎接潮流奔放的西方元素，也叛逆地享受着无视规则所带来的刺激和乐趣：他们在百货商场前跳霹雳舞，直到商铺熄灯；他们组建的重金属乐队在郊外的地下室排练，用音乐的形式和语言纵情宣泄自己对自由和独立的渴望；他们在夜晚驾驶着摩托车风驰电掣般前进，"从交警的哨子中传出的冰冷命令"(Roes,2009:443)反而令他们的兴致愈发高涨。已经踏入工作岗位的青年群体也主动地融入了城市的现代化进程，他们在霍尔茨眼中是"坚定的奋斗者"形象。霍尔茨初次乘车在南京穿行而过，便看到路上摩肩接踵的行人无论男女皆着正装，"整齐划一的如同是彼此的复制品"(Roes,2009:156)，他不由得感叹："这是一座职员之城。"(Roes,2009:156)工人和职员们的心无旁骛和坚定不移像是一面镜子，让无所事事的霍尔茨在其中看到了"笨拙又可笑"(Roes,2009:298)的自己。霍尔茨再次感慨道："这绝非游荡者的城市。"(Roes,2009:298)反观年纪稍长的中年人，他们力不从心地跟随着时代的步伐，"精疲力竭，神情空洞，或是伪装面无表情以掩藏内心深处的痛苦"(Roes,2009:182)。老年人更是如同一座与世隔绝的孤岛，任凭社会的变迁"将他们这些从前的智者像不思进取的文盲一样抛弃在原地"(Roes,2009:182)。

4 结语

在主人公霍尔茨的城市游历和对当地文化的深入体验中,南京的古雅风韵与现代气息相互交织,形成了传统与现代杂糅的城市空间;霍尔茨对南京历史的回望以及对南京现代社会的观察则拓展了小说的时空厚度,构建出南京厚重的历史形象,并指出现代化发展所带来的问题。但同时不可否认的是,霍尔茨对南京的认知仍然受其思维模式中西方中心主义的制约,他"借助僵化的二分法,以西方为准绳挑选出东西方的特性,为其刻上本质化烙印"(高曦,2023:59)。霍尔茨由于未能脱离"西方对中国的一种典型认知模式:对中国的乌托邦式想象"(刘健,2021:144),将获得精神救赎的希望全部寄托于想象中的传统中国,却忽略了当代中国的"'主体性'地位"(万雪飞,2013:105),即中国也同其他所有国家一样平等地拥有自主发展的权利,而非西方人构想中发展停滞不前的精神救赎之地。面对作为现代都市的南京,霍尔茨直言不讳地袒露了自己对城市中一切与西方无异的现代化标志的厌恶,而他眼中灰暗忧郁的现代南京正是其幻灭后精神世界的投射。纵观整部小说,勒斯对当时南京的若干社会现象作出了个人风格化的批判,这也导致南京在小说中呈现出的整体形象与现实有所偏离。但是,总体而言,《黑分五色》无疑为当代文学中的南京城市形象书写提供了来自德国的有力注脚。

参考文献

[1] Kittlitz, N. 2010. Der Kältetod des Erzählens:Michael Roes schickt einen deutschen Gelehrten auf die chinesische Geisterbahn. *Frankfurter Allgemeine Zeitung*, 2010-04-08.

[2] Ostheimer, M. 2016. *Jahrbuch für Internationale Germanistik*. Bern:Peter Lang AG.

[3] Roes, M. 2009. *Die Fünf Farben Schwarz*. Berlin:Matthes & Seitz Berlin.

[4] 高曦,2023. 双重话语规训:论萨义德"东方主义"理论. 宁夏社会科学,(02):58-65.

[5] 刘白,蔡熙,2015. 论本雅明的城市空间批评. 当代外国文学,(02):140-146.

[6] 刘健,2021. 论新世纪以来德语文学中国叙事的新范式. 当代外国文学,(01):142-150.

[7] 卢盛舟,2019. 论勒斯《黑分五色》中的人物空间实践与南京城市意象. 当代外国文学,(04):83-89.

[8] 万雪飞,2013. 萨义德的东方主义批判与中国文化自觉的构建. 求索,(06):103-105.

导师评语

卢盛舟：论文分析德国当代作家米夏埃尔·勒斯于2009年出版的长篇小说《黑分五色》。该小说通过对南京传统与现代杂糅的城市空间、厚重的历史形象和现代与后现代并存的人文社会的书写，构建出南京多维的文化与历史形象。论文选题新颖，结构合理，写作风格流畅，体现出作者对当代德语文学"中国"主题的学术关切，尤为值得一提的是，姚睿思在结语中指出，小说主人公霍尔茨对南京的认知仍然受其思维模式中西方中心主义的制约——"中国也同其他所有国家一样平等地拥有自主发展的权利，而非西方人构想中发展停滞不前的精神救赎之地"，这凸显了作者在研究跨文化文学作品时的主体性与批判性。

跨文化与跨媒介:论新世纪德语旅华游记的中国书写*

郑雯昕

摘　要:论文旨在运用比较文学形象学理论考察新世纪德语旅华游记的中国书写特征,探究中国形象塑造的跨文化期待、诉求与背景。研究表明,新世纪德语旅华游记以网络和书籍为双重载体,融合文字、图片和视频等多重媒介,游记作者总体上构建出"现代中国"和"传统中国"两个对立却交融的中国形象,所呈现出的中国既是现代化、国际化的,也是落后的、贫穷的。游记总体的书写逻辑虽仍未能完全摆脱固有中国认知的影响和西方中心主义的思维模式,但个体旅行目的的纯粹性和网络社交媒体的高普及度,使其对中国的描绘逐步朝真实化、事实化的方向发展。

关键词:旅华游记;中国形象;新世纪德语文学;跨文化;跨媒介

1　研究背景

中国形象的对外接受与传播是中国外语学界重点关注的话题。习近平在中国共产党第二十次全国代表大会上的报告中指出:"讲好中国故事、传播好中国声音,展现可信、可爱、可敬的中国形象,推动中华文化更好走向世界。"(习近平,2022:13)中国游记是重要的传统文学体裁,网络旅行文学则突破了传统文字书写的模式,凭借其跨媒介特性深刻改变了中国形象书写的范式特征。现阶

---

* 本文系2022年国家级大学生创新训练计划项目"跨媒介视域下新世纪德国旅行文学中国形象研究"(项目编号:202210284075Z)成果,发表于《语言与文化研究》,2022年第4期,212-214。

段,学界对于新世纪德语文学虽有关注,但对于全球化及信息时代背景下中德文化交流的新模式探究尚不充分。本文以德语中国游记的中国书写为研究对象,重点关注其跨媒介书写范式。

2 研究对象

本文以个人游记网站"别样旅行"(Anders reisen)"竹林日志"(bambooblog),游记论坛"环球旅行"(umdiewelt)及游记著作《两个骑自行车去上海的人:13600公里从德国到中国》(*Zwei nach Shanghai: 13600 Kilometer mit dem Fahrrad von Deutschland nach China*)、《独自在十三亿人当中》(*Allein unter 1, 3 Milliarden: eine chinesische Reise von Shanghai bis Kathmandu*)为主要研究对象。

网站"别样旅行"是奥地利人格哈德·利本伯格(Gerhard Liebenberger)于2009年创立的个人游记网站,记录了其13年的职业旅行经历。他分别在2009年、2010年、2017年和2018年四次游览中国,足迹遍布十余个省、自治区、直辖市,并以文字、图片及视频的形式撰写了60余篇来华游记以及旅行建议。网站"竹林日志"是由德国人乌尔丽克·赫克尔(Ulrike Hecker)于2013年创立的个人游记网站,创立以来发布其在世界各地的游记近千篇,截至2020年末,网站每月最高读者量超过2万名。自1987年以来她17次到访中国,新世纪以来完成了9次中国旅行,足迹遍布20余个省、市、自治区,撰写数百篇中国游记、出行建议与中国文化科普,网站上的中国游记占比最大。网站"环球旅行"是德国人马丁·盖德克(Martin Gädeke)于2001年创立的游记论坛,现已进驻游记作家2 000余名,发布游记8 000余篇,其中亚洲游记4 000余篇,中国游记250余篇,以文字和图片为主要形式。网站按照旅行目的地所在洲、国家和地区进行分类,游记体量大,内容极为丰富。游记著作《两个骑自行车去上海的人:13 600 公里从德国到中国》由德国兄弟二人汉森·赫普纳(Hansen Hoepner)与保罗·赫普纳(Paul Hoepner)共同撰写,汉森与保罗于2012年骑自行车从柏林由西向东,途径波兰、立陶宛、俄罗斯等多国,历时七月余最终抵达上海,其中的中国游记主要涉及西宁、成都、上海等城市。游记著作《独自在十三亿人当中》由克里斯蒂安·施密特(Christian Schmidt)撰写,其在北京生活多年,为更好地融入和理解中国,他于2007年前后沿318国道进行为期三个月横穿中国的旅行,从上海到西藏,从西塘水乡到布达拉宫,详尽描述所体验的中国生活、中国文化,游记首次出版后即登上《明镜》杂志畅销书榜。

3 中国书写的具体内容

3.1 现代中国

现代中国是新世纪旅华游者构建的最具共性的中国形象之一。游者一方面赞叹中国社会高速的发展和进步，享受现代化为旅行带来的裨益，另一方面又无法摆脱自身作为西方人的思维和叙述模式，在潜意识中将"现代"元素从中国这个主体中分离，与西方、国际相连。

首先，城市景观建设成为经济、科技现代化最直观的外在表现，"繁华""超现代""大都市""摩天大楼"等词汇频繁出现，高耸的楼房、宽广的车道和崭新的建筑构建出现代城市的基本框架，代表着中国高度发达的经济水平与物质文明："许多宫殿和艺术品都非常美丽和轻盈。近年来建造了令人印象深刻的现代建筑，其建筑风格给我留下了非常深刻的印象！"（bambooblog）此外，诸多游记还认为中国现代化建设缓和了跨国旅行中由于语言、习惯等文化差异带来的不便，"最现代的标准""优良的道路交通网络"等都是游记中的关键词。最后，游记作者还注意到现代中国的文化建设："此外，传统工艺、古老的习俗和传统似乎也得到了保留和培养。没有现代的修饰。"（umdiewelt）由此，游记中的中国现代化表现为经济、科技、文化等领域共同发展的"集大成"的过程。

其次，游记作者常将现代中国书写与西方世界相连。一方面，他们进行"跨时性对比"，将中国的今天与西方的昨天相对比，试图凸显西方国家在现代化中的"先驱者"形象，使其历时长、程度深的现代化模式与中国形成对比："……农民在农作中使用的用具在欧洲早就见不到了……"（Anders reisen）另一方面，他们进行"共时性对比"，尝试为中国的现代化高速发展找到所谓的西方经验。在游记作者笔下，"西方"一词本身代表的地理含义不再重要，反而被设定为了现代中国的某种注脚。

3.2 传统中国

游记作者对现代化中国的描绘常伴随着所谓"传统中国"的出场。其将客观观察的现代中国与主观印象中的"传统中国"置于同一语境，寻找其对于"传统中国"的设想，验证其对于中国落后破败的设想，强调所见符合其主观印象的旅行场景。

首先，"传统中国"形象构建的方式是对中国不同城市之间、同一城市的不同地区、不同时间的形象进行差异化叙事,如格哈德·利本伯格所描述"从露台上我能看到顶级的现代新建筑……以及新建筑热潮的阴影下非常简陋的房屋"。由此,游记中的中国被粗略分为"现代化"与"待现代化"区域。由于德国游者在旅行中对"亲近自然"的极大追求,"待现代化"区域作为旅行目的地以及游记描述对象的占比较大,诸如没见过外国人的村民、收取天价费用的黑车司机等形象都在游记著作《两个骑自行车去上海的人:13 600公里从德国到中国》中出现。游记作者通过现代化发展时空当中主体间的差异性展现了现阶段中国社会存在的矛盾与冲突,一定程度上使得中国书写更加多面、立体。

其次,许多传统的中国元素在游记中具有明显的主观加工痕迹,他们多以"下定义"式的模式出现。在游览目的上,游记作者常常自发地寻找他们"希望看到的中国",或通过预设的中国形象进行跨文化互动。以萨比娜为例,结束2008年北京奥运会现代化场馆的参观后,她最终在破旧的巷子中找到自己所想像出来的中国。在游记书写中,他们通过强调乃至夸张其所见的客观事实,构建出一个主观印象作用之下的"落后中国"。

由此,客观存在的"矛盾"与主观加工的"落后"共同组成了作为现代化中国对立面的传统中国书写。一方面,作者行前预设的中国形象与客观的旅行体验之间不断的相互作用,使作者在对跨文化互动过程进行再梳理并转换为文字的过程中将主观臆想融入客观叙述。另一方面,游记作者并未忽略对中国现代化的客观观察,而是"在历史叙述中尝试加入中国之声,解构西方中心主义话语体系"(刘健,2021:142)。

4 中国书写的特点及文化动机

4.1 真实性

新世纪旅华游记的真实性外化为游记内容的生活化、文体的随意性和记叙的细节性,其以大众旅行时代纯粹的旅行目的为基础,在数字媒介进步的背景下得以进一步发展。

首先,游记创作及传播正逐渐大众化,新世纪德语旅华游记正在逐渐演变为一种人人均可参与的大众文学形式。网络形式游记网站对游记撰写的内容和模式以及作者本身几乎无限制,是谓"零门槛"。以网站"环球旅行"为例,截至目前已有2 000余名作者在网站上撰写了8 000余篇游记。即使是对游记的完整性、叙述的逻辑性提出了一定要求的纸质游记,也在新世纪迎来了更多种多样的作者:击剑运动员、律师、普通职工……在此意义上,游记文学的界定逐渐拓宽,游记不再被专业的旅行家、作家或文学家所垄断,而成为大众化的文化传播载体。

其次,新世纪的旅游者具有更纯粹的旅行目的。在大众旅行时代,旅行作为一种丰富精神世界的方式,"体验感"十分重要。纯粹的旅行目的使得游记重"记录"、轻"抒情"。对游记作者而言,游记满足其个体精神需求的功能较其产生的社会交际效果具有更大的意义,通过游记记录旅行见闻和感受成为撰写游记的根本目的。个体化的叙事意图促使游记作者尽可能翔实地将旅行经历转化为文字。

4.2 跨媒介性

新世纪旅华游记融合了文字、图片、视频等多种媒介形式,是极具现代特征的新型旅行文学。网络游记多为文字与图片相结合,纯视频、图片的游记也不在少数。传统的书籍游记虽仍以文字为主要表达形式,也不乏对视频、图片的利用。多媒介的游记形式是现代科技发展的产物,既开创了游记文学的新模态,也为跨文化交流创造了新可能。

首先,图片、视频的加入使得游记突破了语言文字的限制,扩大了游记的受众群体,大大降低了游记传播中所受到的语言隔阂和文化水平的限制,使得游记具有更强的感染力与更直观的信息传递效果,使"云"旅行成为可能。

其次,数字传播媒介的发展为游记的真实性提供了技术上的保障,照片、视频的多媒介辅助使得游记更加全面且真实。此外,即使是纸质游记也不乏对多媒介的应用,游记著作《两个骑自行车去上海的人:13 600 公里从德国到中国》中每一篇游记后均附有旅行照片,且比重大,作者还根据章节在视频网站同步发布相应的旅行视频,这无疑为出版游记文学注入了新活力。

4.3 固有认知的影响

概而观之,新世纪德国游记作者未能完全摆脱固有的中国认知,这种在大众中普遍存在的固有认知根植于历史文化背景,也受到媒介传播引导下社会风向的极大影响。以本文论述的中国书写为切入点,无论是现代中国层面的"西方中心"倾向性,还是传统中国层面对于"待现代化地区"的主观加工,都验证了固有认知对游记作者的影响。

对中国固有认知与客观场景的偏差导致其矛盾叙事的产生。中国文化中最令他们感兴趣的地方在于所谓的"传统",或者说是中国的"过去",其代表着一种不同于西方的、德国的文化(匡洁,2019:122)。然而,新世纪二十年间中国高速的发展与他们的固有印象产生的较大偏差,导致叙事主客观交融。部分游记作者也在游记中直接表明这一观点:"富与穷、新与旧之间的对比……一个国家和社会在这么短的时间内就能如此迅速地发生变化。"(umdiewelt)

这一固有认知很大程度上来源于传播媒体对社会风向长期的引导。媒体环境为德国大众心中的中国形象奠定了基调,导致对华的刻板预设的产生,催生现代与传统这一对立的中国书写。此外,中国媒体如何报道自己也值得关注,游记著作《独自在十三亿人中》这样描述当时的旅行指南:"当时的旅游指南写道,上海是'东方的巴黎''西方的纽约',是'世界上最国际化的城市'。"

由此,新世纪德语旅华游记仍具较鲜明的"西方中心主义"的叙述模式,这一叙事模式的根源是中德两国的历史文化差异,且受到新世纪大众媒介中国叙述的直接影响。透过"现代化与西方化""主观加工的落后"两类中国书写能够看出,旅华游记是固有认知与客观实践持续碰撞的结果,他们无法完全摆脱固有认知的影响,但愿意在固有认知下客观描述旅行的真实场景。可见,作为西方人的视角以及相应的文化背景对中国书写的影响依旧存在并且坚固,但不可否认的是,新世纪德语旅华游记正逐渐迎来更健全的中国书写模式。

参考文献

[1] Hoepner, H. & P. Hoepner. 2013. *Zwei nach Shanghai*:13600 *Kilometer mit dem Fahrrad von Deutschland nach China*. München:Piper Verlag GmbH.

[2] Schmidt, C. Y. 2009. *Allein unter 1,3 Milliarden*:*Eine chinesische Reise von Shanghai bis Kathmandu*. Hamburg:Rowohlt Verlag.

[3] 匡洁,2019.德国人旅华游记中的中国形象研究.上海:上海外国语大学.

[4] 刘健,2021.论新世纪以来德语文学中国叙事的新范式.当代外国文学,(01):142-150.

[5] 习近平,2022.高举中国特色社会主义伟大旗帜为全面建设社会主义现代化国家而团结奋斗.人民日报,2022-10-26.

导师评语

刘健:论文选取以网络和书籍为双重载体的21世纪德语旅华游记作为研究对象,运用比较文学形象学理论考察文本的中国书写特征,探究中国形象塑造的跨文化期待、诉求与背景。论文特别关注文本的跨文化和跨媒介特征,从文字、图片和视频的多重媒介融合视角进行文本分析。研究表明,游记作者总体上构建出"现代中国"和"传统中国"两个对立却交融的中国形象。论文选题新颖,具有较强的现实意义,作者选取的研究对象包含了国内外学界尚未重点关注的网络游记,体现出作者的观察视角具有一定的前沿性。论文结构合理,论述清晰,能为相关领域的研究提供一定的借鉴。

翻译研究

刍议文学翻译的人机差异
——基于俄语爱情主题散文汉译的个案分析*

狄文博　孙宇豪　秦子涵　韩明妍

摘　要：数智时代，机器翻译发展迅速，传统的文学翻译模式面临变革。论文以当代俄罗斯作者创作的俄语爱情主题散文的汉译为个案，探讨翻译软件、生成式人工智能语言模型与人工翻译的差异。研究发现，人工翻译在译文的准确性、流畅度和文学性上整体表现更佳，而机器翻译虽然在速度和效率上具有显著优势，但在语言表达的精准和传神上仍有显著不足，具体表现为直接而生硬的对应、词义处理不准确、无法灵活调整句子结构、缺乏语篇意识、无法避免语言重复、不能传递修辞色彩等。本研究旨在呈现人机翻译在文学领域的差异，促进人机协作的开展，为提升文学翻译质量提供参考和启示。

关键词：文学翻译；机器翻译；人机协作；译后编辑

1　引言

当今世界，全球化进程正在加速，中国与世界的交流与合作日益频繁。以俄罗斯为代表的俄语国家是中国的重要合作伙伴，随着"一带一路"倡议的深入推进，中国和俄语国家之间的贸易活动、人员往来和文化交流持续增长，社会对于汉俄双向翻译的需求越来越大。

随着数字技术和人工智能技术的迅速发展，机器翻译的效率和准确性大大

---

* 本文系 2024 年国家级大学生创新训练计划项目"数智时代俄语专业本科生人机协作翻译能力发展研究"（项目编号：202410284126Z）成果。

提高,越来越多的企业选择基于机器翻译完成相关材料的语言转换工作。然而,从目前来看,机器翻译尚无法完全取代人工翻译,笔译过程中采用"机器翻译+人工译后编辑"的方法不仅能够提高译者的工作效率,确保海量信息畅通流动,而且可以更好地保证译文质量。研究文献表明,译后编辑策略在中立性的说明和叙述文本翻译中运用得已经比较普遍,对其规律的总结也已屡见不鲜(Screen,2019;王均松等,2023;梁慧莹,2021),但译后编辑在文学翻译领域如何开展,对此问题的实证考察有待深入。

本文基于俄语爱情主题散文汉译的个案,探析译者和机器在翻译文学语篇过程中的差异。我们利用部分主流翻译软件和生成式人工智能语言模型翻译一篇俄语爱情主题的散文,同时,将翻译对象布置给俄语专业三年级本科生,要求他们独立完成译文,再将翻译软件和语言模型的工作结果与人工翻译的样本进行对比,厘清二者的差异,以期更有针对性地归纳人工译后编辑在文学翻译过程中的重点任务,为人机协作翻译的高效发展提供佐证。

2 个案设计

2.1 确定语料来源

选取当代俄罗斯作者创作的一篇以爱情为主题的抒情散文[①]作为翻译文本,其内容明了,感情真挚,语言生动,属于具有明显情感表达参与的典型文学文本。原文一共7个自然段,2 003个单词。

2.2 选择翻译软件与智能语言模型

目前,国内外的线上实时翻译软件和智能语言模型数量众多,各具特色。我们结合日常使用的体验感,选取了其中的四种进行测试。"有道翻译"对于较为简洁明确的短句而言,能够较准确地生成表达方式;"百度翻译"作为运行时间相对较长的翻译软件,在词汇、句子与成段翻译的准确性与逻辑性上都有比较稳定的表现;DeepL产出的文本整体而言准确性较高,逻辑性较强,而且操作界面友好;而ChatGPT3作为人工智能发展的新产物,在大数据采集与处理上具有独特优势,能够最大限度地收集翻译样本,依据已有翻译结果进行原句的翻译

---

① 文本网址:https://russian.dbw.cn/system/2009/09/24/000163993.shtml?ysclid=lyp6yk76vg794671416

推演。

2.3 组织人工翻译

2024 年 3 月,通过任课教师将待翻译的文本作为课后作业布置给南京大学外国语学院俄语系修读专业核心课程《俄汉笔译》的 16 名三年级本科生,要求他们在一周内独立完成翻译。翻译过程中可以借助于词典和网络,但不能使用任何翻译软件和生成式人工智能语言模型。16 名学生均按要求提交了译文。

2.4 运用研究方法

我们分工协作,利用上述四个翻译软件和语言模型对文本进行从俄语到汉语的转换,并如实记录工作结果。而对于人工翻译得出的 16 篇译文,我们通过集体评阅和独立打分,选出三篇作为翻译软件和语言模型处理结果的对照组。接下来,我们以俄语文本的句子为基本单位,向下辐射到词汇,向上辐射到语段,采用逐一比对与整体统计相结合的方式,探究机器与译者在文学文本俄汉语转换过程中的差异。

3 研究结果

3.1 翻译软件、语言模型与人工翻译的比较

我们发现,在传达原文信息时,各翻译软件和语言模型均能与人工翻译一样,将基本内容不遗漏地转换成汉语。但在语义表达方面,翻译软件和语言模型的处理结果普遍缺乏文学性,明显不如人工翻译自然、流畅。翻译软件和语言模型处理文本的问题具体表现在以下几个方面。

3.1.1 完全直接地对应

翻译软件和语言模型在处理文学文本时,最突出的特点就是将两种语言直接对应起来,缺乏对词类、句子成分和句式的转换,也做不到巧妙地整合信息,译文显得不够简洁明了。

(1) В день расставания ты беспокоишься о нём (или ней), тебе не так приятно, сердцу очень грустно, без него (или неё) тебе очень скучно.

在分离的日子里,你为他(或她)担心,你不高兴,你的心很伤心,

没有他(或她),你很无聊。(百度翻译)

在分手的那天,你担心他,你不太高兴,你的心很难过,没有他,你很无聊。(有道翻译)

在离别的日子里,你为他(她)担心,你不那么高兴,你的心很难过,没有他(她)的日子你很无聊。(DeepL)

在分别的日子里,你会为他(或她)担心,你会感到不那么愉快,心中非常伤感,没有他(或她)你会非常想念。(ChatGPT3)

离别之际,相思之苦在心中萦绕,你在担忧没有他(她)的每分每秒。(译者1)

分别时,你会恋恋不舍,闷闷不乐,心情忧虑,觉得没了他(她)便了无生趣。(译者2)

离别之时,心忧意绪,牵挂纷至,喜怒哀乐难以自禁,无其伴则愁绪满怀。(译者3)

对于这句话,人工处理的3种译文都比翻译软件和语言模型给出的答案更精简、更易读,这主要是因为译者能够调动足够丰富的习语、成语等表达方式来传达"不高兴,心情差,难过"等情绪。而翻译软件和语言模型则一概采用对应法,将原文直译成汉语,不但读起来显得冗长,而且破坏了上下文的连贯。值得注意的是,对于该句中的 скучно 一词,各翻译软件和语言模型处理成了不同的意思,有的译为"无聊",也有的译为"想念"。相较之下,三位译者提供的译文更加生动,他们根据上下文巧妙地变通说法,使译文更合逻辑,也更流畅。另外,从字面上看,该句中的 ты беспокоишься о нём(или ней)确实就是翻译软件和语言模型给出的"你为他(她)担心"之意。不过,三位译者几乎都淡化了对"担心"这个意思的传达,而是翻译成了"无其伴则愁绪满怀""你在担忧没有他(她)的每分每秒"等。这种处理充分说明,译者可以根据认知经验深入领悟原文传达的情感,细致入微地加以呈现。事实上,通常情况下,与恋人分别时,我们并不只是为离开的恋人感到担心,更会产生一种难以自拔的相思情绪。可见,机器翻译对于原文深层意味的挖掘是缺失的,它能"精确"地将两种语言的表达对应起来,但译文却不够贴切、传神。

(2) На свете нет идеального человека, не надо требовать идеальности от любовника, в самом деле ты тоже не такой идеальный.

世界上没有完美的人,不要要求情人完美,其实你也不是那么完

美。(百度翻译)

世界上没有完美的男人,没有必要从爱人那里要求完美,其实你也不是那么完美。(有道翻译)

世界上没有十全十美的人,不要要求你的爱人十全十美,事实上你也不是那么十全十美。(DeepL)

世界上没有完美的人,不要期望你的爱人是完美的,毕竟你自己也不是完美的。(ChatGPT3)

人无完人,不要苛求你的伴侣完美无瑕,因为你也并非圣人。(译者1)

世上无完人,所以无法要求爱人完美,正如你自己也并不完美。(译者2)

世上无完人,莫期爱人尽善尽美,因人亦不尽善尽美。(译者3)

这句话前半部分的意思是"世界上没有完美的人",但对于此义,汉语里存在更加精炼的固定表达方式:世上无完人、人无完人,三位译者全都加以了恰当运用。而机器翻译却过于拘泥于原文,译文显得比较生硬。DeepL虽然使用了"十全十美"这个成语,但一连使用三次,有悖于汉语的表达习惯。

3.1.2 不能准确判断和处理词义

对于较为复杂的词义,机器无法通过具体化、抽象化、引申等方式进行处理,也无法结合上下文调整选定的词义,致使译文的情感色彩和逻辑走向出现前后矛盾的情况。

(3) Настоящей любви нужно извинение.

真正的爱需要道歉。(百度翻译)

真爱需要道歉。(有道翻译)

真爱需要道歉。(DeepL)

真爱需要原谅。(ChatGPT3)

真爱是微瑕的美玉。(译者1)

真爱需要体谅。(译者2)

真爱之情需包容之心温润其上。(译者3)

这句话中的извинение一词被机器直译为"道歉"或者"原谅"并不符合原句的意味。其实,"道歉"这个行为意味着让步、体谅、包容等,而译者都能较为准确地传达出这些意味。

(4) Нужно относиться к любовнику（или любовнице）честно, заботишься о нём（или ней）.
你必须诚实地对待情人(或情人)，照顾他(或她)。（百度翻译）
你必须诚实地对待你的爱人,关心他(或她)。（有道翻译）
你需要真诚地对待你的爱人（或女爱人）,照顾他（或她）。（DeepL）
要诚实地对待爱人,关心他(或她)。（ChatGPT3）
爱情,需要真诚与关心。（译者1）
对待爱人需要真诚,需要关心呵护。（译者2）
钟爱之人须以诚相待,悉心关怀。（译者3）

一个俄语词可能存在多个义项,翻译时需要精准选择。这句话中的 любовник 一词在词典里既有"情人""姘夫"的意思,又有"恋人""爱人""情侣"的意思。显然,在这篇散文当中该词是指后者。而百度翻译则曲解为"情人"。此外,俄语名词有阳性、阴性和中性之分,原文作者用括号标出了与阳性名词 любовник 相对应的阴性名词 любовница,百度翻译和 DeepL 都如法炮制地保留了下来。事实上,在汉语当中,泛泛而谈时仅用"爱人"就能既表示男性又表示女性,括号中的 любовница 没有必要翻译。三位译者的译文都恰当地进行了处理。

3.1.3 不能灵活调整句子结构

汉语和俄语在句子结构上存在明显差异。面对翻译过程中需要调整的地方,翻译软件和语言模型整体上处理欠佳,可见,目前的机器翻译对于汉语表达习惯的理解和运用尚存在进步空间。

(5) Если ты по-настоящему любишь человек, то ты желаешь, чтобы у него всё лучше, чем у тебя.
如果你真的爱一个人,你希望他比你好。（百度翻译）
如果你真的爱一个人,你希望他拥有比你更好的一切。（有道翻译）
如果你真的爱一个人,你会希望他(她)拥有比你更好的一切。（DeepL）

如果你真正爱一个人,你希望他比你过得更好。(ChatGPT3)
若为心心念念之人,唯愿爱人更胜己。(译者1)
如果你真正爱一个人,那么你会希望他一切都比你好。(译者2)
当你真心爱一个人,你总是希望他(她)过得更好。(译者3)

在这句话中,у него всё лучше, чем у тебя 这部分有两个结构需注意。一是 у кого (есть) что,二是比较结构。有道翻译和 DeepL 将这句话直接翻译为"你希望他拥有比你更好的一切"和"你会希望他(她)拥有比你更好的一切",虽然传递了俄语两个结构的意思,但从语言节奏上看有些生硬,百度翻译和 ChatGPT3 给出的译文则更自然:"你希望他比你好""你希望他比你过得更好"。而三位译者都不约而同地对上述结构进行了处理,分别翻译为"唯愿爱人更胜己""那么你会希望他一切都比你好"和"你总是希望他(她)过得更好"。

3.1.4 缺乏语篇意识

机器在处理文本时多是局限于词汇和句子层面,换言之,它们给出的译文在句子与句子之间缺少连贯和衔接,上下文的呼应不强,这会让读者无法正确理解作者的意图。而人工翻译则擅长于结合上下文处理每句译文,因此,当原文有前后呼应、伏笔、暗示等创作要素时,人工翻译就可以将其更加精准地展现出来。

(6) Настоящая любовь заставляет любовников стать красивее, чем обычно, тоже верить в себя. В их сердце очень спокойно. В душе вы понимаете друг друга-это самое большое счастье.

真正的爱情让恋人变得比平常更美丽,也让他们相信自己。他们的心很平静。在内心深处,彼此了解是最大的幸福。(百度翻译)

真爱会让恋人变得比平时更美丽,也会让他们相信自己。他们心里很平静。在灵魂深处,你们互相了解——这是最大的幸福。(有道翻译)

真爱让恋人变得比平时更美丽,也让他们相信自己。他们的心非常平静。你们彼此心领神会,这就是最大的幸福。(DeepL)

真正的爱情让恋人比平常更美丽,也让他们相信自己。他们的心里非常宁静。内心理解彼此是最大的幸福。(ChatGPT3)

真情之表,可令爱侣妆点更胜于俗世脂粉,心安之至,灵通之深,此为世间至美。(译者1)

被真爱滋润的情侣总是更加美丽,他们内心平静安宁,精神互为慰

藉——这便是莫大的幸福。(译者2)
真正的爱使得情人眼里出西施,使得两人内心平和。在心底彼此理解,这就是最大的幸福。(译者3)

这三句话之间存在紧密的逻辑关系。机器翻译把它们都处理成了独立的句子,彼此之间缺乏连贯。而三位译者则都打破了原文的断句规则,将几句话有机关联,使上下文衔接更紧密,逻辑更通顺。

3.1.5 不能解决语言重复问题

人工翻译通常会尽量避免同一个表达法多次、密集地出现在译文里,因为这不符合任何语言的表达习惯,但机器翻译因为首先是选择直译,所以会导致相同表达法的反复出现。

(7) Настоящая любовь-двое любят друг друга в сердце и понимают друг друга в душе.

真正的爱——两个人在心里相爱,在心里互相理解。(百度翻译)
真正的爱——两个人在心里相爱,在灵魂上理解对方。(有道翻译)
真爱——两个人在内心深处相爱,在灵魂深处相互理解。(DeepL)
真正的爱情是两个人在心灵上相互爱护,在灵魂上相互理解。(ChatGPT3)
爱之至深,心心相印,意意相通。(译者1)
真正的爱就是两个人彼此心心相印。(译者2)
真正的爱情是两个人心中的爱恋,灵魂的契合。(译者3)

这句话里的 в сердце 和 в душе 都被百度翻译处理成了"在心里",词语重复导致美感缺乏。而三位译者的译文则处理得非常到位,要么用"心心"与"意意"对应,或者用"心中的爱恋"与"灵魂的契合"对应,要么简化为"心心相印"。另外,ChatGPT3 将 любят друг друга 翻译为"相互爱护",与原文语义不符。DeepL 将 в сердце 和 в душе 分别译为"在内心深处"和"在灵魂深处",相比于百度翻译和有道翻译提供的"在心里"和"在灵魂上"更巧妙,更富有文学性,但仍然无法与人工翻译的优美译文相比。

3.1.6 不能准确传递修辞色彩

对于使用互文、对偶、比拟等修辞手法的语句,机器翻译往往无法传达修辞效果,导致原文的韵律与特色遭受损失。

(8) Если ты хочешь получить голубое небо, тебе надо обладать широкой душой, как море.

如果你想拥有蓝天,你必须拥有大海般的灵魂。(百度翻译)

如果你想要蓝色的天空,你必须有一个宽广的灵魂像大海。(有道翻译)

想得到蓝天,就要有大海般宽广的心灵。(DeepL)

如果你想要蓝天,你就要有像海一样宽广的心胸。(ChatGPT3)

正如你渴望蓝天,那你也要有大海般广阔的胸襟。(译者1)

假若你想要蓝天,你就得拥有如大海般宽阔的心胸。(译者2)

欲得苍穹一片碧,须揽浩渺胸似海。(译者3)

这句话具有工整的结构,适合用汉语成语或对偶句来翻译。但机器翻译均采取直译,虽能表达正确的意思,但失去了对文学性的有效传达。

(9) У тебя самая радость-надо делить счастье с ним (или с ней). У тебя самое желание-делить горе с ним (или с ней).

你最幸福的是与他(或她)分享幸福。你的心愿是与他分享。(百度翻译)

你有最大的快乐——你必须与他(或她)分享幸福。你最渴望的是与他(或她)分享悲伤。(有道翻译)

你最大的快乐就是与他(她)分享快乐。你最大的愿望就是与他(她)分享悲伤。(DeepL)

你最大的喜悦是与他(或她)分享幸福。你最强烈的愿望是与他(或她)分享悲伤。(ChatGPT3)

心之乐也在于同其分,共欢共乐,分忧解愁。(译者1)

你最大的快乐就是和他(她)分享幸福,你最大的心愿就是分担他(她)的痛苦。(译者2)

想要与之同甘共苦,相濡以沫。(译者3)

这句话句式对仗工整,机器翻译中,DeepL 和 ChatGPT3 的译文句式与原文一致。百度翻译和有道翻译没有统一两个部分的结构。从词义上看,делить 的意思是"同受,分享",应当根据其搭配的宾语选择适合的方案,"幸福"值得"分享",而"悲伤"或者"痛苦"就应要"分担"了。可是有三种翻译软件和语言模型都处理成了"分享痛苦"。值得注意的是,有译者采用汉语成语"同甘共苦"来翻译,既简洁又贴切。

3.2 翻译软件和语言模型的横向比较

在近一个世纪的发展过程中,机器翻译主要经历了四个阶段:基于规则的机器翻译、基于统计的机器翻译、基于实例的机器翻译和基于不同方法应用的机器翻译(胡开宝、李翼,2016:10)。2022 年,ChatGPT 横空出世,生成式人工智能语言模型成为机器翻译的新兴力量。目前国内的翻译软件包括百度翻译、有道翻译等;国外的翻译软件包括 DeepL、谷歌翻译等;生成式人工智能语言模型包括百度的文心一言,OpenAI 的 ChatGPT3、ChatGPT4 以及 BingAI 的 Copilot(Newbing)等。上述软件和模型对传统的翻译行业造成了强烈的冲击,接下来我们对不同翻译软件和模型的翻译能力进行简要分析。

3.2.1 将俄语翻译成汉语文言文的可能性

对于 ChatGPT3 等智能语言模型而言,将俄语翻译成汉语文言文或者对仗工整的文段难度过大,即便进行充分的训练也暂时无法与通过人工翻译将原文处理成文言文的能力相比。个别翻译软件也推出了将外语翻译成汉语文言文的功能,如百度翻译。

（10）Естественно выражаешь любовь, это настоящая любовь, который не нужно украшать. Нужно относиться к любовнику（или любовнице）честно, заботишься о нём（или ней）. Мягкие и нежные слова, заботящийся взгляд заставляют его（или её）переживать силу любви.

自然见爱,真爱也,不须饰也。君必须信待情人,顾之。温柔而温柔之语与其忧目光使之力同於爱之力。（百度翻译）

自然流露之爱,真爱也,无需粉饰。对情人当以诚相待,关怀备至。柔言软语,关切之目,使其感受爱之深情。（ChatGPT3）

真爱自然流露,情深意长,无需饰以华彩。钟爱之人须以诚相待,悉心关怀。柔情绵绵之言,慈眸关怀之态,可使爱之力充其心田。（译者3）

同样是文言文,百度翻译的准确性与流畅度均不符合基本的翻译要求。它尚无法准确理解原文含义,甚至给出了"温柔而温柔"等冗杂的表达。ChatGPT3的翻译好于百度翻译,没有明显的理解偏差与严重的语言错误,符合古汉语表达习惯。但是,与译者 3 的译文相较,其对语言细节的把控还显不足。

3.2.2 基于不同原理的翻译功能

目前主流翻译软件采用的翻译原理主要包括基于人工神经网络系统(如,百度翻译、DeepL)和基于搜索引擎与网络(如,有道翻译、Copilot),此外还有一系列的生成式人工智能语言模型(ChatGPT)等。

百度翻译等属于人工神经网络系统,通过拥有海量结点的深度神经网络使计算机先自动学习语料库中的翻译知识,再自动理解语言和生成译文(刘满芸,2016:18)。百度翻译偶尔会出现漏译现象,但不影响其在俄译汉时的整体准确度。DeepL 同样基于此原理生成译文,整体反应时间稍长于百度翻译,但它可以理解一部分汉语的隐喻意义。

有道翻译的翻译引擎基于搜索引擎与网络释义,原理与 ChatGPT、百度翻译等都不同。从实际表现上来看,有道翻译的反应时长稍慢于百度翻译,但优于其他软件。不过,有道翻译有时会出现一些低级错误。

(11) Если ты хочешь получить голубое небо, тебе надо обладать широкой душой, как море.
　　如果你想拥有蓝天,你必须拥有大海般的灵魂。(百度翻译)
　　如果你想要蓝色的天空,你必须有一个宽广的灵魂像大海。(有道翻译)
　　想得到蓝天,就要有大海般宽广的心灵。(DeepL)
　　如果你想要蓝天,你就要有像海一样宽广的心胸。(ChatGPT3)

在此句的翻译中,只有有道翻译处理出来的译文语序是混乱的,明显不及其他翻译软件。

作为生成式人工智能语言模型,翻译只是 ChatGPT3 的"兼职"之一。ChatGPT3 是通过众多语言材料训练出来的智能模型,故而在把握语言的流畅性方面能力出众。面对专有名词或缩略语,ChatGPT3 可以给出众多待选方案。不过,ChatGPT3 的数据停留在 2021 年 9 月,对新兴事物并不掌握,当然,OpenAI 已经推出了语料更新的 ChatGPT4。

3.2.3 译文的流畅度与文学性

百度翻译的译文有时显得比较生硬,偶尔会出现不符合汉语习惯的表达方式,但总体上读者能够比较顺畅地理解其提供的译文。在专有名词的翻译方面百度翻译表现稍差,对于缩略词会出现误译的现象。DeepL 的译文文学性最明显。作为一款国外的翻译软件,DeepL 完成俄译汉任务时很少出现误译,但对汉语表达的熟悉程度不及百度翻译,会出现不符合汉语表达习惯的译文。由于有道翻译的翻译引擎来自网络,口语化色彩更重,这导致有道翻译在处理正式文本时偶尔会出现用语不当、不符合语境需求的问题。ChatGPT3 的译文比各类翻译软件都更流畅,更贴合汉语使用习惯,但翻译的用时稍长。由于 ChatGPT3 可以被训练,能够完成多次翻译,所以其本身有能力对译文进行反复编辑,甚至完成特殊指令,比如,把文章翻译成某种风格,或者订正译文的某处错误,而这是使用人工智能语言模型进行翻译实践的重要优势。

4 结语

基于以上的分析可见,尽管机器翻译处理文学文本时的效率和速度具有显著优势,但在语言表达的精准和传神上仍存在显著不足,具体表现为直接而生硬的对应、词义处理不准确、无法灵活调整句子结构、缺乏语篇意识、无法避免语言重复、不能传递修辞色彩等。当然,各种翻译软件和智能语言模型的翻译能力也存在不同。对于文学翻译而言,译者生成译文耗时较长,但能在保证准确性的同时更好地传达文字的流畅度和情感性,对于成语、谚语、修辞手法等特殊语言现象的恰当转换也能提升译文的文学性。有鉴于此,人机协作应该是未来文学翻译发展的主流方向,这样的翻译模式可以充分发挥机器与译者的双重优势,提高翻译效率和质量,更好地实现文学作品的跨文化传播。

参考文献

[1] Screen, B. 2019. What effect does post-editing have on the translation product from an end-user's perspective? *Journal of specialized translation*, (31): 33 - 57.

[2] 胡开宝,李翼,2016. 机器翻译特征及其与人工翻译关系的研究. 中国翻译,37(05): 10 - 14.

[3] 梁慧莹,2021. 机器翻译与人工翻译的碰撞与融合. 现代英语,(19):34 - 36.

[4] 刘满芸,2016. 翻译技术时代翻译模式的裂变与重构. 中国科技翻译,29(04):17 - 20.

[5] 王均松,肖维青,崔启亮,2023.人工智能时代技术驱动的翻译模式:嬗变、动因及启示.上海翻译,(04):14–19.

导师评语

张俊翔:论文聚焦数智时代的文学翻译,选题具有很强的现实意义。作者以当代俄罗斯爱情主题散文的汉译为例,不仅探讨了翻译软件、生成式人工智能语言模型与译者在翻译行为和翻译结果方面的差异,而且对基于不同原理的机器翻译进行了比较。作者认为,人机协作应该是未来文学翻译发展的主流方向,这样的翻译模式可以充分发挥机器与译者的双重优势,提高翻译效率和质量,更好地实现文学作品的跨文化传播。论文结构完整,条理清晰,实例丰富。由于作者尚缺乏对翻译理论的深入研习,文学翻译实践经验也不多,论文的探析尚显粗浅,但他们展现出来的敏锐的科研意识和积极的探索精神值得肯定。

"化境说"视角下诗歌中的意象翻译
——以《水调歌头》林语堂英译本中的月意象为例*

贺子涵

摘　要：苏轼的《水调歌头·明月几时有》是中秋赏月词的集大成之作，是中国古典诗词中一颗闪亮的明珠，全篇围绕着"月"意象展开，寄寓了诗人心中的月之形态、月之境界、月之理趣、月之情怀，集中展现了深邃的人生哲学和丰富的民族精神。钱钟书先生提出的"化境说"是文学翻译的最高标准和最高理想，植根于中国本土，又融汇中西方翻译理论，贯通哲学、文学、美学等多学科领域，对古典诗词意象翻译具有极高的指导价值。本文结合对林语堂先生《水调歌头》中"月"意象翻译的反思，阐释"化境"理论，赏析"化境"译文。同时，借用"化境说"理论分析《水调歌头》林译本中的"讹"与"诱"及其实现方式，总结实现"化"的翻译方法和操作流程，创新性地将"化境说"运用于诗歌意象翻译分析，为破解中诗英译难题提供借鉴，推动我国传统翻译理论的现代化转型，助力中华优秀传统文化的国际传播。

关键词：化境说；诗歌翻译；月意象；《水调歌头》；中华文化"走出去"

1　引言

钱钟书先生在1964年发表的《林纾的翻译》一书中首次提出了"化境"这一文学翻译观点，并指出"翻译比作原作的投胎转世，躯体换了一个，而精魂依然

---

* 本文获南京大学第二十六届基础学科论坛二等奖。

故我。换句话说,译文对原作应该忠实得以至于读起来不像译本,因为作品在原文里绝不会读起来像翻译的东西"(钱钟书,2004b:500)。"化"这一概念与佛、道哲学密切相关,融合了文艺美学思想,是植根于中国本土的翻译理论,也是翻译要追求的最高标准和理想境界。罗新璋(1984:15)指出,中国翻译理论的发展路径是:按本—求信—神似—化境,化境把翻译从美学的范畴推向翻译的极致,可谓中国翻译思想的集大成者,具有深厚的理论内涵和巨大的阐释空间。

在我国,"化"的概念可以追溯到《列子》中的"轮回"思想:"状变而实无别而为异者,谓之'化',有化而无别,谓之'一实'"(袁帅亚,2019:91)。"化"指形式改变而内涵不变,在翻译学中即译者在充分融入并保留原作精神风韵的基础上,使用另一语言文化进行再创作,从而"投胎转世"化入译语语境之中。但是作者、译者、读者之间存在的距离,使得翻译往往难以做到绝对的"形""实"兼备。译者需要通过"诱"来沟通源语与译入语,也就难免会产生"讹"。"化境说"就是要引"诱"、避"讹"、求"化"(王秉钦,2018:272),让原作获得新的生命。

《水调歌头·明月几时有》是中国古代咏月诗歌的代表,月意象是全篇的核心意象,也是最具传统文化意蕴的文化符号之一,翻译这一诗篇时如何传达月意象是译者的重点和难点。在诸多译本中,林语堂译本传播范围广,比较完整地保持了原诗的风韵和美学价值。本文结合林语堂先生《水调歌头》英译本中"月"意象的翻译,探究译者面对翻译中不同的"讹",如何采取具体的引"诱"策略,将传统意象创造性地"化"入目标文化语境,为中华传统文化赋予自足的生命力和强大的传播力、影响力。

2 钱钟书化境说概论

钱钟书在《林纾的翻译》中提出,"文学翻译的理想可以说是'化';就是把作品从一国文字转变成另一国文字时,既能不因表达习惯的差异而露出生硬牵强的痕迹,又能完全表达出原作的风味。"(钱钟书,2004b:290)实现这一理想需要"诱"的方法,也不可避免"讹"的产生。

"诱"是指翻译"作为居间者或联络员,介绍大家去认识外国作品,引诱大家去爱好外国作品,仿佛做媒似的,使国与国之间缔结'文学姻缘'"(钱钟书,2004a:79)。这一思想体现了"译即通"的翻译命题,"译即通,通即达,达即不隔"(于德英,2009:205)。翻译就是通过"诱"追求原文与译文之间通达的状态,或让原文展示在读者面前一览无余,或是如"雾里看花"引起读者兴趣并"引诱"其主动探索源语世界,最终使源语世界和译入语世界"化"而为一。按照翻译的意义再生属性，作品的意义和影响产生于原作意义传递与读者理解之间的双向互动和相互作用，这一过程中译者"诱"的作用至关重要。

"讹"是指译文与原著之间的出入，钱钟书指出："翻译总是以原作的那一国语文为出发点而以译成的这一国语文为到达点。从最初出发以致终竟到达，这是很艰辛的历程。一路上颠顿风尘，遭遇风险，不免有所遗失或受些损伤。因此，译文总有失真和走样的地方，在意义或口吻上违背或不很贴合原文。"（钱钟书，2004a：78）因此"译"难免产生"讹"，无"讹"也不成"译"。翻译中的"讹"分为"恶讹"和"良讹"两种："恶讹"即译者理解或表达偏差造成的文化缺位、文化错位等现象，使得"中间者"成了"离间者"，不仅败坏了原作的名声，还会导致读者与作者、源语文化与译语文化之间的误解隔阂甚至对立冲突；而"良讹"则是译者在翻译时为了进行文化的阐释和传递进行的创造性的"讹"，体现了"失本成译"的翻译本质，失于原作成于译作（于德英，2009：187），即为了弥补"距离"导致的诗意流失和文化差异，译者发挥主观能动性，有意识地使用增减、改译、异化等多种翻译方法进行再创作，以增强译本的可读性和文学性。因此理想之"化"与现实之"讹"看似是理论上的对立，实则是实践中的统一（余承法、庄义辉，2021：73），积极的"讹"是译者智慧与原作精髓的统一，是实现"化"的机会和手段。

不难看出，"诱"是在文化层面上实现不同文化语境的理解与打通，关注原作、译者与译语读者的关系，"讹"是在文本层面上关注译文达成的效果。文化差异的存在和文化沟通的需要一定程度上约束着文本的表达，决定了"讹"的产生；而文字作为文化的载体和传播工具，又可以通过有意识的"良讹"促进文化的传递与对话。二者虽然难以兼顾，但并非不能平衡，而"平衡"的标准就是要尽可能达到"化"的效果。为了实现"化"，译者如同"戴着镣铐跳舞"，既要忠实负责地"诱"，又要创造性地"讹"。

3 《水调歌头·明月几时有》与林语堂译本

《水调歌头·明月几时有》是宋神宗熙宁九年苏轼在密州时所作。中秋之夜，诗人在他乡独自赏月，欢饮达旦，"大醉"遣怀，表达了对胞弟苏辙的深切思念和对人生宇宙的哲理性追求。诗人寄情于月，借月抒怀，在景情的碰撞激荡中营造了豪放开阔的意境，抒发了达观洒脱的情怀，对后世的赏月词产生了深远影响。全诗不仅具有极高的美学价值，而且体现了独具一格的思想境界、人生哲思、济世情怀，是中国古典诗歌宝贵的精神财富，不啻为世界读懂中华传统文化的重要窗口。

《水调歌头·明月几时有》英译本多达近 20 种,其中林语堂先生在《苏东坡传》中的译本是流传最广、最具代表性的版本。从"化境说"的角度来看,林译本可谓原作的"投胎转世"。从诗歌风格来看,林语堂先生的英译本采用隔行押韵,并适当调整语序,保持了原作的音韵美;更重要的是,林语堂先生对"月"意象的理解与阐释对于如何在翻译中处理"讹"与"化"的关系、实现化"讹"达"诱"具有启发意义。

4 林语堂《水调歌头》"月"意象翻译分析

意象是诗词的灵魂,是营造意境的重要元素,是理趣情感的物质载体,是文化底蕴的艺术符号,译者对意象的阐释会直接影响译本"化"的效果。作为全诗的核心意象,"月"是译者将读者"诱"入源语文化世界的重要桥梁;但由于中西语言和文化的差异,翻译"月"意象时难免出现"讹"。本文将围绕这一意象,从月的形态、境界、理趣、情怀四个方面入手,探究在翻译传统文化意象时译者应如何避免"恶讹"、利用"良讹",从而化"讹"达"诱",将诗词神韵"化"入译语世界,引导读者读懂中华文化,感受民族精神。

4.1 月之形态

例(1)

原文:转朱阁,低绮户,照无眠。

译文:She rounds the vermilion tower, stoops to silk-pad doors, shines on those who sleepless lie.

月光流转,映入雕花的窗棂,照在辗转反侧的游子身上。虽然主语被省略,但句中三个动宾短语无一不是指向月的形态。

中西方文化中都有崇月的传统。中国传统文化中,月亮上的"女神"是嫦娥,而在古希腊文化中同样也有"月亮女神"的形象:阿尔忒弥斯(Artemis)、塞勒涅(Selene)、赫卡忒(Hecate);莎士比亚、雪莱等作家在作品中也常用 she 指代月亮。可见在汉、英两种语言中,月亮通常都属阴性,代表女性的力量。

此处文化间体现出的通约性大大减少了"诱"的障碍,译者直接增译 she 指代主语"月",既符合译本读者的认知习惯,又通过拟人修辞展现出月亮皎洁柔美的特点和婀娜多姿的动态美。语言上不得不补充主语产生的"讹"被林语堂先生创造性地利用为文化上"诱"的机会,源语中的月光由此"化"入了译语文化世界。

4.2 月之境界

例(2)

原文:不知天上宫阙,今夕是何年?我欲乘风归去,惟恐琼楼玉宇,高处不胜寒。

译文:I do not know in the celestial sphere. What name this festive night goes by? I want to fly home, riding the air, But fear the ethereal cold up there. The jade and crystal mansions are so high!

诗人思想驰骋于天地宇宙之间,思考出世(归去)与入世(人间)的人生哲学。如何"归去"和"归去"哪里,作者并未点明,源语读者也能心领神会——作者将"飞天入月"称为归去,暗示他在道释"出世"思想的影响下,心中已经把明月当作自己精神的归宿。而在目标语境中,读者对中国的黄老之学并不了解,也无法直接感知中国文人对月的情感寄托。在语言层面上,译者不得不通过"良讹"补充句子成分;而在文化上,译者则可以利用这一"讹"创造性地阐释其中内涵,以诱导读者理解诗人超生死、齐得失思想境界和中华文化中"以出世之心,行入世之事"(白玫,2022:81)的独特魅力。

对于"如何去",译者使用生动的动词 fly,与下句 up there 结合可以解释上文的"天上仙境",又在下文比原作增加了形容词 ethereal;"风"并未直接译为 wind,而是换成充斥在天地宇宙之间的 air,不仅巧妙地与前句形成隔行押韵,保持了形式上的音韵美,更为译文增加了一股浩然磅礴之气。虽然无法直接解释文字背后博大精深的文化信息,但译者却通过"良讹"塑造气度非凡的意境,补偿了译入语境中的文化缺失,"诱导"读者进入了诗情画意之中,让读者"看到"一位衣袂飘飘、翩然归去的"谪仙"形象,可谓"化"的成功案例。

对于"去哪里",结合上下文语境,诗人想象"天上宫阙"的中秋之夜,又在下文担心"归去"之地高寒难耐,并得出结论:"归去"何似"人间"清欢;再知人论世结合诗人的思想和胸襟,不难看出诗人的本意是要表达超然物外的人生观,由此引发出世入世的人生哲思,犹豫是否应该回到"月"那样清冷孤高、避世脱俗的精神家园。但译者将宾语补充为 home,"入月"成了"回家"。此处译者对作者的误读导致了"恶讹",仅仅考虑了中秋词一般的思乡念亲主题,但没有充分进入原作的语境和作者的精神世界,减损了上文译者在读者与月之境界之间"诱"的效果。

4.3 月之理趣

例(3)

原文:明月几时有?把酒问青天。

译文:How rare the moon, so round and clear! With cup in hand, I ask of the blue sky.

原文:不应有恨,何事长向别时圆?人有悲欢离合,月有阴晴圆缺,此事古难全。

译文:Why does she, bearing us no grudge, shine upon our parting, reunion deny? But rare is perfect happiness. The moon does wax, the moon does wane, and so men meet and say goodbye.

月有圆缺,人有聚散,诗人在月的运行变换中抛弃了对别离的怨怼不满,转而对世事采取了释然达观的态度。但这一理趣的抒发有一前提:汉语中月变"圆"与人团"圆"有文字上的勾连,在一个"圆"字的牵引下,古人将人事"圆满"的抽象情感寄托到月"圆满"的具体形态上。因此传统文化中,月亮与人的聚散离合密切相关,满月象征亲友相聚、阖家团圆,引发漂泊在外的游子的思乡之情。

中西方文化中,月亮虽是同一意象,代表的含义却并不相同。在西方"月"的语义联想往往来源于《简·爱》中纯粹的爱情(The moon shone peacefully. "Well," said Mr. Rochester, gazing inquiringly into my eyes, "how is my Janet now?"; though I could see no stars and only by a vague, luminous haze, knew the presence of a moon. I longed for thee, Janet!),或是莎翁笔下善变忌妒的形象(Arise, fair sun, and kill the envious moon, who is already sick and pale with grief; O, swear not by the moon, the inconstant moon, that monthly changes in her circled orb, Lest that thy love prove likewise variable.),甚至某种使人疯魔的力量(如lunatic 的词根是月亮 lunar),这些都与"团圆"相去甚远。

译者无法在诗歌中花篇幅向读者解释汉语读音,但此处林语堂先生仍用巧妙的方式建立起了两个"圆"之间的关系。在第一句并未把"何时"直译为when,而是"讹"为询问频率的 how rare,由此与下文中"此事古难全"的 rare 呼应,以满月难见呼应聚少离多,巧妙地弥补了月意象这一内涵在西方文化中的缺失。这一改译看似画蛇添足,实则潜移默化地起到了"诱"的作用。

4.4 月之情怀

例(4)

原文:起舞弄清影,何似在人间。

译文:Dancing to my shadow, I feel no longer the mortal tie.

原文:但愿人长久,千里共婵娟。

译文:I only pray our life be long, and our souls together heavenward fly!

苏词的动人之处,在于它在浪漫想象的同时从不脱离现实的人间。诗人在出世与入世之间斟酌,最终采取了积极入世的人生态度,在月光下起舞弄影,享受人间清欢;并在尾句以胸怀天下的济世情怀祝愿天下经历离别之苦的人,心胸豁达,精神境界博大,可谓全诗的点睛之笔,也是诗人人格魅力的集中体现。

诗人的这一祝愿来源于古人"神交"的思想,离别之人即使天各一方,但在欣赏同一轮明月时仍然可以突破时间的局限(人长久)、空间的阻隔(千里),实现心灵上的相通。译者需要发挥自身作为两种文化之间"媒人"的作用,阐明此处诗人要表达的意思。

但林语堂先生多次使用了归化的方法,譬如将"人间"译为 mortal tie、将"人长久"直译为 life be long(生命长久)、表达祝愿的动词使用了 pray(to speak to God, especially to give thanks or ask for help)、代指"月"的"婵娟"译为西方文化中的 heaven。虽然"月宫"与"天堂"在各自文化中都指天上的仙境,也都寄托了美好的愿景,但后者是基督教中信仰虔诚、遵守神诫的教徒死后获得永生的天国,与寄托了文人雅士理想境界的"月宫"具有完全不同的文化意蕴。这些文化替换带来的"恶讹"使得一首中华传统诗词中处处透露着西方基督教的文化色彩,借月抒怀变成了对月祷告,由此产生的文化错位不但没能"诱导"读者进入源语文化,反而破坏了这一文化世界,消解了其中文化特色,将诗人塑造成了月下祈求长寿的牧师形象(任东升、王芳,2017:144),折损了原作的格局和气度。

5 传统意象翻译中"化境说"的应用

在古诗词中,"一切景语皆情语"(周锡山,2021:305),诗人将主观情感寄托于客观物象,形成了独树一帜的文化特色和含蓄蕴藉的审美效果;意象的翻译与阐释可以"诱导"译语读者品味咂摸,含英咀华,从而在两种文化的交流中实现"化"的效果。但是,钱钟书先生自己也说,绝对的"化"是不可能实现的。从林语堂先生的译本中可以看出,翻译中的"讹"不可避免,译者如何化"讹"达"诱",可以从导致"讹"产生的三个"距离"(钱钟书,2004a:78)具体分析。

5.1 译者与原作之间的距离

"一切理解都是误解,一切解读都是误读"(于德英,2009:191)。即使是在同一语言文化中,读者的阐释与作者的意图之间也难免存在差异,这种现象在历史悠久、表意含蓄的古诗词中尤为明显(如译者对"归去"去向的误解)。这意味着译者作为"媒人"不仅要跨地域空间地"诱",还要穿越时间和历史局限地"诱",更需要本着对原作忠实、对原作负责的态度,充分认识到自身解读中可能存在的"讹",将自身审美能力代入源语语境,与原文视域融合,充分理解意象背后的文化内涵和作者情感,以防"诱偏""诱错"。

5.2 译者自身理解和表达的距离

古诗词之美是"形美"与"意美"的结合,其形式本身具有不可割舍的审美价值,这一定程度上会限制译者的阐释和表达,为此译者不得不"讹",对原作进行改写,因此才会有"诗之不可译者,形也;诗之可译者,神也"(王宏印,1996:87)等"诗不可译"的理论。"形"虽不可直译,但独具匠心的译者仍可以使用译语文化中的独特体裁和韵律,如林语堂译本中的隔行押韵、头韵等,将古诗词语言之美化入目标文化精髓,同样可以"引诱"读者感受到原作音韵和谐的语言魅力。

5.3 源语和译语文化间的距离

文化差异是语际翻译中最常见的问题、最难跨越的鸿沟,也最能体现译者"诱"的价值,需要译者通过灵活运用翻译方法有意识地使用"良讹"。当两种文化之间体现出通约性时(如,月都代表女性的美),译者通过改译为类似意象就可以达到使读者心领神会的效果。但这种直接的等价很难实现,译者往往需要使用增译、省译等方法,阐释出意象背后的内涵。这时译者在准确深入把握原文的基础上,从意象的功能和效果,即营造的意境氛围或寄托的作者情感入手,创造性地补偿损失的美感,达到阐释文化内涵、诱入美学境界的效果。如林语堂译"风"为 air 还原不凡的气概,译"几时"为 how rare 产生情感勾连,以及尾句直接点明作者寄托的愿景与情怀。

诗词意象中有大量民族特色鲜明的文化负载词,译者很难在诗词框架内三言两语解释清楚,此时应善用异化策略,切忌过度归化。引导读者感受作品的异域风情,从而主动探索其背后的文化信息,也不啻为"诱"的成功方案。在中华文化走向世界的背景下,作为优秀传统文化代表,传统诗词意象应当高举自身鲜明旗帜。我们不仅要让中华文化"走得出去",更要确保"走出去了"的是"中华文化"。"化"不是"迎合",而是平等的双向互动,切不可为了融入译语文化而失去了民族文化自身的秉性和风骨。

6 结语

钱钟书先生的"化境说"突破了传统翻译理论"谈'讹'色变"的局限性,正视"讹"存在的必然性,承认"讹"存在的合理性,肯定译者的创造性,为译者开辟出了更广阔的创作空间,一定程度上减轻了中诗英译和传统意象翻译中"忠"与"美"、"形"与"神"不可兼得的困境;在追求化境的过程中,作者与读者、原作与译作、源语文化和译语文化之间的藩篱可以通过"诱"打通,并实现异质文化间平等的交流互动和相互作用,消解二者之间此强彼弱的二元对立关系(于德英,2009:199),这对于当下尊重世界文化多样性、推进文化交流传播的战略要求有积极的启示作用。本文通过具体分析林语堂先生面对"月"意象翻译的困境时使用"讹"的方法及实现"诱"的效果,梳理翻译中实现"化境"的方法,并根据其中"讹"的产生原因挖掘不同情况下化"讹"达"诱"的路径,为传统意象翻译提供更具体直观的指导。"化境说"指导下的传统意象翻译,于内可以增强优秀传统文化软实力,于外有助于打造和谐的国际文化环境,彰显出极强的理论创新性和当代价值。

参考文献

[1] 白玫,2022.以出世之心行入世之事——浅析苏轼《水调歌头·明月几时有》深层意蕴.山西能源学院学报,35(04):81-83.

[2] 罗新璋编,1984.翻译论集.北京:商务印书馆.

[3] 钱钟书,2004.七缀集·林纾的翻译.北京:三联书店.

[4] 钱钟书,2004.钱锺书散文.杭州:浙江文艺出版社.
[5] 任东升,王芳,2017.译者显形与译本呈现——苏轼"明月词"三译本比较.外国语言与文化,1(02):137-147.
[6] 王秉钦,2018.20世纪中国翻译思想史(第2版).天津:南开大学出版社.
[7] 王宏印,1996.意象、节奏、韵律——兼论诗的可译与不可译.外语教学,(02):84-87.
[8] 袁帅亚,2019.钱锺书"化境"论翻译思想内蕴探析.出版广角,(17):91-93.
[9] 余承法,庄义辉,2021.钱锺书"化境说"研究40年(1979—2019):回顾与展望.外国语言与文化,5(01):71-81.
[10] 于德英,2009."隔"与"不隔"的循环:钱锺书"化境"论的再阐释.上海:上海译文出版社.
[11] 周锡山,2021.人间词话·名家汇释汇评本.武汉:长江文艺出版社.

导师评语

黄鑫宇:"化境说"是钱钟书先生提出的翻译的理想境界和最高标准。论文将化境理论应用于传统意象翻译,以林语堂的《水调歌头》英译本为研究对象,探究实现"化"的具体路径,丰富"化境说"的理论内涵;并从《水调歌头》的核心"月"意象的形态、境界、理趣、情怀四个角度展开,探析翻译思想,总结翻译方法。尽管论文在深化理论思维上仍有进步空间,但整体上结构合理、思路清晰、符合学术规范,具有一定的理论和现实意义,体现出作者较强的科研潜质和创新意识。

叙事文体学视角下《兄弟》法译本研究*

张义斐　穆茗卓　刘馨然

摘　要：法国汉学家何碧玉、安必诺翻译的余华《兄弟》法译本在法国反响热烈，是中国文学海外传播的成功代表。已有的翻译研究大多关注译本的形象塑造、风格再现等问题，而叙事特征作为原作艺术风格中的重要部分，目前受到的关注较少。叙事文体学视角下的翻译研究综合考察结构与语言两个层次，以原文与译文对照的文本分析为基本方法，将宏观上的叙事学理论与微观上的文体学研究相结合。本文即采用叙事文体学视角，从叙事频率、叙事时距、叙事视角三个维度探究《兄弟》的叙事特征在法译本中的传达效果。论文指出，译者准确地把握了原作的叙事特征，使法语读者对时代变革中的中国社会有了更深入的认识，促进了中国形象的海外构建，也为今后的中国文学"走出去"提供了借鉴。

关键词：余华；《兄弟》；法译；叙事文体学

1　引言

作为中国当代文坛具有重要影响力的作家，余华的作品具有强烈现实主义色彩，深刻反映了我国当代社会历史和人民生活。其作品在法国有着持续的译介，拥有较为广泛的受众。法国媒体对《兄弟》普遍给予了积极热情的评价。

---

* 本文系 2024 年国家级大学生创新训练计划项目"余华在法国的译介与接受：现状、问题与思考"（项目编号：202410284125Z）成果，获南京大学第二十七届基础学科论坛一等奖、第四届全国高校法语专业本科生学术论坛暨第二届全国中学生法语学术创新论坛二等奖。

《国际信使》是在法国知识界有影响的杂志,2008年余华的《兄弟》在法国获首届"国际信使外国小说奖"(Prix Courrier International)。2019年,该书被《世界报》评为1940年代至今全球百佳小说之一(陈嘉琨,2022:60)。在《兄弟》出版之前,余华就已经在汉学界和文学界获得了一定的声誉,加之余华的作品自2000年起一直在南方书编(Actes Sud)出版社独家出版,长期稳定的合作也为余华作品在法国的文学形象的建立打下了良好的基础。在翻译过程中,译者何碧玉(Isabelle Rabut)和安必诺(Angel Pino)忠于原文,对余华作品中的主题、形象及创作手法进行了阐释。"法译版中完全体现了文中那个聪明的顽童形象,多亏这两个翻译家的博学才得以在真实的中国大背景下准确而轻松地还原原著。《兄弟》让读者身临于刘镇,让读者能够看见全景,就像史诗般,一幅且笑且哭、全方位的壮观景象,而它的复杂主题便是:当代中国。"(王侃等,2009:117)

洪治纲认为,《兄弟》在国内引起的大面积非议已成为一个文学事件,众多评论家都对之持以否定的态度,甚至认为它是一部粗俗低劣的作品。但它在国外却广获好评,日本、法国、美国、德国、英国、意大利等国家的很多主流媒体,都以大量版面积极地评介这部小说,甚至不乏"杰作""长河小说""史诗性作品"之类的盛誉(许方,2018:115)。这种反差现象使得这部小说不仅在中国文学的框架内是一个具有丰富内涵的议题,在翻译和比较文学的领域内也是一个具有讨论价值和典型意义的案例。

从国外的研究现状来看,法国研究者已对余华作品展开了一定的研究,但对其作品法译的相关研究仍然未形成规模,理论研究也主要局限于余华作品本身的特质,以及针对余华作品在法国传播引起不同程度反响的现象的探究。有部分研究分析了作者、译者和读者在文学接受中扮演的角色及其相互关系,但对余华作品译介传播等问题尚待进一步探讨。

国内对于余华作品本身的现代主义解读及形象构建的研究已较为完善。在译本研究方面,英译本翻译批评的研究较为丰富,对于法译本的研究基本集中在翻译形象的构建,文本自身的异质性,以及因道德观念、媒介承载、学术立场、审美观念等多种因素影响而形成的批评歧异等。杭零、许钧(2010)对《兄弟》的法译本进行了深入的研究,指出译者能够抓住余华核心语言特征,且译本附有200多个注释,在很大程度上保证了译文忠实性以及翻译作品的文化间性。然而,目前针对《兄弟》法译本的细致译本对比研究较少,尚无学者从叙事层面探究该译本在法国获得成功的深层原因。

叙事学由法国学者托多罗夫于1969年首先提出,而后经历了从经典叙事学到新叙事学的转变。福勒(Fowler,2003)在《语言学与小说》中首次将叙事学理论与文体学研究结合起来。利奇和肖特(Leech & Short, 1981)在《小说中的文体》中将叙事学理论引入文体学研究。中国学者同样关注到叙事学与文体学的融合趋势,如申丹(2018:190)指出,叙述学区分"故事"和"话语",文体学区分"内容"和"文体",在层次上,"话语"和"文体"对应小说的同一层次,应相互沟通。叙事视角、叙事时间等都是"话语"和"文体"研究的重合之处。叙事文体学将宏观上的结构研究与微观上的语言研究结合起来,可以作为一种跨学科研究视角,应用于翻译研究当中,目前已在西方学界成为文学翻译研究的新趋势(邵璐,2011)。方开瑞(2016)综合探讨叙事学与文体学在小说翻译中的应用,并结合叙事学与文体学的方法,参照热内特叙事学的结构分析模式,对译本进行文体学研究。申丹(2022)将叙事文体学应用于《红楼梦》的英译研究中,从叙事视角、叙事话语的角度指出了译本中存在的"假性等值"现象,为文学翻译实践带来新的启发。

鉴于此,本文拟采用叙事文体学视角,通过对比分析,从叙事时距、叙事频率、叙事视角等三个层面,考察译者如何在法译本中还原原作的叙事与文体效果,以期为今后的中国文学"走出去"提供参照。

2　叙事时间——微观与宏观的时间逻辑

2.1　叙事时距——构建故事情节的时空框架

叙事时距是指故事实际的持续时间和叙述故事时间所使用的篇幅之间的关系。叙事文本中时距的变化通过叙事速度的快慢或停顿等变化实现,促使故事或快或慢地发展,使故事张弛有度。法译本中,时态的巧妙运用往往体现出译者对场景的叙事节奏的把控。

例1:

原文:他抬头看了一眼远方的天空,他觉得真美……他临终的眼睛里留下的最后景象,就是一只孤零零的海鸟飞翔在万花齐放里。[……]李光头和林红坐着白色宝马轿车在夜幕降临前回到了刘镇。(余华,2012:594)

译文:Il leva la tête pour regarder le ciel lointain, sentant qu'il était vraiment magnifique. ... Alors que le train grondait sur son dos, la dernière chose qu'il vit fut la mouette solitaire planant parmi les millions de fleurs épanouies. [...] Li Guangtou et Lin Hong sont entrés dans la ville de Liu dans la Mercedes blanche juste avant le crépuscule. (Yu Hua, 2008: 650)

这两件同时发生的事,一件即李光头和林红"凯旋",这一场景使用了全文普遍使用的复合过去时(passé composé);而在宋钢卧轨自杀的场景中,译者使用了法语中仅用于书面叙事的时态——简单过去时(passé simple)。就持续时间而言,卧轨自杀的行为只发生在那一时刻,译者将接连的动词均处理为简单过去时,却如同描写童话故事一样将宋钢死前的时间无限拉长。就叙事距离而言,李光头和林红距离叙述者的距离更近,而宋钢自杀这一事件叙事距离被拉远,就如同宋钢孤独地死去一样远离大众的视野,直到后面李光头和林红得知这一消息时时态重新用回复合过去时,这一事件的距离被骤然拉近,放置到故事发展的前景中,为后期二人戏剧性的冲突做了铺垫。

在这个首尾相扣跨度40多年的故事中,作者处理前后巨大时间跨度的方式对小说历史感和时代感的传达有着重要的影响,应当成为译者重点考虑的问题。译者根据实际场景的不同采用了不同的译法,在保持原文意义的基础上,尽量适应目标文化,使译文在目标文化中表达出合适的时空感。

例2:
原文:李光头从此独自一人。那些日子李兰早出晚归,她所在的丝厂已经停产闹革命了,宋凡平留给她一个地主婆的身份,她每天都要去工厂接受批斗。(余华,2012:165)
译文:Dès lors, Li Guangtou se retrouva tout seul. À cette époque, Li Lan partait tôt le matin et rentrait tard le soir. La filature de soie où elle travaillait avait cessé la production pour se consacrer à la révolution. (Yu Hua, 2008: 184)

此前叙述宋凡平去世后李光头和宋钢分离,将"李光头从此独自一人"译为"Dès lors, Li Guangtou se retrouva tout seul.",从文本来看,"独自一人"和后文对李兰生活状况的展现同属于对人物状态的描绘,按照语法规则常使用未完成过去时,而译者在se retrouva使用简单过去时这一常见于历史性讲述而非展现状态的时态,实则更有历史转折之感,这一转折即失去父亲和兄弟。译者将在原本故事时间持续较长的状态译为叙事时间中的转折节点,准确地传达了人物命运骤然改变的历史感。

2.2 叙事频率——在重复中延伸的时间维度

《兄弟》原文采用线性叙事的手法，结合历史事件背景，描绘了20世纪中后期，李光头和宋钢两兄弟40来年的爱恨情仇。译文同样遵循了原文的叙述顺序，以故事时间的顺序安排叙事时间的顺序，使得故事时间与叙事时间保持一致。而在全书中，"上太空"这一事件多次重复出现，并让叙事首尾相扣，打破线性叙事，这在塑造历史与现实交织之感时起到了重要的作用。

例3：
原文：李光头坐在他远近闻名的镀金马桶上，闭上眼睛开始想象自己在太空轨道上的漂泊生涯，四周的冷清深不可测，李光头俯瞰壮丽的地球如何徐徐展开。（余华，2012:3）

译文：Assis sur la lunette de ses toilettes en plaqué or, dont la renommée avait franchi les limites de nos murs, il imaginait déjà, les yeux clos, sa vie future de vagabond intersidéral lancé sur orbite; dans le silence insondable, il se penchait en avant et voyait la surface magnifique de la Terre se dérouler progressivement. (Yu Hua, 2008: 11)

上部开篇第一段便将"李光头上太空"的场景展现在读者面前。vagabond intersidéral（漂泊生涯）中的vagabond在法语中有流浪者、漂泊者的含义，自带孤寂的感情色彩；silence insondable（冷清深不可测）则体现出无边的寂静给人带来的孤独。而在下部的结尾，叙事同样结束于李光头上太空，在书中漂泊一生的李光头还是回到了故事的开篇：太空和宋钢的骨灰盒的意象再次出现。在围观者的视角中，太空和宋钢的骨灰盒已与李光头牢牢联系在一起。第一段中李光头认为自己"在地球上已是举目无亲了"（余华，2012:3），然而在生理意义上他的母亲李兰去世后，他就已经是孤儿了；最后一段中，他用一种幻想似的自我安慰，使自己相信即使宋钢已经去世，他们在外太空还是可以做兄弟。这也成为全书的线索贯穿始终。太空象征李光头同世界之间的空洞疏离化的关系，而骨灰盒则是兄弟间的联结。在这一场景的描绘上，法译本语言层次十分丰富，词汇的选用准确地刻画出这一反复出现的场景，使其作为贯穿全文线索的基调和特质更加鲜明，成为具有象征意义的符号。

3 叙事视角——隐身于刘镇群众中的叙述者

"叙述者"是小说叙事中极为重要的角色,"谁来讲故事"直接决定了读者对于小说的第一感受,叙述者的选择影响着叙述视点的确立。略萨从叙述者的角度入手,对小说的叙述视点做了详细的分类,"就一般情况而言,实际上可以归纳为三种抉择:一个由书中人物来充当的叙述者,一个是置身故事之外、无所不知的叙述者,一个是不清楚从内部还是外部来讲述故事的叙述者"(李想,2021:34)。《兄弟》中小说的叙述者藏身于刘镇群众之间,既是体验者,也是旁观者,有身临其境的感受和冷峻的眼光。有关"我们刘镇的群众"的叙述中隐含着作者的情感态度和历史判断,为当代中国集体经验提供了整体观照的视角。

3.1 叙述者的藏身之处——"我们刘镇的群众"的面貌

小说中最不能忽略的,也是无处不在的叙事视角是"刘镇的群众"。在中文语境中,"群众"一词含义丰富,不同于"大众""人们"等词汇,该词首先具有与近似于"无产阶级人民"的政治意味。随着时代变迁,在实际生活中,也常用"群众"来泛指人们。"我们刘镇的群众"一词在全书中出现频率极高,是"世道人心"的代表。法译本中对于"我们刘镇的群众"的译法有多种,如 les spectateurs(观众)、l'assistance(出席者)、les masses(所有人)、la foule(人群、大众)等。比起用"我们刘镇的群众"这一富有暗示意味的词来指代全部,法译本的处理方式通过词汇的变化,展现出刘镇群众形象不同的侧面,具体而精确地表现出群体富有变化、随世流变。法译本在 les spectateurs、les masses、la foule 等词汇之间选择时,主要依据"我们刘镇的群众"在叙述中所处的位置。"我们刘镇的群众"有时隐藏在幕后,作为故事发生的背景;有时走到台前,成为故事中重要的行动者。这一词汇的译法极大地影响读者对叙述者的认识和叙事视角的感知。

例4:
原文:我们刘镇的群众拥挤推搡。(余华,2012:260)
译文:Les masses de notre bourg des Liu jouaient des coude. (Yu Hua, 2008:281)

例5:
原文:群众叽叽喳喳,八个瘸瞎聋喊了四遍以后,群众才听清楚了。(余华,2012:262)

译文：Les spectateurs bavardaient, et c'est à la quatrième fois seulement qu'ils comprirent ce que disaient les huit du premier rang. （Yu Hua,2008:283）

例6：

原文：乌云般黑压压的群众也跟着喊叫：林红！林红！林红！（余华,2012:262）

译文：Et la foule compacte de reprendre avec eux: Lin Hong ! Lin Hong ! Lin Hong!（Yu Hua,2008:283）

在例4中,来看热闹的群众逐渐聚集起来,les masses 使用复数,指一群群的人,即人数众多但无组织的众人,"我们刘镇的群众"作为事件的背景。例5中将群众译为 les spectateurs,在法语中主要指观看演出的人,可见观众此时沉浸在场景之中,走上观众席,成为这场闹剧的旁观者。而在李光头召集福利厂的众人,"兵临城下"向林红求爱正式开始后,例6中译者将群众译为 la foule。在这一狂欢化的场景中,作者选用 foule 一词来指群众,突出了成为整体的人群在行动和思想上的一致性,人们失去主体性,无差别地沉浸在集体的狂欢中。至于在此段前后文中出现的动词"喊叫"译者没有选择词义最近的 crier,而是增译为 crier à chœur(齐声呼喊),更加贴近群众呼喊林红姓名时一致的节奏和腔调,增加了场景的戏剧化效果,群众仿佛陶醉迷失在这场狂欢的表演之中,陷入集体无意识。

在这一场景中,译者在事件的进程中选用不同的词汇来翻译"我们刘镇的群众",富有层次感。刘镇的群众从幕后到台前,经历了从人们到观众,再到参与者的身份转变,在狂欢中完成了压抑多年的欲望倾泻,他们的身上折射出被浓缩了的时代的进程。

3.2 灵活的第三人称叙述:叙述视角的变换

小说的上半部在极短时间内变换了多个叙述视角,仅从第一章开头部分的描写中就可窥见一斑。法译本的开头先是采用了第一人称 chez nous autres, au bourg des Liu(我们刘镇)的叙述视角,表明叙述者是刘镇群众一员,将读者带入刘镇的整体大环境中,为故事的发展场景进行社会与环境上的设定。通过第三视角的叙述,译本为分析这种"整体形象"提供了一个很好的切入点:勾勒出李光头整体形象的大致轮廓,简要地点明了李光头的社会地位、财富成就,随后快速地转换到"李光头"的视角。在原文的叙述中,视角平滑地过渡,顺畅地将读者的注意力集中到李光头的主观视野中。在法译本的表达中,尽管译者对句中的成分位置进行了一定的改动,但总体上依旧保留了这样的呈现效果:

例7:

原文:李光头坐在他远近闻名的镀金马桶上,闭上眼睛开始想象自己在太空轨道上的漂泊生涯,四周的冷清深不可测……(余华,2012:3)

译文:Assis sur la lunette de ses toilettes en plaqué or [...] il imaginait déjà, les yeux clos, sa vie future de vagabond intersidéral lancé sur orbite; dans le silence insondable ... (Yu Hua, 2008:11)

法译者使用 le silence insondable(冷清深不可测)对李光头想象中置身的宇宙环境进行进一步的渲染。此段黑暗寂静如外太空般的主观视野,从侧面定下李光头带有悔恨的自我意识、忧郁悲凉的心情,和对世界的虚无感受所主导的基调。而后叙事快速回归第三视角,又在提及李光头主观的情感感受时快速切换。

在提及李光头与宋钢的种种过往时,余华转而主要使用"李兰"与群众的视角,其间穿插李光头的心理活动。

例8:

原文:李光头母亲在世的时候,总喜欢对李光头说:有其父必有其子。[……]李光头清楚地记得他母亲当时惊恐地躲开眼睛,悲哀地背过身去,抹着眼泪喃喃地说:"有其父必有其子啊。"(余华,2012:4)

译文:Du temps où elle était encore de ce monde, la mère de Li Guangtou le lui répétait souvent: «Tel père, tel fils.» [...] Li Guangtou se souvenait parfaitement de la scène, du regard fuyant et effrayé de sa mère, et de son air triste quand elle avait tourné les talons et qu'elle avait marmonné, en essuyant ses larmes: —Tel père, tel fils. (Yu Hua, 2008:11)

在第一章的叙述中,作者跨越了时空距离,添加了不同时间线下的群众视角:

例9：

原文：后来李光头在厕所里偷看女人屁股被生擒活捉，用现在的时髦说法是闹出了绯闻，李光头在厕所里的绯闻曝光以后，他在我们刘镇臭名昭著以后[……]那个时候他快十五岁了，他已经知道了男人是个什么东西。（余华，2012：4）

译文：Il était demeuré dans l'ignorance jusqu'au moment où il avait été pris en flagrant délit à mater les fesses des filles aux W.-C. et où, pour employer un mot à la mode, […] et que sa mauvaise réputation s'était répandue […] il avait bientôt quinze ans et il savait à présent comment sont les hommes. （Yu Hua, 2008：12）

文章的叙述从李光头人生的后半段，跳跃至出生时分，再跳接成长到 15 岁间的片段，止于李光头对男人已经形成自己思考的 15 岁。在短暂的篇幅中，视角变换频率很高，法语译本诠释自然。在中文的叙述中，对不同时态的区分不甚明显。但在法语中，对时态对应的动词有诸多要求与限制。如何传达原文中不同时间段的第三者叙述视角，是法译者在翻译过程中会遇到的难题。法译者主要选用表示在一个过去动作之前发生并且已经完成的动作的愈过去时（plus-que-parfait），搭配 jusqu'au moment où（直到……之时），将读者带入叙述者视角。à la mode 本意为"流行""风靡一时"，正与原文中的表达相一致。两个词组的运用避免了在和谐的文段中出现带有时态限制的副词。法译者基于对原文的理解，通过与原作者余华的沟通，以及对原文表达含义的凝练，省去了一系列对李光头与其父偷看屁股的描述。一方面，这一处理符合传统法国文学以及法语对"重复"的摒弃、对"精简"的追求；另一方面，这样的写法更加易于法国读者的阅读与理解，将叙事中第三人称的视角刻画得更为清晰。

由以上译例可知，译者对叙述视角的精确把握可让读者更为直观地观察"叙述者"及其视角带来的效果——叙述者被设计为一个从内部来观察的旁观者，也就是叙事学上称的"镜像人物"（周宪，2014：179）。这种视角的功能像是一面镜子，折射出人物、动作、事件和场景的发展和变化。"刘镇群众"是存在于小说故事过程中的一个普通的局外人，同时也是客观的观察者。镜像人物除了描述自己视觉范围内的事件，还有折射功能。刘镇群众虽然身在故事当中，但始终以看客的角色关注着以李光头为主线的人物发展，在一些重大事件发生的时候往往扮演着猎奇的旁观者角色。

3.3 不可靠叙述中的作者意识

不可靠叙述是后现代文学在叙述策略上的重要创新,一方面拉开叙述者与读者之间的距离,引发读者的思考;另一方面在叙述者的视角和作者的判断之间创造出新的空间,为作者的隐含评价找到表达的出口。申丹(2006:141-142)指出:"无论是在第一人称还是在第三人称叙述中,人物的眼光均可导致叙述话语的不可靠,而这种'不可靠叙述'又对塑造人物起重要作用,通过叙述者和隐含作者在价值观念和道德评判上的冲突和对立实现反讽的效果。这就产生了一种张力,这种张力和由此产生的反讽效果可生动有力地刻画人物特定的意识和知识结构。"叙述者从群众的视角来观察刘镇,群众的眼光在叙述层上运作,群众的无知就变成了叙述话语的视角局限和不可靠,其中体现了作者对刘镇群众的判断和评价。因此,如何在译文中传达作者的历史判断与反讽的效果,是值得探究的问题。

例 10:
原文:嘲笑之后站在商店的玻璃前看着自己西装革履的模糊样子,纷纷说早知有今日外国元首的派头,何必当初娶个土特产品。(余华,2012:417)

译文:Après les avoir bien raillées, ils se plantaient devant la vitrine d'un magasin pour contempler leur image floue en complet-veston et souliers de cuir, et décrétaient que s'ils avaient su qu'ils auraient un jour l'allure d'un chef d'État étranger, jamais ils n'auraient épousé un produit du terroir. (Yu Hua, 2008:451)

此段描绘刘镇群众第一次穿上李光头进口的二手西装,刘镇第一次因李光头的国际生意而发生巨变。叙述者藏身于群众之中,观察身边人的行为。译者将"站在"译为 se planter,比原文更有"直挺挺杵在原地"的含义,描绘了观察者严重略显滑稽的僵硬姿态。"看着"被译为 contempler,增加了"凝视"的含义,表现出男群众对镜中自己的着迷神态。"纷纷说"被译为 décréter,本意指"颁布法令",凸显了叙述者对这种因外貌改变而膨胀的心态的暗讽。在有外国元首的派头之后,他们对身为"土特产品"的妻子心生鄙夷,精准摹写了刘镇群众"赶时髦"时从不自在到沉迷,再到得意、傲慢的心理变化。译者通过动词的选择折射出社会变迁背后的群众心理和社会认知,具有浓厚讽刺意味,也让新时期的社会画卷缓缓展开。

例11：

原文：我们刘镇除了首席代理宋钢，所有男人口袋里的钱都比周游多，仍然自卑地觉得自己是穷人，这个只有五元钱的周游却是满脸的福布斯中国排行榜上的表情。（余华，2012：484）

译文：A part le suppléant en chef Song Gang, tous les hommes de notre bourg des Liu avaient plus que lui en poche, ce qui ne les empêche pas de pleurer misère. （Yu Hua, 2008：530）

此处将"自卑地觉得自己是穷人"译为 pleurer misère，原文从表面上看更强调刘镇人们的心理状态，认为自己还不够富有，而 pleurer misère 在法语中强调"哭穷、叫苦"，更有向别人诉苦说自己穷的含义。在刘镇群众的生活体验里，每个人都向别人"哭穷"，刘镇群众也肯定这种做法。这是民族心理的体现，其中既有低调做人、财不外露的因素，也有一种看似谦虚实则夸耀的心理，即使在刘镇经历了时代巨变之后，这种朴素的观念仍然根植在人们心里。译者在此处精确地把握了群众对于经济水平提高的心理认知，传达了作者所把握的民众在改革发展中的心理进程。

例12：

原文：这个周游看上去一表人才，现在的骗子都是长相出众，长得都像电影里的英雄人物。（余华，2012：484）

译文：Ce Zhou You se présentait très bien: de nos jours, les chatlatans ont tous le physique avantageux des héros de cinéma. （Yu Hua, 2008：530）

此处译者没有选择形容外表俊美的修饰词，而是将"一表人才"译为 se présentait bien。动词 presenter 有呈现、展示之意，江湖骗子周游进入刘镇，他的行骗表演成为一种新的社会景观，同时也是时代变迁浪潮中"江湖骗子"这一社会现象的缩影。presenter 的"展示"顺应了群众"观看"的习惯，让周游成为观看的客体，实现了刘镇群众眼中江湖骗子周游形象的景观化，同时与后文周游在刘镇受人瞩目相呼应。

例13：

原文：李光头的求爱队伍站在了针织厂的大门口。（余华，2012：260）

译文：La troupe des soupirants de Li Guangtou prit position devant le portail de la manufacture de tricots. （Yu Hua，2008：281）

此处李光头率领福利厂的残疾人来向林红求爱。译者将"求爱的队伍"翻译成 La troupe des soupirants，其中 troupe 在法语中常用来指军队、警察行进的队伍，比起原文更增加了力量强大、气势庄严、秩序井然的特点。soupirant 在法语中有戏谑与讽刺的意味。在事实层面上，由十四个残疾人组成的队伍七零八落、东倒西歪，无论如何难以成为一支气势庄严的军队，而在刘镇群众眼中，现实发生了变形。这种肆意妄为的欲望的表达在当时既是一场巨大的闹剧，同时也像平地惊雷一般打破了刘镇欲望压抑的社会观念，给群众带来巨大的冲击。译者通过对刘镇群众眼中折射出的现实的精确把握，表现出变革中的社会"禁欲"与"纵欲"之间的张力。

例14：

原文：群众一下子都是见过大世面的人了。（余华，2012：485）

译文：Avec tout ce remue-ménage, les masses de notre bourg des Liu avaient de quoi être blasées. （Yu Hua，2008：531）

此时刘镇因美人大赛而全国闻名，记者、商人等纷纷涌入刘镇，一段时间过后刘镇群众仿佛已经适应了巨大的转变。译者将"见过大世面"译为 avaient de quoi être blasées，并增加了 Avec tout ce remue-ménage，意为"在这些骚乱过后"，这说明群众对刘镇与外界接轨的认知停留在这是一场热闹、一阵骚动上面，而 blasés 形容麻木、腻烦，译者直接用修饰词指出刘镇群众"见过大世面"背后隐藏的心理状态，他们对时代的进程并无察觉，只是被动地接受所有改变，被时代的车轮拖向前，从中感受到的不是改天换地的激情，而是倦怠与麻木。

在以上译例中，译者虽未完全忠实于原文文本的字面含义，却精确地捕捉到了叙述者的视角和眼光，展现出了叙述者眼中的变形的现实，并以此揭示了刘镇群众的心理状态和认知水平，传达了作者蕴藏在叙述者不可靠叙述中的价值判断和历史评价，能够更好地让法文读者认识到群众在改革浪潮与时代巨变中扮演的角色，从而对变革中的中国产生更加深入的理解。

4 结语

本文在叙事文体学的理论框架下,对《兄弟》法译本中的叙事时间、叙事视角等要素进行了细致的文本对比分析。研究发现,该译本对原著中的诸多叙事要素均进行了有效的翻译处理。在准确把握原文叙事特征的基础上,译者对译本进行了适当增译和减译,并灵活使用了各种法语时态、语式和语态,有助于目标语读者对原文叙事节奏、叙事特征的体察,有利于目标语读者理解小说中的叙事内容、体会叙事情感,有益于原文叙事风格在法译本中的高度再现,提升目标语读者的接受度。这也成为《兄弟》法译本在法国得到广泛传播与接受的重要因素,值得中国文学译者在今后的文学外译中予以重视。此外,本研究对翻译过程中叙事差异的分析进一步拓宽了叙事文体学在翻译研究中的应用,为翻译批评研究提供了新的视角。

参考文献

[1] Fowler, R. 2003. *Linguistics and Novel* (1st ed.). London: Routledge.

[2] Leech, G. & M. Short. 1981. *Style in Fiction*. London: Long man.

[3] Yu, Hua. 2008. *Brothers*. Arles: Actes Sud.

[4] 陈嘉琨,2022.近三十年法国报刊对中国当代作家的接受、评价与阐释.扬子江文学评论,(05):59-65.

[5] 方开瑞,2016.叙事时间和语体的传递纬度:鲁迅小说英译研究.中国翻译,(02):78-84+127.

[6] 杭零,许钧,2010.《兄弟》的不同诠释与接受——余华在法兰西文化语境中的译介.文艺争鸣(07):131-137.

[7] 李想,2021.余华小说《兄弟》的叙事策略.文学教育(上),(04):34-35.

[8] 邵璐,2011.西方翻译理论中的叙事文体学趋势.外语研究,(04):86-92.

[9] 申丹,2006.何为"不可靠叙述"?.外国文学评论,(04):133-143.

[10] 申丹,2018.叙事学与小说文体学.北京:北京大学出版社.

[11] 申丹,2022.论文学文体学在翻译学科建设中的重要性.中国翻译,(01):10-14.

[12] 王侃,蔡丽娟,朱志红,2009.《兄弟》在法语世界——法语书评翻译小辑.文艺争鸣,(02):117-122.

[13] 许方,2018.试论中国文学在法国的阐释视角.小说评论,(01):114-119.

[14] 余华,2012.兄弟.北京:作家出版社.

[15] 周宪,2014.文学理论导引.北京:高等教育出版社.

导师评语

吴天楚：论文以中国当代著名作家余华的代表作《兄弟》的法译本为研究对象，借助叙事文体学的理论框架，从叙事频率、叙事时距、叙事视角三个维度分析文本叙事特征在法译本中的传达效果。作者基于对典型译例的分析认为，法译者准确把握了原作的叙事特征，使法语读者对时代变革中的中国社会有了更深入的认识，成为该译本在法国获得成功的重要因素。论文选题富有价值，对推动中国文学"走出去"具有积极意义。在写作层面，论文理论视角选取得当，思路清晰，结构合理，译例分析较深入，体现出作者的创新意识与科研潜质。

国别与区域研究

基于熵值法的非洲大湖地区
数字经济发展成效研究*

陈怡萱　段妍菁　丁　屹　宋昕遥

摘　要：为了对非洲大湖区的数字经济发展状况进行客观评估,本文首先使用熵值法测算了非洲大湖区八国2010—2020年间数字经济发展指数。然后通过时间和空间上的比较,对现有发展情况作出简单总结,以发展情况较好且具有代表性的坦桑尼亚与肯尼亚为例,给出可能解释。最后从数字基建、人才培养、国家治理方面为今后非洲大湖区数字经济高质量、可持续发展提出三条路径。

关键词：非洲大湖区；数字经济；熵权法；数字基础设施；数字技术

1　引言

数字经济已经成为信息时代下拉动世界经济发展的"新引擎"(许宪春、张美慧,2020:23),为经济增长和发展带来了重大机遇,特别是对于一直在探索实现跨越式发展的非洲而言。本文旨在评估非洲大湖地区数字经济的发展水平和模式,识别可能促进或阻碍该发展的关键因素和政策,使用数字经济发展指数(Digital Economy Development Index, DEDI)对该地区的数字技术发展、数字基础设施、人力资本、网络安全环境等多个指标进行综合评估,从而提供该地区数字经济发展的全面和系统的分析。本文使用的计算DEDI的方法是基于熵权法的多准则决策技术,该方法旨在根据各指标的相对重要性和变异性来分配权重。

---

* 本文系2023年国家级大学生创新训练计划项目《中国对大湖地区的数字基建援助:措施、传导与成效》(项目编号:202310284047Z)成果,发表于《非洲大湖区发展研究报告》,2023年第1辑,64-72。

通过评估非洲大湖地区数字经济的发展水平和模式，本文试图为旨在利用数字经济潜力实现包容性和可持续发展的政策和战略提供参考。此外，本文还可为今后在非洲其他地区以及其他国家和地区开展数字经济发展研究提供基础。

本文认为，当前非洲大湖区数字经济迎来了高速发展，但地区间不平衡情况较为严重，总体并不发达。本文从数字基建，人才培养与国家治理层面提出了建议，以期非洲大湖区数字经济的蓬勃发展。

2 文献综述

"数字经济"一词最初由被誉为"数字经济之父"的经济学家唐·泰普斯科特在其著作《数字经济》中提出，它涵盖了数字化知识和信息作为主要生产要素、现代信息网络作为关键载体以及信息通信技术的有效应用作为重要推动力的一系列经济活动（Don Tapscott, 1995）。自1998年美国商务部对数字经济进行相关研究以来，数字经济已引起了学术界和政府决策机构的广泛关注。2016年杭州G20峰会将"数字经济"定义为"使用数字化的知识和信息作为关键生产要素、以现代信息网络作为重要载体、以信息通信技术的有效使用作为效率提升和经济结构优化的重要推动力的一系列经济活动"①。目前，数字经济已经成为全球经济增长创新、包容和可持续增长的驱动力。

合理地从宏观角度评价数字经济发展，有利于研究者更好地了解目前研究区域的数字经济发展态势，为政府机构等提出有效的预判与政策建议。现有的数字经济测度方法主要包括两种：第一种是直接测量法，通过测算数字经济对国民生产总值的贡献程度来进行评估；第二种是指标分析法，通过设立多个维度的指标并进行加权，对不同研究对象的数字经济发展水平进行量化比较。在直接测量法方面，国际上联合国（UN）、世界银行（WB）、国际货币基金组织（IMF）、经济合作与发展组织（OECD）和欧洲经济共同体委员会（EC）在《国民账户体系（2008）》（United Nations, et al., 2009）中修订了有关数字经济的内容。国内则有金星晔等人从数字基础设施、电子商务、数字化信息产业和数字化生产活动等四个方面对数字经济进行测算（金星晔、伏霖、李涛，2020：69）。许宪春等人从数字化赋权基础设施、数字化媒体、数字化交易和数字经济交易产品等四个方面

---

① 《二十国集团数字经济发展与合作倡议》，http://www.g20chn.org/hywj/dncgwj/201609/t20160920_3474.html

对中国数字经济增加值和总产出等指标进行测算(许宪春、张美慧,2020:23)。续继和唐琦从消费、投资和进出口三个角度详细分析了数字经济对名义产出水平核算带来的挑战,总结了数字经济对物价指数核算的挑战,并提出了数字经济与相关国民经济核算研究的潜在方向(续继、唐琦,2019:117)。

研究者们在指标分析法方面开展了大量工作。小松崎清介等从1994年便开启了"信息化指数"测算的研究方式(Don Tapscott,1995),此后,一些国际组织、机构和学者也相继提出了各自的指标体系。较为常见的有OECD构建的ICT与数字经济统计指标体系(OECD,2007,2014),世界银行编制的知识经济指数(Knowledge Economy Index,KEI)(World Bank,2010),而DKEI(Digital Knowledge Economy Index)则是在KEI的数据和估计方法基础上构建的数字知识经济指数(Ojanperä,S.,Graham,M.,& Zook,M.,2019:2626)。在国内也有类似的成果。中国信息通信研究院编制了数字经济指数(Digital Economy Index,DEI)(中国信息通信研究院,2017),而吴翌琳则从国家数字竞争力出发提出国家数字竞争力测度指标体系(吴翌琳,2019:12)。上述研究者们的工作为我们更好地了解和评估数字经济的发展水平提供了重要的数据和指标体系。

而在数字经济指标构建的研究中,直接与非洲相关的文献则大多数立足非洲整体或"一带一路"建设,较少直接关注非洲大湖区。相关度较高的研究有:李晓钟等构建的"一带一路"沿线国家数字经济发展水平值(李晓钟、毛芳婷,2021:134),张伯超等构建的"一带一路"沿线国家数字经济发展就绪度(张伯超、沈开艳,2018:94),齐俊妍等构建的数字经济发展综合指标评价体系(齐俊妍、任奕达,2020:166),分别采取了熵值法和主成分分析法,对本文的指标构建与数据选取有极高的参考价值。

3 模型选择与数据来源

3.1 数字经济发展指数量化指标的选取

现实中与数字经济发展相关的指标不胜枚举,考虑到数据可得性的限制,严格遵守相关性原则、代表性原则和可获得性原则,借鉴相关学者的研究成果,我们选取了以下指标(见表1)。

表 1　模型指标选择

指标名称	指标表示的含义
信息和通信技术（ICT）产品进口占比	数字经济开放度
信息和通信技术（ICT）产品出口占比	技术国际竞争力
高科技出口（占制成品出口的百分比）	高科技产业发展水平
信息和通信技术（ICT）服务出口占比	信息技术服务水平
使用互联网的人口占比	互联网普及程度
高等院校入学率	高等教育普及程度
固定宽带订阅量（每100人）	固定宽带普及程度

熵权法是一种多准则决策方法，主要用于权重分配问题。在本文中，我们采用熵权法来计算非洲大湖区数字经济发展指数（DEDI）。熵权法基于信息熵的概念，通过对指标之间信息量的度量来计算其权重，是常见的客观赋权方法之一。

设有 n 个国家、m 项指标、t 年，则 X_{tij} 表示第 t 年第 i 个国家的第 j 项指标值，其中 $t=2010,2011,\cdots,2020$ 年的整数集合，n 为 8。第 t 年第 i 个国家的数字经济发展水平 H_{ti} 可由下式计算：

$$H_{ti} = \sum_j w_j P_{tij} = \sum_j \left[\left(1 + \frac{1}{\ln(tn)} \sum_t \sum_i P_{tij} \ln(P_{tij}) \right) \bigg/ \sum_j \left(1 + \frac{1}{\ln(tn)} \sum_t \sum_i P_{tij} \ln(P_{tij}) \right) \right] P_{tij}$$

上式中，w_j 是第 j 项指标的权重，P_{tij} 是第 t 年第 j 项指标下第 i 个国家的比重，表示该指标在计算数字经济发展水平时的相对重要程度和该国家在该指标上的表现占该指标总体表现的比重。

其中，

$$P_{tij} = \frac{X'_{tij}}{\sum_t \sum_i X'_{tij}}$$

其中，X_{tij} 为标准化后的数值。由于本文所选指标均为正向指标，故：

$$X'_{tij} = \left(X_{tij} - \left(\frac{1}{tn}\right) \sum_t \sum_i X_{tij}\right) \div \sqrt{\frac{1}{n-1} \left(X_{tij} - \left(\frac{1}{tn}\right) \sum_t \sum_i X_{tij}\right)^2}$$

3.2　样本国家选择与数据来源

本文以非洲大湖区国家为研究对象，根据上述指标数据的可得性，删除指标数据缺失较为严重的国家和年份。最终,我们选取了布隆迪、刚果(金)、刚果(布)、肯尼亚、卢旺达、坦桑尼亚、乌干达、赞比亚等八国在 2010 至 2020 年的数据。他们均处于大湖区,数字经济发展状况各不相同,而上述时间段大致见证了非洲大湖区数字经济从萌芽到发展的历程,有较好的代表性。

本文数据主要来自世界银行数据库,对个别原始数据缺失值,混合采取了线性和平均插值。

3.3 方法的局限性和潜在误差来源的讨论

首先,本文所采用的指标和数据可能存在一定的不确定性和误差,这些数据的质量和可靠性可能存在差异,比如在 2015 年前后部分国家的进出口相关数据都出现了短暂的峰值。其次,熵权法也可能存在局限性,因为它不能很好地处理非线性关系。最后,本文所研究的时间段有限,选取国家也受到数据可得性的限制,因此不能够反映出非洲大湖区数字经济发展的全部历史和趋势,尤其是2021 年之后的数据缺失较为严重。

4 数字经济发展水平比较与差异成因分析

根据已构建的数字经济发展水平评价指标体系和估算方法,本文利用非洲大湖区部分国家 2010 年至 2020 年的数据,获得其数字经济发展指数,下文将从时间和空间两个角度初步解读结果。

从时间上看,上述八国数字经济发展水平总体而言呈增长态势,表 2 展现了八国分别在 2010 与 2020 年的数字经济发展指数与年均增长率。其中,大部分的国家保持了 5% 以上的增长率,其中坦桑尼亚增长最快,达到了 18.26%,这与几乎不超过 5% 甚至在部分国家为负数的 GDP 增长率形成对比,展现了数字经济发展对经济发展的强大推动作用。

表 2 非洲大湖区国家数字经济发展水平变化

国家	2010 年	2020 年	年均增长率
坦桑尼亚	4.349 382	23.266 08	18.26%
肯尼亚	12.185 38	40.289 19	12.70%
赞比亚	3.990 229	9.911 28	9.52%
布隆迪	2.889 426	5.737 805	7.10%

(续表)

国家	2010 年	2020 年	年均增长率
卢旺达	7.829 085	14.832 32	6.60%
刚果(布)	3.915 142	6.404 826	5.05%
刚果(金)	2.604 274	4.240 236	5.00%
乌干达	6.145 221	7.408 89	1.89%

坦桑尼亚和肯尼亚无论是在数字经济发展指数的绝对水平还是在其年均增长率上都名列前茅(见图1),这与他们在数字经济领域公司或服务较多的印象相吻合。例如,肯尼亚在移动支付方面的表现(见表3)较为突出,各方面呈现出逐年快速增长趋势,其中 M-Pesa 服务已成为全球范围内的标志性数字支付服务之一。坦桑尼亚也有一些数字经济领域的企业和初创公司,例如 Maxcom Africa 和 JUMO。这些公司都有望为这些国家的数字经济发展指数情况做出一定的解释。

表3 肯尼亚移动支付相关数据表现

年份	活跃订阅者	总注册移动支付账户(百万)	代理商套现总额(十亿肯尼亚先令)
2022	317 983	73.12	708.06
2021	298 272	68.03	622.14
2020	282 929	66.01	605.69
2019	224 108	58.361 3	382.93
2018	205 745	47.694 3	367.766
2017	182 472	37.386 8	332.622
2016	165 908	34.957	316.773
2015	143 946	28.644 7	267.068

* 数据来源:肯尼亚中央银行

此外,坦桑尼亚和肯尼亚的数字经济快速发展与其空间位置(见图2)也可能存在密切联系。坦桑尼亚和肯尼亚都处于非洲大陆的东侧,接近印度洋和亚洲,这使得他们可以更容易地与亚洲国家进行贸易和技术交流。亚洲国家,尤其是中国,在数字技术方面发展迅速,与这些国家的贸易和技术合作可能有助于促

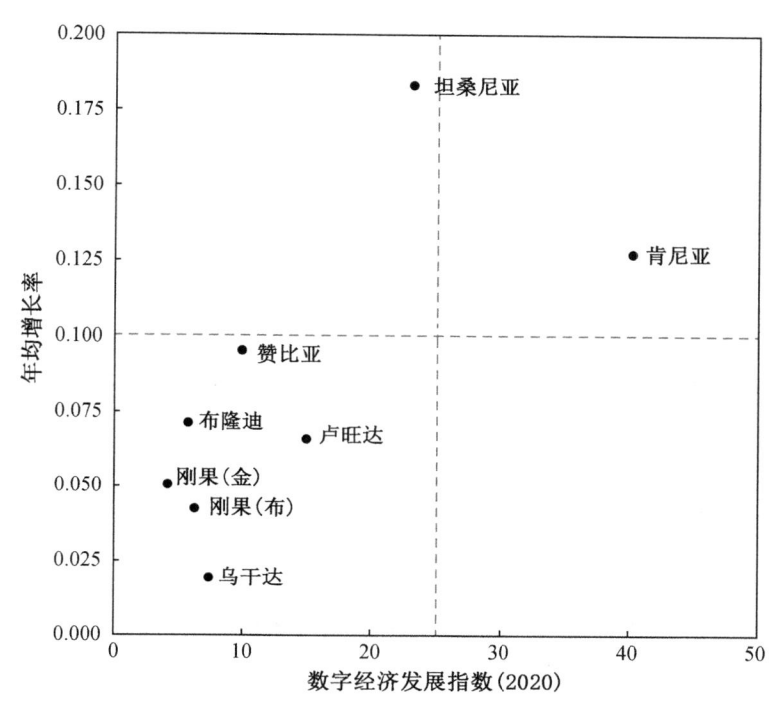

图 1 非洲大湖区部分国家数字经济发展水平四象限图

进坦桑尼亚和肯尼亚的数字经济发展[①]。两国相对其他非洲国家还拥有更好的交通和基础设施,这使得数字技术的应用和普及更加容易。其中最为重要的则是移动通信网络和互联网基础设施,以坦桑尼亚为例,截止到 2022 年 1 月,坦桑尼亚有 1 560 万互联网用户,占总人口的 25.0%,这在 2021 年至 2022 年期间增加了 44.6 万(+2.9%)。同期移动互联网连接速度中位数增加了 0.96 Mbps(+9.7%),固定互联网连接速度增加了 1.34 Mbps(+16.1%)[②]。简言之,相关基础设施必须被提前部署、以更快的速度增长才能保证数字经济可持续、高质量增长。

[①] 中非合作 2035 年愿景(2021),http://www.cidca.gov.cn/2021-12/09/c_1211480567.htm
[②] Kemp, S. (2022). Digital 2022:Tanzania-DataReportal-global digital insights. DataReportal. https://datareportal.com/reports/digital-2022-tanzania

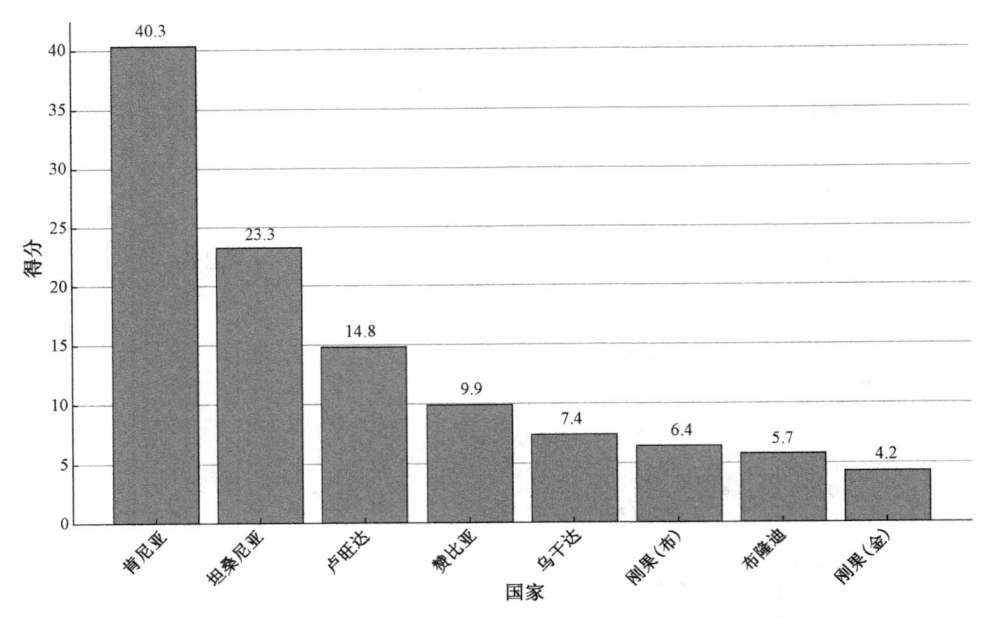

图 2 2020 年非洲大湖区八国数字经济发展分布

5　路径选择

5.1　数字基建:数字经济高质量发展的物质基础

数字基础设施建设是非洲大湖区数字经济发展的重要支撑,通过加强数字基建核心技术与应用技术的协同攻关、建设强大的支撑网络,可以促进数字经济高质量发展(郭斌、杜曙光,2021:115)。2020 年 MTN 在乌干达推出了 5G[①]。同时,肯尼亚互联网普及率在非洲国家中名列前茅,其政府也在积极推进数字基建建设,包括推广无现金支付、建设数字政府平台等[②],以促进数字经济的快速发展。

然而,数字基础设施建设在非洲大湖区国家内和国家间存在不均衡的情况。Nperf 2023 年数据显示,在肯尼亚境内,大部分的 4G/4G + 设施集中在坎帕拉等大城市,偏远地区覆盖情况较差[③]。此外,从移动电话订阅量、安全的互联网服

---

①　MTN 5G Uganda Archives. MTN Uganda (2023). https://www.mtn.co.ug/tag/mtn-5g-uganda/

②　促进中国与非洲大湖区国家数字贸易发展对策研究——以肯尼亚为例,https://m.thepaper.cn/baijiahao_21045703

③　Airtel Mobile 3G / 4G / 5G coverage map, Uganda. https://www.nperf.com/en/map/UG/-/223580. Airtel-Mobile/signal/?ll = 0.4064907305738824&lg = 32.05261230468751&zoom = 8

务器等指标来看,非洲大湖区数字基础设施发展不均衡,而新基建相关技术往往在地域上存在扩散效应(钞小静、薛志欣、孙艺鸣,2020:46),如何平衡数字基础设施国内发展,同时加强数字基础设施建设的跨国合作更好地弥合数字鸿沟,是非洲大湖区国家需要共同探讨的议题。

5.2 人才培养:数字经济高质量发展的关键支撑

自非洲国家独立以来,高等教育机构得到了大力发展,但由于硬软件设施跟不上扩招的步伐,教学质量提升缓慢。加之基础教育与高等教育衔接效果不佳(黄玉沛,2019:54),导致缺乏高层次人才,限制了非洲,尤其是大湖地区数字经济的创新和发展。数据显示,2021年除肯尼亚、刚金两国高等教育入学率分别达到29.5%和13.6%,其余国家均不足10%。值得一提的是,由于从本土人才培养到能为业界实践所用尚有较大的窗口期,刚果(布)等国应采取合适的措施延续其在2010年相对较高的入学率(见图3),以保证本土人才能够在适宜的时机为数字经济发展提供持续动力。

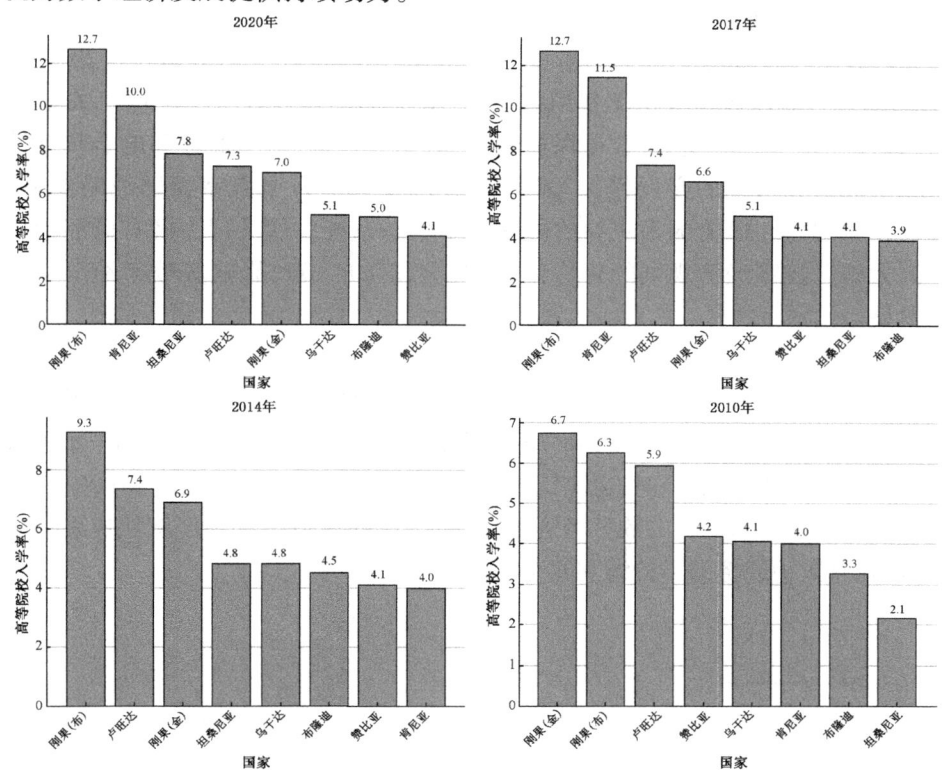

图3 非洲大湖区八国高等教育入学率排名变化

此外，人才引进与外国联合培养也将是数字经济人才库建设的重要环节。以数字丝路建设背景下阿里巴巴集团的人才培养方案为例，阿里巴巴邀请了来自"一带一路"沿线数十个国家的 200 多位创业者前来中国学习数字经济发展经验，其中 87 位创业者来自非洲①。类似的培养模式可以成为未来的有益借鉴。

5.3 国家治理：数字经济高质量发展的必要保障

在非洲国家内部，数字安全法律标准并不统一，非洲大部分国家数字服务还无法得到全面的法律保障，根据国际电信联盟（ITU）2020 年发布的数字发展报告，非洲大部分国家在数字安全法律标准方面仍存在缺陷。仅有 24 个非洲国家颁布了数据保护法，其中只有 15 个国家的数据保护法被认为是有效的。此外，只有 18 个非洲国家通过了打击网络犯罪的实体法②。聚焦于大湖区国家，仅有肯尼亚和乌干达分别于 2019 与 2020 年制定了个人数据保护法案。坦桑尼亚也于 2019 年通过了《数据保护法》，但该法案尚未实施。而卢旺达、布隆迪等国则没有相关立法（牛东芳、沈昭利、黄梅波，2022：66）。

在数字主权及数字规则话语权方面，非洲国家仍处于弱势地位。2019 年 6 月，欧盟—非盟数字经济工作组发布了"新非洲—欧洲数字经济伙伴关系"，强调制定电信、数字经济、数据保护和隐私、创业公司、电子商务和电子政务等领域的政策和法规的必要性。2020 年，美国发布了首个数字援助战略文件，旨在在非洲建立以美国为主导的国际数字生态系统。这类行为极有可能加剧非洲大湖区数字经济规则的碎片化（夏福渭，2021：40），影响其数字经济可持续发展。

非洲作为一个新兴的数字经济市场，应该在制定国际数字规则时拥有一席之地。为了维护数字主权，非洲必须积极参与国际数字规则制定的进程，并在数字经济领域展示其独特的声音和立场。非洲国家应该制定并推行适用于本地数字经济的政策和法规，同时，也应该在地区和国际层面寻求更多的合作和协调，以建立一个稳定和统一的数字经济生态系统，更好地适应数字经济快速发展的需求，确保数字经济的可持续和安全发展。

---

① 建设 21 世纪数字丝绸之路：阿里巴巴经济体的实践，https://zhuanlan.zhihu.com/p/94666821
② Measuring digital development: Facts and figures 2020. https://www.itu.int/hub/publication/d-ind-ict_mdd-2023-1/

参考文献

[1] Don Tapscott. 1995. *The Digital Economy：Promise and Peril in the Age of Networked Intelligence. New York：McGraw Hill.*

[2] OECD. 2007. *Measuring the impacts of ICT using official statistics*［Report］. Paris：Working Party on Indicators for the Information Society.

[3] OECD. 2014. *Measuring the digital economy：A new perspective*［Report］. Paris：OECD Publishing.

[4] Ojanperä, S., Graham, M., & Zook, M. 2019. The Digital Knowledge Economy Index：Mapping Content Production. The Journal of Development Studies, 55(12), 2626 - 2643.

[5] United Nations, European Commission, International Monetary Fund, Organization for Economic Co-operation and Development, & World Bank. 2009. System of National Accounts 2008. New York：United Nations.

[6] World Bank. 2010. Knowledge economy index. https://www.worldbank.org/en/search?q = knowledge + economy + index&currentTab = 1

[7] 钞小静,薛志欣,孙艺鸣,2020.新型数字基础设施如何影响对外贸易升级——来自中国地级及以上城市的经验证据.经济科学,(03):46 - 59.

[8] 程启月,2010.评测指标权重确定的结构熵权法.系统工程理论与实践,(07),1225 - 1228.

[9] 郭斌,杜曙光,2021.新基建助力数字经济高质量发展:核心机理与政策创新.经济体制改革,(03):115 - 121.

[10] 黄玉沛,2019.中非共建"数字丝绸之路":机遇,挑战与路径选择.国际问题研究,192(04):54 - 67.

[11] 金星晔,伏霖,李涛,2020.数字经济规模核算的框架,方法与特点.经济社会体制比较,(04):69 - 78.

[12] 李晓钟,毛芳婷,2021."一带一路"沿线国家数字经济发展水平比较与分析.统计与决策,(16):134 - 138.

[13] 牛东芳,沈昭利,黄梅波,2022.中非共建"数字非洲"的动力与发展路向.西亚非洲,(03):66 - 87 + 158.

[14] 齐俊妍,任奕达,2020.东道国数字经济发展水平与中国对外直接投资.高等学校文科学术文摘,(06):166 - 167.

[15] 吴翌琳,2019.国家数字竞争力指数构建与国际比较研究.统计研究,(11):12 - 25.

[16] 夏福渭,2021."数字丝绸之路"与中非数字经济合作研究.北京:北京外国语大学.

[17] 续继,唐琦,2019.数字经济与国民经济核算文献评述.经济学动态,(10):117 - 131.

[18] 许宪春,张美慧,2020.中国数字经济规模测算研究——基于国际比较的视角.中国工业经济,(05):23 - 41.

[19] 张伯超,沈开艳,2018."一带一路"沿线国家数字经济发展就绪度定量评估与特征分析.上海经济研究,(01):94–103.
[20] 中国信息通信研究院.2017.中国数字经济发展白皮书.

导师评语

刘成富、王晶：论文在新文科理念指导下实现了三个突破：一是研究国别突破了南京大学法语系关注的传统对象国——法国,转向对非洲大湖区展开研究；二是研究领域突破了传统的语言文学,考察大湖区的数字经济发展状况；三是研究方法突破了传统人文学科思辨和定性的研究方法,创新性地运用熵值法建模测算了非洲大湖区八国2010—2020年间数字经济发展指数。上述突破得益于跨学科研究团队的合理分工和通力合作,充分发挥了外语学科和商科的优势,是构建"外语+"人才培养模式的有益尝试。

莫斯科中小学汉语教育现状调查与分析*

郭 帅

摘 要: 近年来世界各国都出现了"汉语热"现象。在俄罗斯,汉语已成为最受欢迎的外语之一。莫斯科作为俄罗斯的教育和文化中心,可以清晰地反映出俄罗斯的汉语教育状况。本文基于对第1948教育中心、第1555中学和第1788中学的实地走访和问卷调查,摸清了莫斯科市中小学汉语教学的现状,发现其中存在教育资源分配不均、师资力量不足等问题,并从教育管理部门、教学单位、汉语教师和学习者这四个角度提出了相应的建议和措施。

关键词: 莫斯科中小学;汉语教育;调研

新世纪以降,随着中国的和平崛起,汉语正在以前所未有的步伐加快走向世界。近年来,中俄两国关系稳步发展,双方在各领域的交流与合作逐渐深化。在此背景下,俄罗斯更是出现了前所未有的"汉语热"现象,汉语在我们的北方邻国已成为最受欢迎的外语之一,学习汉语在俄罗斯已成为一种时尚。俄罗斯汉学研究已有三百多年的历史,我国学界对此不乏探讨研究,然而对俄罗斯汉语教育的现状却乏人问津。为了摸清俄罗斯中小学汉语教育现状及存在的问题,2016年,我们对这座城市的相关情况开展了为期半年的调研活动。

相关资料显示,截至2012—2013学年,俄罗斯中小学校学习汉语的人数为

---

* 本文系教育部人文社会科学重点研究基地重大项目《俄罗斯汉语教育现状调查与分析》(项目编号:15JJD740008)成果,发表于《中国俄语教学》,2017年第3期,91-96。

12 124人,在莫斯科,开设中文课程的中小学校共15所①,在校学习汉语的人数达2 283人(Орехова, 2016:717)。这15所学校均为传统的11年制学校,其中既有专门的外语学校,也有开设汉语课程的普通中小学。第1948教育中心、莫斯科实验学校教育中心、第548教育中心、第1555莫斯科语言大学附属中学、第1535莫斯科国立大学亚非学院附属中学和第1223中学属于专门的外语学校,而其余9所均为普通中小学。需要说明的是,从1—2年级就开设汉语课程的学校仅有第1948教育中心和莫斯科实验学校教育中心,其他学校大多都从5年级开始开设,而对于几所只招收9—11年级学生的高级中学来说,则从9年级开始教授汉语。除了这15所学校之外,我们在调研中还发现了一所2014年才开设汉语课程的学校——第1788中学(Средняя общеобразовательная школа №1788)。我们通过查询上述学校官方网站及相关资料,并经过梳理和权衡,最后确定将三个最有代表性的学校列为主要调研对象,第一所是莫斯科最大的汉语教育基地——第1948教育中心,第二所是高等学府的附属中学——第1555中学,第三所是新近开设汉语课程的普通学校——第1788中学。

1 个案调查与分析

本次调研所选取的三所学校在汉语教学的规模、教育机构的性质、教学管理的模式等方面各不相同,因此,我们针对每所学校调查的项目和侧重点也有所不同。

1.1 相关学校汉语教育的基本情况

毋庸置疑,第1948教育中心在莫斯科地区中小学汉语教育领域扮演着领头

---

① 这15所学校分别为:第1948教育中心(Центр образования №1948 «Лингвист-м»)、莫斯科实验学校教育中心(Центр образования "Московская экспериментальная школа")、第548教育中心(Центр образования №548 «Царицыно»)、第11寄宿中学(Средняя школа-интернат №11)、第1209文科中学(Гимназия №1209)、第1415英语中学(Средняя общеобразовательная школа №1415 с углублённым изучением английского языка)、第1535莫斯科国立大学亚非学院附属中学(Лицей 1535 при Институте стран Азии и Африки МГУ им. М. В. Ломоносова)、第1555莫斯科语言大学附属中学(Лингвистический лицей №1555 при Московском государственном лингвистическом университете)、第1223中学(Средняя общеобразовательная школа №1223)、第1246英语中学(Средняя общеобразовательная школа №1246 с углублённым изучением английского языка)、第627教育中心(Центр образования №627)、第547中学(Средняя общеобразовательная школа №547)、第1263中学(Средняя общеобразовательная школа №1263)、第1549中学(Гимназия №1549)、第1497中学(Средняя общеобразовательная школа №1497)。

羊的角色,因此我们将该中心作为重点调研对象,力求获得对该校教学规模、办学特色等方面的全面认识。

  该中心成立于1998年,学生从一年级开始接受汉语教育,目前在校生达882人。其汉语教学体系较为完善:1—4年级汉语教学周课时为4学时,5—9年级为5—9学时,10—11年级则为6学时。多样化的课程类型一直是该校的办学特色:2—4年级主要开设汉字书写、口语交际等基础课程;5年级之后,则设有国情文化课;9年级增设俄汉互译课程。另外学校还开有各种选修课,如"中国绘画"和"中国历史和文化"都是"品牌"选修课。该校的课外活动也相当丰富,如组织中华文化讲座,成立兴趣小组开展相关活动等。需要特别指出的是,一年一度的春节联欢活动深受师生欢迎,早已成为该校的一道亮丽风景线。除此之外,学校还通过多种途径为优等生提供游学交流的机会。仅2010—2013年就有250多名学生赴中方合作学校进行交流,近距离体验中华文化。

  该校汉语师资力量较为雄厚,共有26名汉语教师,本土教师中不乏资深汉语教育专家,常年聘有多名中国籍教师。该校所使用的教材种类较为丰富,除了莫斯科各校普遍使用的《汉语实用教程》[①]外,还引入了《汉语新起点》[②],另有不少自编教材和教学参考书。该校非常注重营造校园内的中国文化氛围,校舍内部陈设都极具中国风情,尤其值得一提的是,校区专门辟有中国及远东国家文化博物馆。该校在汉语人才培养方面所取得的成就,仅从"汉语桥"中小学生汉语大赛中的获奖等级及人数,以及每年向莫斯科国立大学、莫斯科语言大学等俄罗斯顶尖学府的汉语专业输送人才的数量中便可见一斑。

  作为莫斯科语言大学附属学校的第1555中学也是一所外语学校,自1990年代末起开设汉语课程,学生从八年级起可以选修汉语。在课外活动方面,该校利用自身的便利条件,经常邀请莫斯科语言大学汉语专家开设讲座,并对本校汉语教学进行指导。在对外交流方面,学生互换项目由于种种原因也曾被迫中断过,但学校决定从2016年开始恢复该项目。在教材使用方面,以教科书《汉语实

---

  ① 《汉语实用教程》(Практический курс китайского языка. Кондрашевский А. Ф., Румянцева М. В., Фролова М. Г., Москва, 2012)是俄罗斯最受欢迎的汉语教材之一,由国立莫斯科国际关系学院汉语专家康德拉舍夫斯基、鲁缅采娃、弗罗洛娃在《实用汉语课本》(刘珣,北京:北京语言大学出版社,1986)的基础上编写而成。

  ② 《汉语新起点》(《汉语新起点》编写委员会编著,北京:教育科学出版社,2003)是一套供俄语区域外语学校(包括小学、初中、高中)学生使用的系列汉语教材,旨在培养儿童自小学一年级起就开始在实际生活中运用汉语进行交际的能力。

用教程》为主,并以《我的汉语教室》①作为参考书。由于该校在招生时倾向于选拔外语特长生,这种生源优势便明显地体现在后期的教学效果中。选修汉语的学生经过一年的学习,大多都可以通过汉语一级考试。该校最近几年采取了一系列相关改革措施,再加上有莫斯科语言大学的支持,总的看来,其汉语教学呈现出良好的发展势头,未来前景十分看好。

而第1788中学则是一所与其他学校合并后成立不到两年的普通中学。该校从六年级起开设汉语课程,所使用的教材也是《汉语实用教程》,任课教师通常会视具体情况编制印发一些讲义作为补充。学生的汉语水平基本都处于入门阶段,学习兴趣与学习动力尚待提高。总体说来,该校的汉语教学尚未步入正轨,亟须解决的是师资问题,目前只有一名汉语教师;学生的汉语周课时只有2学时,且课程类型十分单一,仅有"汉语入门"这一门课——包罗语音、书写、语法等不同板块的内容。由于该校刚开设汉语课程不久,因此尚未开展相关的课外活动和对外交流活动,不过,该校已经向地方教育管理部门申请学生交流项目,并在积极筹划各种实践活动,相信近年内情况会有所改观。

上述三所学校的汉语课程开设年份、学生人数、教材使用、课外活动及对外交流等情况可参见表1。

表1 第1948教育中心,第1555中学,第1788中学开展汉语教育情况②

学校 \ 教学情况	汉语课程开设年份	(在校)汉语学习人数	开设年级	教材使用情况	课外活动	对外交流
第1948教育中心	1998	882	1—11	《汉语实用教程》和《汉语新起点》(辅以自编参考书)	平均一周1—2次	近十年来每年至少一次
第1555中学	1999	82	8—11	《汉语实用教程》和《我的汉语教室》	一学期2—3次	2013和2014年各一次(后中断)
第1788中学	2015	66	6—11	《汉语实用教程》(辅以自编讲义)	暂无	暂无

① 《我的汉语教室》(徐文静、施琳娜编,上海:上海译文出版社,2005)一书分为初级、中级、高级,每一等级有三册,课文较为注重实用性,所涉内容均为汉语学习者所关心、关注并感兴趣的鲜活话题,从一般公务用语、公共场所的交际用语到家庭会话,涵盖生活的方方面面。

② 此表制作于2016年,反映当时的相关情况。

不难发现，第1948教育中心在各方面都呈现出明显的优势。值得一提的是，该校为俄罗斯仅有的5家孔子学堂之一，其合作机构系上海外国语大学附属外国语学校，2010年两校签署合作协议。尽管第1555中学和第1788中学目前还难以与第1948教育中心相比，但两校无论从教学规模还是教学质量上看都呈现出不断上升的态势。

1.2　问卷调查及其分析

我们不仅采访了任课教师和学校负责人、旁听了各种类型的课程，而且还通过发放问卷的方式获取了必要的第一手材料，问卷调查的对象为在上述三所学校学习汉语的各年级学生。我们在问卷中所设置的15个问题，主要涉及受访者的汉语学习期限、学习习惯、所遇到的主要困难等。我们希望以此直接了解汉语习得者的学习态度、自身状况、未来规划等问题，力求发现学校教学和学生习得方面存在的问题。我们在三所学校总共发放问卷150份，其中第1948教育中心70份，其余两所学校各40份。最终收回132份，其中有效问卷120份。受访者中，学习汉语两年以上的学生为21人，一至两年的学生为77人，不足一年的学生为22人。

调查结果显示，80%以上的学生（98人）都是出于自身兴趣选择的汉语，换言之，对绝大多数学生而言，学习汉语是他们的自主选择。在父母的建议下做出这一选择的学生仅占19%。在课堂学习之外，1—4年级学生用于汉语学习的时间平均每周不足1小时，5—9年级学生则为1.8小时，10—11年级的高年级学生达2.6个小时。有12%的学生对所使用的汉语课本并不满意，认为其课容量不尽合理、趣味性有待提高，有的课文超出了他们的接受能力。而对于自身的未来规划（比如，进入大学后是否愿意继续学习汉语），近半数的学生都表示目前仍无法确定，对此有清晰意向的学生仅占37.5%。

值得注意的是，在被问及语言习得过程中的最大困难时，学习时间较短（不超过一年）的学生普遍反映，汉字的书写与发音（诸如对四声的辨别）二者都特别难；而对于学习时间较长的学生，书写的难度系数明显下降，但语音语调仍旧是"拦路虎"，而随着学习的不断深入，又出现了诸如听力、一词多义现象等其他困难。

由此可见，一方面，总体而言，莫斯科中小学生对学习汉语的兴趣较为浓厚。其主要原因可以归纳为以下三点：第一，随着中俄关系的不断发展，各领域的合作与交流日益广泛和深入，汉语给俄罗斯年轻人带来了大量的就业机遇。第二，当地各级政府以及我国官方机构为推广俄罗斯的汉语教育采取了一系列有效的利好措施,如第 1948 教育中心就是时任莫斯科市长卢日科夫根据汉学家的倡议批准建立的;我国向多所学校的学生提供交流学习的机会。第三,具有世界影响的中国文化对俄罗斯民族而言是一种异质文化,对一部分俄罗斯学生而言有一种天然的吸引力和新鲜感,他们具有迫切了解和认识中国文化的好奇心。但另一方面,由于汉语暂时还不是俄罗斯中学毕业生的外语选考科目,因此多半学生对汉语学习的重视程度不够,与已纳入俄国家统一考试的英语等外语相比[①],花在汉语学习上的时间明显偏少,更没有养成课前预习和课后复习的习惯,这就导致了习得者学习效率不高、学习效果欠佳。不仅如此,还有不少学生缺乏明确的学习目标和动力,他们仅仅将汉语纯粹视为一种业余爱好或一门无关紧要的副科;而认为自己的未来职业会与汉语有关的学生只是少数。

2　存在的问题

如上所述,俄罗斯各级政府的支持及我国官方机构(如我国驻俄罗斯大使馆和国家汉语国际推广领导小组办公室)的协助对莫斯科汉语教育的迅猛发展起到了明显的促进作用。几所历史悠久的老牌汉语学校面对中俄合作的新态势,需要不断探索新的办学思路、完善教学方法,以提升本校毕业生的综合竞争实力。此外,刚开设汉语课程的一些学校,正在逐渐成为莫斯科汉语教育事业的新兴力量。在此背景下,莫斯科中小学汉语教育面临发展的机遇和巨大的挑战。通过本次调研,我们发现了其中存在的一些问题。

2.1　教育资源分配不均

在莫斯科市开设汉语课程的各所学校出现了教育资源分配严重不均的现象,优质教学资源主要集中于极少数成立时间较早、规模较大的学校。例如以第 1948 教育中心为代表的汉语学校,拥有相对丰厚的教学资源。地方政府的资金投入、汉教经验丰富的中国教师及当地华人有针对性的指导和授课、孔子学堂的建设、长期得到官方支持的交换生项目和游学活动等,都决定了此类学校具有最优的竞争力——仅从各种中国文化知识大赛和汉语竞赛的获奖等级和人数中便可见一斑。

在调研过程中我们还发现,这种资源分配不均的状况在不断加剧。再以第 1948 教育中心为例,其完善的教学体系和考核机制、相对完备的硬件设施、良好

---

① 本文于 2017 年完稿。从 2019 年起,汉语已成为俄罗斯国家统一考试科目。

的学习环境,以及高升学率——凡此种种吸引了更多的优秀生源。相反,那些刚开设汉语课程不久、教学资源不足的学校,由于选修汉语者人数不足,汉语教育也就很难得到学校应有的重视。这类学校在汉语教学方面往往缺乏行之有效的管理体系,也缺乏专业水平较高的任课教师,学生在学习过程中出现的各种问题难以得到及时解决,再加上课堂教学形式单一,学生的学习兴趣便会大打折扣。这就最终导致了"优者更优,劣者更劣"的态势。

2.2 汉语师资力量严重不足,水平参差不齐

近年来,莫斯科中小学生学习汉语的热情逐渐高涨,人数也逐年增加,而面对日益增长的需求,汉语师资却严重短缺。这一问题普遍存在于莫斯科各所学校,即便是第 1948 教育中心也面临同样问题。据了解,该中心学习汉语的在校生 882 人,而汉语教师仅有 26 人,平均一名教师需要负责 34 名学生。这种捉襟见肘的现象在其他学校则更为严重,有的学校甚至出现了师生比低于 1/100 的窘况。个别外国语学校甚至没有专门的汉语教师,而是由日语教师兼任,其教学效果可想而知。

在调研中我们还发现,莫斯科市各校的汉语教师队伍的水平参差不齐。在一些名牌学校,本土教师多为莫斯科国立大学、莫斯科语言大学汉语专业的毕业生,此外还常年聘有汉语教学经验丰富的中国教师及当地华人任教。而对于一些新开设汉语课程的学校来说,其师资质量则难以保证。例如,第 1788 中学有 60 人选修了汉语,却只有一名莫斯科市立师范大学汉语专业的大三学生兼任教学工作,仅靠一名非正式聘用人员开展教学活动无疑会影响该校的汉语教学水平。

2.3 缺乏统一的教学大纲,教学方法陈旧

目前俄罗斯尚未出台统一的中小学汉语教学质量标准,各地各校的汉语教学策略千差万别(邹丽辉,2012),莫斯科各校的课程设置和教学安排也"各行其是",没有统一的汉语教材,不少学校所采用的教学方法也较为单一。

以汉语教材为例,各校选用的教科书可谓五花八门。我们发现不少教材的内容较为陈旧,一些课本编写于 20 世纪 80 年代,其内容与当代中国现实生活有较大脱节;有的自选教材还存在着课文顺序编排不合理等问题。尽管《汉语实用教程》在各校得到了较为广泛的使用,但在使用过程中却存在较大差异:有的学校完全按照该书内容安排教学,每周完成一课内容的学习;有的学校仅选取该书的部分内容使用,并辅之以本校的自编教材或其他教材。由于缺乏统一的标

准和要求,各校学生的汉语水平也存在较大差异,例如:在第1948教育中心学习中文一年左右的学生已经掌握了大约500个汉字的书写,并且可以按照一定的主题进行简单的口语表述;而在第1788中学,在学习汉语已近两年的学生中,有不少人尚未掌握汉字书写常识,也无法用汉语做简单的口头表达。

除此之外,绝大多数学校采用的都是传统的教学方法,教学活动完全依附于课本,主要就是进行听说读写的反复练习,缺乏其他教学手段和辅助方式。在课堂教学之外,很少有教师积极引导学生自主学习(如引导学生利用课余时间通过网络拓宽视野、提升学习兴趣、加深对中华文化的认识等)。

2.4 教学中未将提高语言技能与传授中国文化相结合

莫斯科各校的汉语教学大多仅停留在培训语言技能的层面,而忽视中国文化的传授,这就导致不少学生对中国传统文化和国情知识缺乏起码的了解。在与学生们的交流中,我们发现,有的尽管学习汉语已达两年多之久,但对中国文化的认知还只是停留在长城、京剧和武术等早已广为人知的文化符号上。至于在学习过程中由于民族文化差异而产生的诸多问题,学生们大多不求甚解,有人也只是以本民族的思维方式加以理解,这样就会产生种种令人啼笑皆非的误解,而教师在这方面也未对学生及时加以引导与纠正。

3 供参考的解决方案和应对措施

针对莫斯科中小学汉语教学的实际情况和存在问题,我们认为,应从教育管理部门、教学单位、汉语教师和学习者这四个层面提出应对方案,着手加以解决。

首先,莫斯科乃至俄罗斯教育主管部门应更多地承担起相关职责,为汉语教育的发展提供必要的政策支持和资金保障,解决教育资源分配不均所带来的一系列问题,比如:对新开设汉语课程的学校给予一定的政策倾斜和财政补贴。另一方面,对于拟开设汉语课程的学校进行资格审查,以保证汉语教学的质量,提升莫斯科学校汉语教育的整体水平。对于各校汉语师资力量不足、质量良莠不齐的问题,莫斯科乃至俄罗斯教育主管部门同样责无旁贷。为吸引更多的专业人才从事汉语教育事业,政府可向高校汉语专业毕业生提供一定的就业倾斜政策,以鼓励他们从事教师职业。在引进中国教师方面,俄罗斯联邦政府可借鉴美国的"关键语言教师项目"(TCLP)的做法。该项目与国家汉语国际推广领导小组办公室开展合作,从中方中小学英语教师与对外汉语教师队伍中选派合格人员到美国进行为期一年的汉语及中国文化教学,旨在提升美国汉语教学水平。

在保证汉语师资的质量方面,俄罗斯政府还应尽早出台汉语教师职业能力的统一标准,例如,需要具备何种教育背景、对汉语水平和教学工作能力有何种要求等,以便逐步完善汉语教师的培养机制与认证机制。此外,地方政府应与各开设汉语课程的中小学协同合作,加强对汉语教师的管理和培训工作,对其职业能力、职业道德提出一定要求,并采用长期聘任及考核制度,以避免出现汉语教师不胜任工作、人员频繁更换的尴尬局面。教育主管部门也可以对汉语教学较有建树的优秀教师进行表彰与奖励,以进一步提高其工作积极性,让他们更具"获得感"。在将汉语纳入国家统一考试科目之后,为了促进汉语教育的发展,教育主管部门还应尽快出台后续措施,加快拟定中小学统一汉语教学计划,切实推进中俄两国教育管理部门之间的合作,加强俄罗斯孔子学堂的建设,以孔子学堂带动中小学汉语教育现代化,并组织更多的丰富多彩的文化交流活动。

其次,学校作为教学单位,是积极推动汉语教育的直接实施者。在当前竞争日趋激烈的环境下,各校(尤其对于新开设汉语课程的学校来说)应办出自身的教学特色,应结合本校的办学理念和实际情况制定出科学合理而行之有效的教学大纲和培养计划,在课程设置、师资质量、教学方法等方面进行规范管理,组织经验丰富的教师编写与时俱进的新教材,积极组织教学实习和社会实践,开展与中国开设俄语课程的大、中、小学之间的交流与合作,让更多的学生走出国门,通过游学与交换等活动近距离接触中华文化,提升语言技能。

再次,各校的本土教师应具有较为扎实的汉语基本功,熟悉外语教学的基本理论和方法。在教学过程中,应该让学生更多地了解中国国情,尽量让学生在热爱与尊重中国文化的基础上学习汉语。教师在工作之余应不断充实自我,增进对于中华历史文化、当代中国社会的了解与认识,提升自身的职业素养,探索更为先进的教学方法,引进新型教学手段。而对受聘的中国教师而言,尤为重要的是,在教学中应更多地考虑到俄罗斯学生的特点,在教学实践中及时发现俄罗斯学生面临的困难与障碍,并总结出行之有效的办法帮助学生克服困难。

如果上述三个层面的问题都能得到较好的解决,那么最后一个层面(即学生层面)的问题便自然会迎刃而解。例如,将汉语纳入俄国家统一考试之后,学生就会更加重视这一科目的学习,其学习目标也就会更加明确。有了统一的教学大纲和教学质量标准,学生就会以教学大纲中的语言技能项目和国情知识要点来衡量自己是否达到要求,就会以质量标准来规范自己的学习。至于学生个体之间的差异和自主学习能力等问题则不在本文讨论范围之内。

4 结语

本调研持续半年,通过实地走访及问卷调查等形式,对莫斯科市中小学汉语教育现状进行了梳理和分析。相关数据要么基于当地教育管理部门和校方提供的统计结果,要么由我们实地调研得出。我们相信,调研成果不仅有助于莫斯科教育管理机构更有针对性地推动当地中小学的汉语教育工作,而且还有利于我国相关部门为莫斯科中小学汉语教育事业提供切实有效的协助。总之,我们希望,本次调研可以为促进汉语教育在莫斯科中小学的蓬勃发展发挥积极作用。

参考文献

[1] Орехова, Е. С. 2016. Обучение китайскому языку в регионах РФ: подходы и проблемы. *Молодой учёный*, (05):717 – 20.
[2] 邹丽辉,2012,俄罗斯远东地区学生汉语学习的调查报告,哈尔滨:黑龙江大学.

导师评语

赵丹:在俄罗斯"汉语热"背景下,俄中小学汉语教育蓬勃发展。作者通过对莫斯科市三个代表性汉语教育机构——第 1948 教育中心、第 1555 中学和第 1788 中学的实地走访和问卷调查,摸清了该地区中小学汉语教育的现状。论文以翔实的第一手资料为基础,指出莫斯科地区中小学汉语教育领域存在教育资源分配不均、师资力量不足等问题,并从教育管理部门、教学单位、汉语教师和学习者等角度提出了相应的建议和措施。论文对于我国有关部门了解俄罗斯汉语教育实际情况、推广汉语教育具有较强的现实意义。论文资料翔实,包括所调查机构的汉语课程课时、修读人数、教材、教学方法等情况,论述逻辑清晰,有理有据,体现出作者较强的学术研究能力和文字功底。

"拥抱智能教育的赋能"：信息时代教师压力变化研究

——以中小学教师群体为例*

田雨暄

摘　要：伴随着信息技术应用的快速发展，智能化教学成为当前教育改革及发展的必然趋势，中小学教师的生存压力也随之有了新的转变。本文以实地调查、问卷访谈为基本研究方法，运用"复杂适应系统"（Complex Adaptive System）理论，从压力现状、压力根源和缓解建议三方面对信息化教育背景下中小学教师的压力状况进行分析。本文认为：信息时代，新教学模式与技术的涌入为中小学教师带来了一定挑战，教师压力的增大主要源于自我效能感较低、技术应用困难及角色转变冲突等方面。在此形势下，培养积极人格、加强技术培训与制度支持成为缓解教师压力的有效之策。期望本研究能够帮助中小学教师更好地应对信息化教学带来的压力，通过数智赋能推动基础教育的繁荣发展。

关键词：中小学教师；教育信息化；教师压力；教学改革

1 引言

当下，我国正立足新发展阶段，站在民族伟大复兴的百年征程新起点，教育发展迫切需要进行信息化、数字化转型升级。各地中小学积极响应国家号召，将信息技术融于教学工作中，促进新一代信息技术在教学中的创新应用并探索信

---

* 本文获南京大学第二十六届基础学科论坛一等奖。

息时代教育改革与发展的新模式。

智能教育的不断推进赋予传统教学模式更为丰富的内涵,也使学生获取知识的渠道更趋多元。随着大量纷繁复杂的网络技术在教学的投入,中小学教师在积极适应的同时,也遇到"数字内容创作水平低、角色转变适应较慢、新型课堂构建困难"等问题,担负着较大的压力,亟须从源头剖析其压力构成因素,探索实际可行的应对方式。现有研究多以整个教师群体为研究对象,对肩负基础教育重任的中小学教师群体关注较少。本研究以中小学教师为研究对象,旨在细化教学群体,探索信息时代下中小学教师的压力来源并致力于丰富相关问题的缓解对策。

2 相关研究述评

2.1 国内研究概况

现阶段,我国学者从不同角度对教师群体所承受的压力展开研究,主要涉及教师压力产生的原因、影响和缓解之策等议题。相关研究认为:教师的工作压力与教学业绩有较大关系(焦建利等,2009:18),随着社会支持的改善,中小学教师的压力有所缓解,但工作负荷重、职业发展压力大、工作保障程度不够等困难仍使教师的技术压力居高不下(汤莉莉,2020:8),伴随信息技术的快速发展,教师的知识结构受到冲击,许多教师一时无力迅即达到智能化教学的要求而压力倍增(潘琦,2020:47);产生的压力如不能有效缓解,将对中小学教师的组织认同感、工作满意度、工作效率和绩效进一步造成负面影响(李悦,2013:121);心理学"体验式团体沙盘"的运用以及心理行为训练等在帮助教师释放压力方面起到积极作用(刘伟、邹萍、张玉莹,2017:197)。

2.2 国外研究概况

国外相关研究中,信息时代的技术压力自20世纪80年代以来成为一个新的研究焦点。1981年,美国心理学家蒂莫西·杰伊(Timothy Jay,1981:47)提出"技术恐惧"的概念,并分别从行为、情绪和态度三个层面对其进行了分析。之后,随着研究的深入,研究重点从个体负担压力期间的思想行为转向具体技术对个体的影响。美国工程师耶拿(Jena R. K,2015:51)在与印度大学生协作开展的研究中指出,技术压力的构成因素、抑制因素与影响因素密切相关。日本心理学者清水安夫(Yasuo Shimizu,2021:179)将基于交易模型与社会认知模型开发的学校压力模型用于解释教师的心理压力过程。其中,"自我效能感"和"应对手段"均为调节变量,可以有效减少压力反应,如图1所示。

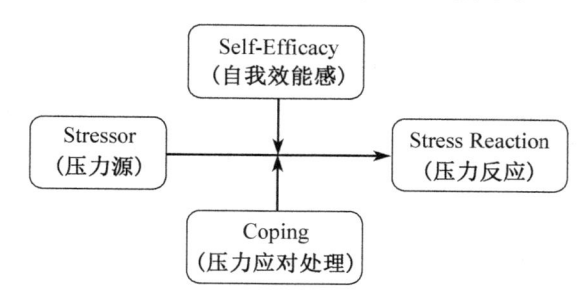

图1 教师的心理压力过程(Yasuo Shimizu,2021:180)

2.3 现状综述

现阶段我国有关教师压力的研究多数集中在传统教学模式下教师的工作压力方面,且对象界定较为宽泛,缺乏对中小学教师群体技术压力的关注。此外,关于教师的技术压力,国外学者主要围绕其对人的情绪、心理和生理的影响展开分析。尽管有研究分析了信息技术应用能力对教师压力的影响,但涉及教师在具体教学中面临的技术挑战的研究仍相对匮乏,尚未形成系统性观点且缺乏对中小学教师压力源新转变的相关探讨。

因此,对中小学教师群体的压力研究还需结合信息化教学特点进行更为准确、深入的探索,以找到具体有效的缓解方式。本文通过调查信息时代教师压力的变化现状,并从中小学教师的职业特点出发,对信息时代中小学教师的压力影响因素进行根源分析,探索实际可行的应对方法,更好地为智能教育赋能。

3 研究设计

3.1 研究对象及方法

本研究通过文献调研、问卷调查及数据分析的方式展开,同时采取对部分问卷进行电话复核及访谈的方式增强数据的真实性。调查共选取了石家庄市六所中小学的部分教师,针对其压力现状展开问卷调查。这六所学校在推进信息技术与教育的融合方面表现较为突出,其中长安区的两所中学在课堂中使用智能平板教学模式,使调查数据更具代表性。

在研究设计方面,考虑到单一的口述访谈及实地考察可能存在主观偏差和测量误差等局限,本研究结合问卷及量表调查的方式展开,数据采集具有可量化、系统性与保密性强的优势,有助于数据统计分析并比较不同变量之间的关系。本问卷在参考李虹(2005:106)编制的《工作压力量表》和朱丛书等学者(2002:51-52)编制的《中小学教师职业压力问卷》的结构框架的基础上,结合信息时代教师可能面对的"技术应用困难""角色冲突加剧"等新压力特点进行设计。

3.2 数据统计与分析

本研究通过 SPSS27.0 软件对收集到的数据进行分析和解读。经过诚信度分析及样本流失后共筛选出 402 份有效问卷,调查数据的 KMO 检验值为 0.922(>0.7),因子的总方差解释率为 72.492%,信效度良好。KMO 和巴特利特检验结果如表 1 所示。

表 1　KMO 和巴特利特检验

KMO		0.922
巴特利特球形度检验	近似卡方	6 130.518
	自由度	300
	显著性	0.000

量表记分方式采用李克特 5 点计分法,最大值为 5,最小值为 1,所有变量的分值与对应评价成正比。作为研究中常用的量表测量方法之一,此计分方式易于理解、适用范围广且可以与其他量表结合使用。各因子的描述性分析结果显示,信息时代中小学教师总体压力及各维度得分均高于中位数水平。其中,学生管理平均得分为(3.405+0.921)分,家庭人际平均得分为(3.545+0.923)分,自我发展平均得分为(3.577+0.989)分,工作负荷平均得分为(3.810+0.925)分,自我效能平均得分为(3.597+0.703)分,技术应用平均得分为(3.443+1.034)分,由高到低依次为工作负荷>自我发展>技术应用>家庭人际>学生层面>自我效能。统计结果如表 2 所示。

表2 中小学教师压力调查数据统计结果

变量	N	最小值	最大值	平均值	标准差
学生管理	402	1.33	5	3.405	0.921
家庭人际	402	1	5	3.545	0.923
自我发展	402	1	5	3.577	0.989
工作负荷	402	1.2	5	3.810	0.925
自我效能	402	1	5	3.597	0.703
技术应用	402	1	5	3.443	1.034

4 研究成果分析：信息时代中小学教师压力成因

基于数据分析结果，本研究运用"复杂适应系统"（Complex Adaptive System，简称CAS）理论①，对信息时代中小学教师压力的成因进一步展开分析。CAS理论认为，在适应信息化过程中，主体间差异的增加将导致主体发生分化与转变，形成不同层次；不同的层次之间并非简单的、被动的、单向的线性因果关系，而是交互影响的复杂适应关系，进而产生不同的"增值"效应。信息化教学改革涉及的主体多，关系杂，过程繁，是一项复杂的系统性工程（何易立等，2022：47），应用CAS理论从"主体性""层次性""非线性"三方面展开分析，有利于探索信息时代中小学教师压力的多维成因。

4.1 "主体性"方面思考下的压力成因

首先，自我效能感偏低是信息时代中小学教师的主要压力来源之一。问卷结果显示，在对"压力来自在信息化教学过程中产生过紧张、焦虑、害怕等情绪，担心自己难以掌握"一题的回答中，69.65%的教师选择"同意"，这反映出较多中小学教师对自身的信息化教学能力缺乏自信。自我效能感是对自身影响学生学习活动与教育结果能力的一种主观判断，往往与压力的主观感受成正比。通常情况下，能够高效运用信息技术教学的教师，其技术压力的形成概率更低，适应信息化教学的速度更快。

---

① 1994年，美国约翰 H. 霍兰（J. Holland）教授在圣塔菲研究所（SFI）成立十周年之际做了名为"隐秩序"的演讲，提出了复杂适应系统（CAS）理论，而后又出版了著作《隐秩序——适应性造就复杂性》（*Hidden Order*）。

此外,人际交往困境的加剧也是当下影响中小学教师压力不容忽视的因素。信息时代传统的时空观念发生巨变,人工智能技术的应用使得教师与学生之间的关系在一定程度上发生改变。教学过程更加倾向于个性化、自主化,师生间的互动随之减少。在知识获取渠道多元化的今天,教师的专业权威性面临着空前挑战,师生之间很容易因沟通不当甚至缺乏沟通而滋生矛盾。同时,信息化教学模式推进过程中工作量的增加也减少了教师间的相互交流,使得教师的人际处理压力、社交压力与孤独感与日俱增。

4.2 "层次性"方面思考下的压力成因

随着网络技术在教育领域的不断普及,信息化教育逐渐演变为当下教育的主流模式,增大了中小学教师的技术应用困难。不同于传统教学形式,新技术及教学设备的操作步骤更为复杂,教师需要花费更多的时间学习适应新的教学模式,工作时间与工作内容也随之增加。在本次问卷数据的维度分析中,"工作负荷"在教师压力的6个因子中居于最高水平。其中,在第20题"认为压力来自工作负荷大"中,选择"很同意"的教师占比29.85%,选择"同意"的教师占比54.98%,认为该项压力程度"一般"的教师占比15.17%。以上结果表明,信息时代中小学教师仍然承受着较大的工作压力,这不仅会对教师自身的身心健康造成损害,还会影响到中小学教育的质量。调查显示,有"超过90%的教师认为长时间的高强度工作使其感到相对疲劳",加之教师年龄、身体状况、工作强度的承受能力等不同,教师对信息技术应用水平产生层次性分化,进一步加剧了其生存竞争压力。

在信息化教学过程中,教师可能面临着教学设备运行不稳定、响应超时及故障突发等情况(吴潼,2022:60),这不仅需要操作者具有良好的应变能力,还需具备持续的学习能力,此类虚拟情境的增加对中小学教师的技术理解与操作能力提出了更高的要求。面对这些跨领域挑战,中小学教师如果不加快学习与实践的步伐、提高自身技术素养,将难以适应新时代教育改革的节奏,影响教学质量。

4.3 "非线性"方面思考下的压力成因

信息时代,中小学教师压力的增大还源自其角色的改变与冲突。教学模式、学生学习方式与内在认知观念等方面的巨大变化使得中小学教师的角色转化成为必然趋势。研究者指出,基于教育模式和环境的控制性质及其生产力,在激励学生和实现专业教育内容等方面均由教师的角色所决定(Mardakhaev et al,

2018:204)。随着智能技术在教学中的高效应用,师生角色逐渐开始变化,"师亦是生,生亦是师;师生互动,生师互动;师师互动,生生互动"(李炳亭等,2016)。这种与传统教师角色的巨大落差无形中增大了教师对角色的心理认同与转换的压力,导致教师个体角色模糊。

此外,在新技术的冲击下,中小学教师需花费更多精力学习教学新技术,一定程度上减少了对家庭的参与,其家庭角色与教师角色的冲突进一步深化。数据结果显示,在参与本次问卷调查的对象中,年龄低于 35 岁的中小学教师占比超过 50%。教师不仅要承担相应的家庭角色,还需要在教学中快速适应新教学方式与观念,扮演好教学发起者、班级领导者等多重角色。正如英国研究者所认为的那样,无论这些转变的优势和最终结果如何,适应转变的过程毋庸是教师压力的来源之一,要正确处理其对学校可能产生的影响和后果(Cooper & Travers,2012:248)。在此层面,信息化教学进一步模糊了中小学教师工作与家庭的界限,使教师压力随之加重。

5 信息时代缓解中小学教师生存压力的对策建议

通过对信息时代背景下中小学教师压力程度及源头的分析,本文认为,当下可采取如图 2 所示的缓解对策。

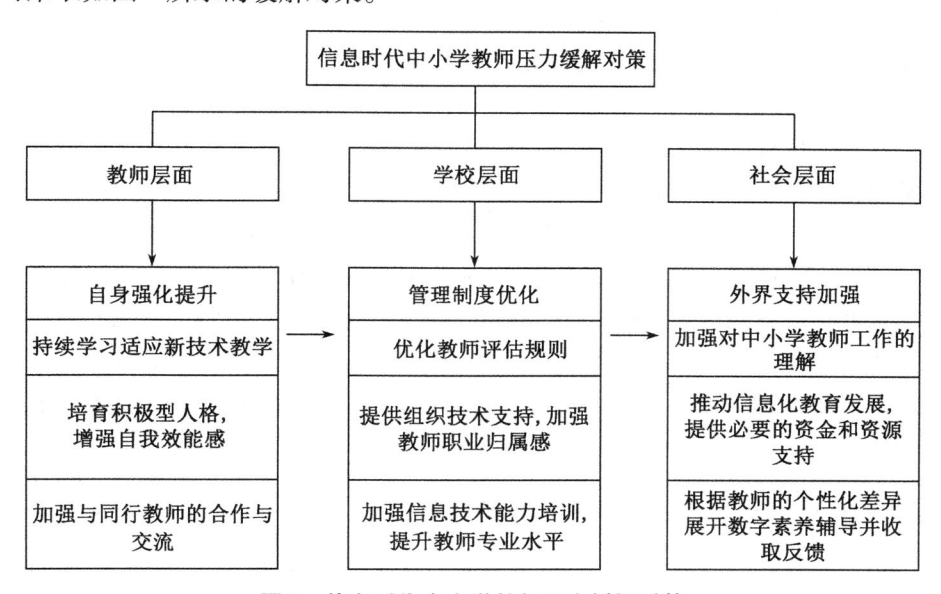

```
                    信息时代中小学教师压力缓解对策
           ┌────────────────────┼────────────────────┐
         教师层面              学校层面              社会层面
           ↓                    ↓                    ↓
      自身强化提升          管理制度优化          外界支持加强
   ─────────────────    ─────────────────    ─────────────────
   持续学习适应新技术      优化教师评估规则     加强对中小学教师工作的
   教学                                        理解
   培育积极型人格,       提供组织技术支持,    推动信息化教育发展,
   增强自我效能感         加强教师职业归属感    提供必要的资金和资源
                                               支持
   加强与同行教师的        加强信息技术能力培训, 根据教师的个性化差异
   合作与交流              提升教师专业水平     展开数字素养辅导并收
                                               取反馈
```

图 2 信息时代中小学教师压力缓解对策

5.1 塑造积极人格,拥抱教师心理压力个性化

教师可以通过关注自身心理健康并接受适当的培训以舒缓压力,同时不断提高自身抗压水平,为基础教育的教学发展做出更大贡献。在教育信息化进程中,增进对新教学媒体的适应能力不仅可以减轻教师的不确定性心理,还有助于提升其自我效能感、主观幸福感等积极品质。中小学教师在获取新技能的同时增强了自信,促使其将所面临的种种消极元素转化为积极元素,以更热情饱满的状态投入教学工作中去。通过充分认识自身的优势与劣势,教师可以更好地接受压力必然存在的客观事实并正视教学工作中的技术挑战。此外,还可通过加强对中小学教师的正向鼓励,促使其在教学中实现自我价值、享受奉献的过程并构造乐观正向的自我评估系统。

5.2 提升专业水平,促进信息技术应用具体化

信息技术应用是数字能力的一部分,指具备有效地表达、分析数字信息内容以及判断信息来源的可靠性的能力,提升技术知识水平可在一定程度上降低中小学教师的技术压力。

在社会与学校层面,针对中小学教师群体制定并实施"职前——职后"一体化培养方案,帮助教师提升技术水平、增强职业认同感。由于不同水平、学科的教师所需的培训技能与形式不同,可根据教师的个性化差异展开数字素养辅导并收取反馈,从而根据训练的实际效果进行及时调整,提供全新的教学发展的框架,以满足教师在时空上的需求。

在教师自身层面,面对作为信息时代原住民的中小学生,更好地利用信息技术赋能教学工作。中小学教师可通过制定针对性的学习计划并提升其实用技能,探索面对面教学与远程网络教学相结合的教育模式。尽管陌生的教学媒体加剧了其不确定性心理,但随着时间的推移,这种从陌生到熟悉的转变同样有助于大幅度减缓教师负担,教师可在逐渐适应新技术的同时,探索出更优的教学指导方法。此外,中小学教师还可结合信息时代学生的学习特点和规律,运用科技手段营造恰当的学习情境,掌握新的教学方式。如,以多媒体课件为载体开展互助式教学并通过互联网资源丰富教学内容等。

5.3 匡正评价方向,完善智能评估规则科学化

随着教育在国家建设、社会和个人发展中的地位不断提高,优化教师的评估、奖励机制成为当下缓解中小学教师压力的一大号召,需要综合考虑教师的实

际需求和教育目标,以确保评估的公正、准确。在此背景下,教育管理层可通过增加对工作效率的侧重,将"减负增效"列入评估标准,在依靠学生考核成绩的基础上,考虑到教学质量、教育教学能力、学生及同行评价等多维度指标,更全面客观地评估中小学教师的工作表现。同时,还可提供适当的激励措施,对表现优秀的教师给予公开肯定,激发教师的积极性和创造力,进一步推动教师的专业发展和教育质量的提升。

5.4 保障技术支持,实现教师职业归属满意化

教师的专业发展对学校的教育质量以及学生的学习成果起着至关重要的作用。因此,教育相关部门可加强对中小学教师的专业发展的重视,为其提供符合使用需求的软硬件设备,从增进信息技术支持、构建教育生态环境的角度出发,优化鼓励机制,以调动教师的教学热情,增强其学习能力、合作能力与创新能力(吴潼,2022:60)。

此外,建议学校在提供软硬件设备和专项支持的基础上,营造轻松愉悦的工作氛围,组织多种文化活动,以丰富其校园文化生活,满足中小学教师的多样化需求。学校是教师重要的生活场所,相关部门增进对中小学教师的人文关怀、重视其发展成果并维护其合法权益均有利于提高教师对工作的满意程度,增进其对发展前景的希望,使教育信息化的步伐走得更快更稳。

6 结语

在当下教育信息化不断深入的背景下,作为基础教育的主力军,中小学教师承担着多维度的生存压力,亟须从教师自身、学校组织及社会大众等方面完善相对应的缓解对策。本文分析了传统教学模式与教育信息化新形势下中小学教师的压力特点,对信息时代教师压力的成因进行根源性探究,并对相关缓解方式进行了思考。研究发现,伴随着信息时代教学模式的转变,中小学教师的压力主要源于自我效能感偏低、信息技术应用困难、工作负荷增大与人际交往困境加剧等方面。针对这一情形,增强教师自身的信息技术素质与抗压能力,同时加大对教师的支持力度、优化评估机制等举措均对于缓解中小学教师的生存压力具有积极作用,能够有效地激发其教学热情,增强教学效果。希望通过对中小学教师压力的研究引起更多教育专家的注意,共同探讨缓解这一群体生存压力的对策措施,使中小学教师能够全身心地投入工作中,为信息时代的智能教育赋能,共同创造教育强国。

参考文献

[1] Cooper, C. J. & C. L. Travers. 2012. *Teachers Under Pressure: Stress in the Teaching Profession*. Oxfordshire: Taylor and Francis.

[2] Jay, T. 1981. Computerphobia: What to do about it. *Educational Technology*, 21(01): 47–48.

[3] Jena, R. K. 2015. Technostress in ICT enabled collaborative learning environment: An empirical study among Indian academician. *Computers in Human Behavior*, 51: 1116–1123.

[4] Mardakhaev, L. V. et al. 2018. Development of linguo-cultural personality of future teachers within the educational environment of higher educational institutions. *Novosibirsk State Pedagogical University Bulletin*, 8(04): 204–16.

[5] Shimizu, Y. 2021. Development of a teacher-specific school stress model: examination of relationships between Stressors, Coping, Self-Efficacy and Stress Reactions in Japanese high school teachers. *Journal of Health Psychology Research*, 33: 179–93.

[6] 何易立,刘革平,2022. CAS 视阈下的县域教育信息化治理体系建构.中国电化教育,(02):47–53.

[7] 焦建利,汪晓东,秦丹,2009.技术支持的教师专业发展:中国文献综述.远程教育杂志,17(01):18–24.

[8] 李炳亭,王占伟,2016.21 次走访圣陶学校:发现第三种教学关系.中国教师报,2016–03–23(001).

[9] 李虹,2005.大学教师工作压力量表的编制及其信效度指标.心理发展与教育,(04):105–109.

[10] 刘伟,邹萍,张玉莹,2017."互联网+教育"背景下的高校教师压力应对策略.才智,(22):197–198.

[11] 李悦,2013.教学信息化进程中的教师工作压力问题研究.中国电化教育,(03):121–125.

[12] 潘琦,2020.人工智能时代教师的地位竞争及其应对.教学与管理,(24):47–49.

[13] 汤莉莉,2020.高中教师职业压力及其管理研究.南京:南京航空航天大学.

[14] 吴潼,2022.信息技术环境下中小学教师工作压力成因及缓解策略探讨.教育传播与技术,(02):60–64.

[15] 中共中央新闻网.以数字化塑造全民终身学习新动能,http://theory.people.com.cn/n1/2024/0220/c40531-40179773.html?ivk_sa=1024320u

[16] 朱从书,申继亮,刘加霞,2002.中小学教师职业压力源研究.现代中小学教育,(03):50–54.

导师评语

吕斌：论文以信息时代教师压力研究为旨归，具有一定的理论深度和现实意义。作者将中小学教师群体作为研究对象，从压力现状、压力成因和缓解建议三个层面，对信息化教育背景下中小学教师的压力状况展开研究。作者运用专业基础知识分析中、英、日文文献，采用实地调查、问卷访谈等方法收集数据，使用SPSS等软件对数据进行分析，并基于分析结果运用"复杂适应系统"（CAS）理论从"主体性"、"层次性"和"非线性"三方面研究压力的多维成因，并就压力的缓解问题提出了个人观点。尽管论文在对访谈资料的掌握方面尚需充实，但整体上看逻辑严密，思路清晰，结构合理，体现出作者较强的创新意识、科研潜质和现实关怀。

比较文学与跨文化研究

阿列克西耶维奇作品在中国的传播与研究*

陈乐明

摘　要：2015 年诺贝尔文学奖获得者斯韦特兰娜·阿列克西耶维奇的创作在文学形式和艺术特色上独树一帜。中国对其作品的译介总体上比较及时、全面。阿氏获诺奖前，中国学界多是用其作品佐证俄苏战争文学的发展、纪实文学与"非虚构"文学的兴起和嬗变。阿氏获诺奖后，中国掀起了对其作品的出版热潮，学界也将她的创作列为独立的研究对象加以探究，研究范围涵盖作家生平、创作历程与成就、作品主题、人物形象和叙事艺术等，兼及比较文学和新闻学的视野。

关键词：阿列克西耶维奇；诺贝尔文学奖；汉译；文学评论；接受

1　引言

2015 年 10 月 8 日，瑞典文学院将该年度的诺贝尔文学奖颁给了用俄语写作的白俄罗斯女作家阿列克西耶维奇（С. А. Алексиевич）[①]。颁奖词称：阿列克西耶维奇的"多声部创作是记录我们这个时代苦难与勇气的纪念碑"。

阿列克西耶维奇 1948 年 5 月 31 日生于乌克兰，父亲是白俄罗斯人，母亲是乌克兰人。父亲从军队复员后，阿列克西耶维奇一家迁到了白俄罗斯。1967 年，阿列克西耶维奇进入白俄罗斯国立大学新闻系学习，毕业后在报社工作。

阿列克西耶维奇将白俄罗斯著名作家阿达莫维奇（А. М. Адамович）视为

---

* 本文系 2017 年国家级大学生创新训练计划项目"当代俄语战争文学在中国的传播与接受"（项目编号：G201710284103）成果，发表于《俄语学习》，2017 年第 5 期，35–40。

① 本文按照《俄语姓名译名手册》（商务印书馆 2005 年版）及"俄汉音译表"翻译作家姓名。文中涉及的某些文献使用了其他的译名方案，均予以保留。

自己重要的文学老师,她表示,阿达莫维奇的《我来自火光熊熊的村庄》(*Я из огненной деревни*)、《围困纪事》(*Блогадная книга*)等作品帮自己找到了让当事人发声的纪实文学之路。阿列克西耶维奇至今一共创作了六部作品(见表1),战争主题在其中占有重要的地位。她在创作笔记中写道,战争的世界是她唯一认识的世界,"直到现在也不认识另外的世界和另外世界上的人"(阿列克西耶维奇,2015:403)。

2 阿列克西耶维奇作品在中国的译介历程

截至2017年8月,阿列克西耶维奇的作品已被翻译成53种语言,在49个国家出版。中国对阿列克西耶维奇的译介从1985年开始,除了《被死神迷惑的人》目前尚未被全文译出,其余作品都已译成中文正式出版,某些作品还不止一种译本。

表1 阿列克西耶维奇作品在中国的翻译和出版情况

原著①	汉译本
«У войны не женское лицо», 1985	《战争中没有女性》,吕宁思译,昆仑出版社,1985年; 《战争的面孔不是女性的(节译)》,邓蜀平译,收于《世界反法西斯文学书系8·苏联卷(8)》,重庆出版社,1993年; 《我是女兵,也是女人》,吕宁思译,九州出版社,2015年。
«Последние свидетели», 1985	《最后的见证人》,李真子节译,《苏联文学(联刊)》1991年第3期; 《最后的见证人(节译)》,邓蜀平译,收于《世界反法西斯文学书系8·苏联卷(8)》,重庆出版社,1993年; 《我还是想你,妈妈》,晴朗李寒译,九州出版社,2015年。
«Цинковые мальчики», 1989	《锌皮娃娃兵》,乌兰汗②节译,《世界文学》1995年第2期; 《锌皮娃娃兵》,乌兰汗译,收于《锌皮娃娃兵》,昆仑出版社出版,1999年; 《锌皮娃娃兵》,高莽译,九州出版社,2014年。

① 此栏所列为原著的初版年份。
② 乌兰汗是高莽的笔名。

(续表)

原著	汉译本
«Зачарованные смертью», 1993	《被死神迷惑的人(小说节选)》,李冬梅译,《世界文学》2016年第2期。
«Чернобыльская молитва：хроника будущего», 1997	《切尔诺贝利的祈祷(未来的记事)》,田大畏译,收于《锌皮娃娃兵》,昆仑出版社出版,1999年； 《切尔诺贝利的回忆：核灾难口述史》,王甜甜译,凤凰出版社,2012年； 《我不知道该说什么,关于死亡还是关于爱情：来自切尔诺贝利的声音》,方祖芳、郭成业译,花城出版社,2014年； 《切尔诺贝利的悲鸣》,方祖芳、郭成业译,花城出版社,2015年。①
«Время секонд-хэнд», 2013	《二手时间》,吕宁思译,中信出版社,2016年。

从1985年至20世纪末,中国对阿列克西耶维奇作品的翻译比较及时。1985年9月,昆仑出版社出版了由吕宁思翻译的《战争中没有女性》,这是阿列克西耶维奇的作品首次在我国亮相,距离作家1984年在《十月》杂志上首发该作品仅隔一年半,中文译本是第二个外文版本。译者在译后记中表示,翻译该书是为了使"我们的读者逐渐熟悉和喜爱这种纪实文学体裁",并"对我国的军事文学作者有一点启迪和借鉴的意义"(阿列克西耶维奇,1985：259)。此后十余年,对阿列克西耶维奇其他作品的译介陆续展开,但基本都是节译的形式,发表在期刊上,或者被收入选集,影响力和反映原著的程度有限。1999年,昆仑出版社推出阿列克西耶维奇作品集,收入了《锌皮娃娃兵》和《切尔诺贝利的祈祷(未来的记事)》。

在21世纪最初的十余年间,阿列克西耶维奇曾多次修订并再版自己的作品,而我国并未跟进重译。直至2012年,凤凰出版社推出了由王甜甜翻译的《切尔诺贝利的回忆：核灾难口述史》。

2013年,阿列克西耶维奇获得诺贝尔文学奖提名并入围决选名单,其作品在中国的译介规模迅速扩大。北京磨铁图书有限公司开始系统地出版阿列克西耶维奇的作品,与多家出版社合作推出了《锌皮娃娃兵》《我是女兵,也是女人》和《我还是想你,妈妈》。这些译本多是根据作家本人修订、由莫斯科时代出版

---

① 《我不知道该说什么,关于死亡还是关于爱情：来自切尔诺贝利的声音》和《切尔诺贝利的悲鸣》均为由方祖芳、郭成业翻译,台湾馥林文化出版社出版的《车诺比的悲鸣》的简体版。

社2013年出版的文本重译。

2015年的诺贝尔文学奖公布一个月后，北京磨铁图书有限公司将其出版的阿列克西耶维奇作品汉译本合并为"2015年诺贝尔文学奖作品"再次印刷，收录了《我是女兵，也是女人》《我还是想你，妈妈》《锌皮娃娃兵》和《切尔诺贝利的悲鸣》。中信出版社则于2016年出版了由吕宁思翻译的《二手时间》。

3 阿列克西耶维奇获诺奖前中国学界对其的研究

在我国，最早研究阿列克西耶维奇的学者是其作品的译者，他们在译本中以附属篇目的形式对其创作进行介绍和论述。例如，吕宁思（1985）在《战争中没有女性》的译后记里探析了该书的纪实文学体裁特征，阐释了纪实手法对于主题呈现的作用。高莽（1999）在其与田大畏合译的阿列克西耶维奇作品集《锌皮娃娃兵》中以代前言的形式概述了作家的纪实文学风格。

2015年前，单独以阿列克西耶维奇为题的学术论著为数不多，陈新宇发表在《译林》2006年第2期上的《斯·阿列克西耶维奇和她的战争纪实文学》可谓代表之作。该文基于《战争的非女性面孔》、《最后的见证者》和《锌皮娃娃兵》解读阿列克西耶维奇作品的核心主题与叙事风格。这一时期，我国学者多把阿列克西耶维奇的作品视为典型文本，用以佐证俄苏战争文学的发展、纪实文学与"非虚构"文学的兴起和嬗变，其中，最受关注的作品是《战争的非女性面孔》。

3.1 将阿列克西耶维奇的创作纳入俄苏战争文学史进行研究

阿列克西耶维奇以自己的笔触揭示战争的毁灭性，对此，中国研究者从一开始就予以了特别关注，具体包括以下几个方面。

第一，将阿列克西耶维奇视为俄苏战争文学发展的重要环节加以论述。例如，李辉凡在《世界反法西斯文学书系8·苏联卷（8）》的序言《血与火熔铸的丰碑——苏联反法西斯文学50年》中回顾了苏联反法西斯文学的发展过程，以阿列克西耶维奇的《战争的非女性面孔》和《最后的见证者》等为例解析法西斯对妇女、儿童的戕害。黎皓智在《外国文学评论》1995年第3期上发表《苏联卫国战争文学的艺术历程》，从描绘战争的方式、军事文学的"人学"深度、军事文学作品主题的拓展等方面探讨苏联卫国战争文学。作者以《战争的非女性面孔》为例分析纪实文学体裁的特征，以及作家书写英雄主义悲剧的人学观。侯玮红发表于《文艺理论与批评》2015年第4期的《卫国战争文学的当代发展》梳理了苏联时期卫国战争文学的发展过程，将《战争的非女性面孔》作为"第三浪潮"的重要作品加以阐发。刘文飞在2015年8月13日的《中国社会科学报》上发表《战争与和平的文学记忆——俄苏反法西斯战争文学的历史和特征》,以阿列克西耶维奇的《最后的见证者》等为证,强调反法西斯文学体裁形式的新变。

第二,从苏联文学异国书写的角度讨论阿列克西耶维奇的战争作品。例如,刘亚丁从苏联文学发展的时间脉络入手,梳理苏联文学的异国书写,分析了阿列克西耶维奇的《锌皮娃娃兵》。作者提出,可以从历史伦理角度对苏联文学异国书写进行研究,而《锌皮娃娃兵》"通过笔录战争的参加者和家属的声音揭露残酷的真相","给研究者的伦理观照提供了新的材料和角度"(刘亚丁,2009:5-6)。

第三,从苏联文学域外传播的角度论及阿列克西耶维奇的战争作品。例如,李万春、王蕾在发表于《俄罗斯文艺》2010年第1期的《苏联卫国战争文学在中国的译介与传播》聚焦20世纪80年代以来苏联卫国战争文学在中国的接受热潮,阿列克西耶维奇的《战争的非女性面孔》是这股潮流中的重要作品。

第四,以阿列克西耶维奇作品的典型形象为例,分析战争文学的人物塑造,此类探究多见于俄语语言文学专业的硕士学位论文,主要涉及老人、女性、孩童等所谓的"小人物"群体。

3.2 将阿列克西耶维奇的作品视为"非虚构"文学、纪实文学和新新闻主义的典型文本进行透视

作为与"虚构"相对的写作叙事原则,与"非虚构"叙事相关的文学体裁包括报告文学、传记文学、游记文学、史志文学和口述实录文学等。"非虚构"的基本属性为"内容的真实性"和"呈现的客观性"(龚善举,2013:47)。纪实文学是根据文献创作的文学,往往能再现历史事件或展示社会重大现象的真实信息。新新闻主义则是20世纪60—80年代在美国流行的一种新闻写作方法,它主张在报道新闻事件时侧重文学性,重视对话、场景与心理活动,强调细节刻画。

第一,把阿列克西耶维奇的作品置于苏联纪实文学的体系中加以审视。例如,陈敬咏在《当代外国文学》1987年第2期发表《苏联战争题材的纪实文学》,谈到口述实录作品的兴起时,作者介绍了1974年到1985年期间引起强烈反响的四部文献作品(Документ-книга),其中包括阿列克西耶维奇的《战争的非女性面孔》和《最后的见证者》。张捷在《文艺评论》1988年第2期上发表《当代苏联小说中的纪实与虚拟》,基于阿列克西耶维奇的《战争的非女性面孔》和《最后的见证者》等作品论证了苏联纪实文学的发展趋势。

第二,以世界范围内的"非虚构"文学、纪实文学和新新闻主义作品为背景,

探析阿列克西耶维奇的创作。例如,尹均生在《文艺争鸣》1989年第2期上发表的《从全球文化视野审视纪实文学》,以阿列克西耶维奇的《战争的非女性面孔》等为例,介绍苏联纪实文学热潮,梳理全球视野下纪实文学的发展脉络。张素珍发表于《徐州师范学院学报》1991年第2期的《试论新新闻主义的由来、形成和发展》明确将阿列克西耶维奇的《战争的非女性面孔》视为新新闻主义的代表作品。吴松江在发表于《广播电视大学学报(哲学社会科学版)》2002年第1期的《报告文学与纪实小说的区别与界定》一文中讨论了报告文学与纪实小说的异同,以《战争的非女性面孔》等作品为依托,论述了纪实小说的发展阶段。龚举善在《文艺研究》2013年第5期上发表《"非虚构"叙事的文学伦理及限度》,把阿列克西耶维奇的《战争的非女性面孔》视为20世纪非虚构写作的重要作品。

3.3 对比阿列克西耶维奇与其他作家的作品

在此类研究中其他作家的作品多半是分析的主体,而阿列克西耶维奇的作品则用于映衬。例如,司俊琴、常文昌从人道主义叙述视角分析战争文学领域中俄罗斯文学对中亚东干族文学的影响,认为"俄罗斯战争文学和东干战争文学的许多作品都是以妇女与儿童的视角来审视战争的"(司俊琴、常文昌,2010:61)。该文虽对比了东干作家尤苏尔·老马的短篇小说《往事》与阿列克西耶维奇的《最后的见证人》等作品,但并未对后者进行详尽阐发。

4 阿列克西耶维奇获诺奖后中国学界对其的研究

阿列克西耶维奇2015年获得诺奖后迅速成为我国学者关注的焦点。《世界文学》杂志于2016年第2期推出"2015年诺贝尔文学奖得主斯维特兰娜·阿列克西耶维奇专辑",包括诺贝尔文学奖的颁奖词(袁伟译),作家在领奖典礼上的演讲词《关于一场输掉的战争——诺贝尔奖演讲》(刘文飞译),首次被译成中文的《被死神迷惑的人》片段(李冬梅译),论文《泪眼回眸——斯维塔兰娜·阿列克西耶维奇启示录中的神属和人属》(列夫·安宁斯基著,张猛译)、《阿列克西耶维奇因何获诺奖》(侯玮红著),访谈《活到黎明——斯·阿列克西耶维奇访谈》(叶莲娜·雅科夫列娃著,苏玲译)以及阿列克西耶维奇作品译者高莽撰写的随笔《忆一段往事》。阿列克西耶维奇自此成为独立的阐析对象。2015年10月到2017年8月期间中国学者发表的数十篇论文大致可分为以下几类:

第一,介绍其生平,梳理其创作历程与成就。除去事实层面的厘清,研究者们还挖掘了影响阿列克西耶维奇创作的多种因素。比如,李正荣对作家的出生地,作品的出版过程、增删历史和符号—意象的文化渊源等文本问题进行了考证,他认为"乌克兰的伊万诺-弗兰科夫斯克对于阿丽克西耶维奇来说,既具有故乡的意义又具有'地缘政治'的隐喻性",而她的"'多声部写作'是'选择性的多声部剪裁'"(李正荣,2016:4)。

第二,阐述其作品兼容历史与文学的非虚构特征。田洪敏(2015)、刘源(2016)、杜晓梅(2016)、王亚民(2016)等强调,阿列克西耶维奇直面20世纪人类遭遇的重大灾难,反映真实人物的命运,阐释时代特征。研究者们着力考量作家如何把记录现实内容与构建人文关怀的格局统一起来,如何在保留事实的同时营造小说的氛围和情绪。

第三,分析其作品的主题呈现与人物刻画。在主题方面,主要审视阿列克西耶维奇创作中的知识分子话语,张变革将其内核表述为"以直面灾难的道德勇气带给人强烈的情感冲击和思想震撼"(张变革,2016:1);而朱研(2016)发表在《当代外国文学》上的《阿列克西耶维奇的创伤书写——以〈来自切尔诺贝利的声音〉为中心》一文则聚焦作家笔下的创伤记忆,讨论在现代性死亡本能的威胁下,如何保存人性,保存个体价值,最终拯救自我。在人物形象方面,李玉(2016)等人关注作家构建的卫国战争时期苏联女兵的群体形象,解读战争语境下女性承受的种种苦难。

第四,透视其作品的叙事艺术。例如,王刚(2016)、田墨(2016)等关注作家的复调写作特点,探究她如何在作品中平等地让各色人等发声。陈嫚、李志峰重视情感表现艺术,认为作家"将真实的情感隐匿于看似毫无表情的客观记录背后,造成触目惊心的效果;将个人记忆带入历史的反思,在叙事结构中积蓄情感;最后以复调的手法,让个体经验与集体情感进行多重对话与共鸣"(陈嫚、李志峰,2016:64)。侯海荣、胡铁生(2016)通过探讨场景反差与审美感知、比拟反差与审美想象、人性反差与审美情感、时空反差与审美理解这四重审美效果把握阿列克西耶维奇纪实小说的叙事艺术。高建华(2017)、曹爽(2017)等则聚焦阿氏的叙事策略及生命书写。

第五,通过比较的视角审视其创作。作品与作品的比较,例如,《灾难的非虚构书写——评S.A.阿列克谢耶维奇的〈我还是想你,妈妈〉与杨显惠的〈定西孤儿院纪事〉》[江河,《写作(上旬刊)》2016年第8期];作家与作家的比较,例如,《浅谈阿列克谢耶维奇与艾丽丝·门罗的异同》(范天玉,《陕西广播电视大学学报》2016年第4期)、《艾丽丝·门罗与阿列克谢耶维奇写作对比》[殷婧璇,《鸭绿江(下半月版)》2016年第7期];创作范式的比较,例如,孙桂荣从阿列克西耶维奇的纪实写作入手,反观中国非虚构写作的文体边界与价值隐忧。

第六,以新闻学为视野观照其作品。常江(2015)、杨奇光(2015)、周菊琴(2016)、宋宁刚(2016)等从学科交叉的角度观察阿列克西耶维奇的作品,管窥新闻与文学的关联以及纪实文学作品的新闻采写特色。他们认为,阿列克西耶维奇着墨于社会生活的重大题材,她的写作尊重事实,重视对记录的还原,削减个人倾向性。同时,她尊重当事人的个体感受,以个性化的语言和细节包裹残忍的事实,引领读者直抵人性深处。也有学者试图证明,作家存在操纵事件亲历者证言、清除叙事环境的主观意愿。

相对陌生的写作者获颁诺奖所产生的神秘光环也使阿列克西耶维奇赢得了普通中国读者的关注。从2000年至2015年的诺贝尔文学奖得主作品2016年1月至8月在"亚马逊中国"的销售情况来看,阿列克西耶维奇有四部作品进入作品排行榜前十名,她本人占据作家排行榜第一名①。除去作者的诺奖身份、译文质量、发行宣传等因素外,阿列克西耶维奇在中国掀起热潮与其创作主题不无关系。她的作品旨在书写苏联社会以及国家解体后普通人的生活际遇,这契合译入语社会的关注点,容易激发处于社会变革期的中国读者的阅读兴趣,使其产生共鸣和思考。从读者在"豆瓣读书"网站上的留言来看,引发热议的主要是阿列克西耶维奇作品蕴含的政治性、历史性与文学性之间的关系以及复调的语言特色等。

参考文献

[1] Алексиевич, С. А. 2000. В поисках вечного человека. *Вопросы литературы*, (01): 37–43.

[2] 阿列克西耶维奇,1985. 战争中没有女性. 吕宁思,译. 北京:昆仑出版社.

[3] 阿列克西耶维奇,2015. 我是女兵,也是女人. 吕宁思,译. 北京:九州出版社.

[4] 陈嫚,李志峰,2016. 以情感书写历史——阿列克谢耶维奇的情感表现艺术. 上饶师范学院学报,(05):64–68.

[5] 龚善举,2013. "非虚构"叙事的文学伦理及限度. 文艺研究,(05):43–53.

[6] 侯海荣,胡铁生,2016. 阿列克西耶维奇的纪实小说叙事艺术. 学术研究,(11):163–169.

[7] 李正荣,2016. 斯维特兰娜·阿丽克西耶维奇诸事考. 俄罗斯文艺,(02):4–16.

[8] 刘亚丁,2009. 苏联文学研究中一块等待复垦的丢荒地——苏联文学异国书写辨析. 俄罗斯文艺,(01):3–7.

[9] 司俊琴,常文昌,2010. 跨文化视野中的中亚东干战争文学. 兰州大学学报(社会科学

---

① 据中国出版传媒网报道:亚马逊中国发布2000—2015年诺奖作家排行榜,http://www.cbbr.com.cn/article/107272.html

版),(03):58-64.
[10] 张变革,2016.以情感唤醒理性:阿列克谢耶维奇创作中的知识分子话语.俄罗斯文化,(02):17-24.

导师评语

张俊翔:论文剖析 2015 年诺贝尔文学奖获得者、白俄罗斯作家斯韦特兰娜·阿列克西耶维奇的创作在中国的接受问题,选题具有较强的现实意义。作者梳理中国翻译界对阿氏作品的译介历程,归纳中国批评界对阿氏作品的研究特色。作者对文献收集比较全面,阅读比较深入,分析有条有理,这使得论文逻辑清晰,言之有物,结论可信。论文对中国普通读者如何评价阿氏作品的问题暂时涉及较少,值得进一步挖掘。

南京文脉的对外传播现状与前景
——基于对南京文学之都促进中心活动的分析*

冯奕涵　呙丁丁

摘　要：南京是中国四大古都之一，历史悠久，文脉深厚，2019年入选"世界文学之都"让这座城市再一次在世界舞台上绽放出了耀眼的光芒。"政府＋第三方（设置在政府下的机构）"的合作作为城市形象推广重要的宣传模式，对南京文脉的对外传播具有重要意义。本文以南京文学之都促进中心为研究对象，根据城市符号学理论重点分析南京文学之都官方网站所蕴含的典型城市符号。研究发现，南京丰富而深厚的文脉资源为南京城市符号的选择、构建与传播提供了大量素材。通过考察南京文学之都促进中心官方网站，可以发现其城市符号涵盖广泛，包括物质文化、行为文化和精神文化三个层面，且每个层面均有典型样例。然而，尽管南京已经构建了相对完备的城市文化符号体系，但其实际传播效果仍有待提升。为更好地传播南京"文学之都"的城市形象，可以充分利用电影、短视频、游戏等大众喜闻乐见的传播形式，优化宣传效果。

关键词：世界文学之都；对外传播；推广模式

＊ 本文系2022年国家级大学生创新训练计划项目"探宁溯源：文化多样性视角下南京文脉故事的国际传播策略研究"（项目编号：202210284073Z）成果，发表于《语言与文化研究》，2022年第2期，266－272。

1 现有模式分析

1.1 作为"世界文学之都"的南京

南京是中国四大古都之一,历史悠久,文脉深厚。2019年10月31日,联合国教科文组织官方宣布,批准66座城市加入联合国教科文组织"创意城市网络"。其中,南京被列入"世界文学之都",成为中国第一个获此称号的城市。这座古老的中国城市再次走到了世界舞台中央。

南京拥有丰富的文化资源。中国第一篇文学理论文章《文赋》、第一部诗论专著《诗品》、第一部系统的文学理论和批评专著《文心雕龙》、第一部儿童启蒙读物《千字文》、现存最早的诗文总集《昭明文选》等均诞生在南京。据统计,在中国数千年文化史上,有超过1万部文学作品写作于南京或者与南京有关,数量位居全国之首。世界规模最大的百科全书《永乐大典》在南京编撰成书,中国昆曲最重要的代表作《桃花扇》在南京创作并演出。中国最著名的诗人李白为南京创作了100余首诗歌。《红楼梦》《本草纲目》《儒林外史》等中华传世之作都与南京密不可分。近现代以来,南京始终拥有对中国文坛的重要影响力。文学大师鲁迅、巴金等在南京走上文学道路。朱自清、俞平伯、张恨水、张爱玲等文坛巨匠也都与南京有着千丝万缕的联系。(张光芒,2019:87-97)

1.2 "政府+第三方(设置在政府下的机构)"合作模式

陈云松等学者(2015)利用谷歌图书语料库大数据资料,测量了近三百年中国城市的国际知名度,发现北京、香港、上海、广州、南京、澳门、天津、台北、重庆和拉萨依次为前十强,南京位居第五。而此次入选"世界文学之都",意味着文学是南京的城市特色,文学作为文化的重要组成部分,在南京对外交流中应该占据重要位置。然而,在南京目前的实际宣传中,包括文学在内的文化因素并未对城市知名度的提升产生应有的影响,南京需要在加强城市形象的宣传过程中切实发挥文化的作用。

对于文化传播来说,多元主体的参与十分重要,大力推行"政府+第三方"合作是一种常规操作。所谓"政府+第三方"合作模式,是指政府就相关工作推出提案,由第三方落地实施,包括整体策划活动方案和全程执行。"政府+第三方"合作模式具有以下优势。第一,政府与第三方的角色更加清晰和明确。政府作为提出要求一方,不直接参与项目建设,这可以节约政府内部在人员分配、工作管理等方面的时间成本,而第三方则能依靠其专业性实现效率的最大化。第二,这种模式与以前由政府负责项目不同,既能充分调动第三方的积极性,也能在一定程度上弥补政府动力不足的缺陷,在降低政府成本的同时提高活动质量,实现 1+1 大于 2 的效果。

在实际操作的过程中,需注意以下两个问题。第一,政府在选择第三方时需注意其是否能满足政府策划活动的需求。如果不能很好地满足,很有可能影响活动效果,不利于建设正面、积极的城市形象。第二,第三方要加强与政府之间的沟通交流,了解政府的策划意图,避免因为沟通不当产生分歧。

2 符号的选择和意义:"世界文学之都"的城市文化符号

在南京诸多对外宣传的窗口中,"政府+第三方"的合作模式是不可忽视的重要平台。2016 年,南京文学之都促进中心(以下简称"促进中心")成立。作为南京市委宣传部牵头成立的社会团体,"促进中心"是南京申报和建设联合国教科文组织"世界图书之都"和"创意城市网络·文学之都"的工作组织,旨在加强南京与外界的交流,尤其是与联合国教科文组织"创意城市网络·文学之都"城市的沟通,在本地积极举办与文学及图书相关的国际性论坛、会展等活动,并通过文学创作、印刷出版、媒体传播、产业服务等方式,向国际上输出更多的南京文学作品。同时,"促进中心"致力于树立南京城市文学、全民阅读与图书出版品牌,打造南京文化新 IP,融合南京城市文学资源,促进多元文化的交流、互鉴和创新。"促进中心"在推广南京"世界文学之都"城市形象的过程中采用了大量城市文化符号,对于研究南京城市符号具有代表性和借鉴意义。因此,本文选择"促进中心"作为分析个案。由于"促进中心"旗下的各大传播媒介采用的符号大致相同,本文以涵盖符号最为全面的南京文学之都促进中心运营的官方网站(www.njliterature.org)的相关内容为具体研究对象,探究南京文化符号的对外传播情况。需要说明的是,因业务往来需要,"促进中心"的职能近年来逐渐转由另一个社会团体"南京文学之都促进会"承担。

2.1 城市文化符号的选择

我们首先将"促进中心"在官网列出的文化符号分成三类:物质文化符号,例如,文学基础设施、文学产业;行为文化符号,例如,全民阅读、文学教育、文学普惠;精神文化符号,例如,作家、南京文脉等(见表1)。

表1 "促进中心"官网文化符号种类

物质文化符号	文学基础设施、文学期刊、文学产业
行为文化符号	全民阅读、文学教育、文学普惠
精神文化符号	作家、文学作品、南京文脉

接下来,我们将在官网上出现过的所有文化符号进行分门别类的整理,得出全部文化符号的分类情况(见表2)。

表2 "促进中心"官网文化符号分类

物质文化符号	文学基础设施:先锋书店、凤凰云书坊、大众书局南京书城、万象书坊、南京图书馆、金陵图书馆、半城读书会、群学书院、悦的读书、上元书院、领读者联盟、台城书房; 文学期刊:《雨花》、《钟山》、《扬子江评论》、《扬子江诗刊》、《青春》; 文学产业:凤凰出版传媒集团、南京出版传媒(集团)有限责任公司、南京设计廊、南京大学出版社、南京爱德印刷有限公司、可一集团、春雨集团、经纶集团、大众书局。
行为文化符号	全民阅读:民间阅读组织活动、南京读书节、"金陵五月风"南京文学艺术节; 文学教育:建立文学推进机制、开设文学校本课程、开展丰富社团活动; 文学普惠:南京原形艺术中心、中荷原生艺术交流展、文学服务普惠特定人群。
精神文化符号	作家:叶兆言、韩东、高晓声、苏童、范小青、赵本夫、陆文夫、周梅森、黄蓓佳、毕飞宇、张嘉佳; 文学作品:《全清词》、《全唐五代诗》、《全宋词》; 南京文脉:经典文学(东晋南朝、唐宋、明清)、现代文学(20世纪)、24部"南京传世名著"。

2.2 城市文化符号的意义

符号承载意义,而意义构建文化。城市文化可以看作是一个城市代表性文化符号构成的意义体系。(章琳帆,2020)"世界文学之都"的对外传播形象通过一系列文化符号构建而成,这些符号同时也深化了南京作为"世界文学之都"的意义所在。因此接下来本文将对"促进中心"官网涉及的城市文化符号进行意义解释,探讨其对外传播的是怎样的南京城市文化。

本文对"世界文学之都"相关符号意义的解读以法国哲学家罗兰·巴尔特对文化的符号学分析方法为蓝本。罗兰·巴尔特对索绪尔符号理论进行了补充,在"能指"与"所指"的基础上新增了"意指"系统。"意指"系统包括"能指"与"所指",阐明了二者("能指"与"所指")在表达层面和内容层面上的互动关系。"能指"与"所指"相结合所形成的符号隶属"直接意指"系统,而"直接意指"系统也能与新的能指或者新的所指组成第二层的意指系统,即"含蓄意指"。(罗兰·巴尔特,2008)由此可见,在罗兰·巴尔特的分析体系下,符号的意义不在于表面的"所指",而在于"意指",在于"能指"与"所指"的互动。文化是藏于符号的多层意指系统中的。因此,要分析符号所代表或蕴含的城市文化,不能只停留在符号的"直接意指"层面,而需要进一步结合社会语境与历史背景分析其"含蓄意指"。

城市的物质文化由可感的有形物质组成。在对"促进中心"官网涉及的文学之都文化符号进行整理与分析后发现,为贴合文学之都的城市形象,与文学相关的书店、文学作品乃至文学期刊成为其重点展现内容。从"直接意指"层面分析,从国内知名的民营书店"先锋书店",到江苏省作家协会主办的文学月刊《雨花》,再到起源于民国时期的文学产业品牌"大众书局",这些具体可感的物质文化符号是南京城市物质文化的"能指",而其"所指",则是南京的文学底蕴和书卷气息。南京的书店、图书馆、书院、读者协会等文学基础设施繁多,在南京发刊的文学类期刊为数不少,它们是优质文学作品和评论文章的摇篮,也是各方共同探讨文学创作的最佳平台;南京聚集了大量的优质文学产业品牌,这也正是城市生活与文学关系密不可分的绝佳证据。由此,"世界文学之都"的物质文化符号从"直接意指"层面构建起了一个文学设施完善、文学资源丰厚的南京城市形象。

以"直接意指"层面的南京城市形象为能指,结合相关符号具体的社会语境与历史背景,可以进一步分析"所指"层面蕴含的更深层次的南京城市文化。以先锋书店为例。先锋书店自1996年创立起就致力于打造具有建筑之元素、人文之关怀的书店阅读空间,逐渐吸引了众多国内外读者,成为南京重要的文化地标。甫一步入书店,浓郁的文化气息便扑面而来:百米艺术画廊上,世界名人画像无声地诠释着历史;天花板上,凡·高、毕加索等绘画大师的画像直触心灵;房柱上,波德莱尔、马拉美等知名诗人的经典名句犹在耳畔……伴随着舒缓的音乐,这里的一切都有着洗涤心灵的力量。(郑晋鸣,2013)扎根于南京市民文化土壤的先锋书店被评为南京十二张文化名片之一。在电子书对传统图书业的冲击日益加剧的今天,这家书店反而生意兴隆。除去品牌自身有效的营销策略和战略决策外,更重要的是南京的文化沃土和文学传统的有力加持。热衷于文学阅读和交流的广大读者在这样一个公共阅读空间里穿梭,他们代表的是属于南京的文学坚守,而先锋书店自然就成了南京百姓阅读文化的有力表征。

城市的行为文化符号是指在城市一系列行为方式中体现的人文因素。在"促进中心"官网涉及的文化符号中,行为符号以南京城市民间阅读活动、文学普及教育政策以及对身体不便的特定人群的文学普惠活动为主,如举办南京读书节、"金陵五月风"南京文学艺术节;建立文学推进机制,开设文学校本课程,开展丰富社团活动;建立南京原形艺术中心,举办中荷原生艺术交流展。从"直接意指"层面分析,上述丰富多彩的阅读普及活动是行为文化符号的"能指",而其所指则是南京市民不分年龄都拥有的积极开展文学阅读的习惯。一系列大众阅读活动使得"世界文学之都"的行为文化符号在"直接意指"层面构建了一个全民热爱文学的城市形象。

行为文化符号的"直接意指"系统通过对具体行为的照片和文字展示,彰显南京市民对阅读的热衷程度。而以这层"直接意指"层面的南京城市形象为能指,结合相关符号具体的社会语境与历史背景,能够进一步分析"所指"层面蕴含的更深层次的南京城市文化。例如,南京文学专家十分热心文学普及工作。南京大学文学院教授傅元峰曾在其微信个人公众号上分析人教社新编高中语文教科书的相关问题,其论点引起广泛关注。汪政、章红等南京评论家和作家也一直潜心于文学教育。近年来,汪政将不少精力投注于微信个人公众号"家在湖山"上面。该公众号以文学和教育为主要话题,汪政凭借其真挚的评论和深刻的观点博得大量读者的喜爱。作家章红则通过编辑图书、开设讲座等方式从事文学教育工作,她出版了《写作课(像作家一样生活)》一书,提倡让文学成为一种生活方式。在南京这座"世界文学之都",专业文学工作者们投身于不同年龄段的文学教育事业当中,有利于构建全民阅读的城市形象。

南京的精神文化涵盖市民在城市长期发展历程中形成的深层信仰。作为"世界文学之都",南京汇聚了众多文人墨客,他们创作的经典著作对于流传至今的文学传统起到了关键作用。这些文化符号不仅展现了南京深厚的文学底蕴,还塑造了其作为文学名城的独特形象:南京追求的不仅是全民阅读的风气和数量丰富的作品,更是独树一帜的创作风格。具体而言,从"直接意指"层面看,南京不仅是毕飞宇、苏童等当代著名作家创作的根基所在,更是东晋南朝至今数十位极具影响力的作家生活和创作之地。2014年,南京社会各界评选的24部"南京传世名著"就是这一文化传承的重要体现,它们成为南京城市精神文化符号的"能指",进一步指向南京作为"世界文学之都"的独特气质。

从社会语境和历史背景来看,南京的文脉在东晋南朝时期已初具规模,南京因衣冠南渡成为黄河文明与长江文明的交汇之地,以汉文化为核心的华夏文明得以在此延续和繁荣。唐宋时期,南京成为诗词创作的宝地,诗仙李白以及杜牧、李清照等名家都在此留下了脍炙人口的诗篇。明清时代,南京的文化成就达到新的高峰,成为《永乐大典》《红楼梦》等巨作的创作地,昆曲亦从这里传播开来,南京是当时中国的重要文化中心。这条跨越千年的文脉不仅见证了南京的历史兴衰,也为这座城市赋予了厚重的文学底色和深远的精神意蕴。

2.3 符号的传播:城市文化符号的媒体传播效果

2.3.1 "促进中心"社交媒体账号传播数据

符号的传播过程不仅包括对符号的编码以及对渠道的布局,还需考虑受众的接受程度。本文基于"促进中心"开通的微信公众号、bilibili(以下简称 b 站)、微博账号分析其社交媒体传播效果(见表3)。

"促进中心"微信公众号于 2020 年 11 月 16 日注册,并于 2021 年 1 月 8 日起正式运营。截至 2022 年 4 月 1 日,该公众号共发布 95 篇推送稿,分为南京文学季、世界文都、文都会客厅、书香文都、创作文都、文都微光、文都动态 7 个板块,内容上以"世界文学之都"推广活动介绍和"促进中心"工作展现为主,以人物访谈及文化符号宣传为辅。值得指出的是,在人物访谈板块,特设了名为"文都微光"的"年度文都榜样"发掘传播计划,在全网招募传播文都情怀的"南京文人"。截至 2022 年 4 月 1 日,"文都微光"计划已采纳并发布 5 位市民的稿件。从阅读量来看,在公众号发布的推送稿中,单篇最高阅读量达近 4 000 次,最低阅读量仅为 100 次左右,可见,公众号推送稿的阅读量较不稳定。

"促进中心"微博账号于 2021 年 4 月 23 日起正式运营。截至 2022 年 4 月 1 日,该微博共发布和转发 80 条内容,主要涉及活动推广,例如,"#为南京读首诗#"话题活动,也包括以南京城市风景照片作为配图、相关古诗作为文案的打卡微博项目,例如,"#早安文都#"等。该微博账号与南京文旅、南京图书馆、大众书局、南京先锋书店、南京发布等知名微博大 V 账号互动频繁,时常转发相关微博发布的文学方面的内容,展现南京文都动态。不过,关注该微博账号的"粉丝"人数仅有 300 余名,视频的累计播放量仅 1.5 万次,文字类微博的评论、转发、点赞量都较低迷,总体而言,微博账号的传播效果并不可观。

"促进中心" b 站账号于 2021 年 7 月 16 日发布第一个视频。截至 2022 年 4 月 1 日,该账号共发布 6 个视频,内容涵盖官方宣传片、全球代表祝福、"世界文学之都"活动回顾等。视频时长从 1 分钟到 6 分钟不等,形式以官方纪录片为主,内容较为严肃。关注该账号的 b 站"粉丝"只有区区数十名,单个视频最高播放量 276 次,最低播放量 42 次。

表3 "促进中心"社交媒体账号传播数据

社交媒体	"粉丝"数量	单篇最高阅读量/浏览量	单篇最低阅读量/浏览量	首次发布内容的时间
微信公众号	/	3 612	140	2021年1月8日
微博	301	/	/	2021年4月23日
b站	25	276	42	2021年7月16日

注：表中的"/"表示无法获得准确数据。

从对"促进中心"社交媒体账号的分析来看，南京"世界文学之都"符号传播的范围较窄、受众较少。要使"世界文学之都"的形象被更多公众所了解和熟知，亟待对现有传播内容和模式进行调整。

2.3.2 传播效果的提升：与"上海客厅"城市推广活动对比

"上海客厅"城市推广活动是上海市政府与上海城市推广中心（以下简称"推广中心"）合作打造的一项针对海外市场的城市推广活动，旨在通过多维度的活动场景、多感官的体验设计、多样化的互动交流促进海外友人对上海的了解。活动邀请海外宾客观赏上海美景，感知上海温度，体验上海风情，品尝上海味道，领略上海魅力。在上海市政府的助力之下，这项活动得以真正走出去，走到了海外宾客的视野中。"推广中心"举办的展览在展陈推介方面独具特色。"上海客厅"的每一件展品都是一个可以讲述的故事，也都是颇具上海特色的文化符号，能够引起海外宾客的共情。例如，在葡萄牙布置的展示台上陈列了"彩虹鱼"深渊探测器和天马射电望远镜，在以其实体的"能指"指向一个科技赋能的上海城市形象的同时，也能唤起受众对大航海时代葡萄牙探险家事迹的回忆。正因如此，此次"上海客厅"城市推广活动受到包括葡萄牙Trinestcon咨询公司首席执行官伯纳多·门迪亚乃至葡萄牙外交部国际化国务秘书迪亚士的一致好评。（佚名，2019）

与"上海客厅"的活动类似，"促进中心"的微信公众号也打造了"文都会客厅"板块，然而该板块的"展品"却缺乏特定指向性。在目标受众不明确的情况下，"文都会客厅"的定位显得比较模糊，无法通过选择合适的符号达成与受众之间的平等沟通。事实上，"政府＋第三方"合作模式的优势就在于既要发挥政府赋能的强大执行力，也要凸显第三方的操作灵活性和专业性。对于"促进中心"的社交媒体而言，需要在确定目标受众及传播目标的基础上拓展传播思路，完善"展品"内容，真正成为展示"世界文学之都"风采的窗口。

3 结语

致力于打造"创新名城、美丽古都"的南京近年来持续加强城市宣传工作,获评"世界文学之都"无疑为南京的城市宣传提供了新的思路与主题。尽管早在2016年就成立了以南京文学之都促进中心为代表的第三方平台,但受到多重因素的影响,城市宣传工作的效果仍然有待提升。本文借助符号学理论梳理城市文化符号的分类,整理并分析"促进中心"社交媒体传播数据,并在横向对比"上海客厅"活动的基础上得出以下结论:

首先,南京丰富的文化资源和深厚的文化底蕴为城市符号的选择、构建与传播提供了大量素材。从南京文学之都促进中心官方网站划分的城市符号来看,南京城市符号覆盖面广,可分为物质文化符号、行为文化符号和精神文化符号三类,且分别有典型样例。我们可以依靠物质文化符号构建文学基础设施完善、文化资源丰富的南京城市形象,依靠行为文化符号构建全民热爱文学的南京城市形象,依靠精神文化符号构建文学底色厚重的南京城市形象。

其次,虽然拥有诸如南京文学之都促进中心这样的第三方平台,但南京文化符号对外传播的实际效果尚不能令人满意。通过分析"促进中心"社交媒体的传播数据,不难看出在实际宣传过程中存在的受众范围较小、受关注度较低、时效性较差等问题。有鉴于此,政府需加强与"促进中心"的沟通,充分发挥第三方的操作灵活性与专业性,不断丰富电影、短视频、游戏、图片、文本等宣传资源,线上与线下相结合,针对不同的城市文化符号策划并推出更有吸引力的活动。

参考文献

[1] 罗兰·巴尔特,2008. 符号学原理. 北京:中国人民大学出版社.

[2] 佚名,"上海客厅"城市推广活动首站亮相里斯本,https://wenhui.whb.cn/third/baidu/201906/25/272496.html.

[3] 佚名,文脉绵延. https://www.njliterature.org/cn/explore.html#3.

[4] 佚名,南京文学之都促进中心简介. https://www.njliterature.org/cn/about-2.html.

[5] 张光芒,2019. 江南文化与百年南京文学史写作——《南京百年文学史(1912—2017)》绪言. 区域文化与文学研究集刊,(02):87-97.

[6] 章琳帆,2020. 选择、建构与传播:"南京周"中的城市文化符号研究. 南京:南京师范大学.

[7] 郑晋鸣,2013. 南京先锋书店:守望精神家园. 光明日报,2013-11-17.

导师评语

刘东波：论文聚焦南京"世界文学之都"的城市形象推广，选题有新意。作者通过剖析"政府+第三方"合作模式下的城市符号传播，为南京文脉的对外传播提供了新视角。论文的创新之处在于运用城市符号学理论，深入分析了南京文学之都促进中心官方网站展现的典型城市符号，揭示了南京文脉资源的丰富性与深厚性。论文对南京城市符号的选择、构建与传播进行了剖析，展现了物质文化、行为文化和精神文化三个层面的典型样例。同时，论文也指出了南京城市符号体系传播效果的不足，建议通过新媒体、电影、游戏等多种形式优化宣传工作，这一观点具有前瞻性和实用性。总体而言，论文对南京城市形象推广的分析具有理论意义和实践价值，能为相关领域的研究提供启示。

新世纪中国文化国际传播研究

——以《卫报》和《纽约时报》为例*

蒋博放　王羽婷

摘　要：随着中国经济硬实力的发展，西方社会对中国的文化软实力关注度也不断提高。为了探究中国文化在英美国家的传播现状及其传播变化趋势，本研究选取了2018至2019年间英国《卫报》和美国《纽约时报》发表的关于中国文化的相关报道，对报道中的中国文化元素进行了系统分类和分析。研究结果显示，这两份报纸在报道中对精神文化、物质文化和行为文化均给予了关注，其报道方式以客观阐释为主，其中对精神文化方面的报道最多。就两年间文化元素关注情况的变化而言，《卫报》对中国传统物质文化、传统民俗及文学艺术的报道有所增加，《纽约时报》对日常行为习惯和价值观的报道有所增加。本研究结果有助于中国文化传播者更好地把握中国文化在英美传播的现状和趋势，优化不同类型文化元素的传播内容，进而更有效地传播中国文化。

关键词：中国文化；国际传播；英美报纸

1　引言

习近平总书记在十九大报告中指出，要"推进国际传播能力建设，讲好中国故事，展现真实、立体、全面的中国，提高国家文化软实力"。目前，虽然中国在经济、军事等国家硬实力进步迅速，参与和影响着国际事务，但中国文化在世界

---

* 本文获评南京大学2020年学生社会实践活动优秀报告。

上的传播与经济军事实力相比仍存在较大差距。具体而言,中国文化产业在全球文化市场的占有率不足4%,文化产业综合竞争力指数在经济体排名前20位的国家中居第13位,图书进出口贸易逆差较大,影视等其他文化产品进口远超出口(曹胜强,2014;傅莹,2020;关熔珍,2010;谢露洁,2018)。有鉴于此,我国应当兼顾国家硬实力与文化软实力的协同发展,大力推动中国优秀文化走出去。这有利于我国在国际舞台上更好地展现大国风采,提升国际影响力,为中国经济、外交等领域的发展提供更加有效的软实力支撑、构筑更加有利的软环境。

新闻媒体是中国文化国际传播的重要途径(逢增玉,2018)。目前,学界针对英美主流媒体有关中国报道的研究类文献较多,但大多运用框架建构理论进行文本分析,而基于数据统计的量化研究相对较少(焦妹,2015)。同时,中国文化对外传播成功与否不仅取决于我们选择的传播内容,也需要我们了解西方社会及媒体传播中国文化的现状,以便我们了解西方受众感兴趣的文化元素,建立文化传播的切入点和共鸣点,优化文化传播策略,让中国文化更好地走出去。有鉴于此,本研究以英国《卫报》和美国《纽约时报》两家英美主流媒体在2018和2019年间发表的中国文化相关报道为研究对象,探讨这两家媒体对中国文化的介绍与传播情况,并分析其报道的变化趋势,这不仅有助于我们了解中国文化在国际舞台上的形象,也可以为中国文化的对外传播提供实证依据和策略建议。

2 文献综述

在文化对外传播方面,已有研究对传播载体进行了考察。传统传播载体方面,关熔珍(2010)指出,翻译可以展现中国政治文化形象的文章和著作,以及在各国建立孔子学院,都有助于传播中国思想文化,打破地区间文化隔阂。张朋朋(2012)认为中国文化是汉字文化,对汉字的教学、对四书五经的翻译和传播,承载了传播中国文化的重担。现代传播载体方面,潘理安和唐嘉蔚(2020)证明了抖音等短视频平台的流行为中国传统文化传播融入新元素,提供了传播新路径。董子铭和刘肖(2017)研究了近十年兴起的中国网络文学,阐述了其在传播中国声音、塑造国家形象与提升国家软实力方面的重大使命。

一些研究对中国文化对外传播的挑战进行了多角度论述。从中国自身的文化传播角度看,罗公利和李玉良(2010)认为,中国文化在对外传播过程中存在缺乏系统的传播战略、缺乏对受众心理的深入理解等问题。关熔珍(2007)指出,中国译者在将中国文化介绍给西方时,过于忠实于西方的文化和西方的读者,迎合西方的文化情趣,以西方文化来剪裁中国文化,导致中国文化得不到合理有效地传播和推广。从传播受众角度看,隆志秀(2014)指出"信息误读"是中国文化对外传播中的一大挑战,传播者必须意识到具有主观倾向的国外记者编辑、目标受众所处意见环境等都将影响受众对传播内容的态度,进而影响传播效果。此外,童兵(2004)将跨文化传播比作编码与解码,指出文化传播不仅需要了解输出方的编解码模式,也需要了解被输入方的编解码模式,否则跨文化理解将变得十分困难。同时,在英美等自身传媒业高度发达的西方国家,信息传播几近饱和,留给中国文化的报道余地也较少,从数量上限制了中国文化对外传播的效果。

不少研究对提升中国文化对外传播能力提出了建议。曹胜强(2014)通过研究对比分析指出,提升文化传播力和影响力有助于进一步提升中国经济发展。罗公利、李玉良(2010)指出,必须构建起国家文化传播战略体系,优化传播内容、创新传播机制、培育传播人才、讲求传播策略,从而让中国文化更有效地走出去。周凯(2012)研究了西方发达国家文化对外扩张的策略,提出中国文化产业应打造以"价值观念 + 生活方式"为核心的传播战略,整合中国丰富的文化资源、增加产业的文化附加值,以促进中国文化对外传播。罗海澜(2012)研究了西方中国风作品的成功传播案例,指出对外文化传播成功与否不在于形式,而在于能否在不触及接受方文化接受底线的前提下,从接受方兴趣点切入,精心组织己方文化并植入作品,引起接受方的探视欲。

通过对国内相关文献的梳理,笔者发现过往研究主要针对中国文化在国际传播中的载体方式、挑战及对策进行分析,但少有文献对英美主流报刊中的中国文化传播情况进行分类、统计和阐释。基于此,本文着眼于国外主流媒体对中国文化的报道,通过分析相关语料,分析中国文化在英美两国的传播现状和变化趋势,并在此基础上,总结西方受众关注的中国文化要素,为提升中国文化对外传播的针对性和有效性提出可行建议。

3 研究方法

3.1 研究问题

本文主要针对以下两个问题进行研究:
第一,中国文化在《卫报》和《纽约时报》中的传播现状如何?
第二,中国文化在《卫报》和《纽约时报》中的传播趋势如何?

3.2 语料收集标注

本研究选取了影响力广泛、社会代表性较强的英国《卫报》和美国《纽约时报》两份主流报纸作为研究对象。根据 Statista 数据库(2018)和 YouGov Poll 数据库(2020)发行量排名,这两份报刊影响力较大、流行程度较高,具有社会意见代表性,也较能反映英美两国社会对中国文化的关注重点(Watson,2020)。笔者以"中国文化(Chinese culture)"为主检索词,在这两份报纸的数据库中检索并筛选出 2018 年和 2019 年发表的涉及中国文化相关议题的英文文章共 208 篇,其中 2018 年 124 篇,2019 年 84 篇。

文化包罗万象,前人研究对其分类较为多样。通过考察与文化、中国文化传播、跨文化交际、文化软实力等主题相关研究文献中对文化概念的定义与分类,并结合本研究语料数据和研究目的,本文采取吴瑛(2012)研究中国文化对外传播所采取的文化分类方式,将中国文化分为物质文化、行为文化、精神文化三大类(见图1)。其中,物质文化包括传统物质文化(长城、紫禁城、古代字画、瓷器、古董等)和现当代物质文化(熊猫、风筝、泥彩塑、中式饮食等);行为文化包括中国百姓日常行为习惯(广场舞、太极、麻将等)和中国传统民俗(舞龙狮、端午节吃粽子等);精神文化包括中国文艺(古代、近代和现代小说,诗词成语,汉字,京剧,电影,音乐等)和中国价值观(爱国主义、孝道、勤俭、礼数、谦让等)。

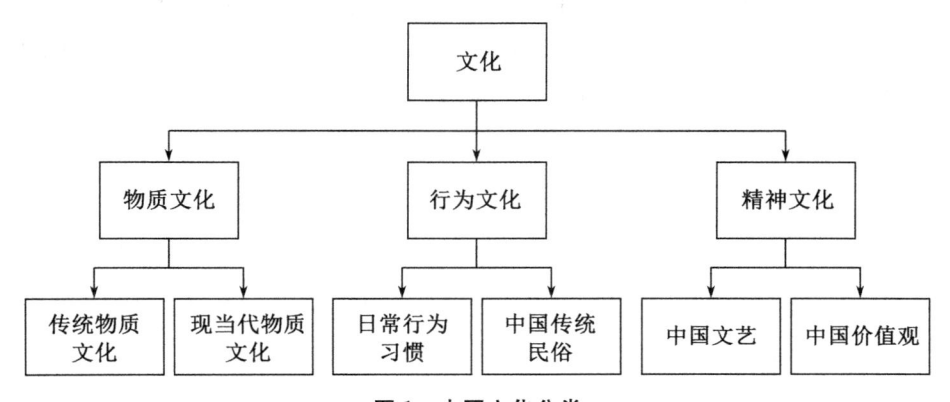

图 1 中国文化分类

3.3 数据统计分析

为了系统分析两份报纸对中国文化的报道情况,笔者首先按照文化分类对所筛选文章进行编码标注。具体来说,对每篇文章的刊发年份、标题、篇幅、所属文化大类、小类、具体主题及内容等要素进行编码。然后将经过编码标注的语料文章导入 AntConc 语料库数据处理软件,根据编码进行归类统计,计算得出两份报纸对中国文化各个要素分类报道篇数及所占比例,并对 2018 年和 2019 年两年间的变化趋势进行分析对比,从而展现中国文化在这两大英美主流媒体中的传播现状和年度变化趋势。

4 结果和讨论

4.1 结果

4.1.1 《卫报》中的中国文化传播现状及趋势

从图 2 可以看出,2018 年至 2019 年间,《卫报》共发表了 75 篇与中国文化相关的报道,其中,与物质文化相关的报道 20 篇,占总数的 26.67%;有关行为文化的报道 24 篇,占 32%;有关精神文化的报道 31 篇,占比 41.33%。分年度来看,2018 年《卫报》发表了与中国文化相关的报道共 38 篇,其中有关物质文化的报道 11 篇,占比 28.95%;有关行为文化的报道 13 篇,占比 34.21%;有关精神文化的报道 14 篇,占比 36.84%。整体而言,物质文化、行为文化及精神文化相关报道数量较为平均。2019 年,《卫报》与中国文化相关的报道共 37 篇,与 2018 年基本持平。但从文化分类分布来看,物质文化相关的报道仅 9 篇,占比 24.32%;有关行为文化的报道 11 篇,占比 29.73%;精神文化的报道达 17 篇,占比 45.95%。整体而言,精神文化受到关注最多,且相较于上年关注度有所增加。

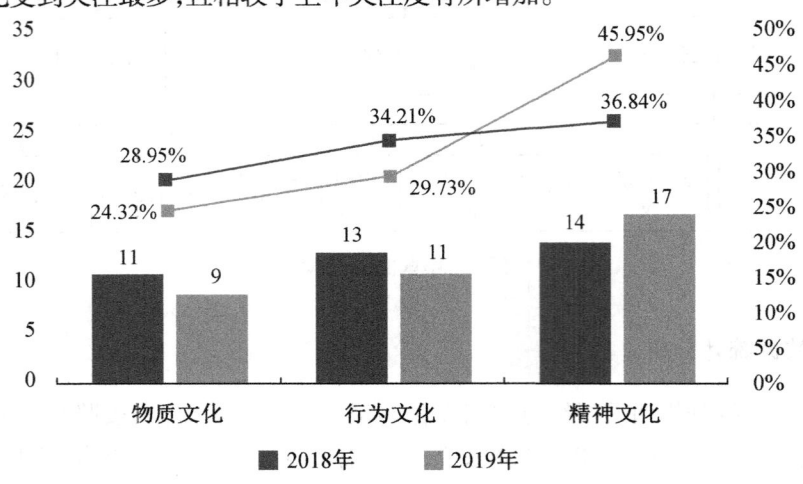

图 2 《卫报》2018—2019 年中国文化报道大主题变化趋势

就两年的文化细类数据来看(见图3),物质文化分类下,传统物质文化相关报道共4篇,现当代物质文化相关报道共16篇,《卫报》对于中国现当代文化的关注显著增多。前者包括秦兵马俑、香港佛教历史文化建筑群等话题,后者包括中式快餐、衣物旗袍等各类话题。行为文化分类下,日常行为习惯相关报道共11篇,传统民俗相关报道共13篇。前者包括国人对于子女教育的重视与投资、马拉松社交在青年人群中的兴起、中国移民在拉美构建中国城等话题,后者包括四川饮茶习惯、春节传统习俗、传统丧葬习俗与解读、七夕与中国式浪漫等话题。精神文化分类下,文学艺术类相关报道共17篇,价值观相关报道共14篇。前者包括中国小说、艺术电影、汉字发展与海外传播、少数民族方言发展变化、中国特色舞蹈艺术等话题,后者包括爱国主义、工匠精神、道德建设、婚姻生育观、民族平等观、电影价值观等话题。

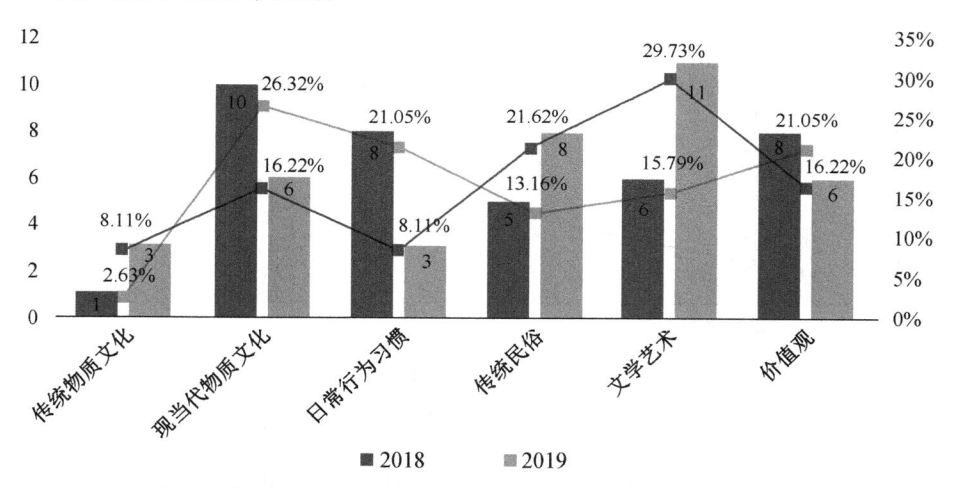

图3 《卫报》2018—2019年中国文化报道细类主题变化趋势

将2019年数据与2018年数据对比(见图2及图3),我们发现,在物质文化大类下,2019年比2018年减少2篇,占比减少4.63%。其中,对传统物质文化的关注增加5.48%,对现当代物质文化的关注减少10.10%。行为文化大类下,2019年比2018年减少2篇,占比减少4.48%。其中,对日常行为习惯的关注减少12.94%,对传统民俗的关注增加8.46%。精神文化大类下,2019年比2018年增加3篇,占比增加9.11%。其中,对艺术类的关注增加13.94%,对价值观念的关注减少4.83%。

4.1.2 《纽约时报》中的中国文化传播现状及趋势

从图4可以看出,2018年至2019年间,《纽约时报》共有133篇与中国文化相关的报道,其中,有关物质文化的报道28篇,占比21.05%;有关行为文化的报道29篇,占比21.80%;有关精神文化的报道76篇,占比57.14%。分年度来看,2018年,《纽约时报》有关中国文化的报道共86篇,其中有关物质文化的报道24篇,占比27.91%;有关行为文化的报道20篇,占比23.26%;有关精神文化的报道42篇,占比48.83%。2019年《纽约时报》有关中国文化的报道共47篇,其中有关物质文化的报道4篇,占比8.51%;有关行为文化的报道9篇,占比19.15%;有关精神文化的报道34篇,占比72.34%。整体而言,两年来《纽约时报》对中国精神文化相关报道数量均较多。

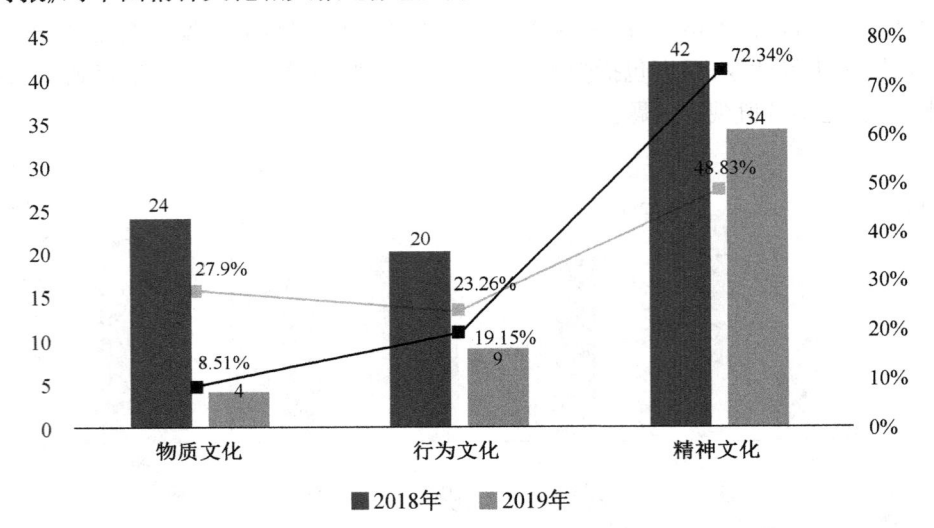

图4 《纽约时报》2018—2019年中国文化报道大主题变化趋势

就两年的文化细类数据来看(见图5),物质文化分类下,传统物质文化相关报道共8篇,现当代物质文化相关报道共20篇。前者包括中国古建筑及革新、丝绸之路相关博物馆藏品与历史等话题,后者包括中餐制作、美国感恩节上的中国烤鸭等话题。行为文化分类下,日常行为习惯相关报道共8篇,传统民俗相关报道共21篇。前者包括中国加班文化、童装风俗与儿童模特行业兴起,后者包括传统节日与习俗、传统风水习俗对中国建筑设计的影响等主题。精神文化分类下,文学艺术类相关报道共43篇,价值观相关报道共33篇。前者包括中国戏剧、交响乐、综艺、科幻电影、绘画等话题,后者包括传统中华男性气质的标准、中国传统对教育观念的重视、中国历史上重男轻女的现象、对财富的追求等话题。

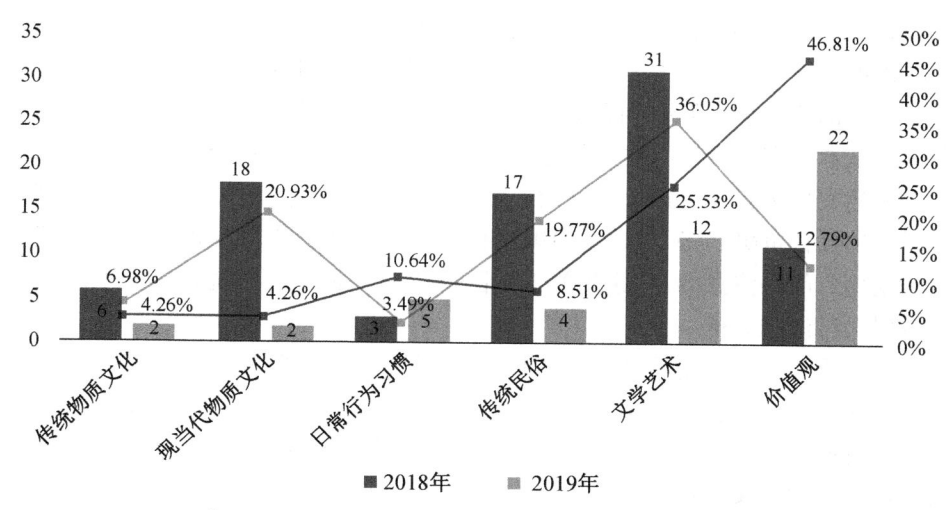

图5　《纽约时报》2018—2019年中国文化报道细类主题变化趋势

整体来看,将2019年与2018年的文化大类数据相对比,可以发现《纽约时报》对于各类中国文化相关报道数量均有所减少,但两年中对中国精神文化的报道比例均较高(见图4)。在物质文化大类下,2019年比2018年减少了20篇报道,占比下降22.9%。其中,对传统物质文化的关注减少66.67%,对现当代物质文化的关注减少88.89%。行为文化大类下,2019年比2018年减少11篇报道,占比下降4.16%。其中,对日常行为习惯的关注增加66.67%,但对传统民俗的关注下降76.47%。精神文化大类下,2019年比2018年减少8篇报道,占比下降23.47%。值得注意的是,尽管对文学艺术类的关注减少61.29%,但对价值观念的关注增加了一倍。

4.2　讨论

从以上结果可以看出,两家西方主流媒体对中国文化的关注点呈现出以精神文化为首、物质与行为文化并重的特点。

在精神文化层面,两份报刊的报道均涉及婚姻、生育观念等多个方面,且采取了开放的态度,试图追根溯源,承认中西文化的差异,并探讨差异存在的原因。具体来看,《卫报》对中国文学艺术的关注度有所上升,而《纽约时报》则越来越关注中国的价值观念。在报道中国相关文学艺术与价值观主题内容中,《卫报》作者较真实地展现现当代中国人的精神世界。在价值观层面,《卫报》作者介绍了中国百姓传统智慧、价值观形成的历史渊源与现状及其逐渐开放的变化趋势等,体现了英媒对当代中国价值观念的新认识和新解读。近年来,中国的电影业走向国际舞台,高频出现在大众视野中,《卫报》着力探讨中国电影的成功要素,同时也展示中国电影在中国内涵和西方形式之间寻求平衡的艰难状态。另一方面,《纽约时报》对价值观的报道及评论多以时事热点为切入点,例如,通过电影向读者展示亚洲式交流的委婉特点、介绍对面子的重视及对情绪的自控,从而对亚洲表达文化进行较为深入的介绍和分析。该报还探讨了中国新兴的价值观潮流,如,中性化审美趋势,描述了中国现代社会对传统男性气质的反思和审美观念的变化。值得注意的是,这些关于中国价值观的报道对传统及新兴的现象进行多层次讨论和分析。

在物质和行为文化要素层面,两份报纸的关注点较为多元,且不满足于对客观事物的介绍,而是努力深入探讨历史传统及文化内核。在物质文化方面,《卫报》对中国文化的报道不仅仅局限于中国传统物质文化,而是出现了逐步转向现当代中国物质文化报道的趋势。在行为文化方面,《卫报》由对中国传统民俗的猎奇式介绍,逐渐转变为以中西方文化比较为目的的介绍。同时,《卫报》较多关注现代中国人日常行为习惯,尤其是网络文化习惯。例如,在一篇有关中国春节的报道中,《卫报》的作者大篇幅介绍了中国春节习俗的变化,并提倡英国公众应更新对中国传统春节的认识,顺应春节全球化的潮流,这不仅展现了英媒对中国传统文化内核渐深的理解,也反映了对中国现当代文化和传统文化发展变化的关注与重视。就《纽约时报》而言,其对中国现当代物质文化的兴趣日益加深,这在该报刊登了十余篇关于中国饮食的文章中有所体现;这些文章呈现出新颖的报道视角,例如,探讨美国感恩节餐桌上出现中式烤鸭的新现象,说明中式口味正逐渐被国际所接受的趋势。这些报道间接体现出根据不同气候变化选择不同食材、人与自然和谐共生的中国价值观,展现了西方对中餐的浓厚兴趣,也侧面展现出中国文化受关注的重要方面。

罗海澜(2012)指出,抓住西方读者对中国文化元素的兴趣点,把握住异质文明交流中双方文化价值的共性,才能更好地促进中国文化向外传播。本研究在分析两份报纸的报道内容时也观察到相似的情况。本研究发现,两份报纸对生态文明建设、和平发展道路、人类命运共同体等中国价值观进行了特别报道,甚至引发了这两年对于中国精神文化的特别关注。笔者认为,该情况是由于以上价值观引起了西方的注意,从而促使西方记者进行相关报道。因此,在中国文化对外传播进程中,中国文化传播者不仅需要对中国历史与现代社会发展变化有真实的感知,还应对中国文化在西方的传播现状及趋势有充分的认识。一方面,这有助于中国文化传播者从那些在西方传播较顺畅的文化要素切入,阐释中国文化领域的变化、分析中国社会现象,在文化交流互鉴中传播中国文化;另一方面,这也有利于根据国家宣传目标,推动国内媒体加强对那些在西方关注较少的话题的宣传和传播,以提升海外读者对中国文化全面、深入的理解。

5　结论

本研究以2018—2019年《卫报》及《纽约时报》中有关中国文化的报道作为研究样本,分析了不同中国文化元素在两份报纸中的传播现状及趋势。研究发现,两份报纸的报道均对精神文化的关注度最高,对物质文化和行为文化的关注度较为相近,且报道都较为客观。两年间,《卫报》对精神文化方面的关注有所提升,对物质文化和行为文化则略有下降,《纽约时报》则均呈现下降态势;从对细类文化元素的报道趋势来看,《卫报》对于中国传统物质文化、传统民俗及文学艺术方面的关注度有所增加,而《纽约时报》则对于日常行为习惯、价值观方面的关注度有所增加。本研究结果可为中国文化的传播者提供有益的参考,使其了解中国文化在西方的传播现状及变化趋势,促进中国文化向外传播的策略优化,提升中国文化对外传播的有效性,从而实现更有针对性的对外文化传播。

参考文献

[1] Watson, A. 2020. *Most popular news brands in the U. S. 2018*, *by reach*. https://www.statista.com/statistics/875845/most-popular-us-news-brands-ranked-by-reach/.

[2] YouGov. 2020. *The most popular newspapers in the UK.* https://yougov.co.uk/ratings/media/popularity/newspaper/all.

[3] 曹胜强,2014.基于历史与现实视阈的中国文化对外传播力研究.中共中央党校学报,38(02):96-100.

[4] 董子铭,刘肖,2017.对外传播中国文化的新途径——我国网络文学海外输出现状与思考.编辑之友,(08):17-20.

[5] 傅莹,2020.疫情后的中美关系能否实现良性竞争,http://www.chinanews.com/gn/2020/06-17/9214499.shtml.

[6] 关熔珍,2007.跨文化传播之误区——翻译的单向道.现代传播(中国传媒大学学报),(02):143-144.

[7] 关熔珍,2010.中国文化元素的保持与对外翻译.现代传播(中国传媒大学学报),(05):140-141.

[8] 焦妹,2015.中国国家形象传播研究.北京:企业管理出版社.

[9] 隆志秀,2014.中国文化国际传播中的几种典型主题探讨.新闻知识,(05):25-26.

[10] 罗公利,李玉良,2010.试论儒家思想的对外传播.齐鲁学刊,(06):29-34.

[11] 罗海澜,2012.功夫、熊猫与狄仁杰——西方作品"中国风"对中国文化的传播影响和启示.当代文坛,(02):93-96.

[12] 潘理安,唐嘉蔚,2020.从共鸣到共享:"抖音"的中国传统文化传播策略.传媒,(03):88-90.

[13] 逄增玉,2018.当代中国文化国际传播的现状与路径述论.现代传播,(05):14-20.

[14] 童兵,2004.试析跨文化传播中的认识误区.新闻大学,(03):20-24.

[15] 吴瑛,2012.中国文化对外传播效果研究——对5国16所孔子学院的调查.浙江社会科学,(04):144-151+160.

[16] 谢露洁,2018.认知差与中国文化的海外传播:问题与对策.学习与实践,(11):129-133.

[17] 张朋朋,2012.言而无文,行之不远——从中国文化传播到西方的方式看汉文教学.汉字文化,(04):82-89.

[18] 周凯,2012.核心价值观的缺失与建构传播——中国文化产业发展反思与对西方文化产业的借鉴.东岳论丛,33(09):5-14.

导师评语

朱叶秋:论文以英国《卫报》和美国《纽约时报》两份主流报纸2018年和2019年发表的涉及中国文化相关议题的208篇英文文章为研究语料,对报道中的中国文化元素进行了系统分类和分析,考察了中国文化在两份主流纸媒上的传播现状和变化趋势。论文选题有较强的现实意义,论述清晰,内容丰富,写作符合基本学术规范,体现了作者较好的学术潜质。

再论《锦绣》《藤娘》：中国汉唐审美的独特性
——以舞蹈中的传统妆容和舞姿动势为例*

聂小然

摘　要：中国汉唐舞《锦绣》完美融合东方文化元素与优美舞姿，在2023年中央广播电视总台春节联欢晚会亮相时惊艳了广大观众，也引发了关于其妆容或舞台表现"孰汉孰日"的社会讨论，其间存在一些混淆中国汉唐风格与日本歌舞伎风格的谬误。本文聚焦中国汉唐舞《锦绣》和日本歌舞伎表演的代表作之一、日本歌舞伎国外公演的经典剧目《藤娘》，从传统妆容和舞姿动势两方面进行对比，研究认为：在传统妆容造型方面，《锦绣》的典型汉代"红妆"与《藤娘》的歌舞伎妆容本质并不相同，通过妆容体现的审美取向也有所区别；在舞姿动势方面，由于中日文化之间联系颇深，二者在体态的把控、衣袖的运用等方面确有相似之处，但也反映了不同的审美特性；《锦绣》中灵动俏丽的妆容造型和轻盈恢宏的舞姿动势体现了中国汉唐审美"灵动俏丽、气势磅礴、情感奔放"的独特性。

关键词：《锦绣》；《藤娘》；汉唐舞；歌舞伎；审美

1　引言

中国汉唐舞《锦绣》亮相2023年中央广播电视总台春节联欢晚会，让广大观众感受到了惊艳，同时也引发了关于其妆容或舞姿"孰汉孰日"的社会讨论，

---

* 本文获南京大学第二十六届基础学科论坛二等奖。

例如,腾讯新闻微博关于"被诟病有日本味儿的舞台是怎么回事?"的讨论[①],互联网上《锦绣》与日本歌舞伎表演《藤娘》对比的视频引发了网友关于二者过于相似的质疑[②]等,其间存在一些混淆中国汉唐风格与日本歌舞伎风格的谬误,这激发了我们对于中国汉唐审美的研究兴趣。本文聚焦中国汉唐舞《锦绣》和日本歌舞伎表演的代表作之一、日本歌舞伎国外公演的经典剧目《藤娘》,从传统妆容和舞姿动势两方面进行分析,领悟中国汉唐舞的审美风格,感知中国汉唐审美的独特性。

2 审美、动势和对日影响:关于中国汉唐舞的国内外研究

20世纪90年代以来,中国的相关研究主要围绕汉唐舞的缘起、演变以及舞姿造型展开。

在汉唐舞的缘起和演变方面,王克芬(2004)所著《中国舞蹈发展史》系统地介绍了原始舞蹈从夏商奴隶制时期到元、明、清的产生与变异。杨蕾、孙颖(2016:4-10)在《孙颖汉唐古典舞文化内涵探微》中指出,汉画像砖"百戏"乐舞和敦煌乐舞为汉唐古典舞打下了坚实的基础。朱玉红(2017:164-168)在《中国汉唐古典舞蹈文化研究》中提出,汉代是汉唐舞的奠基时期,唐代是其发展成熟的时代。刘少辉(2009:59-61)在《论汉唐古典舞的古典文化传承与现代精神诉求》中通过对汉唐古典舞代表作品《踏歌》和汉唐舞的基训内容、意境构建的分析,探寻了汉唐古典舞特有的对中国古典文化的传承和对现代精神的诉求。张之为(2020:164-170)在《唐代踏歌文化构建及其域外流衍——基于民俗、文学、礼仪的考察》中探究了踏歌在海外的传播过程及其对日本的影响。

汉唐舞的妆容所反映的审美取向和舞姿动势尤其受到关注。李芽(2017:55-58)在《中国历代女子妆容》中指出,中国古代妆容经历了长期的发展过程,衍生出化妆、护肤、养发、制香等诸多技术;李佳贝(2017:1-26)在《汉代女性面妆审美研究》中研究了汉代从"素妆"到"红妆"的妆容变化,指出汉代妆容"脸颊以红为美、眉以黑为美和唇以小为美"的审美取向。关于汉唐舞的舞姿动势,于平(2007)在《中外舞蹈思想概论》中阐释了审美取向与舞姿动势的相互映射关系。史青青(2018:10-33)在《汉代袖舞审美风格研究》中研究了汉代袖舞的

---

① 被诟病有"日本味儿"的舞台怎么回事?不不,这是咱们自己的,https://view.inews.qq.com/k/20230203A029R700? no-redirect=1&web_channel=wap&openApp=false

② 某舞剧选段与日本歌舞伎部分舞蹈对比,https://www.bilibili.com/video/BV1qt4y1c726/? spm_id_from=333.788.recommend_more_video.0&vd_source=b18340ad49276aa102cbd7895f95e9eb

舞姿动势,认为袖舞文化具有传承性和延续性的特质,反映了行云流水、曲折婀娜和栾飞天际三个层面的美。潘蔷薇(2015:8-11)在《中国汉唐舞的美学特征研究》中认为汉唐舞具有刚柔并济、俏丽飘逸的美学特征,陈捷、赵文婷(2016)在《中国汉唐古典舞"倾斜"形态解析》中从名词、动词和形容词三种词性对汉唐舞中"倾斜"的语言形态进行了具体分析,提出"取斜之形、求倾之势、寓远之意"的概念。

目前,日本直接以汉唐舞为对象的相关研究较少,但21世纪以来对中国传统舞蹈的研究逐渐增多,主要从两国的传统舞蹈对比、东亚诸国的传统舞蹈对比的视角展开,其中中国传统舞蹈对歌舞伎等日本传统舞蹈的影响受到讨论。

日本舞蹈评论家渡边保(1991)在《日本的舞蹈》(『日本の舞踊』)中指出,疑似唐乐《还城乐》的《见蛇乐》是古时日本人表演舞蹈时使用自创小道具的第一支乐舞,这说明唐乐舞对日本乐舞艺术产生了影响。日本传统舞蹈家花柳千代(2002)将编著《日本舞蹈的基础》带到中国,充实了中日舞蹈的交流。小林直弥(2013-2018:1-6)则在《亚洲舞蹈文化圈构想中共同语言的发现和创作舞蹈发展的基础研究》(『アジア舞踊文化圏構想における共通言語の発見と創作舞踊発展のための基盤研究』)中认为"舞"是包含宗教的、仪式的要素的运动,这种身体表现在日本、中国、韩国都存在,"振""踊"等是亚洲圈舞蹈中共通的身体表现。

国内外研究从不同角度对汉唐舞的审美动势以及对日影响进行了研究,启示我们进一步系统研究中国汉唐审美独特性的必要性。

3 《锦绣》和《藤娘》:研究案例和研究思路

本文以汉唐舞《锦绣》和歌舞伎剧目《藤娘》为案例展开研究,主要有以下三个原因:第一,二者都是其所在国家的代表性传统舞蹈。《锦绣》的灵感源于中国汉代文物"五星出东方利中国"锦护膊,展现了中国礼仪之邦的磅礴气势,是典型的汉唐舞。《藤娘》则是日本歌舞伎的经典之作,蕴含诸多女形舞蹈的技巧和造型特点。第二,二者都受到人们不同程度的关注和讨论。根据现有研究看,目前关于两种舞蹈的讨论主要集中在妆容造型和舞姿动势方面,部分中国网友认为《锦绣》的整体设计并非来源于中国传统文化,而是挪用了日式传统审美,另一部分人则认为《锦绣》体现的就是原汁原味的中国汉唐气象。本文认为,《锦绣》与日本歌舞伎表演在形式上具有一定相似性,但本质上反映的仍是中国汉唐审美。第三,二者都集中反映了相应舞种在妆容和动势方面的特色,体现了各自的审美特质。《锦绣》在妆容和舞姿上都具有汉唐风格的代表性：舞蹈展现的是汉代织锦，在妆容方面，如同春晚《锦绣》的妆容设计师所谈论的那样，所使用的妆容由汉武帝所创，是具有代表性的汉代宫廷妆容①，以舞蹈讲述汉代宫廷织锦故事，一招一式皆体现着汉唐风格。《藤娘》是日本歌舞伎国外公演剧目之一，被视为日本歌舞伎艺术的一部代表作，其妆容和姿态集中反映了歌舞伎的女形表演的特色。

4 明丽与婉约：汉代"红妆"与歌舞伎"隈取"

从历史背景看，汉代妆容在发展过程中首先沿用了先秦时的"素妆"，直至张骞两度通西域为中原引进"彩妆"之后，才开始使用"红妆"。西汉前期，女性的妆容风格在道家思想的影响下昂扬积极、自然朴素。西汉后期，随着儒学地位升高，受到当时女性对男性的依附关系的影响，女性的妆容风格迅速转向追求娇弱与纤柔（李佳贝，2017：1）。而歌舞伎的妆容则源于封建时代的祭祀，用以表示对神明和掌权者的崇敬。歌舞伎中的女性角色——女形的妆容与艺伎的妆容相似度很高，在妆容上格外用心。一个有趣的现象是，一般会被认为擅化浓妆的艺伎，日常只是化淡妆，不化"红白粉"的浓妆。这种化妆概念虽然不一定原封不动地反映于舞台，但这些社会观念、情感都在某种程度上影响了歌舞伎的发展（林青霞，2009：33）。可见，无论汉唐舞还是歌舞伎所使用的妆容都受到社会思想的影响，反映了社会民众对"美好女性形象"的要求。

从妆面特征看，《锦绣》使用的妆容借鉴了汉代"慵来妆"，即"红妆"。《赵飞燕外传》（吴敬所、伶玄，2006：3）中曾记载："合德新沐，膏九曲沉水香。为卷发，号新髻；为薄眉，号远山黛；施小朱，号慵来妆。""隈取（日语为「くまどり」）"作为歌舞伎的化妆手法则是用水白粉底加红、蓝、褐等色彩渲染，或者用油性染料加以渲染而成（林青霞，2009：31）。而在《藤娘》等歌舞伎剧目中，女形的妆容与艺伎相似，会在脸上涂抹白妆，勾勒黑色眼线和鲜红的小嘴（沈思思，2010：6-7）。日本在汉唐时期与中国的交流逐渐增加，受中国文化影响，妆容在唇妆与眉妆方面也具有"点朱唇""描蛾眉"的特征，从视觉效果上看，与中国古代女子妆容同样都体现着典雅的东方美，但从细节刻画上看，二者又各有千秋。以"慵来妆"为例，敷粉只不过是古代女子化妆的第一个步骤。在敷粉以外，女子往往还要施朱，即在脸颊上施以一定程度的红色妆品，使面色红润（李芽，

---

① 锦绣定妆照，https：//weibo.com/1882151574/4860519150259863

2017:58)。尽管歌舞伎女形的妆容也参考了艺伎的"红妆",将眼、眉处以胭脂渲染,但与日式"红妆"的侧重不同,中国汉代的"红妆"往往要将脸颊较大面积地施以胭脂,以达到"酡颜"的效果。此外,相较于汉代红妆的"薄施粉黛",日本歌舞伎的妆容追求的是另一种更加彻底的白,能够将本来的肤色全部掩盖的像墙面一样的白色也是日本歌舞伎妆容与中国红妆的明显区别。

从审美内涵的角度看,妆容外在观感的不同很大程度上导致了汉唐舞与歌舞伎舞蹈通过面部特征所传达的感情各不相同。春晚舞台的"汉锦"舞段的创作试图展现的是中国汉代的恢宏大气,因此《锦绣》所表达的情感较为积极,舞者的神态庄严而又喜悦。舞者所画的"红妆"在双颊处点有鲜红的"旳",又称"面靥",来源于汉代。舞姬认为面部点"旳"十分妩媚,于是便"点旳以发姿"(李佳贝,2017:25-26)。在《锦绣》中,鲜红的面靥与朱唇、酡颜、长眉所组成的妆容妩媚灵动,使得舞蹈所传递的喜悦、磅礴之感更加鲜明。而《藤娘》取材于民间爱情故事,表现的是一位为情所困的少女的形象,从脸上精雕细琢的浓妆几乎看不出任何喜怒哀乐,为形象增添了神秘感(沈思思,2010:31)。《藤娘》体现的歌舞伎女形妆容也与艺伎妆容有着相似的特点,浓妆后的面部表情较为平淡。较之《锦绣》妆容的"亦喜亦嗔",《藤娘》有着不同于此的灵动鲜明的含蓄隐忍之感。

《锦绣》与《藤娘》妆容的审美特性反映了汉唐舞"红妆"和歌舞伎"隈取"妆容的区别:汉唐舞所用的红妆更加注重借助妆容结合五官进行情感表达,例如,"啼妆""酒晕妆"等设计侧重展现女性的魅力和情感。歌舞伎的女形妆容则更注重通过层层浓妆遮盖住本来的面貌以营造出含蓄、神秘的美感。

5 奔放与细腻:舞姿倾斜与衣袖运用

关于舞姿动势,从历史渊源看,汉代以后,随着中原与周边交流的日益频繁,汉唐舞的舞蹈形式打破了中国古典舞先秦以来的纵向承袭格局,融入了当时的西域文化,形成了交融与发展的形式,及至唐代,又融入了尚武的风气,吸收了胡舞的特色,发展更加多元,体现着大国气象、民族融合等宏大主题。而歌舞伎源于日本的祭祀艺能"风流","风流"主要反映日本"应仁之乱"(1467-1477)以后社会动荡及追求瞬间享乐风气的影响,加之是孕育发展于平民文化的舞台艺术(林青霞,2009:1),歌舞伎表演具有较强的叙事性,既有以历史事件和人物为题材的"历史剧",也有描绘百姓恋爱和情感的"世态剧",其舞姿往往展现具体的山水风景或人物情感。

在舞姿的"倾斜"姿态方面，汉唐舞的"倾"既体现在身体的"倾之姿态"，又反映于动作衔接之间的"倾之动势"，还可以指对于"倾之意蕴"的审美追求，即"取斜之形、求倾之势、寓远之意"（陈捷、赵文婷，2016：123）。歌舞伎女形舞踊中的"倾"也存在相似的意图，例如，"以尾骨为支点，上半身向后弯曲"的"翘曲（日语为「反り」）"则是凭借身体保持着一定的姿势来以保持优雅的观感，有时也起到"表露恋慕之情（「恋心が吐露されている」）"的作用（丸茂美惠子，2001：108）。"寓远之意"则是汉唐舞与歌舞伎女形舞踊的重要区别所在，中国传统艺术崇尚"传神"与"神似"，而求神似的途径之一就是动态的描绘。汉唐舞便以倾斜形象的运动性特征意指传统审美中对"动"的追求与宣扬（陈捷、赵文婷，2016：127），例如，"斜塔"造型追求的就是模拟载歌载舞、欢欣雀跃的飞腾之感。然而歌舞伎受到日本传统审美的影响，日本的美学思想中有"不即不离"这个概念，没有"直来直去"的概念（林青霞，2009：10）。汉唐舞对于"远"之意蕴的追求可以从动作中鲜明地表现出来，但歌舞伎表演中"倾"的姿态所表达的情感却无法直接通过姿态本身鉴别，而需要感受某种姿态所营造的氛围。

在衣袖的运用上，"翘袖折腰"被视为汉唐舞的典型特征，结合汉代舞蹈的"扬""甩""撩""绞""拖"等舞袖技巧，以及唐代舞蹈的"翻""回""扬""转""搅"等技法（史青青，2018：10-33），汉唐舞衍生出了许多不同的形式，《锦绣》中的"红袖绕"就是汉代祭祀袖舞的体现。如河南洛阳出土的舞俑所示，汉代祭祀袖舞为博袖袖舞，博袖的款式博大，有助于娱神时营造缥缈玄远、神秘诡谲的气氛，正所谓"博袖祭天"（史青青，2018：10）。日本传统舞蹈的技巧中，对于手部动作的运用可以理解为"振"（中村秋一，1942：86-87），歌舞伎演员所穿的和服袖型与博袖类似，在动作设计中也有"一边将袖子转成蝴蝶状一边移动（日语为「袂を巴に回しながらの滑り」）""一边捏着双袖口一边移动（日语为「撮んだ両袖口を見ながらの滑り」）"（丸茂美惠子，2001：118）等抱袖、绕袖的动作，所以二者看来格外相似。

受到"天人感应""天人合一"等思想的影响，汉唐舞往往更加注重袖子连贯的放与收，用以营建飞升的感受、羽化登仙的神仙幻想，群舞的形式较多（史青青，2018：31）。歌舞伎舞蹈则对于袖子的运用幅度较小，动作之间有"定格"，一般是独舞。例如，《藤娘》中舞者通过小幅度摆动层层叠叠的长袖来表现藤枝的柔弱和自己内心的纠结，与《锦绣》整齐划一、气势磅礴的袖舞不尽相同。

如上文所述，同样是倾斜姿态和以袖寄情，比起汉唐舞体现到宏大叙事、奔放情感，歌舞伎舞踊更加注重"个人"的审美享受，在每一次移动的细腻之处流淌着喜乐哀愁。

6 结论

与《藤娘》中的妆容与舞姿相异，《锦绣》中灵动俏丽的妆容造型和轻盈恢宏的舞姿动势反映了中国汉唐审美"灵动俏丽、气势磅礴、情感奔放"的独特性，具体体现如下：

妆容造型方面，妆容体现了时代对女性角色的要求，中国汉唐审美的独特性在于其灵动性，以及更加注重情感表达。日本歌舞伎女形则更加注重追求"无瑕"的白皙面孔，对于胭脂的运用也只集中在眼、口、眉等个别部分，汉唐舞采用的多为"红妆"，大范围胭脂的涂抹使舞者的表情更加生动，烘托出载歌载舞、欢欣鼓舞的氛围。

舞姿动势方面，汉唐审美的独特性在于其气势磅礴、轻盈奔放。不同于歌舞伎的叙事，汉唐舞兼具抒情，汉唐舞与歌舞伎舞踊都具有"倾斜姿态"等特点，但汉唐舞的审美特性在于相比于日本歌舞伎的定格和婉转，更加侧重动态、连贯的舞姿。此外，汉唐舞对于衣袖的运用更加具备"大开大合"的洒脱，而歌舞伎的动作幅度较小，精确度要求更加严格。

我们认为，有关《锦绣》"孰汉孰日"的争论中之所以出现混淆中国汉唐风格与日本歌舞伎风格的谬误，一个重要的原因在于对汉唐审美独特性理解的欠缺。深入理解我国传统文化特性、保护好我国传统文化瑰宝是我们的应担之责。

参考文献

［1］小林直弥, 2019. アジア舞踊文化圏構想における共通言語の発見と創作舞踊発展のための基盤研究. 日本大学芸術学部 芸術学部紀要（2013—2018）, 1-6.
［2］中村秋一, 1942. 日本古典舞踊の研究. 東京：日下部書店.
［3］丸茂美惠子, 2001. 日本舞踊における娘形技法の実証的研究. 日本大学.
［4］渡辺保, 1991. 日本の舞踊. 東京：岩波書店.
［5］陈捷, 赵文婷, 2016. 中国汉唐古典舞"倾斜"形态解析. 天津音乐学院学报, 123-128.
［6］花柳千代, 2002. 日本舞蹈的基础. 郭连友, 译. 北京：文化艺术出版社.
［7］刘少辉, 2009. 论汉唐古典舞的古典文化传承与现代精神诉求. 北京舞蹈学院学报, (04)：59-61.
［8］林青霞, 2009. 日本歌舞伎造型艺术之"魂". 上海：上海戏剧学院.
［9］李芽, 2017. 中国历代女子妆容. 江苏：凤凰文艺出版社.
［10］李佳贝, 2017. 汉代女性面妆审美研究. 长沙：湖南师范大学.
［11］潘蔷薇, 2015. 中国汉唐舞的美学特征研究. 长春：吉林艺术学院.

[12] 沈思思,2010.艺伎文化的独特形式美.上海:上海戏剧学院.
[13] 史青青,2018.汉代袖舞审美风格研究.曲阜:曲阜师范大学.
[14] 王克芬,2004.中国舞蹈发展史.上海:上海人民出版社.
[15] 吴敬所,伶玄,2006.国色天香·赵飞燕外传.长春:吉林文史出版社.
[16] 杨蕾,孙颖,2016.汉唐古典舞文化内涵探微.长春:吉林艺术学院.
[17] 于平,2007.中外舞蹈思想概论.北京:人民音乐出版社.
[18] 张之为,2020.唐代踏歌文化构建及其域外流衍——基于民俗、文学、礼仪的考察.学术研究,(10):164-170.
[19] 朱玉红,2017.中国汉唐古典舞蹈文化研究.乐府新声(沈阳音乐学院学报),(02):163-168.

导师评语

吕斌：论文以中国汉唐舞为研究对象，从传统妆容、舞姿动势两方面分析了中国汉唐舞《锦绣》与日本歌舞伎《藤娘》的相似之处和本质区别，阐释了中国汉唐舞及其反映的汉唐审美的独特性。面对中国汉唐舞《锦绣》惊艳2023年央视春晚后出现的一些关于其妆容或舞台表现"孰汉孰日"的社会讨论，作者敏锐地认识到其间存在混淆中国汉唐风格与日本歌舞伎风格的谬误，所以围绕社会讨论的焦点，运用专业知识展开学理分析，指出《锦绣》中的妆容造型和舞姿动势反映了中国汉唐审美"灵动俏丽、气势磅礴、情感奔放"的独特性。尽管论文对相关理论的探讨有待进一步深入，但整体上看问题意识明确，思路清晰，逻辑严密，体现出作者较强的创新意识和社会责任感。

俄罗斯文化在中国二次元角色扮演游戏中的运用与传播
——基于《重返未来:1999》和《崩坏:星穹铁道》的分析*

席靖滨

摘　要:俄罗斯文化源远流长,在艺术、文学、思想等方面都有丰富的精神内涵。近年来,随着二次元文化的兴起,中国的二次元角色扮演游戏市场蓬勃发展,俄罗斯文化因其独特的魅力在其中得到了独特的运用和传播。在二次元角色扮演游戏中,俄罗斯文化元素往往以独具一格的形式被呈现,这不仅能够丰富游戏的内容,也可以提升游戏的文化内涵,使玩家在娱乐的同时感受到异国文化的魅力。本文旨在探讨俄罗斯文化在中国二次元角色扮演游戏中的传播现象,分析其在游戏设计中的具体应用和表现形式,及其对中俄文化交流的影响和意义,为文明互鉴提供有益的参考和启示。

关键词:俄罗斯文化;跨文化传播;游戏设计;剧情创作

1　引言

在全球化浪潮中,文化的交流与融合为不同国家和民族之间的相互理解搭建起了桥梁。这一趋势在流行文化中体现得尤为明显。近年来,"二次元"概念的兴起催生了诸如二次元角色扮演游戏(RPG)等崭新的文化现象,深受年轻一代的喜爱,为文化多样性增添了新的维度。作为二次元文化的重要分支,二次元角色扮演游戏以其独特的审美风格、巧妙的剧情设计和丰富的角色塑造,为玩家

---

* 本文获南京大学第二十七届基础学科论坛三等奖。

打造出超越现实的虚拟世界。在这样的游戏里,玩家可以化身为不同的角色,深入体验不同文化的韵味和魅力。

俄罗斯文化以其深厚的艺术积淀、悠久的历史传统和独特的文学韵味,为二次元角色扮演游戏提供了取之不尽的创作灵感和素材。中国的游戏开发者深入挖掘俄罗斯文化要素,巧妙地将其与中国文化相结合,打造出一系列既具俄罗斯风情又不失中国特色的游戏产品,在文化内涵上实现了跨越国界的交融,为玩家提供了更加多元的游戏体验。通过这种跨文化创新,开发者不仅丰富了游戏的故事内涵、拓展了角色塑造的可能性,而且提升了游戏的文化品位和哲学深度。玩家在享受游戏乐趣的同时,也能感受到文化融通的精妙,增进对文化差异性的理解和尊重。

本文以《重返未来:1999》和《崩坏:星穹铁道》这两款中国知名的二次元角色扮演游戏为例,分析俄罗斯文化在游戏设计中的具体应用和表现形式,以及这种传播对中俄文化交流的影响和意义,以期把握俄罗斯文化在中国二次元角色扮演游戏这一新兴文化载体中的传播机制,为文明互鉴提供有益的参考和启示。

2　中国二次元文化的发展

近年来,随着数字内容及创意产业的快速崛起,二次元文化在中国社会的影响力逐渐增强,正在从边缘文化走向主流,呈现出蓬勃的发展态势。

中国二次元文化的显著特征是:以动漫、漫画、轻小说等二次元文化内容为题材,具有丰富的故事背景和角色设定;在美术风格上往往追求唯美、精致,注重细节和色彩的搭配;突出社交属性和互动体验。从受众群体来看,中国的二次元用户数量庞大,且呈现出年轻化趋势。越来越多的年轻人热衷于动漫、游戏等二次元内容,并将其作为日常生活的重要组成部分。二次元游戏用户群体付费意愿较高,且支付能力较强。他们不仅消费二次元产品,还积极参与二次元的创作和分享,形成了庞大的二次元社区。从产业规模来看,中国的二次元产业不断扩大。2023年,中国国内游戏市场实际销售收入3 029.64亿元,同比增长13.95%,首次突破3 000亿关口。二次元移动游戏市场收入为317.07亿元,同比增长31.01%,头部产品盈利能力尤其令人瞩目,少数新品的表现也异常强劲。越来越多的企业和资本进入二次元领域,推动产业的发展。动漫、游戏及周边商品等相关产业链不断完善,形成了较为完整的产业生态。此外,政府出台了一系列政策,鼓励数字内容及创意产业的发展,为二次元文化的繁荣提供了良好的土壤。(中国新闻出版研究院中国动漫游戏产业年度报告课题组,2022—2023)随着技术的进步和玩家需求的变化,中国二次元游戏市场还在不断拓展,游戏开发企业也在持续探索新的游戏类型和玩法。同时,中国企业也在积极拓展海外市场,尝试将国产二次元角色扮演游戏文化传播到更多的国家和地区。

总体而言,中国二次元文化发展势头强劲,但需要对相关的设计、销售、推广等行为进行规范。未来,包括角色扮演游戏在内的二次元文化样态将在中国文化的传承和发扬过程中发挥更加重要的作用,成为推动文化创新的重要力量。

3 俄罗斯文化在中国二次元角色扮演游戏中的运用

在中国二次元角色扮演游戏中,俄罗斯文化得到了多元呈现。某些游戏的艺术风格、故事情节和角色设定等均在一定程度上吸收了俄罗斯文化的各种元素,给玩家带来文化交融的真切体验。从艺术风格来看,一些游戏采用富有俄罗斯特色的色彩搭配和图案设计,不仅让画面更加精美,也让玩家能够感受到浓郁的俄罗斯风情。比如,《重返未来:1999》1.8版本的主题活动《再见,来亚什基》在视觉表达上就融入了大量俄苏元素,文字、图案和配色互相搭配,形成了独具特色的风格特征。从故事情节来看,俄罗斯背景有助于丰富中国二次元角色扮演游戏的故事内涵。一些游戏赋予俄罗斯自然地理风貌以独特的文化象征意义,另一些游戏则通过不同的方式呼应俄苏历史、文学、艺术等领域的成果。比如,在《原神·提瓦特篇》幕间PV「冬夜愚戏」中,从人物对话到场景设计都呈现出俄式冰雪风格,这能让玩家对以俄罗斯为原型的至冬国充满好奇与期待。从角色设定来看,俄罗斯文化的鲜明特色体现在某些游戏角色的外貌、性格和行为举止上。比如,《重返未来:1999》中的角色"红弩箭"的原型是苏联女飞行员利季娅·利特维娅克(Лидия Литвяк),这一角色从造型、语言到行为方式都带有苏联空军飞行员的明显痕迹。

3.1 《重返未来:1999》中的俄罗斯文化元素

3.1.1 游戏简介

《重返未来:1999》是广州深蓝互动网络科技有限公司开发的策略卡牌类游戏,该游戏凭借差异化题材、独特的复古未来主义世界观、精美浪漫的画风、传神的配音以及别出心裁的角色设计,在二次元角色扮演游戏市场中开辟出一条独特的赛道。这款产品于2023年5月底上市,连续3天登顶中国iPhone手游下载榜,跻身6月中国iOS手游畅销榜第18名,2023年11月在中国iPhone平台累计收入达192.76万美元(约合人民币1362万元),成为2023年游戏市场的一匹黑马(许心怡,2024)。

3.1.2 故事背景和角色来源

《重返未来:1999》的 1.8 版本《再见,来亚什基》讲述的是一个北极边陲矿业小镇的故事。从游戏档案《流放之地》可以得知,"冬"(Зима)这个角色是一位来自萨哈林的诗人,而这一设定取材自契诃夫的作品《萨哈林旅行记》。"冬"诞生于1890年,正是在这一年,契诃夫前往萨哈林进行考察,研究苦役犯的生存状态。契诃夫在萨哈林岛亲眼目睹了监狱中犯人的生活和西伯利亚的贫穷,用卡片记录了近万名囚徒和移民的状况,在三年内创作完成了《萨哈林旅行记》。萨哈林之行不仅对契诃夫的创作风格产生了重大影响,成了他理解人性和寻求灵魂救赎的重要途径,也加剧了19世纪末至20世纪初俄罗斯知识界对东方的普遍偏见(姜磊,2020:167)。

在官方发布的关于"冬"的介绍中,我们还能见到取材自陀思妥耶夫斯基《地下室手记》第二章《湿雪纷飞》的《诗雪纷飞》。在19世纪的俄国社会,沙皇封建专制制度逐渐崩溃,社会向资本主义生产方式转型,这造成了贫富差距的加大、道德规范的混乱以及人们精神世界的迷茫等种种社会问题。陀思妥耶夫斯基曾先后经历了1849年的被捕事件和枪决危机,以及1864年的至亲离世、濒临破产。在物质、情感、事业、精神的多重打击下,陀思妥耶夫斯基在《地下室手记》中深刻表达了自己对理性利己主义和空想社会主义的反思。(杨昇华,2012)与陀思妥耶夫斯基的状况相似,从"冬"的资料介绍也能看出他隐约透露出的对俄罗斯帝国的失望。游戏主人公执拗、刻薄、阴暗以及挣扎的性格与作家复杂的意绪相近,作家的阴郁心境也与"冬"阴郁怵怵、沉默寡言、不善交际、不为世俗理解的气质相符。同时,档案《不止人类一种》还展现了"冬"与动物交流的能力:

> 遇见一只奇怪的山雀
> 与我的诗集撞了个满怀
> 今晚除了风
> 还有我们
> 四目相对,偶尔
> 也听夜色
>
> 叽叽喳喳的言语
> 冰川与启明星的棱角交错
> 它问

"孤身一人吗?"

不期而至的大雪
坠入天空的背影哆嗦了下
地面的人打了哈欠
"不,很多朋友!……"

这一"森林之友"的身份来自俄罗斯作家米哈伊尔·普里什文。普里什文是世界文学史上颇具代表性的大自然歌者、"伟大的牧神",他一生都在思考如何将诗歌融入散文,并为此备受煎熬。他凭借对大自然的热爱和对心灵的忠诚生动描绘出俄罗斯大地的样貌,创造了独树一帜的普里什文风格。作家充满了神秘和魔幻的色彩,被认为是"能倾听鸟兽之语,与树木对话,闻草虫之音的异能者",曾在山林间随处写下诗句并高声朗诵,"将作品赠予自然"(郑涛,2023:75-85)。这一切都与"冬"以雪为卷的随性自得、独树一帜、不愿受外人打扰的气质相通。

值得一提的是,"冬"的形象并非由契诃夫、陀思妥耶夫斯基、普里什文等俄罗斯作家的特质堆砌、拼贴而成,而是在有机融合上述作家创作经历与思想情感的基础上构筑而成,因而显得丰满而立体,集中体现出俄罗斯文学的丰富意蕴与文化气质。

3.1.3 形象设计

角色"冬"是一个典型的基于俄罗斯文化塑造出来的二次元形象,其服装设计、语言习惯和个性气质充满了俄罗斯特色。无论是毛皮大衣(шуба)和小山雀戴的护耳皮帽(ушанка),还是"木质、香根草、广藿香、土壤"的香调,都呼应了俄罗斯文学中的经典形象(见图1)。

"冬"的神秘术和战斗语言巧妙地融入了诗歌元素,充满哲理,每一个句子都是一幅冷峻而深邃的画卷,能让玩家体会到北国俄罗斯的

图1 "冬"的形象

(来源:https://res1999.huijiwiki.com/wiki/冬)

诗意美感。

> "雀——自然予人馈赠,如自霜寒岛屿的风。"
> "纸——文字记录于残缺的羊皮纸灰烬上,而诗篇长留于世。"
> "诗,远岛,风——纸张写就了许多,譬如赞誉,譬如过往,譬如流放。"

尽管这款游戏以英语作为主要的配音语种,但一些文化特征显著的角色也会拥有相应语种的配音。在"冬"的语言中甚至能听到诸如"Не было бы счастье, да несчастье помогло(因祸得福)"这样的俄语谚语。不仅如此,"冬"的语音形象也经过专门设计——嗓音沙哑,常常口吃,爱自言自语,充满了自然气息。

3.2 《崩坏:星穹铁道》中的俄罗斯文化元素

3.2.1 游戏简介

《崩坏:星穹铁道》是上海米哈游网络科技股份有限公司研发的银河冒险策略游戏,也是米哈游"崩坏"系列的第五部作品。自游戏发布以来,其独特的玩法和深邃的世界观吸引了国内外的众多玩家。《崩坏:星穹铁道》凭借过硬的品质和丰富的内容,一上市就登顶中国 iOS 手游畅销榜,进入美、日、韩等主要市场前三,一度成为米哈游旗下收入最高的手游。不仅如此,《崩坏:星穹铁道》运营不足一年便摘得 App Store2023 年度游戏、Google Play2023 年度最佳游戏,以及 TGA(The Game Awards)年度最佳移动游戏奖。在这款游戏中,玩家搭乘星穹列车造访寓居宇宙的万象世界,携手不同的旅伴解救星核引发的种种危机,挫败星神践踏文明的企图,在光怪陆离的"世界"与"世界"之间展开冒险。

3.2.2 故事背景

雅利洛-Ⅵ是一颗以俄罗斯文化为主体并融合了其他欧洲文化的星球。它以东斯拉夫神话中的"春神与战神"雅利洛(Ярило)为名,是玩家登上星穹列车之后造访的第一个世界。因星核坠落及寒潮降临等灾难,雅利洛-Ⅵ与外界失去了联系。贝洛伯格是这颗寒冷星球上仅存的人类城市,它的名字源于斯拉夫神话中的"白神"贝洛伯格(Белобог)。

3.2.3 文学经典的化用

相较于《重返未来:1999》,《崩坏:星穹铁道》在世界探索、战斗玩法、文本资料等方面具有更大的叙述空间。下面以任务标题和成就名称为例,浅析俄罗斯文化元素的融入和运用。

开拓任务的标题大量化用俄罗斯经典文学作品中的语句(见表1)。

表1 开拓任务标题对文学作品语句的化用

开拓任务标题	来源作品	作者
她等待刀尖已经太久	《生活》(«Жизнь»)	玛丽娜·茨维塔耶娃
他们有多少人已掉进深渊	《他们有多少人已掉进深渊》(«Уж сколько их упало в эту бездну»)	玛丽娜·茨维塔耶娃
已故去的必如雪崩般再来	《梦魇》(«Памяти демона»)	鲍里斯·帕斯捷尔纳克
腐烂或燃烧	《时钟》(«Часы»)	马克西姆·高尔基
星星是冰冷的玩具	《星星是冰冷的玩具》(«Звезды-холодные игрушки»)	谢尔盖·卢基扬年科

成就系统同样借用了不少俄罗斯文学作品的标题(见表2)。

表2 成就名称对文学作品名称的化用

成就名称	来源作品	作者	关联描述
童年/在人间/我的大学	《童年》(«Детство»)/《在人间》(«В людях»)/《我的大学》(«Мои университеты»)	马克西姆·高尔基	玩家角色最高等级达到40级/60级/80级时获得
通往群星的轨道	《通往群星之路》(«Дорога к звездам»)	帕维尔·克鲁杉采夫	1.0版本的系列成就名
菲雅尔塔的春天	《菲雅尔塔的春天》(«Весна в Фиальте»)	弗拉基米尔·纳博科夫	用「欢愉」命途通关「模拟宇宙:寰宇蝗灾」时,累计获得12种不同的「快乐」时获得

4 俄罗斯文化在中国二次元角色扮演游戏中传播的启示

俄罗斯文化以其深厚的历史底蕴、丰富的文学传统和独特的艺术风格,在中国二次元角色扮演游戏中得到了广泛的运用。从二次元角色扮演游戏出发拓展到整个游戏行业来看,这种跨文化的传播行为对文化交流带来了诸多的启示。

4.1 创意与文化融合的广阔性

在传播方面，作为深受年轻人喜爱的一种数字化文化产品，二次元角色扮演游戏具有跨平台传播的显著优势，这一载体能够直观、生动地展示和传播文化的魅力，扩大文化的影响力。在推动不同文化交流的过程中，我们应当积极挖掘更多富有创意的文化载体，推出更多跨界文化产品，吸引更多受众的关注。

在文化方面，游戏设计者借助俄罗斯深厚的文学传统、壮阔的建筑风格和引人入胜的民间传说等资源，在角色设计、故事情节、艺术风格等方面将相关文化元素巧妙地融入游戏当中，展现俄罗斯文化的独特魅力，为中国玩家带来全新的文化体验。这种跨文化的融通与运用不仅能够丰富游戏的内容，拓宽玩家的视野，而且可以促进中俄文化之间的互视互鉴。

4.2 尊重和包容文化差异的重要性

世界文化丰富而多样，每一种文化都是世界文明的重要组成部分。俄罗斯文化与中国文化存在一定的差异，正是这些差异使得两种文化之间的沟通显得必要而有益。在接受和传播俄罗斯文化时，中国的游戏开发者首先应该本着客观的态度尊重其独特性，避免对其进行过度解读或弯曲。同时，也要批判性地理解俄罗斯文化的内涵和价值，富有创意地探索将其与中国文化相结合的可能性，让中俄文化的交流不但能够推动游戏不断推陈出新，满足玩家的文化需求，而且可以有效促进中国文化的创新发展与对外传播，增强国家的软实力。

总之，在全球化的时代背景下，文化交流已经成了国家间互动的重要方式之一。通过游戏这一载体，中国得以向世界展示其包容开放的文化态度（韩维正，2018）。而文化的传播是一个长期而复杂的过程，需要经过时间和资源的积累才能达到良好的效果。未来，中国的游戏开发者可持续挖掘俄罗斯文化，拓展关注维度，优化传播策略，注重本土文化融入。

5 结语

俄罗斯文化历史底蕴深厚，艺术魅力独特，在中国二次元角色扮演游戏中得到了广泛的运用与传播。这种跨文化交流的有益实践不仅能够丰富游戏内容、提升游戏内涵，而且可以为玩家提供了解俄罗斯文化的新渠道，为其带来多样化的文化体验。通过游戏这一载体，俄罗斯文化得以跨越国界，与中国文化进行深度交融，这对于展现文化交流的广泛性与包容性具有积极作用。未来，我们应当继续借助富有创意的新兴载体吸收外来文化,创新本土文化,促进世界文化的和谐发展。

参考文献

[1] 韩维正,2018,用精品游戏讲好中国故事.人民日报(海外版),2018-08-31.
[2] 姜磊,2020,《萨哈林旅行记》与契诃夫的远东印象.外国文学研究,(02):160-171.
[3] 许心怡,2024,二次元角色扮演游戏大年:新品涌现 竞争加剧.中国经营报,2024-01-01.
[4] 杨昇华,2012,陀思妥耶夫斯基反乌托邦思想初论.苏州:苏州大学.
[5] 郑涛.2023,审美与思辨:论普里什文散文中的"诗意".俄罗斯文艺,(03):75-85.
[6] 中国新闻出版研究院中国动漫游戏产业年度报告课题组,2022—2023年中国动漫游戏产业年度报告.出版发行研究,(02):15-22.

导师评语

胡颖:论文以中国二次元角色扮演游戏为个案,探讨全球化背景下俄罗斯文化在中国新兴文化载体中的运用与传播,阐释其对于中俄文化交流互鉴的影响与意义。论文选题新颖,契合文化的多元化发展趋势。作者从中国二次元文化的发展切入,基于具体的二次元角色扮演游戏梳理俄罗斯文化元素的融入路径,得出一系列有益启示。当然,对于这一选题,作者今后还可以从跨文化理论的维度进行更加深入的探讨。值得指出的是,作者对俄罗斯文化元素的挖掘和解读颇有新意,体现出当代大学生的探索意识和人文情怀。

坚守与突破

——2009—2018 年法国电影的海外传播*

于清如

摘 要：本文通过法国国家影视动画中心(CNC)和法国国家电影联盟(Unifrance)2009 到 2018 年的数据，从传播数量与票房、类型结构和区域分布三个角度展开分析，总结了法国电影十年来海外传播的主要特征。我们发现，法国电影的海外传播注重文化多样性，国内市场相对稳定，但海外市场受票房黑马的影响较大；传播类型丰富多元，法式喜剧受到广泛认可，法国动画特色鲜明；传播区域分布广阔，在坚守西欧传统市场的同时开辟北美、亚洲等新兴市场。

关键词：法国电影；海外传播；票房；类型；区域

1 引言

近年来，世界电影产业蓬勃发展。各国在深耕国内市场的同时，纷纷大规模地向海外进军，因为电影的海外传播不仅可以拓宽市场、延长产品"保质期"，还可以寻找更广泛的观众认同。法国是电影的发源地，凭借肥沃的创作土壤和完善的电影管理体系，成为仅次于美国的第二大电影出口国(单玎、李南南，2018)。本文将以法国国家影视动画中心（CNC）和法国国家电影联盟（Unifrance）的官方数据为依托，从传播数量与票房、类型结构和区域分布三个角度，分析 2009 到 2018 年十年间法国电影海外传播的主要特征。

---

* 本文系 2020 年国家级大学生创新训练计划项目"法国电影对外传播策略研究"（项目编号：202010284044Z）成果，发表于《亚太艺术》南亚专辑，2021 年 6 月，81－89。

2 传播数量大幅增长,票房成绩波动起伏

从2009到2018的十年数据来看,法国电影的国际竞争力在波动中趋于平稳,坚守着第二大电影出口国的宝座(仅次于美国)。海外传播的电影数量稳步上升,充分体现了法国电影对外传播的多样性和丰富性。海外票房一波三折,相对于法国国内市场而言,海外市场对票房黑马的敏感度更高,因此,黑马电影是决定海外票房的关键性因素。此外,法国国内市场和海外市场对同一部电影的反馈可能出现偏差,甚至导致两个市场的年度票房"背对背"的局面。

2.1 海外传播的数量

弗朗索瓦兹·贝娜穆(Françoise Benhamou)和斯坦福尼亚·佩尔蒂(Stéphanie Peltier)(2011)用电影生产和消费的数量作为衡量电影产业文化多样性的指标。我们认为,电影海外传播的数量越多,文化传播的载体就越丰富多元,就越能体现电影传播的文化多样性。在全球超过80个地区的影院中,法国电影是大银幕上的常客。自2009年以来,除去2013年的小幅下降,法国电影海外上映数量逐年上升。这些影片既包括首次放映的新片,也包括重映的经典老片,海外上映影片数量从2009年的410部上升到2018年的810部,实现了近一倍的增长(见图1)。

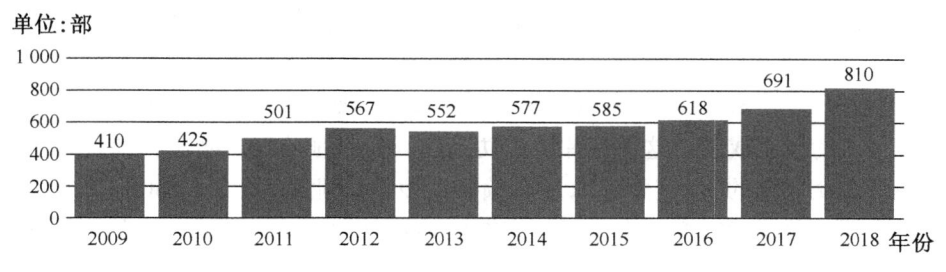

图1 2009—2018法国电影海外上映数量

数据来源:CNC

2.2 海外传播的票房

2009到2018年,法国电影在海外院线的十年平均票房为7 950万人次,平均票房收入为4亿6 330万欧元,十年间有四年高于平均值,六年低于平均值(见图2)。由此可见,法国电影在海外的票房起起伏伏,我们以十年间的票房峰

值(2012年)和票房低谷(2016年)为例,分析"晴天"和"阴霾"背后的深层次原因。

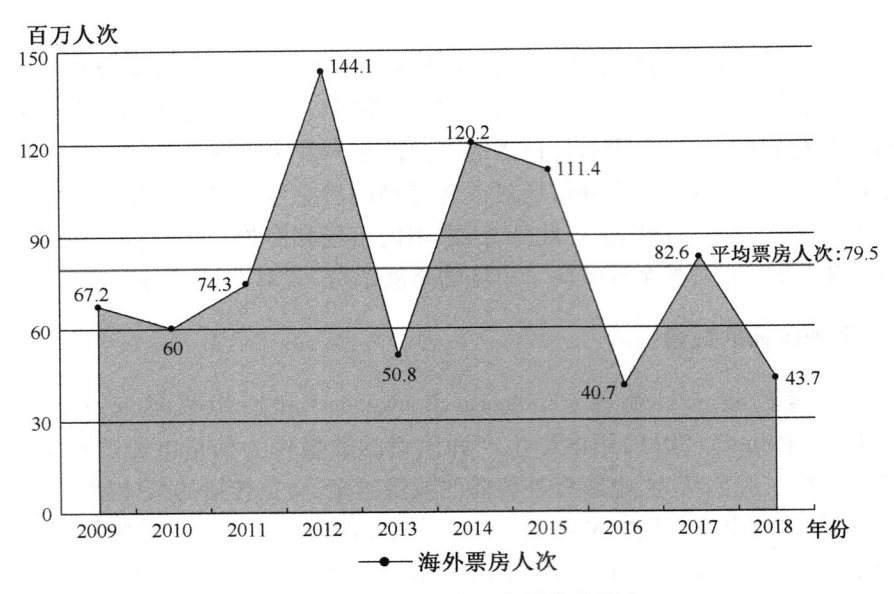

图 2 2009—2018 法国电影海外票房

数据来源:Unifrance

2012 年是法国电影在海外成绩最辉煌的一年,收获了 1 亿 4 410 万观影人次和 8 亿 8 850 万欧元的票房收入,造就了 21 世纪以来法国电影海外票房的最高峰。这一破纪录的成绩主要得益于包揽六成票房的三部黑马电影。票房冠军《即刻救援2》在 80 个国家和地区取得了 4 726 万观影人次和 2 亿 6 800 万欧元票房收入的出色成绩。这部影片的成功不仅因为紧张的犯罪剧情和刺激的动作打斗对观众口味的"投其所好",还有赖于欧罗巴影业公司(EuropaCorp)与发行版图广阔的美国发行商二十世纪福克斯(Twentieth Century Fox)、专攻中东地区的海湾影业(Gulf Film LLC)的强强联合。《即刻救援2》在北美征服了 1 740 万观众,依靠海湾影业不仅在传统中东市场获得了更高的排片量和票房收入,还打开了如巴基斯坦和科威特等难以进入的电影市场。这一成功充分证明了与目标市场发行商合作的重要性。法国除了与每年稳定发行 20 部以上的西欧"老伙伴"①保持合作,还与新兴市场的发行商建立合作关系,例如斯洛文尼亚(Fivia)、摩洛哥(Megarama Distribution)、塞尔维亚和黑山(MegaCom Film)以及巴西

---

① 例如,瑞士(Pathé Films AG Zurich)、比利时和卢森堡(Athena Films)。

（Imovision），这些"新伙伴"的发片量也达到了20部以上，有时甚至超过了西欧的发行商。此外，《即刻救援2》作为《即刻救援》系列的续集，享受着电影品牌溢出效应的红利，也就是说"母电影"（侯永、王铁男、李向阳，2014）《即刻救援》已经在观众心中留下了良好的印象，因此当"子电影"《即刻救援2》上映时，观众难免会产生期待，期待着接近"母电影"的艺术水平，也就更有可能去影院观看电影。事实上，2015年上映的同系列电影《即刻救援3》还在继续享受这一红利，吸引了4 000万以上的海外观众。

2012年的票房亚军是温情喜剧《触不可及》，这部影片继《天使爱美丽》之后成为法国法语电影海外最高票房保持者。它虽然没有《即刻救援2》那般惊人的票房表现，却在一定程度上开辟了法国喜剧电影的"版图"：《触不可及》不仅在西欧等传统市场取得了不俗的票房，在口味偏向大制作和动作电影的美洲和亚洲也成绩显著。

2012年票房排名第三的《艺术家》是一部黑白默片，虽然类型相对小众，却实现了电影节与票房收入的双丰收，可谓是"叫好又叫座"！《艺术家》斩获五项奥斯卡、三项金球奖、六项凯撒电影奖……，成为法国电影史上国际获奖最多的影片，并以1 300万的海外票房一举突破了艺术片海外遇冷的局面，之前在电影节好评如潮的艺术片从未在海外市场上突破千万票房。

总的来说，2012年法国电影的海外盛景不能单单用"动作大片"的吃香来解释，《即刻救援》系列的成功在一定程度上证明了"法产英语动作片"国际化策略的可行性，《触不可及》《艺术家》以及紧随其后的千万级票房的动画片（《埃及艳后的任务》）、恐怖片（《杀戮》）和剧情片（《爱》）体现了法国电影一贯的多样性，丰富的题材和类型拓宽了海外市场对法国电影的认知。

如果说2012年的繁荣令人欢欣鼓舞，那么2016年的低迷却值得反思。2016年，法国电影在海外仅收获了4 070万观影人次，这是十年来首次跌下5 000万，相比2015年下滑了63.5%，票房收入（2亿5 750万欧元）降低了58.7%，两项拦腰斩半的跌幅足以证明2016年是法国电影海外市场的寒冬。造成这一寒冬的原因很多：首先，2016年法国电影"造星"失败，相比于前一年《即刻救援3》4 726万票房的闪耀，2016年的票房榜首显得平淡无光（《小王子》，310万人次）。其次，2016年不仅缺少表现耀眼的票房领头羊，海外票房破百万的电影也仅有五部，其中还包括一部重映片《小王子》，而之前（2009—2015）每年破百万的电影都维持在十部左右。因为缺少票房黑马，法国电影的海外票房集中度在2016年降到了2000年以来的最低水平，排名前五的电影仅贡献了不到25%的票房，与2015年的70.4%形成强烈的反差。纵观2016年的Top20排行榜,名列前茅的电影票房表现平淡无奇,中部段位的电影也没能维持往年的稳定水平,这共同造成了法国电影2016年海外票房的滑铁卢。

2.3 海外市场与国内市场的对比

海外票房在总票房的占比是衡量电影国际竞争力的重要指标。2009 至 2018 年,法国电影海外票房占总票房的十年平均比例为 49%,其中最巅峰的年度是 2012 年(62.7%),最低迷的是 2016 年(35%)(见图3)。近五成的贡献率充分体现了海外市场对法国电影的重要意义:既是重要票仓,又是展示"电影软实力"的窗口。

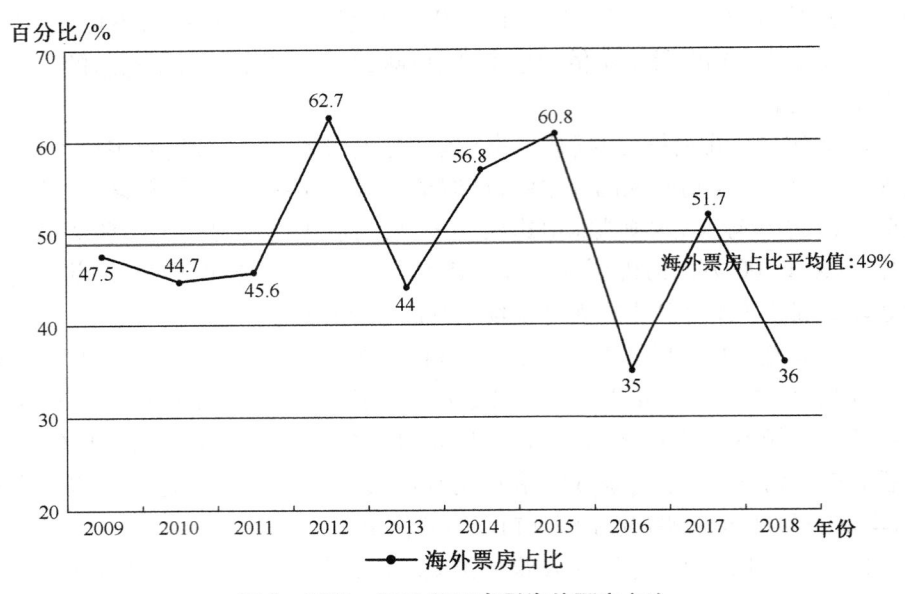

图 3　2009—2018 法国电影海外票房占比

数据来源:Unifrance

十年间,法国电影海外票房的平均值为 7 950 万人次,国内票房的平均值为 7 750 万,二者相当接近。由此可见,法国电影在国内外的发展旗鼓相当,已经形成相辅相成的局面。但是也有例外,比如 2012 年法国电影在海外取得了巨大的成功,却在国内市场损失了将近 700 万观众;2016 年国内票房稳步小幅增长,海外票房却陡然减少 7 000 多万;2018 年国内票房保持平稳增势,海外票房却仅收获了 2017 年一半的成绩,2017 年的海外票房为 8 260 万,而 2018 年仅 4 370 万票房人次(见图4)。如此反常的发展说明一些票房关键电影在国内外市场的反馈存在反差。以法国国内外票房差距最大的 2012 年为例,当年的海外票房冠军

《即刻救援2》在法国国内的票房远不及《触不可及》,在国内票房排行榜中只能勉强跻身Top5。这是一个因关键电影国内外市场反差造成国内外票房走势"背对背"的典型案例。

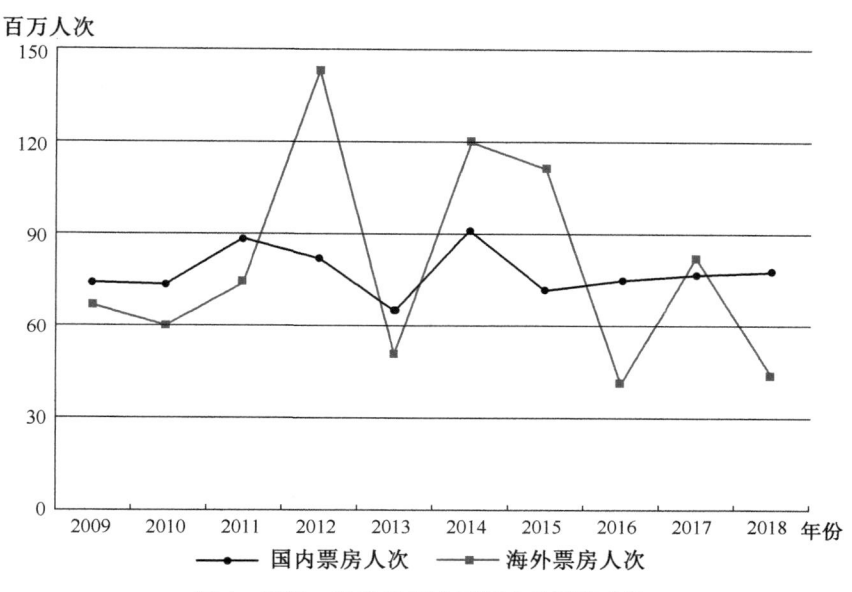

图4 2009—2018法国电影国内外票房人数

数据来源:Unifrance

3 电影类型色彩纷呈,喜剧动画特色鲜明

剧情片、喜剧片、惊悚片、动画片、艺术片……走出国门的法国电影类型丰富,题材多样。从2009到2018年的数据来看,法国各类型电影在国内票房的占比相对稳定,喜剧片的市场份额大约在25%,动画片稳定在14%左右,纪录片在1%上下徘徊,剧情、冒险、惊悚等其他电影的票房占比围绕60%小幅波动。由此可见,喜剧、动画和纪录片作为法国"老牌"电影类型票房表现平稳,剧情、冒险、惊悚类的票房黑马对国内市场造成的影响十分有限(见图5)。相比国内市场,法国各类型电影在海外票房占比的曲线十分波折,除了纪录片的占比基本稳定在2%左右,动画片的波动幅度在5%以内,喜剧片最高占比(44%)高出了最低值(14.2%)近30%,其他电影波动幅度达到了27.5%(见图6)。票房表现最不稳定的当属科幻片和冒险片:2014年打破票房纪录的科幻片《超体》包揽了过半的海外票房,而2015年沉寂的科幻片仅分到了2%的"蛋糕";2015年以《即

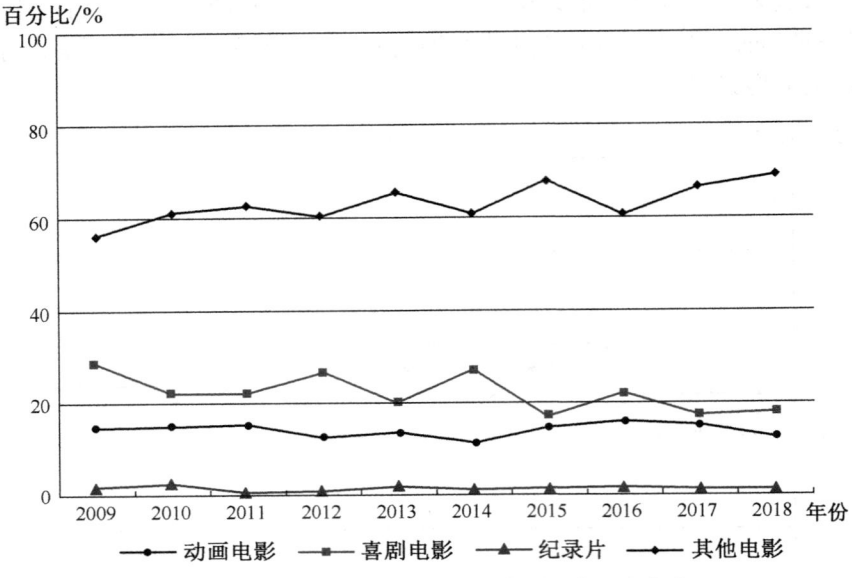

图 5 2009—2018 法国主要类型电影国内票房占比

数据来源：CNC

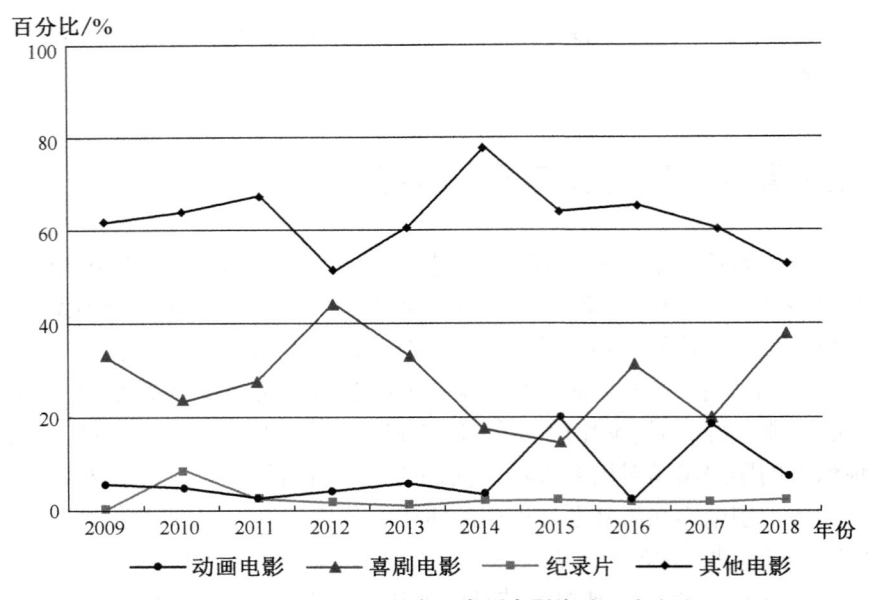

图 6 2009—2018 法国主要类型电影海外票房占比

数据来源：Unifrance

刻救援3》为首的冒险片拿下了54%的市场份额,与2017年冒险片萧条的5%形成鲜明的对比。动画片和纪录片是海外票房占比最稳定的类型,分别在13%和2%左右,这说明相对其他类型的电影而言,这两类影片的海外受众市场更精准、更稳定。总的来说,法国主要电影类型的票房占比在国内较为稳定,而在海外市场波动明显,受高票房电影的影响显著。其主要原因是,法国国内市场的电影消费更具多样化特征,即使在某一类型的电影中突然出现了一部大获成功的票房黑马,也难以对稳定的票房分布产生颠覆性的影响;相反在海外市场,观众对法国电影没有固定的消费习惯,某一类型电影一旦出现票房黑马便可"一部定乾坤"。

3.1 喜剧片

法国的喜剧片产量大,票房高,具有极高的国民性。2009年以来,在法国国内上映的喜剧片年均104部,最多在2010年达到了131部,每年在国内票房的占比都稳定在22%左右,最高在2009年达到了28.2%,是法国电影类型中名副其实的常青树。在海外市场,喜剧片仍然是最受欢迎的电影类型之一,近十年的平均票房占比达到了28%。2009年以来法国喜剧片的海外上映量一直维持在200部以上,最高在2018年达到263部。2009—2018年喜剧片海外票房累计达到2亿1730万人次,位居第二,仅次于冒险片(2亿5530万)。但喜剧的海外票房占比波动较大,最低为15%,最高为44%,票房集中度偏高,这或许是因为喜剧片根植于本土文化,影片的艺术效果难免因"移植"而大打折扣。通过比较法国喜剧在国内外票房的集中度,我们发现,喜剧片在法国国内有票房领跑的突出影片,也有票房稳定的普通影片,它们共同构成了法国丰富且繁荣的喜剧市场。而法国喜剧在海外的成功模式不尽相同,海外票房和上映场次都呈现高集中度的特征,这说明喜剧市场不是由多元化的影片共同构建的,而是通过某一部大热的喜剧片一举完成该年七、八成的票房。

尽管法国喜剧在国内"笑傲江湖"的地位无法在海外市场完全复制,但近十年来,还是有不少"法式幽默"的喜剧片被国际市场广泛认可,如2008年的《欢迎来北方》、2012年的温情喜剧片《触不可及》、2014年的《岳父岳母真难当》等。这些喜剧片不仅在西欧等传统地区成绩斐然,还在一些与法国文化差异较大的地区(如北美、南美和东南亚地区)崭露头角。

3.2 动画片

法国的动画片历史悠久,可以追溯到19世纪埃米尔·科尔的《发光默剧》。

目前,法国动画片的国际影响力仅次于美国和日本,在欧洲稳居第一[①]。不同于迪士尼的美式动画,也区别于漫画风格的日本动画,法国动画片的题材更为丰富,风格更加清新,具有较高的艺术价值。从20世纪80年代的《国王与小鸟》到21世纪初的《我在伊朗长大》《怪兽在巴黎》再到近年的《机械心》,法国动画片以多变的画风、用随性的方式讨论引人深思的哲学问题,保持"童心"也保持批判。

2009至2018年,法国共生产76部动画片,其中2012年以12部的产量达到最高,2015年仅出产了3部动画片,动画片的产量占全年影片产量的平均比重为2.78%,产量占比波动较小。法国动画片2009到2018年在国内积攒了超过2.8亿的观影人次,创收超过17亿欧元,这一数据低于喜剧和冒险类影片,但高于传记类影片。

在海外市场,"法国动画"已经和"迪士尼""梦工厂"一样,成为特色鲜明的品牌标签。因此,法国的新老动画片一直保持着较大的出口潜力。2009到2018年,共有103部法国动画片在海外影院上映,其中75部是首映片,28部是经典动画片的重映。这些影片累计收获了6 550万人次的海外票房,占海外总票房的15.3%,其中2015年的《小王子》以2 770万人次的票房成为海外表现最佳的动画片。对优秀的喜剧片、动作片或科幻片而言,海内外票房能平分秋色已然不错;但对动画片而言,海外市场的票房优势尤为显著。2009年以来票房前十的动画片中,有八部的海外票房高于国内票房,这十部电影的海外票房在总票房的平均占比高达62%,2015年的《小王子》更是达到了90%以上。

法国动画片的海外盛景或许可以用外资和合拍来解释。2009年以来,法国动画片的外资增长幅度为46.4%,外资在动画片制作中的平均占比超过1/4,资金来源以西欧为主,其次是北美[②]。此外,法国动画片还进行了广泛的合拍,从2009至2018年,合拍动画片高达52部,占同期动画片总产量的半数以上(52/79)[③],包括人们耳熟能详的《小王子》、《了不起的菲丽西》和《萨米大冒险》。

---

① La France est un leader incontesté dans le domaine de l'animation en Europe. Elle se classe au troisième rang mondial, derrière les États-Unis et le Japon, en termes d'influence dans l'industrie de l'animation. https://www.france.tv/slash/le-college-noir/saison-1/5706651-la-france-leader-europeen-en-animation.html

② Centre national du cinéma et de l'image animée (CNC). 2020. *Le marché de l'animation en 2019*[R]. p. 93. Voir https://www.cnc.fr/cinema/etudes-et-rapports/etudes-prospectives/le-marche-de-lanimation-en-2019_1227396

③ Centre national du cinéma et de l'image animée (CNC). 2019. *Le marché de l'animation en 2018*[R]. p. 17. Voir https://www.cnc.fr/cinema/etudes-et-rapports/etudes-prospectives/le-marche-de-lanimation-en-2018_1001677

和喜剧片相同,法国动画片的主要市场仍然是西欧地区:2009 到 2018 年,法国动画片在西欧的票房占动画片海外总票房的 29%,其中意大利和西班牙是票房主力①。此外,中东和东亚地区的院线票房和网络点播销售也是法国动画在海外发展的重要动力。其中,最显著的例子当属中国和韩国:2009 到 2018 年,11 部法国动画片在中国上映,累计收获了 930 万观影人次②;韩国作为充满活力的新兴市场不仅票房稳定,还是在欧洲以外的非法语地区上映法国动画片最多的国家。

4 电影版图布局广阔,区域市场需求各异

法国电影在海外院线的足迹遍布五大洲近 90 个国家,不仅是众多主要电影市场的"常客",还成功打开了巴基斯坦、科威特等一些难以进入的市场。票房的区域分布不仅受输入国经济体量和消费水平的影响,也体现了不同地区对法国电影的接受和认可程度。从十年数据的平均值来看,西欧地区占比 36%,北美 19%,亚洲 17%,欧洲其他地区和拉美地区分别贡献 11%,包括中东、非洲和大洋洲在内的其他地区共占 5% 左右(见图 7)。

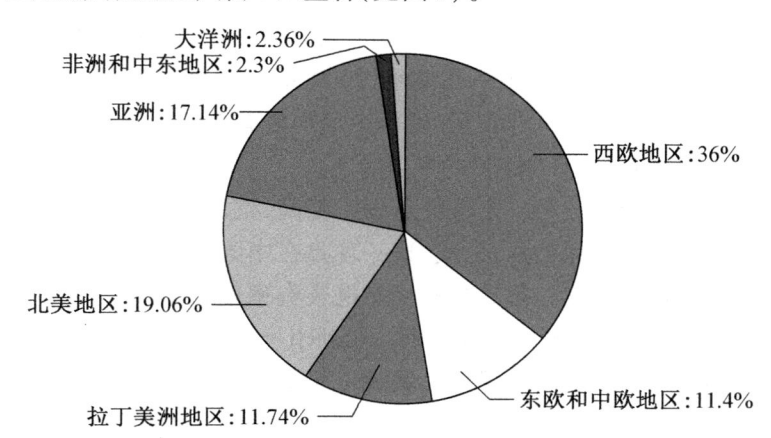

图 7 2009—2018 法国电影海外票房的区域分布

数据来源:Unifrance

---

① Centre National du Cinéma et de l'Image Animée (CNC). 2019. *Le marché de l'animation en* 2018 [R]. p.97.

② *Ibid.*

4.1 西欧

西欧是法国电影的传统市场,是上映法国电影数量最多的地区,也是法国电影海外票房最高的地区。2009至2018年,西欧地区的平均票房占比为36%,2016年以近一半的票房占比(46%)达到历史最高。西欧市场的成功不仅得益于欧盟一体化带来的贸易便利和政策趋同,还有赖于相似的历史根源和文化背景,降低了电影国际传播时经常遭遇的"文化折扣"。西欧地区的整体票房相对稳定,十年间票房占比共有两次突破40%(2010和2016年),这两年的共同点是都缺少国际热卖的"大片"。这一反差说明西欧地区受票房黑马的影响相比其他地区更小,该地区的电影市场更加稳定,其文化消费的多样性特征与法国本土十分接近。

4.2 亚洲

亚洲作为与法国文化根源相差较大的地区,虽然没有西欧的先天优势,但近十年来表现突出,是充满活力的新兴市场。亚洲地区的市场占比仅次于西欧和北美:2009至2018年,法国电影在亚洲的平均票房占比为17%,2014年达到最高(26.6%);同一时期法国电影在北美的平均票房占比为19%,2009年达到最高(37%)。亚洲和北美的差距正在缩小,2009年亚洲16.6%的市场占比仅为北美的一半(37%),但2012年以后,亚洲市场份额有5年超过北美,直逼"第二大市场",是法国电影"未来可期"的重要版图。

法国电影亚洲票房的第一个特征是集中度高,票房排行榜上前两到三部作品就能贡献当年票房总量的六、七成,这一现象在中国尤为明显,这说明该地区对票房黑马具有高敏感度。第二个特征是电影类型偏好模糊,不同于西欧地区对法国电影类型相对稳定的"观影口味",亚洲市场不同年份最受欢迎的电影类型变化较大,经常在喜剧、冒险、科幻、动画几种类型中交替。

法国电影在亚洲的票房增长主要靠中国领头拉动。近年来,中国电影产业持续繁荣,票房收入规模稳步增长至八十亿美元以上,已成为世界第二大电影市场[①]。得益于此,中国进入法国前五大电影市场,且十年中有四年位列第一或第二,总观影人次累计超过7 000万。然而,法国电影在中国市场的票房年际波动较大。在法国电影海外票房的国家排名榜上,长期稳定在前几名的国家有美国、

---

① 美国电影协会(MPAA)2018年全球电影主题报告(2018 Theme Report), https://www.163.com/dy/article/ECFHU1LP0511DFVJ.html

加拿大、西班牙和意大利,而中国的排名时高时低,最高位居榜首,最低仅位列第20名。因此,对法国电影而言,中国市场虽充满活力,但缺少忠实的粉丝和稳定的观影口味。

5 结语

本文从传播数量与票房、类型结构和区域分布三个角度分析了2009到2018年十年间法国电影海外传播的主要特征:法国电影在海外市场的传播数量稳步上升,整体票房表现有起有伏;出口影片的类型一如既往的丰富多元,喜剧和动画片的发展尤为突出;法国电影的海外版图辽阔,在保持西欧市场份额的同时开辟北美、亚洲等新兴市场。总的来说,法国电影在文化产业全球化竞争的语境下有所坚守也有所突破,从类型的角度来看,法国电影既保持法式喜剧和法国动画的高品质输出,也尝试用"法产英语动作片"的创新给观众惊喜;从区域的角度来看,法国电影既维持着传统市场的份额,也积极地开拓新兴市场。尽管世界电影产业风云变幻,法国电影在坚守和突破中砥砺前行,既顺应全球化的潮流,也保持法兰西民族的初心。

参考文献

[1] Benhamou, F. & S. Peltier. 2011. Application du modèle de Stirling à l'évaluation de la diversité à partir des données sur le cinéma de l'Institut de statistique de l'UNESCO (ISU). *Comment Mesurer la Diversité des Expressions Culturelles*: *Application du Modèle de Stirling à la Culture*. Montréal: Institut de statistique de l'UNESCO (ISU).

[2] Centre national du cinéma et de l'image animée (CNC). 2019. *Le Marché de L'animation en 2018*. Paris: Publication du Centre national du cinéma et de l'image animée.

[3] Centre national du cinéma et de l'image animée (CNC). 2020. *Le Marché de L'animation en 2019*. Paris: Publication du Centre national du cinéma et de l'image animée.

[4] 侯永,王铁男,李向阳,2014.续集电影品牌溢出效应的形成机理:从信号理论与品牌延伸理论的视角.管理评论,26(07):125-137.

[5] 单玎,李南南,2018.2016—2017年欧洲电影产业发展报告.卢斌,牛兴侦,刘正山,编.全球电影产业发展报告.北京:社会科学文献出版社.

导师评语

王晶：论文以2009至2018年十年间法国电影的海外传播为研究对象，在目前我国的电影研究领域具有一定的创新价值，也在"中国文化走出去"的时代背景下具有较强的现实意义。论文借助法国国家影视动画中心(CNC)和法国国家电影联盟(Unifrance)的权威数据，采用数字人文的方法，从传播数量与票房、类型结构和区域分布三个角度展开分析，总结法国电影海外传播的主要特征，萃取法国经验。论文选题新颖，逻辑严密，行文规范，对数据的选取和处理具有一定的跨学科维度，充分体现了学生综合运用语言技能和国别知识的能力。

经典与时代的对话
——《茶馆》在苏联及当代俄罗斯的传播与接受[*]

于泽姣

摘　要：中国现代作家老舍先生的剧作《茶馆》是中国当代戏剧的翘楚之作，在中国当代戏剧发展历程中占有重要的地位。早在20世纪50年代，《茶馆》便已进入苏联汉学家和读者的视野。然而，彼时由于中国国内学界对《茶馆》创作思想的解读倾向，致使这部作品在苏联汉学界也没有得到很好的研究。21世纪以来，俄罗斯学界在文本译介与学术研究方面对《茶馆》的艺术风格和思想内涵进行了重新阐释与挖掘。在舞台艺术实践方面，2019年，孟京辉导演的先锋话剧版《茶馆》亮相当代俄罗斯舞台，成为首部在当代俄罗斯上演的老舍话剧作品。这次演出为新时期中俄话剧交流做出了重要的贡献。

关键词：《茶馆》；现代性；先锋性

1　引言

老舍是苏联及当代俄罗斯汉学界关注得最多的中国现当代作家之一。1953年，莫斯科国家文学艺术出版社出版的《中国作家短篇小说选》(Рассказы китайских писателей)收录了老舍创作的三部短篇小说。从此，中国作家老舍的作品开始进入苏联读者的视野。到1986年，老舍创作的绝大多数作品的各种俄文译本已达80多种，老舍也成为在苏联被译介得最多的中国作家之一。其

---

[*] 本文系2022年国家级大学生创新训练计划项目"新时期中国当代戏剧在俄罗斯的传播与研究"（项目编号：202210284078Z）成果，发表于《欧亚人文研究》，2023年第1期，79–85。

中,老舍的代表作之一的《茶馆》在苏联得到了广泛的传播与研究。《茶馆》以"裕泰茶馆"这一独特的空间形象集中呈现了自戊戌变法至新中国成立前夕中国历史社会在半个世纪里的沧桑巨变,以及在历史变迁中众生的浮游悲欢。剧作家通过人物命运的展示,对中华民族独特的性格和精神气质给予了准确的刻画,并勾勒出半个多世纪中国独特的历史画卷。这部戏因而在中国当代戏剧发展史上具有了非同一般的重要意义。相较于欧美国家,《茶馆》在苏联及当代俄罗斯的传播与接受经历了从"被发现""被忽视"到"被重新看见"的过程。

2 《茶馆》在苏联及当代俄罗斯的文本译介

关于中国作家老舍的作品在苏联的传播过程,苏联著名汉学家斯别什涅夫(Н. А. Спешнев)教授有过非常形象的描述。他曾戏言道:"在俄罗斯没有'老舍'热,因为从来没有凉过。"(曾广灿,1987:145)自 20 世纪 50 年代初开始,苏联汉学界对老舍的研究热情并未受到太多时代因素的牵制,中苏关系在 20 世纪 60—70 年代出于意识形态的对立而出现的非正常状态并没有明显减弱苏联汉学界对老舍的关注。在那段特殊时间里,苏联汉学界针对老舍作品的翻译工作从未间断过。1957 年,《茶馆》在中国发表后仅两个月,苏联的《外国文学》杂志(Иностранная литература)就刊发了老舍话剧《茶馆》第一幕的俄文版,译者为苏联汉学家罗日杰斯特文斯卡娅(Е. Рождественская)。这是老舍的剧作《茶馆》在苏联的首次译介。这次译介开启了老舍作品在苏联的传播和苏联汉学界对老舍的研究。然而,由于国内学术界对《茶馆》表现出来的种种批评和质疑,受此影响,苏联汉学界也并未对《茶馆》给予太多的热烈回应。"文革"时期,老舍在中国遭到了严厉的批判,但苏联汉学界却并没有停止对老舍的介绍与研究,尤其是老舍不幸的遭遇更激发了苏联汉学界研究老舍的新的热情。正是在那段特殊年代里,老舍的三部长篇小说的俄文译本先后在苏联出版。到 20 世纪 80 年代末,老舍 12 部长篇小说中的绝大部分作品都有了俄译本(李逸津,2016:20)。然而,作为老舍最重要的作品之一的《茶馆》却在苏联汉学界仍然没有获得应有的关注,老舍的创作特色和艺术成就也没有得到应有的研究,苏联汉学界还停留在对《茶馆》的一般性介绍上。直至 1991 年,罗日杰斯特文斯卡娅主持编选新的《老舍作品集》(«Лао Шэ "Избранные призведения"»)出版,苏联汉学界才将尘封三十年之久的《茶馆》补译完整(信娜,2021)。

汉学家罗日杰斯特文斯卡娅翻译的《茶馆》在苏联得到汉学界的一致好评,并被多次再版。1983 年,这一版本的《茶馆》俄译本被收录进《亚洲戏剧作品选》(Избранные произведения драматургов Азии)。1991 年苏联解体之后,《茶馆》再次被收录进莫斯科文学艺术出版社出版的《老舍作品选》(«Лао Шэ. Избранные произведения»)中,并广受当代俄罗斯读者的好评,销量高达 10 万册。2014 年,中华人民共和国国家新闻出版广电总局同俄罗斯联邦出版社大众传媒署联合开展了"俄中两国古典与现代文学作品翻译出版"计划,译者马尔恰诺娃[①](E. Молчанова)翻译的《茶馆》作为入选作品之一,收录在作品集《猫城记》(Записки о кошачьем городе)中。至此,老舍的《茶馆》在当代俄罗斯便有了多种译本。

在翻译老舍作品的过程中,汉学家罗日杰斯特文斯卡娅尤为偏好老舍的"京味儿"系列作品。她也有意识地在翻译老舍作品的时候保留这种独特的风格。因此,在翻译《茶馆》的过程中,罗日杰斯特文斯卡娅非常有针对性地在译本中传递了老舍剧作中的白话口语特色(乌兰汗,1999:54)。她的《茶馆》译本成功地将富有北京地方特色的风土人情与中华民族特色融入了俄罗斯的本土化语言表述中。譬如,在 1991 年版《茶馆》的译文中,罗日杰斯特文斯卡娅对《茶馆》的第一幕中常四爷与松二爷的对话作了这样的处理:

Чан. Они вон императорский дворец сожгли! Но с ними вы что-то не воюете, хоть и на казенных харчах живете! (英法联军烧了圆明园,尊家吃着官饷,可没见您去冲锋打仗!)

其中,剧本里"尊家吃着官饷"这句话,译者罗日杰斯特文斯卡娅使用了 на казенных харчах живете 这一词组来表达。казенных 和 харчах 均为俄语旧式俗语,分别表示"公家的、官僚主义的"和"伙食"之意。罗日杰斯特文斯卡娅这样的语言处理方式,使译文里人物的语言具有了独特的戏谑化色彩,接近了原著里的情调。

老舍《茶馆》里酒馆老板王利发的劝和之话"哥们儿,都是街面上的朋友,有话好说。德爷,您后面坐!"被译者罗日杰斯特文斯卡娅转译为"Ну что вы, братцы! Все мы приятели, с одной улицы, неужели нельзя договориться по-хорошему? Дэ, дружище, шел бы ты во двор!"。"二德子"在原文本中本是该人物的绰号,而王利发此处改称其为"德爷"是为了突出酒馆老板王利发力图劝和,维护生意场面的客气口吻。但在翻译这句话时,译者罗日杰斯特文斯卡娅

[①] 马尔恰诺娃与罗日杰斯特文斯卡娅为同一人,前为夫姓,后为父姓。

别具匠心地把德爷的"爷"字释为 дружище,含有老兄、同伴、朋友之意。这样一来,王利发对二德子的客气意味尽显,从而使译文传达出了原文的言外之意。

为了能够使俄文译文真正传扬出中国古典美学风格与本土民族风貌,译者必须做到对《茶馆》剧本文本的内在涵义有精深的理解,而不能拘泥于字面的意义。苏联汉学家罗日杰斯特文斯卡娅在翻译《茶馆》的过程中做到了这一点。如同2014年台湾导演赖声川在执导契诃夫话剧《海鸥》的过程中刻意将原著的故事情节全然置于上海的都市文化之下,从而生动地呈现出跨文化视域下人的普遍命运一样,作为《茶馆》的首版俄译本译者,汉学家罗日杰斯特文斯卡娅在努力使俄文译文突破原生文化语境障碍,融入异国读者文化视野的实践上为我们提供了跨文化语境下戏剧作品翻译可借鉴的成功案例。

3 《茶馆》在苏联及当代俄罗斯的文本研究

在对中国现当代作家的创作研究中,苏联及当代俄罗斯汉学界对老舍倾注了极大的热情。这说明,俄苏汉学家们在老舍作品的极具中国民族文化特质的内涵中体味到了具有超越民族性的精神启发。苏联汉学家安季波夫斯基(А. А. Антиповский)1967年发表的学术著作《老舍早期创作:主题、人物、形象》(Раннее творчество Лао Шэ. Темы, герои, образы)是苏联最早出版的研究老舍的学术专著之一。作者在文学性与思想性上给予老舍不亚于鲁迅的艺术评价,可见在苏联汉学家眼里老舍的地位之高。然而,虽然苏联汉学界并没有受到"文革"时期中国社会否定老舍的影响,但是,由于当时整体上中苏两国之间政治与文化政策处于对抗状态,这不可能不对《茶馆》在苏联的研究造成一定的负面影响。因此,20世纪60—70年代,只有阿卜德拉赫马诺娃(З. Ю. Абдрахманова)等汉学家重新定位了《茶馆》的艺术创新价值。80年代以来,随着苏联及当代俄罗斯汉学界在文艺批评领域里进一步与西方学界接轨,苏联及当代俄罗斯汉学家开始大量引用当代西方文艺批评理论、研究方法对老舍的作品进行新的阐释与分析,逐渐突破了以往纯粹社会历史—美学的评价范畴。1987年,阿卜德拉赫马诺娃在她的副博士学位论文中全面系统地介绍了老舍的话剧、儿童剧及曲剧等的创作,《茶馆》也因而进一步走入当代苏联读者的视野。另外,2014年,汉学家沃斯克列先斯基主编的选集也收录了《茶馆》,这无疑再次肯定了《茶馆》这部作品重要的文学史地位。

对异域文学之民族特性的理解往往是异域文学研究中最能引起研究者兴趣的出发点。当代俄罗斯学者对《茶馆》的关注始终以对中国的民族文化传统与民族心理特质的观照为基础。而对异域民族文学之特质的观照必须建立在对异域文学的整体特质的把握之基础上。当代苏联汉学界对老舍剧本《茶馆》的研究视野在六十余年的发展历程中愈加显得宽广而具有整体性。苏联汉学家针对老舍《茶馆》中"国民性"问题的展示进行了深度挖掘。他们从俄罗斯民族文化的立场出发,评价了中国作家老舍对中国民族文化心态的细致观察与独特表现。当代俄罗斯汉学界认为,老舍1957年创作的话剧《茶馆》明显体现了老舍本人对满族生活特征与民族气质的描写。这应当是老舍作为中国作家对民族性的揭示的一个重要特征。譬如,当代俄罗斯汉学家罗季奥诺夫(А. А. Родионов)指出,该剧中满族人物形象的加入鲜明地体现了作者对"满族"这一民族文化主题的生动刻画。在《茶馆》中,老舍强调了满族人民作为中华民族一分子所具有的"归属感与同一性",赞颂了他们的战斗精神与民族品性,并"试图恢复自己的民族在广泛舆论视野中的应有地位"(Родионов,2006:263)。罗季奥诺夫指出,《茶馆》在老舍的创作中是最能体现出北京显著的亚文化特征的作品之一:"上流社会的各种繁文缛节暗藏着人们道德上的堕落——无所事事、麻木不仁和严重的依赖心理"。与此同时,罗季奥诺夫也从整体出发,指明了老舍的《茶馆》在作家全部创作中的位置:"……这间接证明了一个事实,即老舍在《茶馆》中对民族性格的揭示,不论从哪个方面来说,都不仅没有发展自己此前的创作思想,也没有到达这些思想的边界"(Родионов,2006:296)。

俄罗斯汉学家注意到了老舍创作的个性化特点:诙谐与幽默的笔调。俄罗斯学者对老舍在描摹"茶馆"这一空间下北京的市井百态时所呈现出来的诙谐与幽默、讽刺与批评共存的创作个性给予了高度评价。例如,在《讽刺家·幽默家·心理学家》一文中,汉学家谢曼诺夫(В. И. Семанов)称老舍为"中国的天才作家"。他认为,老舍"作为幽默家和讽刺家有时还超过了鲁迅"(Семанов,1969:3)。与此同时,"苦涩"(горько)一词被俄罗斯汉学家多次使用,他们用该词揭示老舍讽刺笔调下所蕴含的深刻性、严肃性与作家直面现代中国社会苦难现实的勇气。罗季奥诺夫指出,在指向尖锐的社会问题时,老舍在《茶馆》、《方珍珠》(1950)、《龙须沟》(1950)等几部作品中都表达了对国民党统治下社会弊病的严厉批判(Родионов,2006:174)。概括而言,苏联及当代俄罗斯汉学家们对老舍《茶馆》的诠释既充分借鉴了中国学者的学术成果,亦展现了他们从自身文化立场和视角出发的独特眼光,对于扩展《茶馆》的阐释空间有积极的意义。

4 《茶馆》在当代俄罗斯的剧场演绎

话剧《茶馆》发源于老舍原本为宣传党政机关的宪法需求而创作的剧本《秦氏三兄弟》中第一幕第二场的小茶馆戏，之后在北京人民艺术剧院著名导演焦菊隐的建议下，以"茶馆"之景为基础，将原先的小茶馆戏独立发展成为一部反映中国巨大历史变迁的大型多幕话剧，并在北京人艺的剧场实践中经由一批演技精湛的话剧演员的舞台阐释，逐渐锤炼成为中国话剧史上的一部经典力作。《茶馆》自首演至今已六十余年，诞生过焦菊隐、夏淳、林兆华、李六乙、孟京辉等导演的五个不同的舞台演出版本。历代话剧导演对《茶馆》文本的各色舞台演绎与阐释，无疑使《茶馆》这部戏剧经典不断地获得新的舞台阐释的空间，散发出不朽的舞台艺术魅力。

受"五四"新文化运动与启蒙思潮的影响，老舍的文学创作体现出深厚的民族国家情怀与彰显现代性的"人的自觉意识"。著名剧作家罗怀臻先生认为，现代性是为了时间而表现空间，即从现代人性的价值观和审美观出发的品质概念（罗怀臻、夏波，2022：51）。老舍的《茶馆》便具有阐释历史洪流中普通人所彰显出来的普遍人性的诉求，进而突显出现代人精神价值的特征，其中隐含的乡土性及人道主义关怀使得老舍的创作思想与苏俄汉学家在文化心理层面的探求达到了一定程度的契合。这也是话剧《茶馆》在俄罗斯乃至全世界引起强烈反响的基本内在因素。1960年，苏联汉学家谢曼诺夫指出，"《龙须沟》和《茶馆》是作家在新中国成立后创作的最优秀的话剧剧本。《茶馆》一剧在还原历史原貌的同时展现了特定历史阶段里的社会冲突"（Семанов，1960：304）。这是苏联汉学家从苏联文艺批评典型的社会历史批评方法出发对老舍剧作的总体性阐释。具体到对《茶馆》中各色人物的评判，俄罗斯汉学家依然秉持了他们一贯的将历史的批评与美学的批评相结合的原则。当代俄罗斯汉学家罗季奥诺夫对《茶馆》给予了极高赞誉，"当代文学中的许多主人公的性格由于受艺术冲突中公式化的情节限制，往往令人觉得千篇一律，没有特点，而《茶馆》中的人物形象却不是这样"（Родионов，2006：183）。汉学家阿卜杜拉赫马诺娃也认为，"与曹禺、田汉等剧作家不同，虽然老舍作品中的人物与冲突都是虚构的，但其中的姓名、事件、日期等均有着营造时代背景底色、塑造人物典型，进而呈现历史真实的功能"（Абдрахманова，1986：148）。

20世纪80年代，《茶馆》在全世界范围内迎来了演出热潮，《茶馆》剧组赴德、法、瑞士等多个国家演出，以鲜明的民族艺术特色，成为中国第一部"走出去"的话剧(王卫平、张英,2015:156),被誉为"东方舞台上的奇迹"(克劳特,1983:7)。然而,受政治意识形态等因素的影响,此时《茶馆》的全球巡演并未涉足苏联。直到2019年,孟京辉执导的话剧《茶馆》才以先锋话剧的现代面貌走进当代俄罗斯的剧场。孟京辉版《茶馆》受两大国际戏剧节"国际戏剧奥林匹克"和"波罗的海之家国际戏剧节"的官方邀请,造访俄罗斯圣彼得堡。该剧不仅是自"一带一路"倡议提出至今通过官方途径在圣彼得堡演出的首部老舍话剧,也是21世纪以来在俄罗斯传播的首部老舍话剧与中国先锋实验话剧。

有别于北京人艺对《茶馆》的现实主义性的舞台呈现,孟京辉导演的先锋话剧《茶馆》充分体现了导演"依据当下理念,重塑经典"的创作意图,即突破剧本的时空设置与剧场演绎的现实主义传统,将导演自身对当代社会的带有某种荒诞感的个性化体验代入对剧本的舞台诠释之中,从而赋予剧本以新的艺术诠释。孟京辉也将这次对《茶馆》的具有探索性的改编自我表白为"这是一次对老舍精神的拜访"。在舞台诠释方面,老舍《茶馆》原著中的对话与情节被从纵向的历史时空中抽离,或扩大,或缩小,或夸张,进而融入到现代性的场景语境之中,体现出孟京辉导演对中国戏剧现代性与世界性的个人化见解。在他的诠释下,第一幕中,演员统一身着白色T恤,人物的外在身份表征被导演刻意抹去,舞台布景也并不着力突显茶馆的写实性的符号特征,演员在具象化的19米长、16米深、11米高的"巨轮"下,伴随着重金属乐队的演奏,嘶喊出时代风云间普通民众命运的悲欢。这种具有先锋性的舞台阐释方式激活了当代人对老舍剧作的多重感悟。

在孟京辉版的《茶馆》中,除了"裕泰茶馆"中人物之间的对弈,更是兼有布莱希特的诗歌、陀思妥耶夫斯基的小说片段和海纳·穆勒的《哈姆雷特机器》剧本等西方文学元素。这一杂糅式的艺术表现方法通过导演和演员的再度"陌生化",摆脱了对"中国元素"的符号堆砌与戏剧人物的同质化塑造,不再迎合西方世界对古老东方元素的固定化、模式化猎奇心理,而将重点放置于对戏剧人物典型性的深层次刻画。这一现代性的阐释实现了21世纪《茶馆》的精神内涵真正的现代性和世界性的"在场",从而引起了学术界和演艺界的共同关注。

通过巡回演出,孟京辉版的《茶馆》在俄罗斯获得了相当的关注度。俄罗斯评论界对孟京辉版的《茶馆》主要持有两种观点:首先,俄罗斯评论界认可了孟京辉对《茶馆》里中国传统文化精华的当代诠释,正如一个俄罗斯文化网站的评价所言:"一方面,孟京辉对《茶馆》的诠释保存和发展了当下流行的中国传统戏剧中所有最好的东西,而另一方面,孟京辉版的话剧《茶馆》——是对'经典'的一次真正的挑战。"其次,俄罗斯评论界认为,孟京辉所运用的更为贴近当下的现代性戏剧语言使《茶馆》在 21 世纪又一次重返并触及了老舍创作的内在本心。"波罗的海之家"国际戏剧节负责人谢尔盖·舒博（Сергей Шуб）在接受塔斯社记者采访时表示，孟京辉现代性的戏剧语言刷新了他对中国当代戏剧发展的认知。① 阿维尼翁戏剧节负责人艾格尼丝·特洛里（Агнес Тролли）表示："尽管我之前没有看过老舍的《茶馆》这部经典中国话剧作品的舞台阐释，但是孟京辉导演的《茶馆》为这部作品带来了更为贴近我们时代的全新解读，这位天才艺术家观察世界的内在思想以及舞台上的'存在主义'理念呈现给观众的饥渴难耐的感受，令人无比震撼。"② 还有俄罗斯学者认为，"孟京辉用舞台布景延伸了独特的空间，在茶馆里不断发生变化的气氛中呈现出一种全人类的悲剧。他剧中的角色——普通人，不论是在吃喝、争吵、生子、变老、发财抑或仅仅为维持生计，都秉持着最重要的信念——活着。"③ 这表明，当代俄罗斯戏剧评论界充分体会到了孟京辉版《茶馆》在鲜明的先锋艺术表演理念下对戏剧经典做出的颇有启发意义的当代舞台阐释。

只有从当下时代的话语出发，充分挖掘艺术经典所蕴含的当代意义，方能拓展文学经典的阐释空间，赋予文学经典以永恒性，从而引起当代读者和观众的兴趣。老舍的《茶馆》在 21 世纪再度成功地得到经典化诠释，究其原因，正是因为阐释者孟京辉挖掘出了作家创作精神核心所包含的现代性意义。《茶馆》作为艺术经典，蕴含着超越时代的永恒意义。当代阐释者理应结合时代话语，充分发掘出经典所内涵的当代意义。《茶馆》从宏观视角出发，赋予普通平民的意识平等的表达权利，成功勾勒出"镜子"一般的历史图景，展现了在历史变迁中各个阶层的社会矛盾。正如老舍对自己创作观的陈述："我们自然不必放下自己，而去描写别人；但是我们必须在描写自己的时候，也关切到我们的世界。"（老舍，1942:41）面对已然走向结构化与体系化的现实主义舞台表现手法，当代导演孟京辉执导的先锋话剧《茶馆》无疑在新时代的语境中实践了作家的创作思想内涵。经孟京辉诠释下的世界性的戏剧语言丰富了《茶馆》的立体性与深度，其立足当下述说共同人性遭际的创作意图进一步放大了老舍《茶馆》文本的包容性

---

① Театральная олимпиада представила российскую премьеру спектакля «Чайная» из Китая. Об этом сообщает "Рамблер". https://news.rambler.ru/other/42929967-teatralnaya-olimpiada-predstavila-rossiyskuyu-premeru-spektaklya-chaynaya-iz-kitaya/

② Спектакль Программа Международного Театрального Фестиваля «Балтийский Дом», Чайная. https://theatreolympics2019.com/ru/events/chaynaya/240

③ Спектакль «Чайная» на Театральной олимпиаде. https://kudago.com/spb/event/teatr-chajnaya/?ysclid=l1n60cz3ap

与开放空间,释放了文本所内聚的力量,加深了俄罗斯乃至世界观众对老舍创作精神核心内涵的理解,使这部戏剧经典在新的时代背景下实现了再度经典化,为中国当代戏剧在全球化的世界戏剧语言体系中的"在场"做出了富有启发意义的尝试,为新时代中国戏剧的审美转向,为传播民族文化价值并推动其走向世界提供了重要的借鉴路径。

5 结语

戴维·戴姆罗什(D. Damrosch)曾指出民族文学与世界文学两者之间的联系:"世界文学是民族文学间的椭圆形折射。"(Damrosch,2003:281)这就是说,一方面,世界文学必须蕴含民族文学最内在的精神诉求,另一方面,民族文学只有实现对本民族文化的跨越,方能在世界文学的背景下彰显其民族性。现代化的追求是中国文化真正在世界舞台上赢得文化认同的根本途径和根本立足点。经典的也是时代的,因为经典意味着永远具有当代性;民族的更是世界的,文学的民族性必须通过其世界性来体现,否则就是封闭的、僵死的民族性,是无法获得世界认同的民族性。老舍的话剧《茶馆》在当代俄罗斯戏剧舞台上的呈现虽然仍处于萌芽期,但孟京辉导演对《茶馆》的现代化阐释无疑是一次大胆的、崭新的艺术尝试。孟京辉的这一版本在对《茶馆》实现了再度"陌生化"的同时,也再次引发我们的思考——新的时代将与文艺经典产生怎样的"化学反应"?离开传统形制架构后经典又将走向何处?孟京辉导演对《茶馆》的当代性舞台阐释既是新时期回归剧作的核心——深入人性的内涵,即"致良知"的向内转向,也对中国当代戏剧在对外传播中如何实现冲破僵化刻板的民族形象认同具有先导性启发意义。这是作为民族精神载体的中国戏剧真正走向世界舞台,拥抱世界的重要前提。

老舍的经典之作《茶馆》在当代苏联及俄罗斯的传播与接受并非一路坦途,然而,作为老舍创作核心之一的"现代性与世界性"之呈现终会自成功誉。现代性并非曲解经典的反叛,而是有力地放大经典的包容性、开放性和当代性的精神力量,使经典获得当代意义。中国戏剧的跨文化传播应当立足于多元化、开放性的文化交流,于不同文化间形成参照、碰撞与共鸣,促进不同民族与国家间的相互理解。只有这样,才能真正树立我国的文化自信,彰显中华优秀传统文化深层次的精神内涵。

参考文献

[1] Damrosch, D. 2003. *What is world literature?* New Jersey: Princeton University Press.

[2] Абдрахманова, З. Ю. 1986. Исторические пьесы Лао Шэ. // *Общество и государство в Китае. Материалы 17-й научной конференции.* Москва: Наука.

[3] Родионов, А. А. 2006. *Лао Шэ и проблема национального характера в китайской литературе XX века.* Санкт-Петербург: Розамира.

[4] Семанов, В. И. 1960. *Писатели стран народной демократии. Выпуск. 4: Драматургия Лао Шэ.* Москва: Гослитиздат.

[5] Семанов, В. И. 1969. Сатирик, юморист, психолог. Предисловие к книге «Лао Шэ. Записки о кошачьем городе». Москва: Наука.

[6] Эйдлин, Л. З. 1966. Перо безжалостное и горькое. *Иностранная Литература*, (11): 270-71.

[7] 老舍,1942.如何接受文学遗产.文学创作,1(01):41-42.

[8] 李逸津,2016.1990 年代以来俄罗斯的老舍研究.天津师范大学学报(社会科学版),(01):19-24.

[9] 罗怀臻,夏波.2022.历史剧创作与研究需要新的历史剧观——剧作家罗怀臻访谈录.戏剧(中央戏剧学院学报),(01):39-52.

[10] 王卫平,张英.2015.老舍在 20 世纪世界文学史上的位置.民族文学研究,(01):153-158.

[11] 乌兰汗,1999.老舍先生和俄译者.新文学史料,(1):52-56+58.

[12] 乌苇·克劳特编.1983.东方舞台上的奇迹:《茶馆》在西欧.文化艺术出版社.

[13] 信娜.2021.中国现代戏剧在苏俄的译介与传播.中国社会科学报,2021-08-03.

[14] 曾广灿,1987.老舍研究纵览(1929—1986).天津:天津教育出版社.

导师评语

赵杨、董晓：论文以中国当代戏剧艺术在俄罗斯的传播与研究为旨归,将老舍剧作作为研究对象,从文本译介、文本研究和剧场演绎三个层面进行分析,描述了《茶馆》这一中国戏剧经典在俄苏被接受的曲折历程。作者运用"现实主义""陌生化""在场"等戏剧舞台理论,分析孟京辉导演的先锋话剧版本在俄罗斯"重塑经典"的舞台艺术呈现,指出《茶馆》具有超越时代的经典意义和无法磨灭的中国民族文化印记,并就民族文化应如何走向世界的问题提出了个人观点,具有一定的理论深度和现实意义。尽管论文在材料的掌握上尚需充实,对相关理论的探讨有待商榷,但整体上看逻辑严密,思路清晰,结构合理,体现出作者较强的创新意识和科研潜质。

中国俄语媒体在俄罗斯社交媒体平台的传播效能
——基于新华社、CGTN 俄语频道、"中俄头条"VK 账号的分析*

曾纤铧

摘　要：近年来，中国愈发重视国际传播能力建设，旨在形成同综合国力和国际地位相匹配的国际话语权。随着中俄新时代全面战略协作伙伴关系持续深化，两国各领域交流日益密切，合作不断发展，中国俄语媒体面向俄罗斯受众的传播活动无疑被赋予了更加重要的意义。本文从传播效能切入，通过分析新华社、CGTN 俄语和"中俄头条"的 VK 账号数据管窥中国俄语媒体在俄罗斯社交平台的运营现状，对其未来的创新发展提出可行性建议，以期为讲好中国故事、传播好中国声音探索更丰富、更有效的方式。

关键词：国际传播；中国俄语媒体；俄罗斯社交媒体；传播效能

1　引言

随着中俄新时代全面战略协作伙伴关系持续深化，两国各领域交流日益密切，合作不断发展，中国俄语媒体作为对俄传播的载体之一，其重要性得以凸显。加强对俄传播效能是我国建设国际传播能力的重要工作。所谓国际传播效能，"是衡量国际传播能力、效率、效果和效益的综合指标，是本国信息在国际舆论场的到达率、能见度和影响力的整体反映，其主要衡量标准可以体现在对其他国家或地区特定人群的信息触达、信息解码、信息认同等 3 个方面，即传播范围的

---

* 本文系 2023 年国家级大学生创新创业训练计划项目"中国俄语媒体国际传播现状研究"（项目编号：202310284051Z）成果。

覆盖面,让人'听得见';传播内容的亲和性,让人'听得懂';传播势能的影响力,让人'听得进'"(方江山,2023:4)。

在新技术飞速发展的融媒时代,国际传播的资源更加丰富,主体日渐多元,成本大大降低,单向的信息流通被双向甚至多边的形式所取代。近年来,全球国际传播的运行方式和业态环境发生明显转向,基于互联网技术,特别是移动互联网技术的社交媒体平台和平台型媒体超越了广播和电视,成为国际传播的主要支撑(高金萍,2022)。在此背景下,众多传统的机构型媒体纷纷转型,在影响力巨大的社交媒体上运营账号,拓展传播路径,实践"短平快"的传播模式。可以说,社交媒体平台在当下的国际传播中发挥着不容忽视的作用,媒体在相关平台上的活动状况是评判其整体国际传播效能的重要指标。本文分析新华社、CGTN俄语频道、"中俄头条"在俄罗斯主流社交媒体平台 ВКонтакте(VKontakte)[①]运营的账号情况,探究中国俄语媒体在俄罗斯社交媒体平台的传播效能,以期为中国俄语媒体国际传播的创新发展提供参考。

2 中国的代表性俄语媒体

目前,中国俄语媒体已经形成了比较完整的发展格局。随着互联网的普及,各大媒体开设的俄语网站和社交媒体账号成为中国向俄语受众开展传播活动的重要载体。本文选择新华社、CGTN俄语和"中俄头条"三个中国俄语媒体作为分析样本,一方面考虑到三家媒体的官方性和权威性,在中国对俄传播中具有特殊的地位,能够代表中国主流的立场和声音;另一方面则是由于这三家媒体覆盖从传统媒体到新媒体的不同类型,能够反映中国俄语媒体的多样化传播形式和策略,有助于更深入分析中国俄语媒体的整体发展态势、传播效果和面临的挑战,以及它们在促进中俄文化交流和增进双方理解中的作用。

新华社(新华通讯社)成立于1931年,是中国的国家通讯社,承担集中发布中国共产党和中国政府权威信息的职责。作为中国最重要的新闻机构之一,新华社的主要工作涵盖新闻采集、报道、传播等方面,提供国内国际新闻、新闻图片视频、数字新闻产品等服务。目前新华社已建立起了覆盖全球的新闻信息采集网络,构建了多语种、多媒体、多渠道、多层次、多功能的新闻传播体系,集通讯社供稿、网络媒体、经济信息、报刊发行、商业图片、印刷出版、投资管理等于一体,每天24小时使用15种语言向全世界8 000多家新闻机构用户提供文字、图片、

[①] 下文简称 VK。

图表、音频、视频等全媒体产品。新华社用俄语开展的业务主要是以报道、图片、视频等形式采编和传播政治、经济、社会、文化等领域的新闻。

CGTN(China Global Television Network)是中国中央广播电视总台下属的国际新闻传播机构，包括英语、法语、西班牙语、阿拉伯语、俄语和纪录频道。CGTN旨在为全球受众提供准确、及时的新闻报道和丰富、多样的视听服务，促进中国与世界的沟通和了解，增进文化交流与文明互鉴。俄语频道成立于2009年9月10日，以电视广播和网络平台为主要载体，提供包括新闻报道、分析评论、文化信息在内的多样化内容。

"中俄头条"是2017年7月13日由中国国际广播电台[①]和"今日俄罗斯"国际新闻通讯社合作打造的开放式融媒体产品。该平台以移动客户端为基础，整合网站WAP端和社交媒体端资源，实现"大众采集、多种生成、多元传播"的融媒体传播模式。"中俄头条"依托两国权威媒体提供及时准确的双语新闻资讯，同时也提供包括文化常识、生活信息、双语翻译、汇率查询和跨境电商在内的丰富资源和服务，旨在实现"一站式"信息供应。

3　VK：俄罗斯主流社交媒体平台

VK是帕维尔·杜罗夫(Павел Дуров)于2006年创建的社交媒体平台，起初仅面向俄罗斯在校大学生和大学毕业生。随着其功能逐渐增多，VK越来越受到俄罗斯各个年龄层用户的欢迎。2008年，VK超越俄罗斯另一款社交媒体Odnoklassniki(以下简称OK)，成为该国最流行的社交媒体平台。根据SimilarWeb[②]网站的数据，VK在俄罗斯"社交媒体网络"品类中排名第1，在俄罗斯媒体综合排名第4，俄罗斯用户约占该平台84.44%的流量，流量位居第2名至第4名的分别是白俄罗斯、哈萨克斯坦和乌克兰用户。

俄罗斯媒体研究公司Mediascope 2023年3月公布的调查数据显示，全俄12岁以上居民每天使用网络的平均时长为4.01小时(见图1)，其中21%的时间花在社交媒体上(见图2)。2022年以来，国际知名社交媒体纷纷停止在俄业务，大量俄罗斯人转为使用本土社交媒体，VK等平台在俄罗斯的覆盖率显著增高(见图3)。

---

① 中国国际广播电台(英语：China Radio International，缩写：CRI)，1941年12月3日成立，是中国唯一从事对外广播的国家级广播电台。2018年3月21日，中央电视台(中国国际电视台)、中央人民广播电台和中国国际广播电台合并组建为中央广播电视总台。

② 本文VK平台相关数据均来源于 https://www.similarweb.com/zh/website/vk.com/#overview

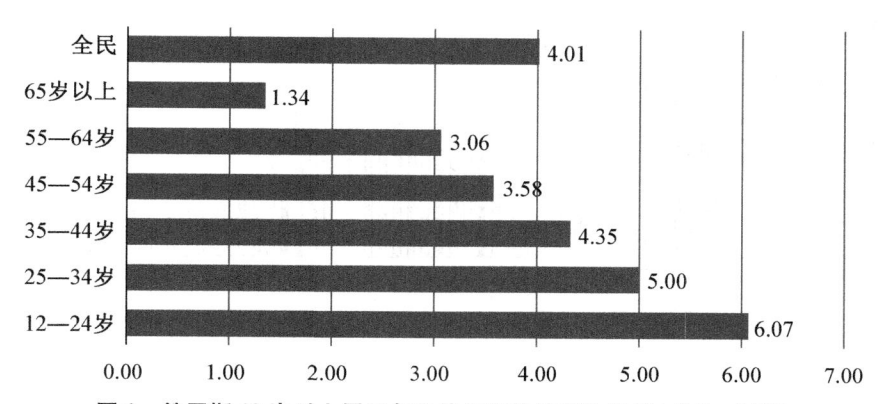

图1 俄罗斯12岁以上居民每天使用网络的平均时长（单位：小时）

（数据来源：MediaScope）

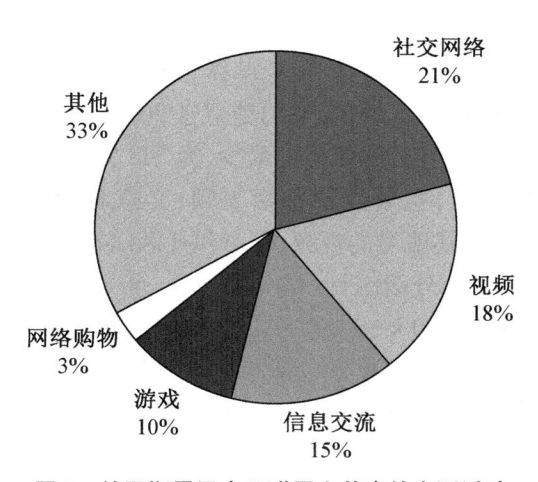

图2 俄罗斯居民在互联网上从事的主要活动

（数据来源：MediaScope）

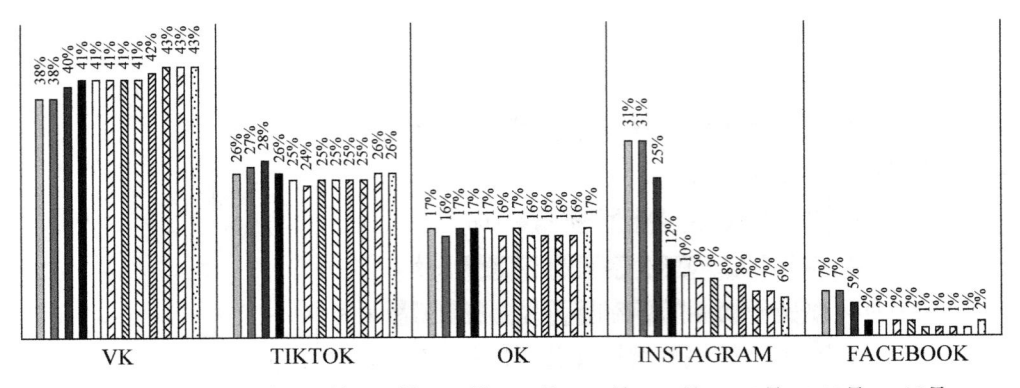

图 3　俄罗斯主要社交媒体月均覆盖率

（数据来源：MediaScope）

4　中国俄语媒体 VK 账号数据分析

新华社的 VK 账号建立于 2015 年 7 月，主要板块包括视频和社区动态，没有设置"文章"板块，用户数量在样本媒体中最多，截至 2024 年 2 月底为 1 133 456 位。CGTN 俄语频道的 VK 账号建立于 2016 年 11 月，主要板块包括视频、文章和社区动态，用户在样本媒体中最少，为 543 512 位。"中俄头条"的 VK 账号创建于 2018 年 2 月，主要板块包括视频、文章和社区动态，用户数量为 695 427 位。我们针对上述账号的视频、文章和社区动态等板块分别进行了数据收集。视频数据包括时长分级统计（60 s 及以下、60 s 以上），浏览量分级统计（10 k 以下、10 k—100 k、100 k—1 000 k、1 000 k 以上）；文章数据包括浏览量位居前 10 的内容统计；社区动态数据包括年发布数量统计，2022 年 10 月至 2023 年 10 月发布数量统计以及浏览量位居前 10 的内容统计。

通过对样本媒体在其 VK 账号发布的视频进行时长分级统计，我们发现，CGTN 俄语频道发布的大部分视频的时长均在 60 s 以上，其余两家媒体则偏向于发布时长在 60 s 及以下的短视频（见图 4）。而从内容上来看，CGTN 俄语频道发布的大部分视频都与官方活动相关，风格较为正式，例如，领导人发言、外事出访、大型展览会等，其余两家媒体发布较多的则是展现中国人的日常生活、中国传统文化和山水风景的短视频，风格偏轻快。

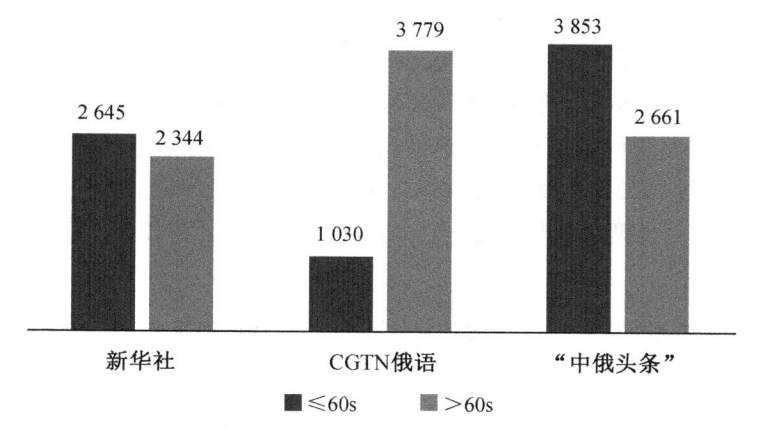

图 4　样本媒体 VK 账号视频时长的分级统计（截至 2023 年 10 月 5 日，单位：个）

互联网时代，浏览量通常被视为衡量传播内容流行度的重要指标，它代表某篇文章或者某个视频被点击阅读或观看的次数。这个数量指标可以直观反映受众的规模与其对传播内容的喜好程度。理论上，浏览量越大，表明传播内容被更多人阅读或观看，其流行度相应就越高。整体而言，三个样本媒体 VK 账号视频板块的浏览量都不高（见图 5），有 100w 以上浏览量的视频共计 107 条，仅占视频总发布数量的 0.66%，其中，新华社有 60 条，"中俄头条"有 38 条，CGTN 俄语频道有 9 条。

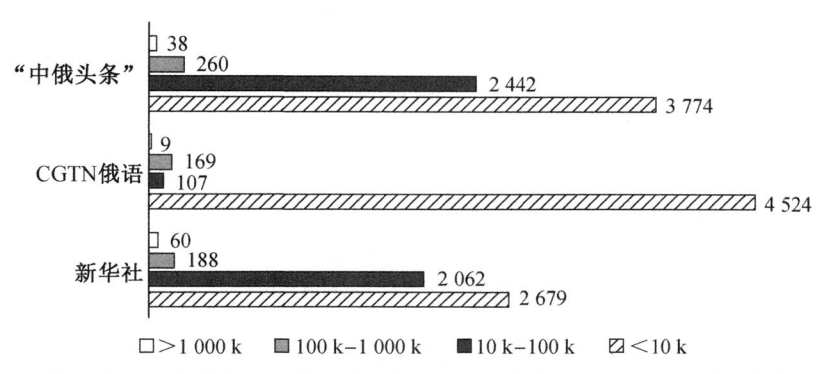

图 5　样本媒体 VK 账号视频浏览量的分级统计（截至 2023 年 10 月 5 日，单位：次）

在 CGTN 俄语频道账号浏览量排名前 10 的文章中，3 篇的内容与政治话题有关，2 篇的内容与中国人的日常生活和中国文化有关，2 篇的内容是 2018 年中俄语言大赛决赛选手的介绍，3 篇的内容为国际时事（见表 1），而浏览量排名第一和第二的文章均为涉及国际关系的时政新闻。"中俄头条"账号浏览量排名前10的文章内容则主要涉及中俄政治和经济关系、中国发展状况与建设成就等（见表2），10篇文章中有3篇与中国高新技术的推广应用有关，包括《中央广播电视总台成功发射5G超高分辨率4K视频信号》《中国开始发放无人机快递许可证》和《二维码支付系统在北京地铁得到普及》。值得注意的是，三个样本媒体似乎均未将在VK平台的传播重心放在文章上面，新华社的账号没有设置"文章"板块，而在另外两个媒体的账号上，文章的发布数量相较于其他两个板块占比较低。

表1　CGTN俄语频道VK账号文章浏览量排名前10（截至2023年10月5日，单位：次）

序号	标题	浏览量
1	США и страны ЕС массово высылают российских дипломатов. Число выдворяемых госслужащих достигло 137 美国和欧盟国家大规模驱逐俄罗斯外交官 被驱逐的公职人员已达137人	8 675
2	Си Цзиньпин провел телефонный разговор с президентом США Дональдом Трампом 习近平与美国总统唐纳德·特朗普举行电话会谈	8 223
3	Финалист китайской части Конкурса по китайскому и русскому языкам CGTN-2018：Юлия Труфанова 尤利娅·特鲁法诺娃：CGTN-2018中俄语言大赛中文组决赛选手	7 319
4	City Walk：древние улицы Чэнду оживают благодаря модным тенденциям 城市漫步：成都老街焕发时尚活力	7 255
5	Первый по грибам 中国被公认为世界上第一个食用和研究蘑菇的国家	6 835
6	Китайская делегация на ВЭФ станет самой многочисленной 中国代表团将成为出席世界经济论坛的代表团中规模最大的一个	6 687
7	Финалист китайской части Конкурса по китайскому и русскому языкам CGTN-2018：Власовский Артем 阿尔乔姆·弗拉索夫斯基：CGTN-2018中俄语言大赛中文组决赛选手	6 618
8	В музее Бразилии после пожара нашли уцелевшим череп возрастом 11 тысяч лет 巴西博物馆失火，发现一万一千年前的完整头骨	6 359
9	Виртуальная реальность облегчает боль 虚拟现实缓解疼痛	6 107
10	Климатологи пообещали аномально теплую пятилетку 气候学家预告，2018—2022年将成为异常温暖的五年	5 752

表2 "中俄头条"VK账号文章浏览量排名前10(截至2023年10月5日,单位:次)

序号	标题	浏览量
1	Отцу посвящается: история Си Цзиньпина и его отца Си Чжунсюня 献给父亲:习近平和父亲习仲勋的故事	2 411
2	Гендиректор Медиакорпорации Китая взял эксклюзивное интервью у президента В. Путина 俄罗斯总统普京接受中央广播电视总台台长慎海雄的独家专访	1 537
3	Рекорд за рекордом. Почему пекинские игры войдут в олимпийскую историю 创下一个又一个纪录:北京冬奥会缘何会被载入奥运会史册	1 506
4	Россия нарастит поставки сельхозпродукции в КНР 俄罗斯将增加对华农产品出口	1 494
5	Медиакорпорация Китая успешно запустила видеосигнал сверхвысокого разрешения 4K формата 5G 中央广播电视总台成功发射5G超高分辨率4K视频信号	1 453
6	Китай начал выдавать лицензии на экспресс-доставку дронами 中国开始发放无人机快递许可证	1 235
7	Посол Китая в России почтил память погибших при пожаре в Кемерово 中国驻俄罗斯大使悼念克麦罗沃火灾遇难者	1 205
8	Ли Кэцян направил Д. Медведеву телеграмму по случаю его назначения премьер-министром правительства РФ 李克强就德米特里·梅德韦杰夫担任俄罗斯联邦政府总理发贺电	1 173
9	Боао: в какой атмосфере проходит Боаоский азиатский форум-2018? 博鳌:2018年博鳌亚洲论坛的氛围如何?	1 173
10	Впекинском метро прижилась система оплаты проезда через QR-код 二维码支付系统在北京地铁得到普及	1 165

社区动态是VK平台上较为特殊的一个板块。社交媒体通常会通过采用各种"接地气"的方式维持关注者的"忠诚度",可以说,三个样板媒体发布社区动态是重视关注者并力图与之保持互动的表现。在这个版块中,各方面、各领域的内容被转换成"小段文字+配图"的形式,既能保持信息的严谨,又可以体现形式的生动,吸引关注者的注意力。从2017年起,三个样本媒体在各自VK账号"社区动态"板块的表现越来越活跃。尤其是CGTN俄语频道,2018年以来,年发布数量均在8 000条以上,2021年更是达到11 207条,日均发布动态超过30条。

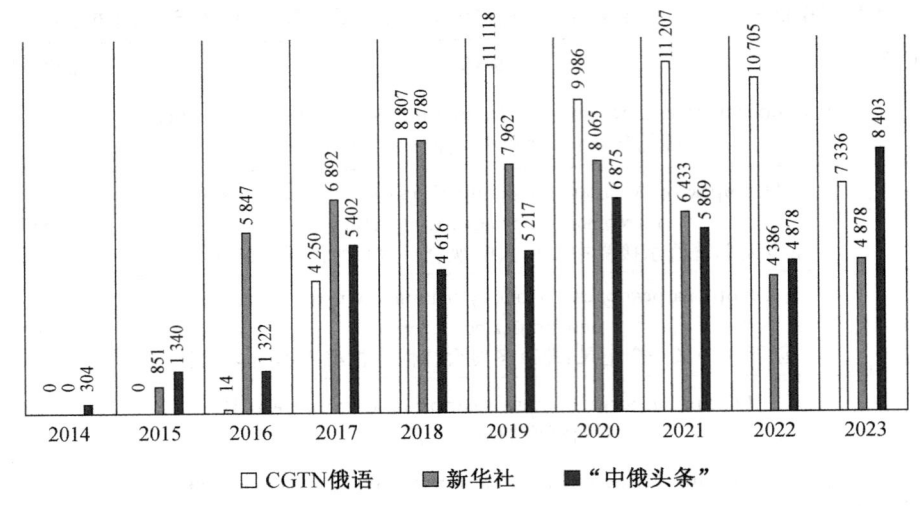

图6 样本媒体VK账号社区动态年发布数量统计(截至2023年10月,单位:个)

年份	CGTN俄语	新华社	"中俄头条"
2014	0	0	304
2015	0	851	1 340
2016	14	5 847	1 322
2017	4 250	6 892	5 402
2018	8 807	8 780	4 616
2019	11 118	7 962	5 217
2020	9 986	8 065	6 875
2021	11 207	6 433	5 869
2022	10 705	4 386	4 878
2023	7 336	4 878	8 403

从上述数据可以看出：

第一，相较于某些欧美主流媒体，中国媒体在VK上开设官方账号的时间较晚。美国之声(Voice of America)的VK账号设立于2009年，《华尔街日报》的VK账号则设立于2012年，而CGTN俄语频道和新华社等中国官方媒体的VK账号大多在2015年后才开始设立和运营。

第二，样本媒体VK账号的定位有所不同。CGTN俄语频道的话题更加严肃，风格更加正式，主要聚焦国际时政新闻和重大外事外交活动，新华社和"中俄头条"则在保持正式风格的同时融入轻松话题和生动表达，旨在增强账号发布信息的可读性。

第三，VK平台的社交属性十分显著，账号活跃度、用户互动意愿、用户关注度等都是观察传播效能的重要指标。整体而言，三个样本媒体在VK平台上的活跃度并不高，从用户数量、文章浏览量、社区动态的互动量等指标来看，还有较大的发展空间。据我们的观察，样本媒体在VK账号上发布的内容当中相对受欢迎的通常是形式精美、内容有趣的短视频或者社区动态，用户观看和浏览这类内容时既能放松心情，又能增长见识，符合他们对社交媒体平台供给内容的预期。

第四，俄罗斯用户普遍希望从中国俄语媒体中获取与自身相关或者与中俄两国相关的内容，国内政治与国际关系、中俄经济、日常生活与大众文化是最受关注的主题。在所有内容当中，国内政治与国际关系是俄罗斯用户在三个中国俄语媒体账号发布内容当中最关注的话题。鉴于三个媒体都具有发布相关话题的权威性,新华社是中国国家通讯社,CGTN是央视下属国际新闻传播机构,中俄头条立足于中央人民广播电台和"今日俄罗斯"两大权威信息源。因此,发布重点可以放在俄罗斯用户关心的时政新闻上,同时,也应积极传播有关中国国情、中俄关系进展、经济发展与个体生活质量关系等方面的信息。

5 中国俄语媒体提升社交媒体平台传播效能的途径

近年来,全球媒体格局与舆论生态正在发生迅速而深刻的变化,互联网已然成为各国争夺话语权、影响受众整体认知的重要场域。"在全新的媒介技术变革形势之下,中国媒体需要深入研究国际传播的新范式,准确把握国际传播的规律和内涵,积极推进新媒体发展布局,在国际传播中全面调整优化内容生产和渠道建设"(李宇,2022:148)。针对依托人际关系和社会网络生产、交换、分享信息的社交媒体平台,中国俄语媒体在开展对俄业务时尤其需要强化传播的大众性、共情性和可视性,全面提升传播效能。

在传播规模上,要强化大众性。有效的国际传播活动建立在与海外受众广泛而直接的接触基础之上。社交媒体具有大规模的普及率和使用率,对于社交媒体平台而言,用户数直接决定着账号甚至单篇内容的受关注度,因此成为衡量某个媒体账号国际传播效能的重要指标。有鉴于此,中国俄语媒体必须为其在俄罗斯网络社交传播平台开设的账号吸引更多的用户,不断扩大直接接触账号的人群规模。从上文的分析中可以看出,样本媒体在俄罗斯社交媒体平台开设账号的时间相对较晚,这确实是其传播规模有限的原因之一。不过,传播规模的大小不是简单的时间问题,而是媒体战略决策与战术推进的问题。事实上,开设账号是一回事,运行账号又是另一回事。媒体必须投入充分的人力和物力,对相关账号进行系统化运营。如果仅以常规思路保持日常发布,其对用户的吸引力和用户的忠诚度就会大打折扣。

扩大传播规模不仅需要增加用户数量,而且应该持续构建传播端与接受端的平等对话机制,着力扩大媒体的影响力。"互联网是更广义上的传播环境,它包括除大众传播之外的群体和个体交流形式"(Засурский и др.,2008:338)。在信息技术飞速发展的背景下,社交媒体因自身的社交可供性得以凸显而被广泛运用,为受众表达观点、参与互动提供了多种渠道。受众不再是被动的内容接受者,而是拥有更多主动权和更大能动性的评论者和转发者,有时甚至是信息的生产者和事件的参与者、推动者。对于基于社交媒体平台的国际传播活动而言,传播端与接受端的界限变得越发模糊,单向传受关系逐渐转向合作与对话关系,这就要求在生产与传达信息的过程中必须更充分考虑受众的需求,为其以多种方式参与信息交流提供充足的空间与广阔的平台。

在传播理念上,要强化共情性。"共情传播是通过情绪的感染性特征来实现情感共鸣、内容共通,从而弥合国际传播中的文化鸿沟。而社交媒体具有广泛的普及使用率、社交可供性等特征,这就为共情传播提供了平台,成为提升国际传播效能的新思路。"(许向东、林秋彤,2023:13)共情传播有助于不同社会、历史和文化背景的受众基于人类共通情感接受、认同和扩散信息,从而提升传播效能。精准的议题设置和多样化的传播内容是中国俄语媒体在俄罗斯社交媒体平台上引发共情的重要前提。中国的俄语媒体首先要以我为主策划选题,加大原创内容供给能力,展现中国日益走近国际舞台中央、不断推动构建人类命运共同体的时代形象,帮助俄罗斯受众了解中国发展战略以及中国对国际事务的立场与态度。同时,中国的俄语媒体在凸显自我的同时也要融合他者,基于俄罗斯社会文化特征把握受众感兴趣的现实话题,增强其对传播内容的关注度、需求度和熟悉度,并以符合其思维特点的方式加以呈现,有针对性地激发其表达、交流和共享感情的能动性。

"从受众行为的发展过程出发,可以将国际传播受众划分为潜在受众、知晓受众和行动受众"(程曼丽,2023:221),潜在受众包括潜在支持者和潜在反对者,知晓受众包括持积极态度者和持消极态度者,行动受众包括产生积极行为和消极行为的受众。对于潜在受众,俄语媒体要重视对其情绪的调动和感染,使其对传播内容产生正面、积极的情感,进而成为相关内容的潜在支持者,为态度认同奠定基础。对于知晓受众,俄语媒体要强调对其理性态度的影响和引导,使其不仅认可传播内容的真实性,还能对某些问题作出积极的价值判断,形成理智的看法。对于行动受众,俄语媒体要支持其发挥主动性,借助点赞、转发、评论等符合社交媒体平台特征的互动手段扩散信息,同时围绕传播内容搜索更加丰富的信息,扩展认知维度。

在传播形式上,要强化可视性。基于社交媒体平台开展国际传播,必须采用本土化、个性化的传播战略,融入受众的文化语境,以贴近受众的话语形式展开相关活动。如今,快速的生活节奏使得人们习惯于利用碎片化时间获取海量信息,大家使用社交媒体看中的首先是其移动性和交互性,这就要求信息最好以直观而动态的方式加以呈现,因此,短视频、动新闻等"可视化"表达成了各个平台优先采用的信息呈现方式。浏览有视频、有图片的信息有助于受众快速理解信息重点并及时作出反应。当然,为避免社交平台视频产品和动新闻的同质与单调,媒体推送内容时不仅要借助具有冲击力的视觉手段增强内容理解的便捷性,也要对旁白、字幕等语言表达进行优化,既确保表达的规范、地道,又强调表达的生动和鲜活。换言之,要使俄语受众听得懂、愿接受的话语传播信息,分享观点,中国的俄语媒体尤其要加强对中国特色表达法的有效翻译与转化;同时,要密切关注俄语语言系统和使用环境的动态变化,避免使用陈旧、过时的话语,多用与时代发展和社会风潮合拍的新鲜语汇,加强受众对语言符号的亲近感和认同感。

6　结语

中国的俄语媒体在俄罗斯社交平台的传播活动起步较晚,但发展较快,此类活动拓展了针对俄罗斯受众的传播路径,对于讲好中国故事、传播好中国声音起到了积极的推动作用。为了提升在俄罗斯社交平台的传播效能,中国的俄语媒体尚需从传播规模、理念、方式等方面入手,切实增强俄罗斯受众的信任感和认同感,以期更好地向其展现真实、立体、全面的中国。

参考文献

[1] Засурский Я. Н. и др. 2008. *Средства массовой информации России*. Москва:Аспект Пресс.
[2] 程曼丽,2023.国际传播学教程.北京:北京大学出版社.
[3] 方江山,2023.着力提高学习实效全面提升国际传播效能.新闻战线,(15):4－9.
[4] 高金萍,2022.中国国际传播的故事思维转向.中国编辑,(01):10－14.
[5] 李宇,2022.新形势下国际传播的理论探索与实践思考.北京:外文出版社.
[6] 许向东,林秋彤,2023.社交媒体平台中的共情传播:提升国际传播效能的新路径.对外传播,(02):13－16.

导师评语

张俊翔:论文基于传播学理论框架,通过分析新华社、CGTN俄语频道和"中俄头条"VK账号的运营数据厘清视频、文章和社区动态等板块的传播效能。在此基础上,作者从传播规模、传播理念和传播形式等方面对中国俄语媒体国际传播的创新发展提出了可行性建议。论文选题有时代性,逻辑架构合理,论述思路清晰,研究结论可信,能从个案的角度为我国加强国际传播能力建设提供有益参考。

后　记

《初试啼声——南京大学外国语学院本科生学术文集》收录南京大学外国语学院本科生在校学习期间撰写的学术论文29篇（某些论文的合作者包括其他院系的学生）。入选论文均由指导教师推荐，经文集编委评议后确定，其中一部分论文已在正式期刊上发表，或在各级各类本科生学术论坛和学术创新大赛中获奖。对于已发表的论文，我们尽量保持原貌，仅对明显瑕疵做了修正，并按照文集的统一体例进行了排版。

衷心感谢外国语学院常年组织学生开展学术研究活动、带领学生进行调研、指导学生撰写论文的所有导师。他们以学生发展为中心，不辞辛劳地工作，为外国语学院形成研究能力培养的良性互动机制、建设资源丰富的学术创新平台贡献着自己的力量。值得一提的是，导师们在百忙之中抽空为文集收录的论文撰写评语，个别论文在此前发表时导师有所参与，但他们纷纷提出文集出版时自己不署名。正是导师们无私奉献、提携后学的精神一直鼓舞着年轻学子们在学术道路上勇敢前行。

在文集付梓之际，我们要对南京大学相关部处和单位以及各兄弟院校致以真挚的谢意，感谢各方长期以来对我们工作的大力支持。特别感谢南京大学出版社董颖女士为编辑文集付出的心血。

我们将以文集的出版为契机，继续强化学生的问题意识，锻炼其专业思维，提高其学术素养，努力培养更多有家国情怀、有全球视野、有专业本领的复合型人才。

编者
2025年夏于南京大学侨裕楼